Kohlhammer

Religion und Kommunikation in Bildung und Gesellschaft

Herausgegeben von

Sandra Anusiewicz-Baer
Christian Hild
Abualwafa Mohammed

Band 4

Sandra Anusiewicz-Baer / Christian Hild / Abualwafa
Mohammed (Hrsg.)

Religiöse Bildung im Transfer

Vermittlung zwischen Religionen,
Sprachen und Kulturen

Verlag W. Kohlhammer

1. Auflage 2024

Alle Rechte vorbehalten
© W. Kohlhammer GmbH, Stuttgart
Gesamtherstellung: W. Kohlhammer GmbH, Stuttgart

Print:
ISBN 978-3-17-044708-0

E-Book-Format:
pdf: 978-3-17-044709-7

Inhalt

Vorwort

Alberto Gil

Was ist der Unterschied zwischen dem klassischen *Learning by Doing* und dem engen Zusammenhang zwischen Verstehen und Handeln, einem der Kernanliegen von RKGB? Im ersten Fall spielt das Erfahrungswissen eine wichtige Rolle, im zweiten – und hierauf wollen wir jetzt unsere Aufmerksamkeit richten – ist die hermeneutische Aktivität unerlässlich. Ausgehend nämlich von der kognitiven Tatsache, dass wir im unreflektierten Normalfall die *scene* verstehen, die sich nach dem einlaufenden Impuls eines *frame* in unserem Intellekt entfaltet, besteht die hermeneutische Aufgabe darin, in Dialog mit dem[1] Sender zu treten, genau hinzuhören, resp. durchzulesen, was der andere mitteilen will. M.a.W. die erste Handlung, die das Verstehen begleitet, ist das aktive Zuhören, keine leichte Aufgabe!

Verstehen wird also als eine dialogische Aktivität auf der Suche nach der besseren gegenseitigen Verständigung, welche nach einem *beau mot* von Hans-Georg Gadamer erst die Würde des Gesprächs ausmacht.

Der Dialog kann bekanntlich intra- und/oder interkulturell sein. Im ersten Fall sprechen wir von der Suche nach Verständigung zwischen den Generationen, den einzelnen wissenschaftlichen Disziplinen, der Fachwelt und dem interessierten Publikum usw. usf. Im zweiten Fall handelt es sich um einen Dialog zwischen verschiedenen Kulturen und ihren respektiven Sprachen.

Im einem wie im anderen Fall pflegt man in Anlehnung an Wolfgang Welsch (exemplarisch 2001) das Miteinander der Kulturen unter folgenden Variationen zu betrachten: Man spricht von

- *Multikulturalität*, wenn die Kulturen nebeneinander stehen und keine nennenswerten Berührungspunkte aufweisen,
- *Interkulturalität*, wenn zwischen den Kulturen Dialog stattfindet oder sogar eine Wechselwirkung besteht,
- *Transkulturalität*, wenn einseitige oder gegenseitige Beeinflussung zwischen den Kulturen zustande kommt.

Im Zusammenhang mit der Transkulturalität kann man von Translation als einem multidimensionalen Phänomen sprechen, das nicht nur sprach- und kulturwissenschaftlich zu erforschen ist. Man wird sich auch dessen bewusst, dass andere Disziplinen wertvolle Beiträge leisten können, um diesem komplexen

---

[1] Hier wie im Folgenden verwende ich das generische grammatische Maskulinum aus Gründen der besseren Lesbarkeit und nicht aus irgendwelchen Diskriminierungsabsichten, die mir ganz fern sind.

und faszinierenden Vorgang des Kulturaustausches beizukommen, wie etwa die Psychologie, Soziologie, Philosophie und gar auch die Theologie.

Transdisziplinarität

Hierfür greift man in jüngster Zeit auf ein Wissenschaftskonzept zurück, das für die Erforschung solcher komplexen Phänomene nutzbar gemacht werden kann. Es handelt sich um die *Transdisziplinarität*, welche in Anlehnung an die soeben vorgenommene Unterteilung bei der Begegnung der Kulturen wie folgt einzuordnen ist: Man spricht von

- *Multidisziplinärität*: wenn mehrere Disziplinen additiv zusammenwirken, aber jede Disziplin ihre eigene Sichtweise verfolgt,
- *Interdisziplinärität*: wenn mehrere Disziplinen zusammenwirken, jede Disziplin hält an ihrer Sichtweise fest, aber alle sind bemüht, aus ihrer Perspektive einen Beitrag zur Lösung des Problems zu leisten,
- *Transdisziplinärität*: wenn die Denkweisen der verschiedenen Disziplinen über ihre Grenzen hinaus rational verständlich, verfügbar und aktivierbar werden. Die Transdisziplinarität ist vor allem dann wirksam, wenn manche Probleme oder Fragestellungen mit Hilfe eines einzigen Faches nicht zu verstehen bzw. zu lösen sind.

Grundlegend zum Verständnis der Transdisziplinarität ist der Aufsatz von Jürgen Mittelstraß (2007), in dem zwischen praktischer und theoretischer Transdisziplinarität unterschieden wird. Mit ersterer wird nach Lösungen außerwissenschaftlicher Problemstellungen gesucht, während in der theoretischen Transdisziplinarität die Bemühung um Antwort auf innerwissenschaftliche Fragen zwischen den Disziplinen im Mittelpunkt des Interesses steht. Das *Trans-* bezeichnet in jedem Falle das Überschreiten der Grenzen einzelwissenschaftlicher Domäne, aber auch die Anwendung wissenschaftlicher Erkenntnisse auf dringende gesellschaftliche Desiderate. Dabei geht es aber nicht darum, die Einzelfächer zu ersetzen, sondern Probleme zu lösen, die sich dem Zugriff einzelner Disziplinen entziehen.

Mittelstraß nennt einige Voraussetzungen, um dieses Forschungsprinzip wirksam anzuwenden:

- die Lernbereitschaft mitzubringen, um über den Schatten der eigenen Disziplin zu springen,
- interdisziplinäre Kompetenzen zu erwerben, um sich mit Ansätzen anderer Fächer ernsthaft auseinandersetzen zu können,
- willens zu sein, die neu gewonnenen Kompetenzen zur Reformulierung eigener Ansätze zu verwenden,
- sich zu bemühen, gemeinsame Ergebnisse zu formulieren, welche kein Aggregat einzelner disziplinärer Teile sind, sondern einen einheitlichen Text darstellen.

Ein Musterthema der transdisziplinären Zusammenarbeit ist die Gesundheit, zu deren Erforschung Ansätze der Medizin, Psychologie, Soziologie etc. zusammenwirken. Im vorliegenden Band steht jedoch ein anderes zentrales Gebiet von Transkulturalität und -disziplinarität im Zentrum der Aufmerksamkeit, nämlich die Religion, ein multidimensionaler Begriff, der im Folgenden genauer zu präzisieren gilt, um seine translatorische Tragweite besser zu erkennen, wie es im *Call of Papers* wörtlich heißt: „Der Einbezug von Translationen, Transkulturalität und Transdisziplinarität trägt zu einer Öffnung religiöser Bildungsprozesse bei, die somit anschlussfähig an das Gebiet einer Öffentlichen Theologie wird."

Glaube – Religionen

In seinem *posthum* erschienenen Werk widmet Ratzinger (Benedikt XVI 2023) das erste Kapitel der Beziehung zwischen den Religionen und dem christlichen Glauben (*Le religioni e la fede cristiana*), welchem ich im Folgenden einige für unser Thema relevante Gedanken entnehme. Glaube und Religion sind keine austauschbaren Begriffe. Während Letzteres ein kulturelles Phänomen ist, entstammt der Glaube aus der göttlichen Offenbarung. Einige bedeutende evangelische Theologen haben diesen Unterschied besonders hervorgehoben. So sieht Karl Barth in der Religion das Arbiträre der verschiedenen Wege, welche die Menschen von sich aus einschlagen, um Gott zu erreichen. Und Dietrich Bonhoeffer plädiert für ein Christentum ohne Religion. Ratzinger ist etwas moderater, aber empfiehlt auf dieser Linie, dass jede Religion der Religion kritisch gegenüberstehen muss, will sie sich selbst treu bleiben.

Die Religionen sind als Kulturereignisse in der Tat keine statischen Phänomene, sondern stehen wie die Kulturen in Bewegung und unterliegen Veränderungsprozessen. Die Funktion des Glaubens ist jedoch nicht, eine eigene Kultur zu schaffen, sondern allen Kulturen die Frohbotschaft zu bringen und dadurch Fehlentwicklungen zu offenbaren und Wege der Läuterung aufzuzeigen. Wir können sagen, dass das Evangelium in sich transkulturell ist.

Was das Christentum betrifft, ist dieser Universalcharakter konstitutiv und biblisch begründet. Es sei lediglich erinnert an Mt. 28,19: „Darum geht zu allen Völkern, und macht alle Menschen zu meinen Jüngern" und Gal 3,28: „Es gibt nicht mehr Juden und Griechen, nicht Sklaven und Freie, nicht Mann und Frau; denn ihr alle seid ‚einer' in Christus Jesus". Wir stehen nicht vor einem *Warte-ab-Glaube*, sondern vor einem *Gehe-hin-Glaube*, um ein *beau mot* von Joseph Höffner zu paraphrasieren.

Verstehen und Handeln

Und hier wird die Spannung sichtbar, die im vorliegenden Buch die Herausgeber bei ihrer Fragestellung über das Verhältnis von Identität und Kulturtransferprozessen zu lösen bemüht sind: Wie kann man den Glauben kommunizieren, so dass er in der Empfängerkultur verstanden und angenommen wird, ohne seine Kerninhalte zu verändern bzw. sie auf den Altar der verschiedenen Kulturen zu opfern?

Die Herausgeber schlagen die Verbindung von Verstehen und Handeln vor, die ich in einer mir einleuchtenden Ausprägung im Folgenden näher betrachten möchte, denn es handelt sich um einen Bereich, der für die Glaubenskommunikation zentral ist (Gil 2022). Der bekannte Soziologe Hartmut Rosa hielt am 17. Januar 2022 beim Würzburger Diözesanempfang einen Vortrag mit dem anregenden Titel *Demokratie braucht Religion*, der kurz danach mit einem Vorwort von Gregor Gysi als Buch erschienen ist (2022). Seine These und Hauptgedanken, die ich im Folgenden wiedergeben will, sind ein gutes Beispiel für das, was hier unter *Verstehen* gemeint ist.

Rosa betrachtet die Mitwirkung der Religion als eine dringende Aufgabe, um die ernsthafte Krise, in der sich die heutige Gesellschaft befindet, zu bewältigen. Es handelt sich um das permanente Bedürfnis nach Wachstum und Steigerung. Diese Dynamik entspringt nicht einfach dem menschlichen Egoismus, sondern ist systembedingt: Ohne das ständige Wachstum bricht unsere Ökonomie zusammen. Man will in der Folge alles schnell sichtbar, erreichbar, beherrschbar und nutzbar machen. Rosa nennt diese Haltung „Aggressionsmodus", denn es handelt sich um Angriffe an die Welt, oft ihre ökologische und soziale Ausbeutung. Und Vieles wird auf den Rücken derer verfügbar gemacht, die nicht die gleichen Möglichkeiten wie die anderen besitzen. Das „Aggressionsverhältnis zur Welt" zeigt sich auch im Umgang miteinander, denn Andersdenkende werden als Feind betrachtet und dürfen nicht einmal zu Wort kommen.

Diesem „Aggressionsmodus" stellt Rosa die „Resonanz" entgegen, der für ihn ein „Beziehungsmodus" darstellt. Im Unterschied zur Verfügbarkeit, wonach man alles haben und beherrschen will, ist die Resonanz eine beobachtende und zuhörende Haltung, die eine Antwort auf die Ereignisse und Phänomene zu erhalten sucht: Was sagen mir eigentlich diese oder jene Tatsachen, welches Verhalten von mir wird hier oder da angemessen sein? Es geht im Grunde darum, den Willen zu entfalten, sich erreichen zu lassen.

Seine These ist nun: die Kirchen verfügen über Inhalte, Werte, aber auch Riten und Praktiken, die solche Resonanzräume eröffnen, um zuzuhören und dadurch Entscheidendes zu erfahren. Und erst dieses aktive Zuhören ermöglicht die Transformation, das Ausbrechen von dem, was Rosa unseren heutigen „rasenden Stillstand" nennt.

Translation

Die Frage wird nun umso dringender, wie diese Kommunikation religiöser Konzepte und Werte wirksamer zu vollziehen ist. Und hier stehen wir jetzt vor dem zweiten Kernbegriff des Bandes, nämlich das *Handeln*. Es geht im Grunde um eine Frage der *Translation* in ihrer tieferen Bedeutung. Zu ihrem besseren Verständnis kommt uns ein anderer Soziologe zur Hilfe: Pierpaolo Donati (2021) mit seinem Begriff der „relationalen Vernunft" (*la ragione relazionale*), wonach die *Differenz* als Bestandteil und nicht als Hindernis der menschlichen Relationalität eine zentrale Rolle spielt.

In der Tat, das Bewusstsein des eigenen Profils und der eigenen Werte werden gerade im Kontrast zur fremden Kultur schärfer. Und hier setzt die *ragione relazionale* Donatis an: Es handelt sich um den Versuch, durch rationale Analysen der Unterschiede mögliche Konflikte zu vermeiden, weil dadurch die Differenzen eher erkannt und bewertet, aber nicht abgeschafft werden. Somit besteht die Chance, die Unterschiede nicht nur kompatibel, sondern auch synergetisch zu machen. Und das ist echte Translation bzw. transkulturelle Kommunikation.

Wir können sagen, dass diesem Band ein anthropologisches Verständnis von Translation und Übersetzung zugrunde liegt, weil die Übertragung religiöser Begriffe auf eine säkularisierte Welt nicht im Aggressionsmodus oder lehrhaft, von oben herab, geschieht, sondern im Dialog miteinander, auf der Basis des Respektes und des gegenseitigen Zuhörens, wie die Themenfelder bezeugen, denen sich die Autoren für ihre Beiträge bedienen sollen:

Es wird nach der erforderlichen religiösen Bildung gefragt, ohne die eine Weitergabe des Glaubens nicht möglich ist. Gedacht wird an Beiträge aus der wissenschaftlichen Fachdidaktik, aber auch an jene, die aus der Perspektive der Kulturtransferprozesse und noch konkreter der *Translation Studies* konzipiert sind.

Konkret wird auch der Religionsunterricht in Augenschein genommen, mit seinen pädagogischen Implikationen im Kontext der Digitalisierung. Es soll auch für die sprachlichen und kulturellen Translationsprozesse sensibilisieren, die in einer multikulturellen Gesellschaft immer mehr den Alltag prägen.

Die Rolle der Religion im öffentlichen Diskurs spielt auch im vorliegenden Band eine wichtige Rolle, vor allem in Bezug auf die Artikulationsprobleme und -lösungen der Verständigung im internationalen Kontext. Hierzu verdient besondere Aufmerksamkeit die Bedeutung der religiösen Sprache in ihrer heutigen säkularen Verwendung und das damit verbundene transreligiöse Lernen.

Das vorliegende Buch befasst sich mit einem wichtigen und aktuellen Thema, das nicht nur für die Glaubenskommunikation förderlich ist, sondern auch einen wichtigen Beitrag zur Verbesserung des menschlichen Miteinanders in unserer globalisierten Welt leistet, welches wir sehr nötig haben.

Literatur

BENEDETTO XVI (2023), *Che cos'è il cristianesimo. Quasi un testamento spirituale.* A cura di Elio Guerriero e Georg Gänswein, Milano: Mondadori.

DONATI, PIERPAOLO (2021), Lo sguardo relazionale. Saggio sul punto cieco delle scienze sociali, Milano: Meltemi.

GIL, ALBERTO (2022), Verständlicher und motivierend reden. Zur Wirksamkeit und Nachhaltigkeit des Katechetendienstes. Bonn: independently published.

MITTELSTRAß, JÜRGEN, (2007), „Methodische Transdisziplinarität – Mit der Anmerkung eines Naturwissenschaftlers", in: *Lifis Online* 05.11.2007, 1–9: https://leibniz-institut.de/archiv/mittelstrass_05_11_07.pdf.

ROSA, HARTMUT (2022), *Demokratie braucht Religion. Über ein eigentümliches Resonanzverhältnis.* München: Kösel.

WELSCH, WOLFGANG (2001), „Transculturality: The Changing Form of Cultures Today", in: *Filozofski vestnik*, Volume XXII, Number 2, 59–86.

Religiöse Bildung im Transfer – Eine Hinführung

Sandra Anusiewicz-Baer, Christian Hild, Abualwafa Mohammed

„Durch den Geist der Übersetzer verlaufen die Grenzen zwischen unterschiedlichen Welten, und ihre Gabe ermöglicht es ihnen, die Grenzen zu überschreiten."[1]

Die polnische Schriftstellerin und Literaturnobelpreisträgerin von 2018, Olga Tokarczuk, zeichnet ein Bild von Übersetzer*innen, die eine unerlässliche Voraussetzung für die Ermöglichung von Pluralität bereitstellen: das Überschreiten von Grenzen, die durch Sprachen bedingt sind. Der österreichische Sprachphilosoph Ludwig Wittgenstein konstatierte treffend: „Die Grenzen meiner Sprache bedeuten die Grenzen meiner Welt."[2] Sprachen schaffen Identität und Zugehörigkeit, können aber ebenso ausschließen, wenn man sie nicht beherrscht oder keine Übersetzung bzw. die passende Entschlüsselungstechnik parat hat. Walter Benjamin formulierte so einfach wie schlagend: „Die Übersetzung dient dem Leser."[3]

Wir sollten festhalten, dass sie den Leser*innen dienen *sollte*, ein Anspruch, der nicht immer eingelöst wird oder nur dergestalt, dass das Publikum zu lesen bekommt, was die Translatoren und Interpret*innen ihrerseits für die zweckdienlichste Übersetzung halten. Wie umstritten und wirkmächtig, programmatisch und ideologisch Übersetzungen sind, lässt sich an den Übersetzungen der Hebräischen Bibel nachverfolgen. Diese Übersetzungen enthalten immer eine bestimmte Deutung, für die sich der/die Übersetzer*in entschieden hat, womit zugleich andere Deutungen ausgeschlossen oder neue Verständnismöglichkeiten eröffnet werden.[4] Obwohl die Überzeugung von der Unübersetzbarkeit des Korans im 20. Jahrhundert durch zahlreiche von nichtmuslimischen Autoren vorgenommene Übersetzungen aufgeweicht wurde und die Charakterisierung des Korans als schriftliches Zeugnis bestimmter Vorgänge und ihrer Deutung statt als unübersetzbarer, in Arabisch und nur Arabisch zu verstehender Offenbarungstext begann, hat dies nicht dazu geführt, die Frage zu reflektieren[5], „welcher Art von Übersetzungsgegenstand der Koran eigentlich ist"[6]. Die Mehrheit der Muslime betrachtet den Koran als das unveränderte Wort Gottes in arabi-

---

[1] Tokarczuk 2020, 66.
[2] Wittgenstein 1984, 67.
[3] Benjamin 1972, 9.
[4] Vgl. Klapheck 2017, 127.
[5] Mohammed 2020, 148.
[6] Özsoy 2014, 117.

scher Sprache. Dementsprechend ist das, was übersetzt werden sollte, seine Bedeutung. Viele Koranübersetzungen, insbesondere von Muslimen, tragen diese Sichtweise bereits im Titel und betonen sie (*Die Übersetzung der Bedeutungen des Koran*).[7] Dieser Zugang eröffnet exegetische Möglichkeiten und schafft innovative Rahmenbedingungen für Übersetzungen, bei denen der/die Übersetzer*in Freiräume hat und nicht buchstäblich an den Text gebunden ist – was ohnehin mit dem dogmatischen Ansatz weder vereinbar noch machbar wäre.

Für christliche Religionen ist Sprache in zweierlei Hinsicht konstitutiv: Erstens bildet sie deren zentrales Thema, da ihr Objekt, der ‚theos', sich im Hinblick auf Jesus Christus als ‚logos' erweist, dem der glaubende Mensch empfangend und auch antwortend gegenübersteht. Sprache fungiert dabei zweitens als Medium für die entsprechende Artikulationsfähigkeit eines Sprechens mit, über und von Gott sowie für diesbezügliche Kommunikationsprozesse zwischen Menschen, Ländern und Kulturen. Folglich stehen religiöse Traditionen nicht nur mit Sprache, sondern auch mit Translationen in einem interdependenten Verhältnis.[8] Am Beginn der christlichen Religion steht mit dem Leben und der Passion Jesu Christi ein historisches Ereignis, das als Interpretation von Gottes Heilshandeln – und damit als entsprechende Translation – das Neue Testament als ein Produkt derartiger Prozesse hervorgebracht hat.[9] In diesem Zusammenhang sieht sich christliche Theologie mit der Forderung nach einer verständlichen Rede von Gott konfrontiert, so dass es hierfür Translationen bedarf.[10]

Darüber hinaus berührt uns im Allgemeinen nicht nur die Frage der Übertragung von einer Literatursprache in eine andere. Auch der Transfer von einer Sprachgattung in eine andere, von heiliger Sprache in profane Alltagssprache ist mit Deutungs- und Bedeutungswandeln verbunden und fordert zur Auseinandersetzung heraus.[11] Die Übersetzung liefert dadurch den Zugang zu einer fremden Sprache, mithin zu einer fremden Sphäre oder größer gedacht zu einer fremden ideellen und begrifflichen Welt. So wie laut Überlieferung das Wort am Anfang der Schöpfung stand, die Welt durch Sprache und sprachlich erschaffen wurde, so erschaffen wir mit Sprache Sinn und eigene, neue Welten.

Sprache als Sinnstiftungs- und Kommunikationsmittel, Sprachbarrieren und Verständnisprobleme sowie Versuche zu deren Überwindung stellen einen gewichtigen Teilaspekt des Kernanliegens von RKBG dar: die Erforschung der wechselseitigen hermeneutischen Beziehungen von Religionen und Kommunikation, Gesellschaftssystemen und dem Bildungsbereich. Der diesbezügliche religionspädagogische und -didaktische Hintergrund bildet den Zusammenhang von Verstehen und Handeln ab; eine deren Formen stellen (interlinguale, intra-

---

[7]   Zum Beispiel die im deutschsprachigen Raum und weltweit verbreitete saudische Koranübersetzung von Bubenheim und Elyas (2003).

[8]   Kumlehn 2021.

[9]   Eine prägnante Einführung in den Diskussionsstand geben Gerber / Hoberg 2009.

[10]   Waldenfels 1993, 190–191.

[11]   Vgl. Derrida 2021.

linguale und intersemiotische) Translationen dar, die in unterschiedlicher Weise und mit unterschiedlichen Ergebnissen den Zwischenraum zwischen Gleichheit und Verschiedenheit durchmessen, Grenzen und Fremdheit sichtbar werden lassen und deren Überschreitung möglich machen können.

Der Einbezug von Translationen trägt zu einer Öffnung religiöser Bildungsprozesse bei und eröffnet eine Schnittmenge mit dem Forschungsfeld einer Öffentlichen Theologie. Damit ergibt sich der „Versuch, im interdisziplinären Austausch mit anderen Wissenschaften an der Universität und im kritischen Gespräch mit Kirche und Gesellschaft in gesellschaftlichen Grundfragen Orientierung zu geben und dabei Ressourcen der Kommunikation zu erarbeiten, die die Relevanz religiöser Orientierungen in der pluralistischen Gesellschaft deutlich machen".[12]

Hier knüpft das Bestreben des vorliegenden Bandes an, indem noch weitere Teilaspekte des Transferierens und daraus hervorgehende Forschungskonzepte aufgerufen werden. So ist dieser Band der Profilbildung religiöser Bildung dem *trans-* als einem multiperspektivischen Suchlicht verschrieben, um die kommunikative Interrelation von Religionen, Gesellschaft und dem Bildungsbereich einerseits unter diesem Fokus wahrzunehmen, zu analysieren und zu evaluieren, andererseits die daraus hervorgegangenen Erkenntnisse auf religiöse Bildungsprozesse anzuwenden, um Impulse für neue Theoriebildungen und für die Bereicherung der Bildungspraxis zu generieren.

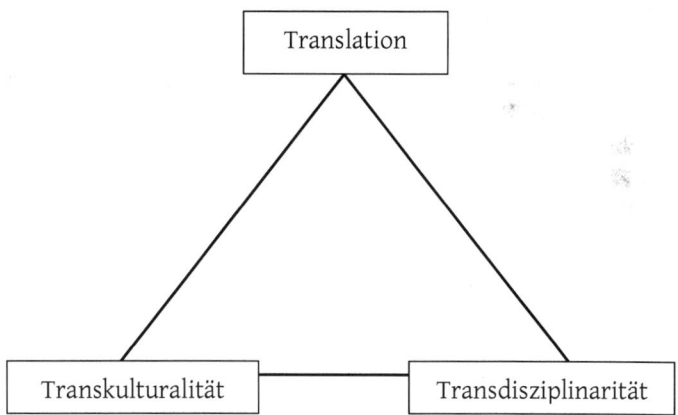

Öffentliche religiöse Bildung im Kontext von „Transformation"

Das Transformations-Dreieck, das sich aus den Aspekten Translation, Transkulturalität und Transdisziplinarität zusammensetzt, stellt einen integrativen Ansatz dar, der über herkömmliche disziplinäre Grenzen hinausgeht, um ein umfassendes Verständnis von Religionen zu fördern.

---

[12]   Bedford-Strohm 2009, 231.

Es ist vor allem ein transdisziplinärer Ansatz der öffentlichen religiösen Bildung, der versucht, verschiedene Dimensionen von Religion, einschließlich kultureller, sozialer, psychologischer und historischer Aspekte, zu verbinden. Dies ermöglicht ein tieferes Verständnis für die Komplexität von Religionen und Gesellschaft.

Durch diesen transdisziplinären Ansatz wird das kritische Denken gefördert und eine Öffnung gegenüber anderen Religionen und Kulturen angeregt, indem Religion aus verschiedenen Perspektiven betrachtet und als „lebendiger" Bestandteil der Gesellschaft verstanden wird. Dies trägt zur Entwicklung eines reflektierten und informierten Verständnisses für religiöse Fragen bei.

Es ermöglicht eine interdisziplinäre Zusammenarbeit, die die religiöse Bildung bereichert und zahlreiche Erkenntnisse und Methoden aus Disziplinen wie etwa Theologie, Soziologie, Geschichte, Linguistik und Psychologie ins Gespräch miteinander bringt. Dies eröffnet einen ganzheitlichen Blick auf Religion und ihre Rolle in persönlichen, gesellschaftlichen und historischen Kontexten.

In einer von kultureller und religiöser Vielfalt und Interaktion geprägten Gesellschaft ist die Vermittlung von Wissen und Verständnis über Religion, religiöse Sprache und Kultur ein zentrales Anliegen der Öffentlichen Theologie; diese beansprucht für sich, ein „klares theologisches Profil mit einer Sprache zu verbinden, die für die Öffentlichkeit – und damit auch für säkulare Diskurse – verständlich ist".[13] Die Kommunikation zwischen den drei Elementen und die Fähigkeit, über den Tellerrand zu blicken und zu denken, leisten einen Beitrag zu gesellschaftlichem Frieden und Inklusion.[14] Dieser kommunikative Ansatz kann sich am überzeugendsten in Bildungsprozessen entfalten.

Nicht nur für den Bildungsbereich ist die transkulturelle Dimension von großer Bedeutung, auch für die Weiterentwicklung der Öffentlichen Theologie ist es notwendig, einige Einsichten der Transkulturalität bzw. der interkulturellen Theologie heranzuziehen.[15] Außerdem weist die Öffentliche Theologie im religionspädagogischen Kontext in ihren internationalen Ausprägungen eine starke überkonfessionelle Ausrichtung auf.[16] Die Theologien haben ebenso mittlerweile zunehmend einen interkulturellen Charakter – das betrifft auch die Öffentliche Theologie.[17]

Religiöse Texte haben eine Translationserfahrung, die bei ihrer Reflexion im heutigen Bildungskontext beachtet werden muss. Das gilt sowohl für die Befassung mit der eigenen Religion als auch für den religionswissenschaftlichen Bereich. Übersetzungen von Arabisch, Hebräisch oder Aramäisch sind nach wie vor für eine Öffentliche Theologie und für die religiöse Bildung von großer Bedeu-

---

[13]   Bedford-Strohm 2015, 118.
[14]   von Sinner 2011, 339f.
[15]   Haire 2015, 157.
[16]   Pirner 2020, 73.
[17]   Haire 2015, 157.

tung. Im Kontext Öffentlicher Religionspädagogik wird zudem Übersetzen als ein „Erschließungsmodus" für die Sprache der biblisch-christlichen Tradition in eine nicht auf Glaubensüberzeugungen basierende und damit allgemein zugängliche Sprache verstanden. Für religiöse Bildung bedeutet dies, religiös geprägte Schüler*innen zu befähigen, „ihre Glaubensperspektiven so zu erläutern bzw. zu präsentieren, dass sie auch für Nichtreligiöse (und Andersreligiöse) nachvollziehbar werden".[18] Im Umkehrschluss sollen auch nichtreligiöse Schüler*innen „einen Sinn für die Artikulationskraft religiöser Sprachen (und Ausdrucksformen) erschlossen bekommen und befähigt werden, sich an (übersetzenden) Überlegungen zur potenziellen Bedeutung von Glaubensperspektiven für individuelles und soziales Lernen zu beteiligen".[19] So bewegt sich der Religionsunterricht insofern in der Schnittmenge zwischen Sprachschulung und Übersetzungsprozessen, als er „die Sprache der religiösen Tradition sprechen, aber auch die Sprache der Menschenrechte und des Grundgesetzes [beherrschen? muss]".[20] Dabei geht es nicht um eine Nivellierung des jeweiligen Charakters der unterschiedlichen Sprachen, sondern um „Kommunikationsmöglichkeiten mit gleichzeitigem Differenzbewusstsein".[21]

Durch die Verschränkung der drei (Transformations-)Aspekte kann die öffentliche religiöse Bildung eine Brückenfunktion zwischen verschiedenen Kulturen, Religionen, Lebenswelten und Disziplinen einnehmen. Ziel ist es, ein integratives, respektvolles und kontextbezogenes Bildungsklima zu schaffen, das den Austausch religiöser Standpunkte und Ansätze fördert, kulturelle Sensibilität erzeugt und ein ganzheitliches Bewusstsein für die Bedeutung von Religionen bei der Bewältigung von gesellschaftlichen Herausforderungen schärft.

Ein Forschungsprojekt, das sich mit den drei Aspekten der „Transformation" in Hinblick auf die Koranübersetzung in deutscher Sprache und im europäischen Kontext aus einer religionswissenschaftlichen Perspektive auseinandersetzt, ist das Projekt „Corpus Coranicum"[22] von Angelika Neuwirth.[23]

Wie aktuell die drei Aspekte des Transformations-Dreiecks sind, lässt sich an einigen Beispielen festmachen: Die öffentliche religiöse Bildung etwa hat sich inzwischen zu einer interdisziplinären und internationalen theologischen Bewegung entwickelt.[24] Das zeigt nicht zuletzt das 2006 etablierte „Global Network of Public Theology"[25].

---

[18]   Grümme / Pirner 2023, 152.
[19]   Ebd.
[20]   Pirner 2018, 63.
[21]   Pirner 2019, 98–100.
[22]   Zum Projekt „Corpus Coranicum": www.corpuscoranicum.de
[23]   Neuwirth 2017.
[24]   Pirner 2020, 73.
[25]   The Global Network For Public Theology (GNPT).

Im Kontext Schule sind interreligiöse Bildung und interreligiöse Projekte wichtige Elemente einer dialogischen und ganzheitlichen Bildung.[26] Öffentliche Theologie kann nicht nur durch den Religionsunterricht bedient werden, vielmehr sind hierfür Transdisziplinarität und fächerübergreifender Unterricht Voraussetzungen.

RKGB widmet sich mit dem vorliegenden Band dem Zielhorizont, die Pluralität kultureller Einflüsse auf die religiöse Erfahrung sichtbar zu machen und den Dialog sowie die Zusammenarbeit zwischen verschiedenen kulturellen und religiösen Gemeinschaften zu fördern. Entsprechende Bildungskonzepte und -kompetenzen stellen die Autor*innen in diesem Zusammenhang in unserem Band vor.

Die öffentliche Kommunikation und die öffentlich verwendete Sprache beeinflussen die Art, wie Schüler*innen sowohl ihre eigene Religion als auch andere Religionen wahrnehmen. Um diese Wahrnehmung positiv und friedensbetont zu gestalten, ist es sinnvoll, das „Transformations"-Dreieck im schulischen Kontext bzw. in der schulischen Kommunikation und in der Aus- und Weiterbildung von Lehrer*innen einzusetzen.

So lässt sich ein theoriegeneratives und praxisreflexives Koordinatensystem aus einer religionspädagogischen und -didaktischen Perspektive und aus dem Präfix trans- konstituieren, das unterschiedliche Handlungsfelder generiert, die in den unterschiedlichen Beiträgen aufgegriffen und auf die Interrelation von Religion, Kommunikation, Bildungsprozessen und Gesellschaftssystemen zugeschnitten werden:

In ihrem Beitrag *Religiöse Bildung im Dialog mit anderen Fachdidaktiken: Das Projekt FALKE-er* stellt **Kathrin Boukrayâa Trabelsi** ein interdisziplinäres Forschungsprojekt vor, das sich (fach-)didaktischen Professionalisierungspraktiken widmet; es begleitet die Entwicklung eines praxisorientierten universitären Lehrformats, um angehende Religionslehrkräfte in ihrer adaptiven und adressatenorientierten Erklärkompetenz zu fördern. Die Autorin diskutiert nach einer ausführlichen Skizzierung des an der Universität Regensburg verorteten Projekts dessen religionsdidaktische Chancen und Grenzen.

Marius de Byl und Bernhard Grümme visieren in ihrem Beitrag *Interdisziplinär nach Positionalität fragen: Religiöse Bildung im Dialog mit Politik- und altsprachlicher Didaktik* Positionalität als elementare Dimension eines religionsunterrichtlich kontextualisierten Übersetzungsdiskurses an. Für die Auslotung diesbezüglicher, bislang übersehener Potentiale für den Religionsunterricht, verwenden die Autoren für ihre Ausführungen nach einer ersten kurzen Verortung im religionspädagogischen Forschungsdiskurs sowohl einen politikdidaktischen als auch einen altsprachlich-didaktischen Blick auf Positionalität.

Maike Maria Domsel greift in ihrem Beitrag *Bildung für nachhaltige Entwicklung: Das Spannungsverhältnis zwischen BNE und rBNE* den gegenwärtigen Ruf nach

---

[26]   Boehme u. a. 2020, 404ff.

einer Wertegrundlage für eine sichere Zukunft im Rahmen der Bildung für nachhaltige Entwicklung (BNE) auf; der sich im Kontext religiöser Bildung für nachhaltige Entwicklung (rBNE) auf eine (christlich)-theologische Perspektive konzentriert. Die Autorin untersucht die Rolle der religiösen Dimension in Nachhaltigkeitsdiskursen angesichts der Erosion christlicher Wertvorstellungen sowie die Wechselwirkungen zwischen BNE und rBNE und ihre öffentliche Relevanz auf transdisziplinäre Weise.

Ausgehend von einem gleichnamigen Seminar entwickelt **Christian Hild** Impulse zur Ausbildung einer *Religiös-ethischen Sprach- und Translationssensibilisierung für Studierende der Ingenieurwissenschaften*. Sie ist insofern relevant, als im Studium und Beruf religiös-ethische Anforderungssituationen auftreten, zu deren konstruktiver Auseinandersetzung eine entsprechende Sprachhandlungsfähigkeit vorhanden sein muss. Auf theoretische Grundlagen erfolgt die Dokumentation einer praxisorientierten Konkretion und deren kritische Diskussion.

Sungsoo Hong greift in seinem Beitrag *Kulturtransfer und Translation: Impulse der Kultursemiotik von Jurij M. Lotman für interkulturelle und interreligiöse Bildungsprozesse* die gegenwärtige in den Kulturwissenschaften geführte Debatte über die Hinterfragung herkömmlicher statischer und homogener Kulturverständnisse auf: Der Autor richtet den Fokus auf den russisch-jüdischen Literaturwissenschaftler und Semiotiker Jurij M. Lotman (1922–1993), der Kultur und Religion in ihren dynamischen Transfer- und Transformationsprozessen beleuchtet, und diskutiert dessen Ansatz als Impulsgeber für die pädagogische und religionspädagogische Praxis in Bezug auf interkulturelle und interreligiöse Bildung.

Die dynamische Benutzung hebräischer und jiddischer Sprachelemente durch jüdische Sprecher*innen im heutigen Berlin illustriert **Esther Jahns** in ihrem Beitrag *„Das hebräische Wort ist natürlich moderner"* – *Verwendung mehrsprachiger Ressourcen zur diskursiven Aushandlung säkularer und religiöser Identitäten*. Sie zeigt an ausgewählten Interviewbeispielen, wie Identität über Sprache gebildet und vermittelt wird und wie diese Prozesse durch Sprachsozialisation geformt werden. Auffällig bleibt dabei, dass mit der Benutzung bestimmter Begriffe zwar in die Familienvergangenheit verwiesen wird, gleichzeitig jedoch keine bewusste pädagogische Intention für die Weiterführung dieses Vokabulars in der Zukunft ausgeprägt zu sein scheint.

Die hebräische Sprache ist auch Gegenstand von **Gad Marcus'** Beitrag mit dem Titel *Die Heiligkeit im Profanen der Hebräischen Sprache*. Erkundet wird das Verständnis des Hebräischen als heilige Sprache der Tora und Gebete einerseits und andererseits, welche Implikationen sich für die Pädagogik der Sprachvermittlung durch ihre Neuerschaffung als moderne Alltags- und Umgangssprache ergeben. Marcus zeigt anhand verschiedener Beispiele aus dem Unterrichtsgeschehen mit jüdisch religiösen als auch nicht-religiösen Schüler*innen sowie in einer Schule mit arabisch-muslimischen Jungen, wie die Lehrkraft bei der Benutzung und Vermittlung der Sprache sensibel auf die jeweiligen Kontexte eingehen muss.

Der Beitrag von **Abdel-Hafiez Massud** handelt *Von der göttlichen zur menschlichen Barmherzigkeit. Eine didaktische Perspektive auf das Gottesattribut der Barmherzigkeit in der Koran-Erzählung Joseph.* Der Autor eröffnet eine Perspektive auf das Gottesattribut der Barmherzigkeit und bewertet die zwölfte Sure des Korans, Yousuf, als eine narrative Entfaltung der göttlichen Barmherzigkeit. Nach einer theoretischen Fundierung über die Notwendigkeit der Veredelung der Menschennatur wird religionspädagogisch aufgezeigt, welche Impulse junge Menschen aus dem Gottesattribut der bedingungslosen Barmherzigkeit gewinnen können.

Den *Dynamiken schulischen Zusammenlebens im Kontext medialer Einflüsse: Perspektiven islamischer Religionslehrkräfte* widmet sich **Mevlida Mešanović**. Auf der Grundlage einer in einem österreichischen Bundesland durchgeführten Studie analysiert die Autorin, wie die medialen Darstellungen des Islams von islamischen Lehrkräften wahrgenommen werden und sich auf ihre Arbeit und Interaktionen mit Schüler*innen und Kolleg*innen auswirken. Ausgehend davon wird angeregt, unterschiedliche Impulse für die Ausbildung einer entsprechenden Medienkompetenz im islamischen Religionsunterricht mit dem Fokus auf interreligiöses Lernen zu entwickeln.

Abualwafa Mohammed schärft in seinem Beitrag *Konturen und heuristische Grundzüge einer trialogischen Korandidaktik* die Akzentsetzungen und Prinzipien eines trialogischen Lernens auf der Grundlage der Korandidaktik. Dabei thematisiert er trialogisches Lernen als programmatische Fortentwicklung interreligiösen Lernens und zugleich als Herausforderung an die islamische Religionspädagogik. Er entfaltet die notwendigen theologischen und hermeneutischen Voraussetzungen und gibt Impulse zur Kompetenz- und Theoriebildung. Der Beitrag vermittelt ein differenziertes und positives Bild von Judentum und Christentum im Lichte des koranischen Konzepts der „Ahl al-Kitāb" und entfaltet einen koranisch trialogischen didaktischen Zugang.

In die unterschiedliche Nutzung von jüdisch religiöser Sprache und Räumen sowie der angemessenen Sprache für ihre Vermittlung führt uns **Carmen Reichert** am Beispiel des Jüdischen Museum Augsburg Schwaben ein. Sie zeichnet in ihrem Text *Zwischen Kultus und Kultur. Museumsarbeit als Übersetzungsleistung* die Entstehungsgeschichte des Museums nach. Im Fokus steht dabei der Wandel des Ansatzes für die Vermittlungsarbeit von einem Konzept, das bemüht war, eine bald verschwundene jüdische Kultur der christlichen Mehrheitsgesellschaft verständlich zu machen hin zur Präsentation eines weiterhin genutzten religiösen Raumes, der Synagoge, unter Bezugnahme auf gesamtgesellschaftliche Entwicklungen.

Caroline Teschmer und Vera Uppenkamp diskutieren in ihrem Beitrag *Transidentität und Sprache. Queer-theologische Überlegungen im Kontext Öffentlicher Religionspädagogik* die Frage, wie mittels queer-theologischer Überlegungen im Kontext Öffentlicher Theologie Transidentität religionspädagogisch aufgegriffen werden kann. Die Thematik perspektivieren die Autorinnen queer-theologisch und transsensibel im Kontext einer cis-heteronormativ geprägten religiösen Bildung. Ausgehend davon werden Impulse für eine gendersensible religiöse Bildung erarbeitet, die entsprechende Sprachräume konstituiert.

Und so arbeiten alle Beiträge sowohl die Grenzen und Limitierungen von Translationen heraus als auch die unterschiedlichen Versuche, neue Ansätze zu deren Flexibilisierung und interpretativen Ausdehnung zu formulieren. Der Akt des Übersetzens ist immer auch eine Art, sich mit der Fremdheit der Sprachen – dem Nicht-Übersetzbaren – sowohl von Fremdsprachen als auch von Sprachkontexten – religiös versus profan – auseinanderzusetzen. Gleichzeitig offenbart sich in der gelungenen Übersetzung die „Verwandtschaft der Sprachen"[27], indem gleich einer Familienkonstellation, Begriffe, Wörter, Satzkonstruktionen, mithin die Grammatik und Lexikalität verwandelt werden und verwandtschaftlich fortbestehen und fortleben, ja weiter tradiert werden können, um so lebendig zu bleiben.

(Weiterführende) Literatur

BAHR, MATTHIAS / TEMPLER, ANJA (2020), Das Spiel mit den Geschlechtern?! (M)eine Sprache finden, in: Katechetische Blätter 145/1, 40–44.

BEDFORD-STROHM, HEINRICH (2009), Dietrich Bonhoeffer als öffentlicher Theologe, in: EvTh 69, 329–341.

BEDFORD-STROHM, HEINRICH (³2015), Position beziehen. Perspektiven einer öffentlichen Theologie, hg. von M. Mädler und A. Wagner-Pinggéra, München.

BENJAMIN, WALTER (1972), Die Aufgabe des Übersetzers, in: ders. Gesammelte Schriften, Band IV/1, Frankfurt/Main, 9–21.

BOEHME, KATJA / MECHERIL, PAUL / UCAR, BULENT / KONZ, BRITTA / WILLEMS, Joachim (2020). Bildung, Werteerziehung, Integration? Die Aufgabe von Religionsunterricht in der religiös weltanschaulich diversen Migrationsgesellschaft – Eine Diskussion, in: Religion in der Schule. Pädagogische Praxis zwischen Diskriminierung und Anerkennung, hg. von Joachim Willems, Bielefeld, 403–424.

BUBENHEIM, FRANK / NADEEM ELYAS (²2003), Der edle Qur'an und die Übersetzung seiner Bedeutungen in die deutsche Sprache, Medina.

CORPUS CORANICUM, www.corpuscoranicum.de [Zugriff 13.06.2024]

DERRIDA, JACQUES (2021), Die Augen der Sprache. Abgrund und Vulkan, Wien.

GERBER, UWE / HOBERG, RUDOLF (Hg.) (2009), Sprache und Religion, Darmstadt.

GOTTLIEB, MICHAH (2021), The Jewish Reformation. Bible Translation and Middle-Class German Judaism as Spiritual Enterprise, New York.

GRÜMME, BERNHARD / PIRNER, MANFRED L. (2023), Öffentliche Religionspädagogik, in: DIES. (Hg.), Religionsunterricht weiterdenken. Innovative Ansätze für eine zukunftsfähige Religionsdidaktik, Stuttgart, 144–158.

---

[27] Benjamin 1972, 12.

HAIRE, JAMES (2015), Öffentliche Theologie – eine rein westliche Angelegenheit? Öffentliche Theologie in der Praxis der Kirche in Asien, in: HÖHNE, FLORIAN / VAN OORSCHOT, FREDERIKE, Grundtexte öffentliche Theologie, Leipzig, 157–173.

HILD, CHRISTIAN (2023), Religiöse Wörter übersetzen – Ein Ansatz zur Sprach- und Translationssensibilisierung von SchülerInnen (Praktische Theologie heute 190), Stuttgart.

KÄBISCH, DAVID (Hg.) (2019), Religion and educational research: national traditions and transnational perspectives (Religious Diversity and Education in Europe 39), Münster / New York.

KLAPHECK, ELISA (2017), Luther als Targum. Rosenzweig, Luther und die rabbinische Übersetzungskunst, in: BRUMLIK, MICHA (Hg.), Luther, Rosenzweig und die Schrift. Ein deutsch-jüdischer Dialog, Essays, Hamburg, 127–154.

KUMLEHN, MARTINA (2021), Zwischen Babel und Pfingsten. Übersetzen zwischen Sprachwelten als Kernaufgabe sprachsensibler Theologie, in: ALTMEYER, STEFAN / GRÜMME, BERNHARD / KOHLER-SPIEGEL u. a. (Hg.), Sprachsensibler Religionsunterricht, Göttingen, 30–40.

MOHAMMED, ABUALWAFA (2020), Der Koran und seine Bedeutungsebenen für das Hier und Jetzt. Zeitgemäße theologisch-didaktische Annäherungen am Beispiel des Begriffs Dschihad, Wiesbaden.

NEUWIRTH, ANGELIKA (2017), Der Koran als Text der Spätantike: Ein europäischer Zugang, Berlin.

ÖZSOY, ÖMER (2014), Vom Übersetzen zum Dolmetschen. Ein koranhermeneutischer Beitrag zur inner-muslimischen tarğama al-qur'ān-Debatte, in: SCHMID, HANSJÖRG / RENZ, ANDREAS / UCAR, BÜLENT (2014), „Nahe ist dir das Wort ...": Schriftauslegung in Christentum und Islam, Regensburg, 117–120.

PHILIPP, THORSTEN / SCHMOHL, TOBIAS (Hg.) (2021), Handbuch Transdisziplinäre Didaktik, Bielefeld.

PIRNER, MANFRED L. (2020), Interreligiöse und interweltanschauliche Bildung im Kontext einer Öffentlichen Theologie und Religionspädagogik, in: SEJDINI, ZEKIRIJA / KRAML, MARTINA (Hg.), Interreligiöse Bildung zwischen Kontingenzbewusstsein und Wahrheitsansprüchen, Stuttgart, 73–86.

PIRNER, MANFRED L. (2019), Öffentliche Religionspädagogik. Religionspädagogik als Übersetzungsaufgabe?!, in: OORSCHOT, FREDERIKE VAN / ZIERMANN, SIMONE (Hg.), Theologie in Übersetzung? Religiöse Sprache und Kommunikation in heterogenen Kontexten, Leipzig, 97–100.

PIRNER, MANFRED L. (2018), Religiöse Bildung zwischen Sprachschulung und Übersetzung im Horizont einer Öffentlichen Religionspädagogik, in: SCHULTE, ANDREA (Hg.), Sprache, Kommunikation, Religionsunterricht: gegenwärtige Herausforderungen religiöser Sprachbildung und Kommunikation über Religion im Religionsunterricht, Leipzig, 55–69.

PIRNER, MANFRED L. / SCHULTE, ANDREA (Hg.) (2010), Religionsdidaktik im Dialog, Religiosunterricht in Kooperation, Jena.

THE GLOBAL NETWORK FOR PUBLIC THEOLOGY (GNPT), www.gnpublictheology.net [Zugriff 07.01.2024].

TOKARCZUK, OLGA (2020), Der liebevolle Erzähler. Vorlesung zur Verleihung des Nobelpreises für Literatur. Übersetzt aus dem Polnischen von Lisa Palmes, Zürich.

VON SINNER, RUDOLF (2011), Öffentliche Theologie: Neue Ansätze in globaler Perspektive: Öffentliche Theologie und Sozialethik, in: Evangelische Theologie 71 (5), 324–340.

WALDENFELS, HANS (1993), Sprache als Thema und Medium der Theologie, in: WEINGÄRTNER, PAUL (Hg.), Die Sprache in den Wissenschaften, München, 181–216.

WITTGENSTEIN, LUDWIG (1984), Werkausgabe, Bd. 1. Bearbeitet von J. Schulte (suhrkamp taschenbuch wissenschaft 501), Frankfurt a. M.

Religiöse Bildung im Dialog mit anderen Fachdidaktiken: Das Projekt FALKE-eR

Kathrin Boukrayâa Trabelsi

Das interdisziplinäre Forschungsprojekt FALKE-e widmet sich (fach-)didaktischen Professionalisierungspraktiken und begleitet die Entwicklung eines praxisorientierten universitären Lehrformats, in dem angehende Lehrkräfte in ihrer adaptiven und adressatenorientierten Erklärkompetenz gefördert werden. Der vorliegende Beitrag zeigt die Chancen auf, identifiziert aber auch die Grenzen, die sich durch die Besonderheit des Fachs Religionslehre in einem solchen Forschungsprojekt speziell für die Religionsdidaktik ergeben.

Schlagwörter: interdisziplinäre Kooperation – Religionsdidaktik – Translation – Unterrichtsqualität – Welterschließungsmodi

The interdisciplinary research project FALKE-e focuses on (subject-specific) didactic professionalization practices and accompanies the development of a practice-oriented university teaching format, in which prospective teachers are supported in improving their competence in explaining in an adaptive and student-oriented manner. This article highlights the opportunities but also identifies limitations arising from the specificity of religious education, which particularly show for religious didactics within such a research project.

Keywords: interdisciplinary cooperation – didactics of religion – translation modes of world exploration – teaching quality

1.   Fachdidaktiken im Austausch

Interdisziplinarität bildet bereits seit langem einen wesentlichen Bestandteil universitärer Forschung und Bildung. Fachdisziplinen schließen sich zu Forschungsverbünden zusammen, kooperieren in z. T. groß angelegten Studien, und wollen nicht nur *multi*disziplinär, die jeweiligen Perspektiven additiv einbringend, sondern tatsächlich *inter*disziplinär, d. h. integrativ zusammenarbeiten. Eine der größten Herausforderungen dabei sind die Verständigungsprobleme zwischen den Disziplinen, wie bereits 1936 der polnische Wissenschaftstheoretiker Ludwik Fleck pointiert ausführte:

> „Naturwissenschaftler, Philologen, Theologen oder Kabbalisten können sich innerhalb ihrer Gemeinschaften ausgezeichnet verständigen, aber die Verständigung

eines Physikers mit einem Philologen ist schwierig, mit einem Theologen sehr schwierig und mit einem Kabbalisten oder Mystiker unmöglich."[1]

Fleck bezeichnete Disziplinen als Denkkollektive, innerhalb derer unterschiedliche wissenschaftliche Denkstile vorherrschten, die wiederum die jeweilige Sicht auf Forschungsgegenstände maßgeblich beeinflussten und die Zusammenarbeit mit anderen Domänen somit erschwerten.[2]

Aktuell wird Interdisziplinarität immer wieder als ausgesprochen förderlich, nahezu unerlässlich[3], ja als obligatorische Schlüsselqualifikation bezeichnet.[4] Interdisziplinäre Forschungsverbünde verfolgen das Ziel, verschiedene Denkstile miteinander ins Gespräch zu bringen und Translationen zwischen ihnen zu ermöglichen. Anstelle von Denkstilen ist in diesem Kontext in jüngerer Zeit oft die Rede von (Wissens-)„Kulturen" und der Erfordernis einer „interkulturellen" Verständigung über die in den jeweiligen Disziplinen vertretenen Konzepte, Begriffe, Argumentationsweisen usw.[5] „Interkulturelle Kompetenz", geprägt von Empathie, Flexibilität, Verantwortungsbereitschaft und Ambiguitätstoleranz, ermögliche „die Wahrnehmung von Unterschieden und Gemeinsamkeiten und der kulturellen Bedingtheit des eigenen und fremden Denkens".[6]

Seit einigen Jahren intensiviert sich auch die interdisziplinäre Kooperation verschiedener Fachdidaktiken. Als eines der größten Projekte ist für den deutschen Raum exemplarisch die umfassende Studie der im Rahmen der Gesellschaft für Fachdidaktik (GFD) gegründeten „Arbeitsgruppe Fachdidaktik" zu nennen, die es sich unter Beteiligung von insgesamt 14 Fachdidaktiken zur Aufgabe erklärte, anhand verschiedener Aspekte eine fachdidaktische Grundlagentheorie zu entwickeln.[7] Darüber hinaus schließen sich an zahlreichen Universitäten Fachdidaktiken zu Forschungsverbünden zusammen[8] und bringen dadurch zum Ausdruck, dass sie als Wissenschaftsdomänen nicht für sich allein stehen wollen, sondern gezielt den Dialog mit anderen Disziplinen suchen.

Die Religionsdidaktik beteiligt sich immer häufiger am interdisziplinären Austausch mit anderen Fachdidaktiken: Aus der Beteiligung am o. g. GFD-Projekt wurden wertvolle Impulse für die Religionspädagogik gewonnen.[9] An mehreren

---

[1]   Fleck 1936, 263.
[2]   Ebd. 233.
[3]   Vollmer 2010, 47.
[4]   Jungert 2010, 1.
[5]   Defila / Di Giulio 1998; Prediger 2003.
[6]   Prediger 2003.
[7]   Rothgangel u. a. 2021.
[8]   Vgl. z. B. die Teilprojekte des Promotionsprogramms Prozesse fachdidaktischer Strukturierung (ProFaS) an der Universität Oldenburg, die Studien des Interdisziplinären Zentrums für empirische Lehrer*innen- und Unterrichtsforschung (iZeF) an der Universität zu Köln oder die zahlreichen Projekte im Rahmen des Forschungsprogramm KOLEG an der Universität Regensburg.
[9]   Rothgangel 2021.

Universitäten ist die Religionspädagogik Teil disziplinenübergreifender Forschungsprojekte.[10] Und nicht zuletzt an Schulen schließen sich Religionslehrpersonen mit Lehrkräften anderer Fächer zusammen, um Unterricht kooperativ zu gestalten.[11] Dabei zeigt sich immer wieder, dass sich der interdisziplinäre Austausch für die Religionspädagogik als Chance erweist, dass aber auch umgekehrt die Religionspädagogik wertvolle Beiträge zum Dialog mit anderen Fachdidaktiken leisten kann.

Bei dem im vorliegenden Beitrag beschriebenen Projekt FALKE-eR[12] handelt es sich um eine religionsdidaktische Studie, die in den Jahren 2020–2023 im Rahmen des interdisziplinären Forschungsprojekts FALKE-e an der Universität Regensburg durchgeführt wurde. Die enge Kooperation mit 5 anderen Fachdidaktiken bestätigt die Chancen, zeigt jedoch auch Grenzen auf, die den „interkulturellen" Austausch erschweren.

2. FALKE-eR – eine religionsdidaktische Studie im Rahmen eines interdisziplinären Forschungsprojekts

2.1 Hintergründe

FALKE-eR ist eine religionsdidaktische Teilstudie der disziplinenübergreifenden Forschungsprojekte FALKO[13] und FALKE an der Universität Regensburg.[14] Bis zu 14 Fachdidaktiken und 4 zentrale Einrichtungen der Universität[15] arbeiteten in den verschiedenen Maßnahmen dieser Projekte zusammen und leisteten damit einen Beitrag zur Verbesserung der universitären Lehramtsausbildung.[16]

---

[10] Vgl. neben den in diesem Beitrag vorgestellten Projekten an der Universität Regensburg u. a. die Beteiligung der katholischen Religionspädagogik am Projekt Lehr@mt an der Universität Frankfurt a. M. oder der evangelischen Religionspädagogik der TU Braunschweig am BMBF-Projekt Mehr-Sprache.

[11] Vgl. hierzu mehrere Beiträge in: Pirner / Schulte 2010.

[12] Akronym für: Fachspezifische Lehrkräftekompetenzen im Erklären – expertise / Religionsdidaktik.

[13] Akronym für *Fachspezifische Lehrerkompetenzen.*

[14] Ihrerseits dem Forschungsprogramm KOLEG (Akronym für *Kooperative Lehrerbildung Gestalten* / 2015–2018) bzw. KOLEG2 (2019–2023) untergeordnet, handelt es sich um Projekte im Rahmen der von Bund und Ländern gemeinsam beschlossenen Qualitätsoffensive Lehrerbildung, bei der Universitäten und Hochschulen in der Entwicklung und Umsetzung innovativer Konzepte für die Lehrkräftebildung aus Mitteln des Bundesministeriums für Bildung und Forschung (BMBF) gefördert werden.

[15] Methoden der empirischen Bildungsforschung, Communication and Voice Center for Teachers, Sprachwissenschaft, Grundschulpädagogik.

[16] Neben den nachfolgend beschriebenen sind die Maßnahmen FALKO-PV (*Fachspezifische Lehrkraftkompetenzen – Prädikative Validierung*) als Teilprojekt des BMBF-Rahmenpro-

Die Teilprojekte im Kontext von FALKO und FALKE sind inhaltlich und methodisch deutlich aufeinander bezogen: 2011 bis 2015 befasste sich die Forschungsgruppe FALKO mit der Untersuchung fachunabhängigen sowie fachspezifischen Professionswissens in seinen Facetten Fachwissen, fachdidaktisches Wissen und Pädagogisches Wissen.[17] Dabei wurde das Erklären und Darstellen von Sachverhalten als Subfacette des fachdidaktischen Wissens näher betrachtet und erwies sich u. a. für die religionsdidaktische Teilstudie als stark korrelierend mit den Gesamtwerten des fachdidaktischen Wissens.[18] Daran anknüpfend widmete sich das Projekt FALKE-q[19] (2015–2018) vertieft mit der Erklärkompetenz von Lehrkräften, insbes. mit der Frage, inwiefern gutes, instruktionales Erklären theoriekonform konzeptualisierbar und operationalisierbar, und inwieweit hierbei Übereinstimmung in der Beurteilung durch verschiedene Rezipientengruppen (Schüler*innen, Lehramtsstudierende, Lehrkräfte, Fachdidaktiker*innen) zu erzeugen ist.[20] Explizites Ziel war die „datenbasierte Entwicklung und Etablierung valider Kriterienraster, anhand derer sich Erklärkompetenz je nach Fach einerseits beschreiben, vergleichen und bewerten, andererseits aber auch vermitteln lässt"[21].

Michael Fricke und Renate Murmann befassten sich im religionsdidaktischen Teilprojekt FALKE-qR auf Grundlage fachspezifischer Überlegungen zu Wesen, Aufgaben und Zielen des Evangelischen Religionsunterrichts (RU) mit dem unterrichtlichen Handeln von Religionslehrkräften. In Hinblick auf den Stellenwert des Erklärens im Fach widmeten sie sich der Frage, welche religionsunterrichtlichen Themen überhaupt erklärt werden können bzw. an welchen Stellen Erklären unter inhaltlichen und methodischen Gesichtspunkten angemessen ist. Dabei untersuchten sie auch, wie die Qualität instruktionaler Erklärungen zu drei fachspezifischen Themenbereichen von Schülerinnen und Schülern (SuS), Lehramtsstudierenden, Religionslehrkräften und an der Universität lehrenden Religionsdidaktikerinnen und -didaktikern eingeschätzt wird, und welche Kriterien dabei eine zentrale Rolle spielen.[22]

„[D]ass die vier überfachlichen Kriterien Strukturiertheit, Adressatenorientierung, sprachliche Verständlichkeit, Sprech- und Körperausdruck [...] als Prädiktoren für die Qualitätseinschätzung von Erklärungen gelten können"[23], ist eine der wesentlichen Erkenntnisse von FALKE-q. Dabei gilt das Kriterium der

---

gramms empirische Bildungsforschung, sowie FALKE-d (FALKE-digital) als Maßnahme des im Rahmen der 3. Förderphase der Qualitätsoffensive Lehrerbildung geförderten Projekts L-DUR (Lehrkräftebildung Digital an der Universität Regensburg) zu zählen.

[17]   Krauss u. a. 2017.
[18]   Ebd. sowie Fricke 2017, 325 (Abb. 3).
[19]   Akronym für: Fachspezifische Lehrkräftekompetenzen im Erklären – qualities.
[20]   Schilcher u. a. 2017, 448, sowie Schilcher u. a. 2024.
[21]   Ebd., 250.
[22]   Fricke / Murmann 2020.
[23]   Ebd., 346.

Adressatenorientierung in den Rezipientengruppen Studierende, Lehrkräfte und Didaktiker*innen als signifikant. Für den Fachbereich Religion erwiesen sich sowohl die jeweilige Statusgruppe als auch die gewählten Erklärzugänge als ausschlaggebend: „Es macht für die Lernenden einen Unterschied, welchen Zugang die Lehrkraft für die Erklärung eines religiösen Sachverhalts wählt. Allerdings werden diese Zugänge wiederum innerhalb der einzelnen Statusgruppen unterschiedlich bewertet."[24]

2.2   Das Gesamtprojekt FALKE-e

Die Ergebnisse von FALKE-q bildeten die Basis für das Nachfolgeprojekt FALKE-e (2019–2023), an dem 6 Fachdidaktiken[25] beteiligt waren. Das als prädikativ identifizierte Kriterium der Adressatenorientierung wurde – verbunden mit dem Kriterium der Adaptivität – vertieft fokussiert. Zudem wurde der Empfehlung gefolgt, weitere Lehrformate zum Erklären anzubieten und Videographien zur Reflexion eigenen oder fremden Unterrichts einzusetzen.[26] Die Studie begleitete die Entwicklung eines praxisorientierten Lehrformats, in dessen Rahmen Lehramtsstudierende in diesen Kompetenzen geschult wurden. Ihnen wurden nicht nur auf theoretischer Ebene Kenntnisse zum guten Erklären vermittelt, sondern auch Möglichkeiten zur praktischen Erprobung in realen Unterrichtssituationen gegeben. Auf diese Weise wurde die „effektive Wirksamkeit von Erklärungen im Unterricht"[27] einer praktischen Testung unterzogen, um konkrete Erkenntnisse bzgl. der Kompetenzentwicklungen zu erwerben.

Das Forschungsteam FALKE-e pflegte eine enge Zusammenarbeit. Die Beteiligten verständigten sich zunächst auf gemeinsame Fragestellungen und die Art und Weise ihrer Bearbeitung (Forschungsdesign) – ein erster, laut Rico Defila und Antonietta Di Giulio für die interdisziplinäre, problemorientierte Forschung unerlässlicher Schritt der Konsensbildung.[28] Davon ausgehend fand ein kontinuierlicher Austausch über gemeinsame sowie fachspezifische Perspektiven auf den Forschungsgegenstand statt, um schließlich Antworten auf die Forschungsfragen zu formulieren.

2.2.1   Gemeinsame Forschungsfragen

Der Fokus von FALKE-e lag in der Messung und Förderung der Erklärkompetenz bei Lehramtsstudierenden. Der spezifische Fokus auf die Wirkung adaptiv und

---

[24]   Ebd., 347.
[25]   Nämlich die Didaktiken des Deutsch-, Biologie-, Chemie-, Mathematik-, Sport- und ev. Religionsunterrichts.
[26]   Murmann / Fricke 2024.
[27]   Ebd.
[28]   Defila / Di Giulio 1998, 119f.

adressatenorientiert gestalteter Erklärungen erforderte zunächst eine Begriffs-
definition: Adaptivität wurde als Prozessmerkmal definiert, das den Grad der Anpassungen an die Lernenden beschreibt.[29] Adressatenorientierung als Produkt-
merkmal bezeichnet das Ziel, das es durch Adaptivität zu erreichen gilt. Beide
beziehen sich auf die Auswahl der Lehr-Lerninhalte, die Vermittlungsform und
die konkrete inhaltliche Gestaltung, die die Lebens- und Erfahrungswelt der SuS
berücksichtigt.

Im Rahmen von FALKE-e wurde erforscht, inwieweit es den Studierenden
gelingt, erklärwürdige bzw. -bedürftige Inhalte zu bestimmen und hierzu adres-
satengerechte Erklärungen zu erarbeiten. Zudem wurde evaluiert, inwiefern sie
ggf. ihre Erklärungen im Unterricht spontan anpassen. Neben der Adressa-
tenorientiertheit und der Adaptivität wurden außerdem die Strukturiertheit sowie die sprachliche Verständlichkeit der Erklärungen bewertet, bei den von
einigen Studierenden praktisch erprobten Erklärungen außerdem der Sprech-
Körper-Ausdruck sowie die Persönlichkeitswirkung. Diese bereits in FALKE-q de-
finierten Kriterien guten Erklärens wurden durch das Kriterium der Visualisierung ergänzt. Für das jeweilige Fach wurden fachdidaktische bzw. themenbezogene Qualitätskriterien zur Vollständigkeit und Korrektheit der Erklärinhalte
festgelegt.

Indem nur ein Teil der beteiligten Studierenden ihre Erklärungen mit Schulklassen erprobten, während die verbleibenden Studierenden sie dabei beobachteten (vgl. hierzu ausführlich 2.2.2), konnte erforscht werden, inwiefern sich die
Entwicklung der Erklärkompetenz unterscheidet, je nachdem, ob die eigens ge-
plante Erklärung praktisch erprobt wurde. Die konkreten Forschungsfragen zu
den beschriebenen Aspekten lauteten:

1. Unterscheiden sich die Zuwächse der Schüler*innenleistung in der Gruppe
der Erklärenden zwischen den Messzeitpunkten (MZP)?
2. Unterscheiden sich die Zuwächse in der adaptiven Erklärkompetenz zwischen den MZP in der Gruppe der Erklärenden versus der Gruppe der Beobachtenden versus der Kontrollgruppe?

Im Anschluss an die Erprobungen reflektierten die Studierenden die Erklärungen mithilfe von Videographien, um u. a. anhand von (sprachlichen) SuS-Reak-
tionen, Nachfragen und den Ergebnissen in Anwendungsaufgaben zu eruieren,
ob das Erklärte angenommen und verstanden wurden. Auf Basis der Reflexionen
nahmen sie sodann wiederum Adaptationen vor, um die Erklärungen in opti-

---

[29] In Anlehnung an L. Corno und R. E. Snow wird unterschieden zwischen sog. Mikro- und
Makro-Adaptationen: Erstere bezeichnen reaktive und spontane Entscheidungen der
Lehrkraft, ihren Unterricht bzw. ihre Erklärung im Verlauf des Geschehens anzupassen,
wenn sie anhand von Äußerungen, Unverständnis zum Ausdruck bringender Mimik o. Ä.
feststellt, dass das Erklärte von den Lernenden nicht verstanden wird. Makro-Adaptationen bezeichnen i.d.R. umfangreichere, längerfristige und in größeren zeitlichen Abstän-
den vorgenommene Modifikationen und werden meist außerhalb des Unterrichtsgesche-
hens vorgenommen (Corno / Snow 1986).

mierter Form in einem zweiten Unterrichtsversuch erneut zu erproben. Ein weiterer Schwerpunkt lag damit verbunden auf der Messung und Förderung der Reflexionskompetenz der angehenden Lehrkräfte. Die diesbezügliche Forschungsfrage lautete:

3. Unterscheiden sich die Zuwächse in der Reflexionskompetenz zwischen denen in der Gruppe der Erklärenden versus der Gruppe der Beobachtenden versus der Kontrollgruppe?

2.2.2   Gemeinsames Forschungsdesign und Seminarkonzept

Die folgende Abbildung zeigt das gemeinsam entwickelte Forschungsdesign von FALKE-e, das eine differenzierte Erhebung, Messung und Auswertung der Kompetenzentwicklungen erlaubte:

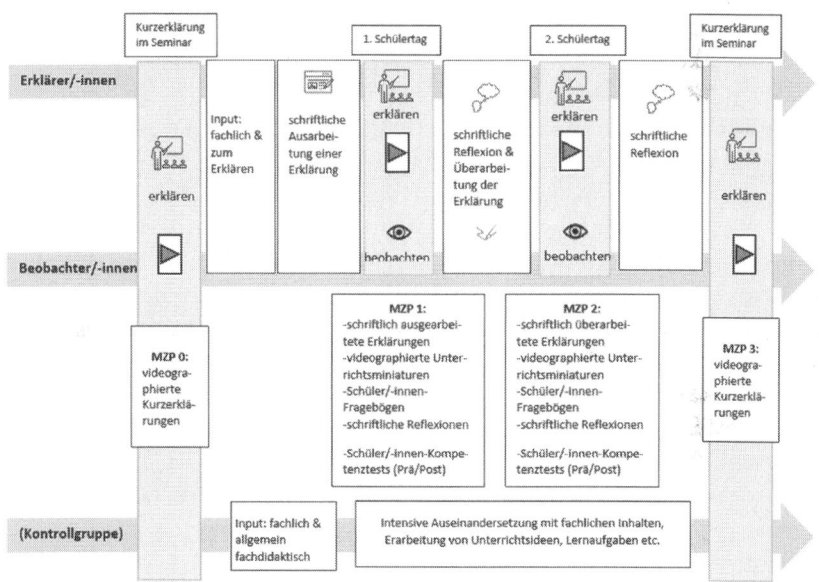

Abb. 1: Forschungsdesign von FALKE-e

Das Forschungsdesign bildete zugleich die Grundlage für die Gestaltung der fachdidaktischen Seminare: Alle beteiligten Studierenden erarbeiteten zu Beginn der Seminare eigenständig Kurzerklärungen zu vorgegebenen Themen, ohne zuvor Input zum Erklären oder zu anderen Inhalten erhalten zu haben. Diese wurden in der darauffolgenden Seminarsitzung präsentiert und videographiert, anschließend zunächst jedoch nicht weiter thematisiert. In derselben Sitzung wurden die Seminarteilnehmer*innen in sogenannte „Erklärer*innen" und „Beobachter*innen" eingeteilt.

In der anschließenden Input-Phase erwarben die Studierenden Fachwissen zu den für jedes Fach bestimmten Inhalten der Erklärungen. Zudem wurden Kenntnisse zu den Kriterien guten Erklärens vermittelt, um anhand dieser aus FALKE-q stammende Unterrichtsvignetten einer direkten Beobachtung zu unterziehen und die Qualitätsmerkmale nachzuvollziehen. Schließlich erhielten die Studierenden einen Einblick in die Grundlagen der Unterrichtsreflexion, um später schriftliche Reflexionen zu den erarbeiteten und entweder selbst gehaltenen oder beobachteten Unterrichtseinheiten auszuarbeiten.

Alle Seminarteilnehmer*innen bereiteten sodann eigenständig 20- bis 25-minütige Unterrichtsminiaturen mit Erklärungen schriftlich aus. Zielgruppe waren in allen Fächern SuS der Jahrgangsstufen 8 bis 10. Jeweils zwei Studierende (ein*e Erklärer*in und ein*e Beobachter*in) planten eine je eigene Miniatur zum selben Thema.

An einem speziell für die Erhebung konzipierten „Schülertag" erprobten die Erklärer*innen ihre Unterrichtsminiaturen, während die Beobachter*innen, die jeweils Unterricht zu denselben Themen vorbereitet hatten, diese in ihrem unterrichtlichen Handeln beobachteten. Im Anschluss an jede Unterrichtsminiatur bewerteten die SuS die Erklärungen anhand eines Fragebogens.

Die videographierten Unterrichtminiaturen wurden den Studierenden zur Reflexion zur Verfügung gestellt. Die Erklärer*innen reflektierten ihre eigenen, die Beobachter*innen die von ihnen beobachteten Erklärungen. Die schriftlichen Reflexionen sollten sich auf die im Seminar vermittelten Kriterien guten Erklärens beziehen. Beide Gruppen hatten sodann die Aufgabe, ihre Unterrichtsminiaturen und insbes. die Erklärungen zu optimieren. Die Erklärer*innen erprobten ihre Unterrichtsminiaturen nach wenigen Wochen ein weiteres Mal mit anderen Schulklassen, allerdings unter weitestgehend vergleichbaren Bedingungen, während die Beobachter*innen sie erneut dabei beobachten. Es erfolgte eine zweite Reflexion.

Für die letzte Seminarsitzung erarbeiteten die Studierenden erneut Kurzerklärungen zu denselben Themen wie zu Beginn des Semesters, um sie ein weiteres Mal im Seminar zu präsentieren. Auch diese wurden videographiert.

2.2.3   Gemeinsame Erhebungs- und Auswertungsverfahren

Um Entwicklungen in der Erklär- und Reflexionskompetenz zu erheben, wurden mehrere, über die Fächer hinweg zeitlich etwa parallel liegende MZP (s. Studiendesign) angesetzt, an denen zu diesem Zweck entwickelte Erhebungsinstrumente zum Einsatz kamen. Der 0. MZP diente der Erfassung der Erklärkompetenz zu Beginn des Seminars. Die Kurzerklärungen wurden videographiert, um sie später einer detaillierten Analyse zu unterziehen. Dasselbe Instrument wurde am 3. MZP eingesetzt. An den MZP 1 und 2 wurde anhand der schriftlichen Unterrichtsplanungen die Kompetenz gemessen, an den Kriterien guten Erklärens orientierte Erklärungen im Kontext einer Unterrichtsminiatur auszuarbeiten.

Des Weiteren wurde bei den Erklärenden die Erklärkompetenz anhand der im Rahmen der Schülertage entstandenen Videographien erhoben. Außerdem dienten die beiden MZP der Erhebung der Reflexionskompetenz mittels der schriftlich ausgearbeiteten Reflexionen. Diese sollten sich inhaltlich an den Erklärkriterien orientieren, wurden jedoch in der konkreten Ausgestaltung nicht weiter eingegrenzt, um die Reflexionsbreite und -tiefe[30] zu erfassen.

Zur Erhebung der Erklärkompetenz dienten zudem die von den SuS ausgefüllten Fragebögen. Auch diese enthielten Items zu den Kriterien guten Erklärens und gaben Aufschluss darüber, wie die Lernenden die Erklärungen beurteilten.[31]

Um zu messen, inwieweit durch die Erklärungen der angehenden Religionslehrkräfte die Kompetenzen der SuS als Adressatinnen und Adressaten gesteigert werden konnten, bearbeiteten die Lernenden jeweils im Vorfeld sowie im Anschluss an den „Schülertag" fachspezifische und themenbezogene Kompetenztests.

Zur Beantwortung der Forschungsfragen entwickelte das Forschungsteam FALKE-e einheitliche Instrumente für die theoriegeleitete, quantitative Auswertung des Datenmaterials. Dazu gehörte u. a. die Erarbeitung ausführlicher Kodier- und Ratingmanuale (jeweils für die Kurzerklärungen und die schriftlichen Unterrichtsplanungen auf Basis der Erklärkriterien) sowie für die schriftlichen Reflexionen zur Messung der Erklärtiefe und -breite. Die erprobten Unterrichtsminiaturen wurden von einem Teil der beteiligten Disziplinen ebenfalls anhand der Erklärkriterien analysiert (s. 2.3).[32] Für die Auswertung wurden mehrere Rater*innen eingesetzt, die an gemeinsamen Rating-Schulungen teilnahmen. Durch die einheitliche Vorgehensweise wurde sowohl die Vergleichbarkeit der Ergebnisse als auch die Möglichkeit der Gesamtauswertung aller Datensätze im Rahmen des interdisziplinären Projekts gewährleistet.

Die von den SuS ausgefüllten Fragebögen wurden ebenfalls zur Analyse der Entwicklung der Erklärkompetenz herangezogen. Die Kompetenzentwicklung bei den Lernenden selbst wurde anhand eines für jedes Fach gesondert entwickelten Auswertungsverfahrens analysiert.

---

[30] Leonhard 2011.

[31] Die Fragebögen wurden den Studierenden erst nach Abschluss des Seminars zur Einsicht vorgelegt, um differenziert messen zu können, welche Kompetenzentwicklungen sich auf Basis der eigenständigen Reflexionen – und eben nicht auf Basis der SuS-Feedbacks – ergeben.

[32] Dabei wurde zusätzlich analysiert, inwieweit die Studierenden auf verbale und non-verbale Rückmeldungen der SuS während ihrer Erklärungen reagieren, diese kurzfristig reflektieren und ihre Erklärungen spontan an die jeweiligen Situationen anpassen (Mikro-Adaptivität), um ein möglichst hohes Maß an Adressatenorientierung und somit ein besseres Verständnis auf Seiten der SuS zu erreichen.

2.3   Fachspezifische Adaptationen

Bereits während der Pilotierungsphase wurde deutlich, dass in den einzelnen Fachdidaktiken Anpassungen des kooperativ erarbeiteten Forschungsdesigns, der Forschungsfragen und der Erhebungsinstrumente erforderlich sein würden, um das Projekt zweckmäßig durchführen zu können. So führte u. a. die unterschiedliche Anzahl der Studierenden, die sich zu den fachdidaktischen Seminaren anmeldeten, dazu, dass die Einrichtung einer Kontrollgruppe nur in einigen Fächern möglich war. Damit unterschied sich auch die Anzahl der in den einzelnen Fächern parallel angebotenen Seminare zum Erklären: Während es u. a. in der Religionspädagogik pro Semester nur ein einziges Seminar gab, in dem Erklärer*innen und Beobachter*innen gemeinsam in ihrer Erklärkompetenz geschult wurden, fanden in anderen Fächern bis zu drei Parallelseminare – ein Erklärer*innen-, ein Beobachter*innen- sowie ein Kontrollgruppenseminar – statt. Zudem unterschied sich auch die Größe der Seminare z. T. erheblich: Während in einigen Fächern über 20 Studierende teilnahmen, wurde z. B. in der Religionsdidaktik während eines Semesters ein Seminar mit 2 Studierenden durchgeführt, so dass schließlich die Stichprobengrößen erheblich variierten.

Auch erforderte der Fortschritt der Studierenden in den einzelnen Studiengängen fachspezifische Anpassungen: So wurde z. B. im Fach Chemie, in denen sich ausschließlich Studierende höherer Semester zum Seminar anmeldeten, vorausgesetzt, dass das für die Erarbeitung der Erklärungen erforderliche Fachwissen bereits vorhanden war, und im Seminar somit keine fachliche Wissensvermittlung erfolgen musste. Dies war in anderen Fächern nicht der Fall, so dass hier jeweils mind. eine Seminarsitzung für die fachliche Wissensvermittlung eingeplant wurde.

Abweichungen erwiesen sich zudem bzgl. der Schülertage und somit der Datenerhebung als erforderlich. Diese waren ebenfalls u. a. aufgrund der unterschiedlichen Seminargrößen notwendig, aber auch angesichts der an den Schulen bzw. in den Klassen vorzufindenden Bedingungen.

Differenzen ergaben sich schließlich auch hinsichtlich der Eingrenzung des auszuwertenden Datenmaterials: Je nach fachspezifisch bestimmtem Fokus auf einzelne Aspekte innerhalb der gemeinsamen Forschungsfragen wurde die Analyse der erhobenen Daten in den Disziplinen entsprechend begrenzt. Das heißt, nicht in allen Fachdidaktiken wurden die schriftlichen Reflexionen ausgewertet; mehrere Disziplinen verzichteten auf die Analyse der Unterrichtsminiaturen.

3.   Die religionsdidaktische Teilstudie FALKE-eR

Die religionsdidaktische Studie FALKE-eR widmete sich als fachspezifische Studie im interdisziplinären Forschungsprojekt der Untersuchung und Förderung der adressatenorientierten und adaptiven Erklärkompetenz angehender Religionslehrkräfte. Im Sinne der Vergleichbarkeit der Ergebnisse wurde angestrebt, das gemeinsam festgelegte Studiendesign und die für das Gesamtprojekt FALKE-e formulierten Forschungsfragen zugrunde zu legen. Allerdings erforderten die Bedingungen im Fach einige Adaptationen, um das Forschungsprojekt zweckmäßig durchführen zu können.

3.1   Adaptation des Studiendesigns

Wie bereits in Abschnitt 2.3 erwähnt, war es aufgrund der geringen Studierendenzahlen u. a. in der Religionspädagogik nicht möglich, eine Kontrollgruppe einzurichten. Über den Zeitraum der Haupterhebungsphase hinweg waren insges. 20 Studierende an der Studie beteiligt. Die höchste Teilnehmerzahl im Verlauf der Erhebung wurde durch die Anmeldung von 10 Studierenden erreicht. In einem Semester gab es lediglich zwei Seminarteilnehmer.

Hinsichtlich der strukturellen Gestaltung des fachdidaktischen Seminars ergaben sich kaum Abweichungen von anderen Fachdidaktiken. Die Vermittlung von Fachwissen wurde – wie auch in weiteren Fächern – als notwendig erachtet, damit die Studierenden fachlich korrekte Erklärungen für die SuS vorbereiten konnten.

Die deutlichsten Unterschiede ergaben sich in Hinblick auf die Gestaltung des Schülertages, der im Fach Religion unter dem Titel „Erzähltag" durchgeführt wurde: Insbes. aufgrund der Studierendenzahlen sowie der Gegebenheiten in den beteiligten Religionsklassen war es erforderlich, ein Konzept zu entwickeln, das von dem der anderen Disziplinen abwich, jedoch notwendig war, um schulorganisatorische Schwierigkeiten sowie größere Herausforderungen bzgl. der Umsetzung des Forschungsprojekts zu vermeiden.[33]

3.2   Fachlich-thematische Schwerpunktsetzung

Auf fachlich-thematischer Ebene befasste sich FALKE-eR mit der Behandlung der Frage nach den Wahrheiten biblischer Erzählungen im RU mit Jugendlichen. Ausgehend von bibelwissenschaftlichen und theologischen Erkenntnissen sowie unter Berücksichtigung religionspädagogischer, fachdidaktischer und entwicklungspsychologischer Erkenntnisse wurde untersucht, wie dort eine effektive Thematisierung der Wahrheitsfrage gelingen kann. Es wurden Möglichkeiten formuliert, Lernenden unterschiedliche Perspektiven auf die Frage aufzuzeigen

---

[33]   Während die Erklärer*innen ihre Unterrichtsminiaturen in den anderen Fächern an den MZP je einmal vor ganzen Schulklassen erprobten, taten dies die angehenden Religionslehrkräfte an den Erhebungstagen dreimal hintereinander vor verschiedenen Kleingruppen innerhalb der Religionsklassen.

und Kompetenzen für eine differenzierte Auseinandersetzung mit Bibelge-schichten zu vermitteln. Den Ansatzpunkt bildete die empirische Erkenntnis, dass die Haltung Jugendlicher gegenüber der Wahrheitsfrage in engem Zusam-menhang mit der Bedeutung steht, die diese für sich selbst in den Geschichten erkennen.[34] Von diesem ausgehend wurde im fachdidaktischen Seminar u. a. die Frage behandelt, inwiefern eine effiziente Thematisierung den jungen Men-schen zu einer Rezeption der Erzählungen verhelfen kann, die sie für sich schlüs-sige Deutungen finden und in ihnen eine Relevanz für die eigene Identität und das Leben in der heutigen Zeit entdecken lässt.

Die für die Erklärungen grundlegenden Fragestellungen bezogen sich auf fachwissenschaftliche wie auch fachdidaktische Inhalte: Auf fachlicher Ebene erhielten die Studierenden einen allgemeinen Input zu biblischen Erzählungen und damit verbundenen, für den RU fruchtbaren Themenschwerpunkten. Hin-sichtlich der Wahrheitsfrage wurden Anfragen an die biblischen Texte formu-liert und davon ausgehend religionspädagogische Fragen bzgl. der Auswahl zu erklärender Inhalte (wesentliche Aspekte zu den Textgattungen, historisch-ge-sellsch. Gegebenheiten zur Zeit der Textentstehung, Herangehensweisen an die Wahrheitsfrage) thematisiert.

3.3   Adaptation der Forschungsfragen

Die im Rahmen des Gesamtprojekts FALKE-e formulierten Forschungsfragen wurden angesichts der fachspezifischen Gegebenheiten sowie in Hinblick auf die thematische Schwerpunktsetzung und damit in Verbindung stehende Erwartun-gen bzgl. der Kompetenzentwicklungen folgendermaßen konkretisiert und er-gänzt:

1. Inwiefern lassen sich bei angehenden Lehrkräften in der universitären Aus-bildung Kompetenzen für eine differenzierte Behandlung der Frage nach den Wahrheiten biblischer Erzählungen im RU mit jugendlichen SuS för-dern?

2. Unterscheiden sich die Zuwächse in der adaptiven Erklärkompetenz der Studierenden zwischen den MZP in der Gruppe der Erklärenden versus der Gruppe der Beobachtenden?[35]

3. a) Unterscheiden sich die Zuwächse in der Reflexionskompetenz der Studie-renden zwischen dem ersten und dem zweiten MZP in der Gruppe der Erklä-renden versus der Gruppe der Beobachtenden?

---

[34]   Gennerich / Zimmermann 2020, 48f., 90f., 98f., 162; Theis, 2017.

[35]   Bzgl. Frage 2 ist darauf hinzuweisen, dass „Messzeitpunkt" im religionsdidaktischen Pro-jekt z. T. anders konnotiert ist, da es, wie unter 3.1 dargestellt, aufgrund des Konzepts für den „Erzähltag" innerhalb der MZP 1 und 2 jeweils drei Teil-MZP zur Erhebung der Erklär-kompetenz der Studierenden gab.

    b) Inwiefern wirkt sich eine tiefere Reflexion auf die Steigerung der Erklär-
kompetenz aus?

4. a) Inwiefern wird durch themenspezifische Erklärungen die Kompetenz von
SuS gesteigert, biblische Erzählungen in Hinblick auf ihren Wahrheitsgehalt
differenziert zu betrachten?

    b) Unterscheiden sich die Kompetenzzuwächse der SuS zwischen den beiden
MZP?

Die Auswertungsverfahren für die quantitative Analyse der Datensätze wurden
weitestgehend unverändert aus dem Gesamtprojekt übernommen und durch
fachspezifische Auswertungskriterien ergänzt.

3.4   *Quantitative und qualitative Datenauswertung*

Insgesamt liegen von jedem bzw. jeder der 20 am Forschungsprojekt beteiligten
Studierenden zwei videographierte Kurzerklärungen, zwei ausgearbeitete Arti-
kulationsschemata sowie zwei schriftliche Reflexionen vor. Hinzu kommen je
sechs Unterrichtsvideographien auf Seiten der Erklärenden. Aufgrund der geringen Anzahl von nur zwei Seminarteilnehmern in einem der Semester, die ein
reines „Erklärer*innen-Seminar" erforderte, überwiegt die Menge an Erklärer*innen geringfügig gegenüber der Zahl an Beobachter*innen (11 Erklärer*innen, neun Beobachter*innen).

    Vollständige Datensätze sind zudem von insgesamt vierundachtzig SuS vor-
handen. Hierzu gehören die ausgefüllten Fragebögen sowie die bearbeiteten
Kompetenztests.

    Um die Forschungsfragen zu beantworten, wurden im Rahmen von FALKE-
eR zunächst alle Datensätze einer quantitativen Analyse unterzogen. Allerdings
wurde hierdurch eine eher flächige bzw. formale Betrachtung der Daten erreicht, so dass sich eine zum Zeitpunkt der Veröffentlichung des vorliegenden
Beitrags laufende qualitative Analyse anschloss, deren Ergebnisse in den kommenden Jahren in Form einer Habilitationsstudie sowie weiterer Publikationen
veröffentlicht werden.

4.   Erste Erkenntnisse

Die endgültige Auswertung der Datensätze sowohl der religionsdidaktischen
Studie als auch des Gesamtprojekts ist zum Zeitpunkt der Einreichung des vor-
liegenden Beitrags noch nicht vollständig abgeschlossen. Daher sind auf beiden
Ebenen bisher nur vage Aussagen bzgl. der Ergebnisse zu treffen.

    In Bezug auf das fachspezifische Projekt ist festzustellen, dass die intensive
Auseinandersetzung mit Möglichkeiten der Behandlung der Frage nach den
Wahrheiten biblischer Erzählungen im RU durchaus zu einem Kompetenz-

zuwachs bei den Studierenden geführt hat. Diese befassten sich sowohl mit ihren eigenen Haltungen und Überzeugungen bzgl. der Wahrheitsfrage als auch mit Möglichkeiten einer effizienten Thematisierung der Frage mit SuS. Vorhandenes und neu erworbenes fachwissenschaftliches und -didaktisches Wissen konnte somit miteinander verknüpft und praktisch angewendet werden.

Festzustellen ist zugleich, dass bei nahezu jedem bzw. jeder der beteiligten Studierenden das Fachwissen zum Zeitpunkt der Erhebungen noch nicht ausreichend entwickelt war, um eine fachlich fundierte Erklärung auszuarbeiten. Darüber hinaus fiel es vielen von ihnen schwer, flexibel auf Nachfragen oder Beiträge von SuS zu reagieren. Während also in anderen an FALKE-e beteiligten Fächern das fachliche Wissen bereits vorausgesetzt wurde, wird die Vermittlung relevanter Fachinhalte im religionsdidaktischen Seminar auch rückblickend als unbedingt notwendig erachtet. In diesem Kontext ist durchaus zu behaupten, dass das für die religionsdidaktische Studie gesetzte Thema aufgrund seiner Abstraktheit und seines Bezugs zu eigenen (Glaubens-)Überzeugungen eine intensivere, auch persönliche, Auseinandersetzung verlangt als z. B. das Thema „Baumdiagramm" in der Mathematikdidaktik oder das Thema „Chemische Reaktion" in der Chemiedidaktik.

Eine weitere Herausforderung an die Studierenden stellte die Auswahl erklärwürdiger bzw. -bedürftiger Aspekte zu den biblischen Erzählungen dar. Die Entwicklung eines Gespürs dafür, in Bezug auf welche Inhalte das Erklären die passende Methode ist, und auf welche Weise Instruktion und Konstruktion sinnvoll miteinander verknüpft werden können, verlangt offenbar umfangreichere Praxiserfahrung als vorausgesetzt werden konnte. Auch in diesem Punkt unterscheidet sich das Fach Religion von anderen Fächern, in denen im Unterricht behandelte Phänomene und Sachverhalte sich unmittelbarer als Erklärgegenstände anbieten als die oft kaum greifbaren Themen und unbeantwortbaren Fragen im RU.

Hinsichtlich der Zuwächse in der adaptiven Erklärkompetenz und einer diesbezüglichen Differenz zwischen erklärenden und beobachtenden Studierenden sind zum derzeitigen Zeitpunkt noch keine validen Aussagen zu treffen. Erste Sichtungen des Datenmaterials führen zu der Annahme, dass die Effekte sowohl in der Religionsdidaktik als auch in den anderen Disziplinen sehr heterogen sind, und dass – im Sinne des Angebot-Nutzen-Modells[36] – einige der Studierenden das Angebot, sich mit ihren eigenen Kompetenzen eingehend auseinanderzusetzen, offenbar intensiver nutzten als andere. Entsprechend sind unterschiedliche Kompetenzentwicklungen zu beobachten. Auf welche Faktoren diese letztlich zurückzuführen sind (z. B. Reflexionstiefe, Entwicklung einer allg. Sicherheit im Umgang mit SuS) wird für die religionsdidaktische Studie durch die qualitative Detailanalyse in Erfahrung zu bringen sein. Insgesamt ist

---

[36]   Helmke 2007, 41.

festzustellen, dass Kompetenzzuwächse lediglich bei wenigen Studierenden und bei diesen nur in geringem Ausmaß zu verzeichnen sind.

In Bezug auf die Entwicklung der Reflexionskompetenz stellt es sich als schwierig heraus, generalisierende Aussagen zu treffen. Die jeweils zweiten Reflexionen beziehen sich nahezu ausnahmslos auf wenige Aspekte, die den Studierenden im Vergleich zwischen 1. und 2. MZP auffielen, so dass sie i.d.R. deutlich knapper ausfallen und somit eine geringere Reflexionsbreite und -tiefe aufweisen. Ob dadurch auf eine abnehmende Reflexionskompetenz zu schließen ist, ist fraglich.

Aufgrund der derzeit noch ausstehenden Auswertung der Kompetenztests können bzgl. der Kompetenzentwicklung der Lernenden noch keine detaillierten Aussagen getroffen werden. Auch hier lässt die erste Durchsicht des Datenmaterials eine große Heterogenität erkennen. Eine detaillierte Analyse ist erforderlich, um mögliche Gründe für beobachtbare Kompetenzentwicklungen nachzuvollziehen.

5. Chancen und Grenzen der interdisziplinären Zusammenarbeit in FALKE-e

5.1 Allgemeine Sicht

Martin Rothgangel und Henrik Simojoki bezeichnen die FALKO- und FALKE-Projekte als „beispielhaft für das Aufkommen einer fachdidaktischen Verbundforschung, bei der sich ein möglichst breites Spektrum von Fachdidaktiken darum bemüht, kooperativ gemeinsame Forschungsfragen zu bearbeiten und dafür geeignete Zugänge zu entwickeln."[37] Durchaus wurden die Kooperation und der Diskurs zwischen den Fachdidaktiken als konstruktiv und gewinnbringend sowohl für die eigene Disziplin als auch in Hinblick auf die Verbesserung der universitären Lehramtsausbildung wahrgenommen. Angesichts der Tatsache, dass sowohl das Erklären als auch das Reflektieren unterrichtlichen Handelns zentrale Kernkompetenzen einer jeden Lehrkraft darstellen, leistet das Projekt einen wichtigen Beitrag zur wissenschaftlichen Auseinandersetzung mit Möglichkeiten der Förderung dieser Fertigkeiten. Die feste Implementierung entsprechender Seminare, die es Studierenden ermöglicht, Bildungsinhalte für den Unterricht aufzubereiten, mit SuS zu erproben und anhand von Videographien zu reflektieren, kann sich zweifellos positiv auf die Lehrkräftebildung und somit nachhaltig auf die Qualität schulischen Unterrichts auswirken.

Es ist als eindeutiger Mehrwert der interdisziplinären Kooperation in FALKE-e zu betrachten, die Perspektiven verschiedener Fächer auf ein gemein-

---

[37] Rothgangel / Simojoki 2012, 14.

sames Thema miteinander ins Gespräch zu bringen. Ohne die jeweils fach-
eigenen Überzeugungen und Fragestellungen zu vernachlässigen, gelang die kooperative Er- und Bearbeitung eines grundlegenden Studiendesigns sowie von
Forschungsfragen. Gleichzeitig konnten fachspezifische Positionen und Herangehensweisen reflektiert, und jeweils eigene Perspektiven erweitert werden. Die
interdisziplinäre Zusammenarbeit in FALKE-e ist somit als gelungener „interkultureller" Austausch zu bezeichnen.

5.2   Religionspädagogische Sicht

Für die Religionspädagogik wurde deutlich, dass sich nicht nur die Kooperation
mit anderen theologischen Disziplinen, sondern auch mit anderen Fachdidaktiken und Bezugsdisziplinen als Mehrwert erweist. Sie gewinnt wertvolle Erkenntnisse von anderen Wissenschaften, kann sich aber auch selbst konstruktiv einbringen, indem sie – mit Andrea Lehner-Hartmann und Wolfgang Weirer ausgedrückt –

> „die Wahrnehmung der lernenden Subjekte sowie die Aufmerksamkeit für anthro-
> pologische (und theologische) Grundannahmen [schärft], die didaktischen Interven-
> tionen und Sichtweisen zugrunde liegen bzw. zugrunde gelegt werden können und
> die im Zuge der starken empirischen Ausrichtung der Fachdidaktik ein notwendiges
> Korrektiv bzw. erkenntnisleitendes Moment abgeben können."[38]

Gleichzeitig wird aus Sicht der Verfasserin das Fazit gezogen, dass die Berührungspunkte zwischen den beteiligten Fachdidaktiken sehr differenziert zu betrachten sind. Die interdisziplinäre Zusammenarbeit zeigte an mehreren Stellen,
dass die Heterogenität an Konzepten und Perspektiven teilweise so groß ist, dass
sich die Konsensbildung bzw. Überbrückung von Differenzen immer wieder als
herausfordernd erwies. Dies war in FALKE-e nicht zuletzt in Hinblick auf Vorstellungen bzgl. des Erklärens festzustellen: Bei aller interdisziplinären Vergleichbarkeit allgemeiner Kriterien guten Erklärens wird doch deutlich, dass Erklärungen zu Übungen im Sportunterricht oder zu Experimenten im Chemie-
unterricht mit solchen zur Frage nach den Wahrheiten biblischer Erzählungen
im RU kaum vergleichbar sind. Insbes. in Bezug auf Kriterien wie Adressatenorientierung oder Adaptivität bestehen Unterschiede: Im RU geht es schließlich
nicht nur um Heterogenität im Sinne von Vorwissen, Lernvoraussetzungen oder
Interessen; es geht auch um Überzeugungen, Weltbilder, Deutungsperspektiven,
um religiöse Sozialisationshintergründe, die das Leben, Denken und Handeln sowie die Wahrnehmung und das Verstehen von Individuen prägen. Es geht auch
um den religiösen Entwicklungsstand der einzelnen SuS – und letztlich auch um

---

[38]   Lehner-Hartmann / Weirer 2014, 156.

Identität. So zeigte die Kooperation in FALKE-e, dass der Aussage Wolfgang Klafkis zuzustimmen ist, verallgemeinernde Aussagen müssten

> „im Arbeitsfeld der Bereichs- und Fachdidaktiken nicht nur gegenstandsspezifisch konkretisiert werden, sie werden vielmehr im Zuge solcher Konkretisierungsversuche jeweils zugleich daraufhin geprüft, ob ihr hypothetischer, verallgemeinerter Geltungsanspruch haltbar ist, ob er gegebenenfalls fach- oder bereichsspezifisch modifiziert, eingeschränkt, vielleicht sogar zurückgewiesen werden muß."[39]

Um den Kooperationsprozess in einem Projekt wie FALKE-e aufrecht zu erhalten, ist es wesentlich, solche Differenzerfahrungen zu machen und v. a. auszuhalten. Gerade Multiperspektivität kann sich bereichernd auf interdisziplinäre Zusammenarbeit auswirken, wechselseitige Verständigung ermöglichen und zum aktiven, dynamischen Prozess der Aushandlung von Denk- und Herangehensweisen beitragen.[40] Dabei gilt es, „die eigene Disziplin als spezifische Sicht auf die Welt, als eine Kultur unter vielen möglichen"[41] und zugleich die „fremden Kulturen" mit ihren je spezifischen Perspektiven als der eigenen gleichwertig anzuerkennen.[42] In interdisziplinären Projekten wie FALKE-e sind die Besonderheiten der domänenspezifischen Sicht auf die Dinge, die verschiedenen Zugänge zur Wirklichkeit im Sinne von J. Baumerts Modell der „Welterschließungsmodi"[43] in ihren Eigenheiten zu bedenken, zu respektieren und zu reflektieren, und durch ihre Verschränkung Translationen zu erzielen. Dabei ergänzen sich die Zugänge wechselseitig, können sich jedoch nicht ersetzen. „Keiner Perspektive eröffnet sich eine andere Welt, aber immer die eine Welt als eine andere."[44]

Abschließend zieht die Verfasserin des vorliegenden Beitrags für die Religionspädagogik das Resümee, dass interdisziplinäre Forschung zugleich die stetige Rückbindung an die eigene Disziplin und die fachspezifische Profilierung erfordert. Erst im Horizont des eigenen Fachs sind letztlich konkrete Erkenntnisse zu gewinnen, die für die universitäre Ausbildung zukünftiger Religionslehrkräfte nutzbar gemacht werden können.

Literatur

BAUMERT, JÜRGEN (2002), Deutschland im internationalen Bildungsvergleich, in: KILLIUS, NELSON / KLUGE, JÜRGEN / REISCH, LINDA (Hg.), Die Zukunft der Bildung, Frankfurt a. M., 100–150.

---

[39]   Klafki 1994, 51.
[40]   Defila / Di Giulio 1998, 119f.
[41]   Ebd., 125. Bei Prediger ist in diesem Kontext die Rede von einer „kulturelle[n] Bewusstheit" (Prediger 2003, 8).
[42]   Ebd.
[43]   Baumert 2002, 113.
[44]   Dressler 2007, 28.

CORNO, LYN / SNOW, RICHARD E. (1986), Adapting teaching to individual differences among learners, in: WITTROCK, MERLIN (Hg.), Handbook of research on teaching, New York, 605–629.

DEFILA, RICO / DI GIULIO, ANTONIETTA (1998), Interdisziplinarität und Disziplinarität, in: OBERTZ, JAN H. (Hg.), Zwischen den Fächern über den Dingen? Universalisierung versus Spezialisierung akademischer Bildung, Opladen, 111–137.

DRESSLER, BERNHARD (2007), Blickwechsel: religionspädagogische Einwürfe, Leipzig.

FLECK, LUDWIK (1994) [1935], Entstehung und Entwicklung einer wissenschaftlichen Tatsache: Einführung in die Lehre vom Denkstil und Denkkollektiv, hg. von Lothar Schäfer / Thomas Schnelle, Frankfurt a. M.

FRICKE, MICHAEL (2017), FALKO-R: Professionswissen von Religionslehrkräften. Entwicklung eines Messinstruments zur fachdidaktischen Lehrerkompetenz, in: KRAUSS, STEFAN u. a. (Hg.), FALKO: Fachspezifische Lehrerkompetenzen. Konzeption von Professionswissenstests in den Fächern Deutsch, Englisch, Latein, Physik, Musik, Evangelische Religion und Pädagogik, Münster / New York, 439–454.

FRICKE, MICHAEL / MURMANN, RENATE (2020), Zur Einschätzung von instruktionalen Erklärungen im RU – eine empirische Untersuchung im Rahmen des Projekts FALKE, in: Zeitschrift für Pädagogik und Theologie 72/3, Berlin / Boston, 336–347.

GENNERICH, CARSTEN / ZIMMERMANN, MIRJAM (2020), Bibelwissen und Bibelverständnis bei Jugendlichen. Grundlegende Befunde – theoriegeleitete Analysen – bibeldidaktische Konsequenten, Stuttgart.

HELMKE, ANDREAS (2007), Unterrichtsqualität erfassen, bewerten, verbessern, Seelze.

JUNGERT, MICHAEL (2010), Was zwischen wem und warum eigentlich? Grundsätzliche Fragen der Interdisziplinarität, in: JUNGERT, MICHAEL u. a. (Hg.), Interdisziplinarität: Theorie, Praxis, Probleme, Darmstadt, 1–2.

KRAUSS, STEFAN u. a. (Hg.) (2017), FALKO. Fachspezifische Lehrerkompetenzen: Konzeption von Professionswissenstests in den Fächern Deutsch, Englisch, Latein, Physik, Musik, Evangelische Religion und Pädagogik, Münster / New York.

LEHNER-HARTMANN, ANDREA / WEIRER, WOLFGANG (2014), Religionspädagogik als Fachdidaktik, in: Österreichisches Religionspädagogisches Forum 22, 153–159.

LEONHARD, TOBIAS (2011), Evaluations- und Forschungsbericht Schulpraktische Studien 2008–2010, Heidelberg.

LINDL, ALFRED u. a. (2019), Eine ‚gute‘ Erklärung für alle?! Gruppenspezifische Unterschiede in der Beurteilung von Erklärqualität – erste Ergebnisse aus dem interdisziplinären Forschungsprojekt FALKE, in: EHMKE, TIMO / KUHL, POLDI / PIETSCH, MARCUS (Hg.), Lehrer. Bildung. Gestalten. Beiträge zur empirischen Forschung in der Lehrerbildung, Weinheim / Basel, 128–140.

MURMANN, RENATE / FRICKE, MICHAEL (2024), FALKE-R: eine empirische Studie zur Wahrnehmung von instruktionalen Erklärungen im RU, in: Schilcher Anita u. a. (Hg.), Fachspezifische Lehrerkompetenzen im Erklären. Weinheim / Basel (im Erscheinen).

PIRNER, MANFRED L. / SCHULTE, ANDREA (Hg.) (2003), Religionsdidaktik im Dialog – Religionsunterricht in Kooperation, Jena.

PREDIGER, SUSANNE (2003), Universitäre Wissenskultur: Einheit der Wissenschaften in der multikulturellen Vielfalt der Disziplinen, in: LENGNINK, KATJA / PREDIGER, SUSANNE / SIEBEL, FRANZISKA (Hg.), Mathematik für Menschen. Festschrift für Rudolf Wille zur Emeritierung, Darmstadt.

ROTHGANGEL, MARTIN (2021), Art. „Fachdidaktik, allgemeine", in: Wissenschaftlich Religionspädagogisches Lexikon im Internet (www.wirelex.de).

ROTHGANGEL, MARTIN u. a. (Hg.) (2021), Lernen im Fach und über das Fach hinaus. Bestandsaufnahmen und Forschungsperspektiven aus 17 Fachdidaktiken im Vergleich (2. korrig. Auflage; Allgemeine Fachdidaktik, Band 2), Münster / New York.

ROTHGANGEL, MARTIN / SIMOJOKI, HENRIK (2021), Potentiale der Allgemeinen Fachdidaktik für die Religionsdidaktik, in: Österreichisches Religionspädagogisches Forum 29/1, 10-28.

SCHILCHER, ANITA u. a. (2017), Ausblick – Aus FALKO wird FALKE. Fachspezifische Lehrerkompetenz im Erklären, in: KRAUSS, STEFAN u. a. (Hg.), FALKO: Fachspezifische Lehrerkompetenzen: Konzeption von Professionswissenstests in den Fächern, Deutsch, Englisch, Latein, Physik, Musik, Evangelische Religion und Pädagogik, Münster / New York, 439-454.

SCHILCHER, ANITA u. a. (2024), Einleitung, in: SCHILCHER, ANITA u. a. (Hg.), Fachspezifische Lehrerkompetenzen im Erklären, Weinheim / Basel (im Erscheinen).

THEIS, JOACHIM (2017), Art. „Einstellungen zur Bibel, von Jugendlichen", in: Wissenschaftlich-Religionspädagogisches Lexikon im Internet (www.wirelex.de).

VOLLMER, GERHARD (2010), Interdisziplinarität – unerlässlich, aber leider unmöglich?, in: JUNGERT, MICHAEL u. a. (Hg.), Interdisziplinarität: Theorie, Praxis, Probleme, Darmstadt, 47-75.

Interdisziplinär nach Positionalität fragen: Religiöse Bildung im Dialog mit Politik- und altsprachlicher Didaktik

Marius de Byl, Bernhard Grümme

Der Beitrag fragt auf interdisziplinärer Grundlage nach Positionalität als elementarer Dimension eines religionsunterrichtlich kontextualisierten Übersetzungsdiskurses. Um diesbezügliche, bislang übersehene Potentiale für den Religionsunterricht auszuloten, zentrieren die nachfolgenden Ausführungen nach einer ersten kurzen Verortung im religionspädagogischen Forschungsdiskurs sowohl einen politikdidaktischen als auch einen altsprachlich-didaktischen Blick auf Positionalität.

Schlagwörter: Religionsunterricht – Politikdidaktik – Altsprachliche Didaktik – Positionalität – Übersetzung.

On an interdisciplinary basis, this article examines positionality as an elementary dimension of a translation discourse contextualized in religious education. In order to explore previously overlooked potentials for religious education in this regard, the following explanations, after an initial brief localization in the religious education research discourse, focus on both a political didactic and an classical language didactic view of positionality.

Keywords: Religious education – didactics of politics – didactics of classical languages – positionality – translation

1. Positionalität und Kontroversität. Ein politikdidaktischer Blick

„Übersetzen ist zunächst kein didaktischer Begriff. Dass Unterrichten ein Übersetzen sein soll, wird vielleicht alltagssprachlich gesagt, kann aber als Terminus Technicus in der Didaktik nicht belegt werden".[1] Was Friedrich Schweitzer hier noch 2019 lakonisch konstatiert, hat inzwischen deutliche Veränderungen erfahren. Die Zahl an Forschungen im Feld hat sich dermaßen intensiviert, dass inzwischen durchaus von einem Übersetzungsdiskurs geredet werden kann.[2] Gleichwohl sind die Dynamiken noch nicht vollends ersichtlich, die durch ihn

---

[1]   Schweitzer 2019, 54.

[2]   Vgl. Hild 2023; Haußmann u. a. 2019; De Byl 2023a; De Byl 2023b; Grümme 2021, 167–213.

der Religionspädagogik eröffnet werden. Dabei zeichnen sich so weite Perspektiven ab, dass diese allenfalls exemplarisch erörtert werden können. Dies soll hier im Dialog mit der Politikdidaktik und der Didaktik der Alten Sprachen geschehen, und zwar in einem Bereich, der zunehmend Brisanz erhält: dem der Positionalität.

Denn Positionalität[3] ist in religionspädagogischen wie -didaktischen Diskursen um die Zukunftsfähigkeit des Religionsunterrichtes zu einer hochfrequent traktierten Schlüsselkategorie avanciert. So wird gegenwärtig etwa am Beispiel des konfessionell-kooperativen Religionsunterrichtes in NRW die Dimension ‚transparenter Positionalität' als (bleibendes) Konstitutivum eines (insbesondere Konfessionell-Kooperativen) Religionsunterrichtes eingespielt, der sich insofern von religionsunterrichtlichen Formaten abhebt, als religiöse Bildung „in konkreter Auseinandersetzung mit gelebten Orientierungen und authentischer Zeugenschaft" geschieht.[4]

Doch wo liegt die Herausforderung für Übersetzungsdiskurse, worin deren weiterführender Beitrag? Ein zweifacher Blick im interdisziplinären Dialog soll hier Klärung ermöglichen.

Entscheidend bei der Frage der Positionalität ist politikdidaktisch, dass Positionalität kontrovers gedacht wird, und zwar in einem emphatischen wie normativen Verständnis von Kontroversität. Wie der Politikdidaktiker Tilmann Grammes in der Auseinandersetzung mit dem Beutelsbacher Konsens aufzeigt, kann man eine gute Prinzipienlogik von Kontroversität, d. h. „[e]inen guten Kriteriensatz", daran erkennen, dass „er kontrovers bleibt".[5] Insofern manche Auslegungen dieses Konsenses ihm eine solche bleibende Kontroversität bestreiten,[6] ergibt sich eine Debatte, von der sich auch für den Positionalitätsdiskurs in der Religionspädagogik erhebliche Einsichten gewinnen lassen. Diese Debatte, so die These, bietet das Potential, innerhalb der Religionsdidaktik grundlagentheoretische Klärungen über ihre Grundausrichtung zu entzünden, zu denen auch der Übersetzungsdiskurs einen fruchtbaren Beitrag liefern kann.

1.1   *Beutelsbach oder Frankfurt: ein Streit ums Eingemachte*

Der Beutelsbacher Konsens (BK) von 1976 umfasst drei Maximen, die für die Politische Bildung axiomatisch geworden sind:
1.   Das Verbot der Überwältigung. Danach liegt die Grenze zwischen Indoktrination und politischer Bildung dort, wo die Lernenden an der Gewinnung

---

[3]   Vgl. Fabricius 2022.
[4]   Vgl. Evangelische Landeskirchen in Nordrhein-Westfalen / Katholische Diözesen in Nordrhein-Westfalen 2022.
[5]   Grammes 2016, 156.
[6]   Vgl. Gärtner / Herbst / Kläsener 2023a, 7–19; Gärtner / Herbst / Kläsener 2023b, 207–219.

eines eigenständigen Urteils gehindert werden, indem politisches Lernen im Sinne einer erwünschten, vorher festgelegten Meinung erfolgt.

2. Die Kontroversität des Unterrichts, wodurch sich die Kontroversität und der Pluralismus des Politischen in Wissenschaft und Politik abbilden.

3. Die Befähigung der Schülerinnen und Schüler dazu, eine politische Situation und ihre eigene Interessenlage zu analysieren sowie nach Mitteln und Wegen zu suchen, die Lage im Sinne der eigenen Interessen zu beeinflussen.[7]

An der Auslegung dieses Konsenses hat sich bis heute ein heftiger Streit entzündet, der das Selbstverständnis der Politikdidaktik berührt. Exemplarisch sind zwei Positionen zu unterscheiden:

Für das Konzept der *Politischen Bildung* zeigt dieser Konsens ein Verständnis von politischer Bildung „in der Tradition der Aufklärung als einer vom Leitmodus der Rationalität geprägten Auseinandersetzung mit Politik", das die Mündigkeit des Menschen „im Sinne selbstständigen Urteilens und Handelns" fördern will und sich „auf die Demokratie als wünschenswerte politische Ordnung" bezieht.[8] Im Gegensatz zu einer als Sozialisation oder als Herrschaftslegitimation begriffenen Form verhält sich die auf Mündigkeit abzielende politische Bildung deshalb kritisch zu ihrem gesellschaftlich-politischen Kontext, zu politischen Institutionen, Instanzen und Zielen. Während aber politisches Handeln im Lichte praktischer Ziele auf die Gestaltung von Gesellschaft und Politik drängt, versetzt sich Politische Bildung in eine reflexive Distanz dazu.[9] Sie kann nicht beanspruchen, losgelöst von politischen Prozessen zu agieren. Dies hieße wiederum, der Illusion einer unpolitischen Autonomie des Pädagogischen zu unterliegen. Politische Bildung, die doch gerade politische Handlungsfähigkeit anzielt, verdankt sich in ihrer Möglichkeit wiederum politischem Handeln.[10] Das Überwältigungsverbot markiert eine nicht überschreitbare Grenze. Selbst wenn es um ein Urteil ginge, das die demokratische Grundordnung bejahte, darf dieses Urteil nicht erzwungen werden. Erkennbar müssen Form und Inhalt in Übereinstimmung stehen und am Mündigkeitspostulat und an Freiheit orientiert sein. Die Unterrichtsmethodik darf nicht so gestaltet sein, dass sie dem Ziel politischer Bildung widerspricht. Ein an Mündigkeit und Freiheit orientierter Unterricht wird konterkariert durch einen nicht-partizipatorischen autoritären Unterrichtsstil der Lehrenden, während umgekehrt ein partizipatorischer schülerorientierter Unterricht genau solches performativ einübt.[11]

Doch was ist, wenn die idealtypische Konzeption von Demokratie brüchig und die Suche nach Alternativen virulent wird, wie dies derzeit in kritischen Demokratietheorien traktiert wird?[12] Mit der Frankfurter Erklärung von 2015 liegt

---

[7] Sander 2005, 18.
[8] Sander 2005, 28; Vgl. zum Hintergrund: Grümme 2021, 316–354.
[9] Vgl. Sander 2008, 15–42; Vgl. Wohnig 2023.
[10] Stein 1979, 38.
[11] Vgl. Sander 2013.
[12] Vgl. Ketterer / Becker 2019; Comtesse u. a. 2019.

aus der Perspektive der *Kritischen Politischen Bildung* ein Ansatz einer kritischen Weiterentwicklung des BK vor, der politische Bildung als transformatorische Bildung zur Emanzipation formatiert,[13] als emanzipatorische Bildung.[14] Aus kritisch-politischer Sicht wird dabei die Tendenz kritisiert, den BK zu sakralisieren, „als wäre er eine Offenbarung aus einem ‚brennenden Dornbusch im Schwarzwald' […]. Es wird also vor der Gefahr gewarnt, ‚in die Nähe einer *zivilreligiösen Setzung* zu geraten' […] oder als ‚Schließung hegemonialer Diskurse' […] zu fungieren. Die scheinbare Eindeutigkeit der drei Grundsätze wird dabei angefragt und auf ihre grundlegende Offenheit verwiesen"[15], weil diese eben erst in politischen Kämpfen errungen werden müssen. Auch wenn das mehrfach in Anspruch genommene Neutralitätsgebot im Beutelsbacher Konsens so nicht vorkommt, ist Neutralität selber insofern programmatisch geworden, als dass es hier nach der Beobachtung von Bettina Lösch eher um einen faden, normativ unentschiedenen Kompromiss handelt, der durch seine normative Deutungsoffenheit beliebig in alle Richtungen instrumentalisierbar werde. „Der BK hatte stets eine ideologische Funktion, etwa Ansprüche nach Emanzipation oder Demokratisierung als Überwältigung von Schüler*innen zurückzuweisen, in dem der gesellschaftliche status quo (etwa der eingeschränkten bürgerlich-liberalen Demokratie) aufrechterhalten werden sollte."[16] Während der BK „im luftleeren Raum" zu schweben scheint und damit die gesellschaftlichen Verhältnisse unangetastet lässt, konturiert die Frankfurter Erklärung und damit die Kritische Politische Bildung eine kritische, kontextbewusste und machtsensible, auf Autonomie und Emanzipation ausgerichtete ideologiekritische Politikdidaktik, die diese selber als in hegemonialen Prozessen verwickelte denkt, die reflexiv gemacht werden müssen.[17] „Die Orientierung an Demokratie wird dabei weniger stark material ausbuchstabiert, sondern als eine Positionierung verstanden, der es darum gehe ‚Konflikte und Dissens sichtbar zu machen und um Alternativen zu streiten'".[18] Emanzipation, Macht und Kritik werden zum axiomatischen Grundgerüst politischer Bildung.

Insgesamt läuft die Kontroverse zwischen dem Konzept der Politischen Bildung und dem der Kritischen Politischen Bildung um das Potential des BK auf eine spannungsvolle, eben kontroverse Alternative zu: im ersten Fall wird politische Didaktik in der Tradition liberaler Politiktheorien subjektorientiert angelegt, im anderen in der Tradition der kritischen Theorie emanzipationsorientiert. Insbesondere die Frankfurter Thesen sind jedoch von Seiten der Politischen Bildung einer grundstürzenden Dekonstruktion unterzogen worden. Hier läge nicht nur ein Verstoß gegen den BK und dessen Postulaten der Kontrover-

---

[13]   Vgl. Haarmann / Lange 2016.
[14]   Vgl. Herbst / Metje / Rössler 2024.
[15]   Herbst 2019, 150.
[16]   Lösch 2020, 387f.; vgl. Chehata u. a. 2024.
[17]   Lösch 2020, 394.
[18]   Herbst 2019, 152.

sität und Überwältigung vor. Hier sei eine geradezu bekenntnishaft weltanschaulich aufgeladene, parteipolitisch instrumentalisierte Inanspruchnahme
des Kritikbegriffs am Werke, die nicht nur übersehe, dass jede politische Bildung
per se bereits kritisch zu nennen sei, sondern die vor allem die Eigenlogik der
pädagogischen Praxis unterlaufe, die „sich von der Logik politischen Handelns
unterscheidet".[19] Gegen diese Fundamentalkritik wird ein kontextbewusstes,
machtsensibles Verständnis von Kontroversität vor dem Hintergrund eines ago-
nalen Politikverständnisses in Stellung gebracht: „Während der BK davon ausgeht, dass sich Kontroversität in Wissenschaft und Politik abbildet und nur auf
Bildungsprozesse übertragen bzw. dort aufgegriffen werden muss, fragt eine kritische politische Bildung danach, wer welche (Deutungs-)Macht besitzt, Themen
auf die politische Agenda zu setzen bzw. welche Themen, Probleme es nicht in
die politische Öffentlichkeit schaffen, de-thematisiert oder gar delegitimiert und
ausgeschlossen werden".[20]

1.2　Gezähmte Kontroversität

Die Religionsdidaktik kann aus diesen Debatten lernen, inwieweit sie ihre normativen Positionalisierungsdiskurse in der Auseinandersetzung mit dem BK an-
schärfen kann. Bislang scheint dies noch nicht hinreichend der Fall. Es gibt derzeit zwei religionsdidaktische Rezeptionen, die jeweils den BK und sein Kontroversitätsgebot und Überwältigungsverbot artikulieren, der Koblenzer Konsens
vom 31.12.2022 und der Schwerter Konsent vom 29.9.2022.

Im „*Koblenzer Konsens*" (KK) werden in formaler Analogie zum BK vier Prinzipien formuliert, das *Gebot der Transparenz*, durch das Lehrkräfte ihre eigene
Positionalität sichtbar und argumentativ im respektvollen Umgang mit anderen
Positionen ausweisbar machen; das *Gebot der Kontroversität* als Förderung
einer kriteriengeleiteten kritischen Auseinandersetzung mit heterogenen Positionen in einer demokratischen Gesellschaft; das *Gebot des wertegeleiteten Res-
pekts* in der Kommunikation mit differenten Positionen und schließlich dem
Begründungsbot, wonach Heranwachsende zu eigener Urteilsbildung und Autonomie befähigt werden sollen.[21] Erkennbar werden hier drei unterschiedliche
Konturierungen von Positionalität, die durch diesen KK formatiert werden: Positionalität I als Bekenntnisgebundenheit des RU, insofern dieser nach GG 7 in
Übereinstimmung mit den Grundsätzen der Religionsgemeinschaften erteilt
wird; Positionalität II im Sinne der von der EPA normativ angezielten Stand-
punkthaftigkeit der Lernenden im RU, die eben über bloße Affektivität und den
Erwerb reproduzierten wie reorganisierten Wissens weit hinausreicht, und Po-

---

[19]　Sander 2013, 247.
[20]　Lösch 2020, 394.
[21]　Wiese 2022, 14; Käbisch / Philipp 2022, 117.

sitionalität III, die – hier nun auf Seiten der Lehrenden – „religiöse, d. h. auf eine konkrete religiöse Praxis bezogene sowie theologische, d. h. wissenschaftlich reflektierte Standpunkte transparent, kontrovers, respektvoll und rational begründet vertreten" können sollen.[22] Wenn vor diesem Hintergrund „ein Neutralitätsgebot, wie es beispielsweise der Beutelsbacher Konsens für die Politikdidaktik (1976) formulierte", für den Religionsunterricht „nicht denkbar sei",[23] dann zeigt dies zwar ein Missverständnis des auf den Wertekanon des GG hingeordneten BK, markiert aber doch eindrucksvoll die normative Bestimmung religiöser Bildung.[24]

Der *Schwerter Konsent* (SK), der sich bewusst im Unterschied zu einem eher statisch zu verstehenden Konsens als Konsent versteht,[25] als dynamischer wie kontextuell verorteter Entschluss, differenziert sich in sechs Prinzipien aus, die hier wegen ihrer Prägnanz wörtlich zitiert seien: „Hiernach ist religiöse Bildung: 1. kontrovers, so dass solche Themen kontrovers diskutiert werden, zu denen es differierende Positionen in Theologie, Kirche und Gesellschaft gibt, 2. kritisch, indem religiöse Bildung Machtverhältnisse und soziale Ideologien (selbst-)kritisch reflektiert; 3. konstruktiv, weil die Lernenden ermutigt werden, indem sie durch die Reich-Gottes-Verkündigung eine kontrafaktische Deutungsperspektive der Realität erschließen können, 4. positionell, da sich religiöse Bildung (reflektiert) positionell als eine Anwältin marginalisierter Positionen und Personen versteht, 5. partizipatorisch, so dass religiöse Bildung die Lernenden mit ihren persönlichen Hintergründen, Ressourcen und Perspektiven zur Teilhabe am Lerngeschehen ermutigt und zum Handeln befähigt, 6. praktisch, da religiöse Bildung praxisorientiert Formen gelebter Religion erschließt, um Wege zu eröffnen, die Gesellschaft individuell und kollektiv handelnd zu verändern und gerecht zu gestalten".[26]

Der Impetus dieses Konsentes unterscheidet sich im Ansatz von dem des KK und zwar in einem Maße, der dem der Differenz zwischen Politischer Bildung und kritischer Bildung ähnelt. Während der KK eher in Analogie zur Politischen Bildung den Religionsunterricht innerhalb der Bahnen je schon vorausgesetzter demokratischer Systeme denkt, konturiert der SK den RU normativ als Beitrag zu einer transformatorischen Bildung, die in ihrer Ausrichtung auf Emanzipation die Demokratie und die Bildung nochmals daran kriteriell orientiert und dabei sehr stark auch hegemoniale Aspekte selbstreflexiv werden lässt. Es soll hier nicht entschieden werden, ob in diesem Gegensatz unreflektiert die Spannung zwischen Öffentlicher Theologie und Politischer Theologie religionspädagogisch zum Austrag kommt.[27] Es kann hier auch nicht gezeigt werden, warum

[22] Käbisch / Philipp 2022, 117.
[23] Ebd., 116.
[24] Wiese 2022, 14.
[25] Gärtner / Herbst / Kläsener 2022.
[26] Gärtner / Herbst / Kläsener 2023b, 216.
[27] Vgl. Grümme 2023.

und inwiefern eine politisch dimensionierte Religionspädagogik, die sich im Lichte Aufgeklärter Heterogenität praxeologisch artikuliert und sich nur in einer reflexiv gebrochenen Weise in einer emanzipatorisch-transformatorischen Bildung grundiert,[28] sich dem Konzept des SK anschließt.[29] Was aber deutlich wird ist das Konstatieren eines Defizites. Es gereicht der Religionsdidaktik eher zum Nachteil, dass bislang KK und SK nicht in der erforderlichen Schärfe aufeinander Bezug nehmen, sich vielmehr eher parallel verorten.[30] Was hätte dies an ideologiekritischem wie praxeologischen Erkenntnisgewinn bedeutet für die derzeit vor allem in der religionsunterrichtlichen Modelldiskussion wie in der Professionalisierungstheorien lokalisierten Diskurse zur Positionalität und Positionierung,[31] aber auch für die theologischen Legitimationskämpfe, in denen beide Fakultätentage inzwischen sich den Koblenzer Konsens normativ zu eigen gemacht haben! Andererseits könnte deren wechselseitige Kritik jeweilige blinde Flecke freilegen: den zu wenig transformatorisch-kritischen Dimensionen des RU im Fall des KK wie die gelegentliche Tendenz zur positionellen Überfrachtung der Lehrkräfte, wie dies im Umfeld des SK herausschimmert und zumindest tendenziell wie eine Repristinierung der bildungstheologisch überhöhten Figur der Religionslehrkraft als Zeugin des Glaubens wirkt.[32] Der von Sander politikdidaktisch gegen ungebrochene Moralisierungen eingebrachte Bekenntnisverdacht wäre hierbei in dem Maße anzubringen, wo sich die normative Ausrichtung auf Emanzipation undialektisch artikuliert und nicht hinreichend selbstreflexiv auf die Tiefenstrukturen der eigenen Praktiken achtet.

1.3 Zum übersehenen Potential des Übersetzungsdiskurses

Diese Kontroverse könnte freilich noch von einem Diskurs profitieren, der bislang in diesem Positionalitätsdebatten eher abgeschattet wird. Diese artikulieren sich vor allem im Lichte von Differenzkategorien. Differenzen werden als didaktische Ansatzpunkte von Perspektivenübernahme, Perspektivenverschränkung, Perspektivenwechsel oder Multiperspektivität genommen,[33] so dass Differenzkompetenz insbesondere auf Seiten der Lehrenden zur zentralen Kategorie professionellen Handelns im RU avanciert.[34]

Doch genügt das? Müsste nicht noch deutlicher das praxeologisch Differenzsetzende und Differente markiert werden? Wäre nicht auch nach dem Inhalt von Positionalität zu fragen, weil diese Differenzkompetenz formal bliebe und dies

---

[28] Grümme 2021; Grümme / Schlag 2019.
[29] Gärtner / Herbst / Kläsener 2023b.
[30] Vgl. bei Herbst nur genannt.
[31] Vgl. Fabricius 2022; vgl. Woppowa 2022.
[32] Schlusswort bei Herbst.
[33] Woppowa 2022.
[34] Wiese 2022, 13–15.

die differenzgenerierenden, differenzmarkierenden wie zugleich Differenz dialogisch verbindenden Dynamiken, die aus unterschiedlichen weltanschaulichen, religiösen, spirituellen, theologischen oder eben konfessionellen Fundierungen herrühren, in ihrer bildungshaltigen Kraft unterschätzte? Der Übersetzungsdiskurs bietet hier in dreifacher Hinsicht weiterführende Perspektiven:

Erstens: In seinem Ringen um die inhaltliche Übersetzbarkeit, um das Opake, das Nichtsemantisierbare könnte er dem Positionalisierungsdiskurs hermeneutisches Rüstzeug geben, um seine materiale Dimension besser zu verstehen.

Zweitens: In formaler Hinsicht hat Armin Nassehi auf die kommunikationstheoretisch-geschichtlichen, in konkreten Lebenswelten verwobenen Elemente von Übersetzung hingewiesen. Dieser Hintergrund lässt sich nicht im Überspringen, allenfalls in seiner problematischen Tendenz zu Vorurteilen reflexiv aufklären.[35]

Drittens: Darin käme der hegemonial-ideologiekritische Zug des Übersetzungsdiskurses zum Tragen, wie er in poststrukturalistisch wie kritisch-theoretisch angelegten Übersetzungshermeneutiken besonders intensiv reflektiert wird.[36]

Diese drei Perspektiven als Elemente dessen, was man Übersetzungskompetenz nennen und was man der Differenzkompetenz an die Seite stellen könnte,[37] würden den Positionalitätsdiskurs bereichern: als Hinweis darauf, dass es substantiell qualifizierte Auseinandersetzungen um etwas sind, die Positionalität wesentlich mitprägen; dass es lebensweltliche Erfahrungen sind, die der Positionalität ihre wesentliche Dynamik verleihen; und schließlich dass diese über ihre Tendenzen ungebrochener Idealisierung, Stereotypisierungen wie normativer Essentialisierungen selbstreflexiv aufgeklärt werden muss.

2. Positionalität durch historische Kommunikation? Perspektiven aus der altsprachlichen Didaktik

Gegenwärtig steht der altsprachliche Unterricht, im Folgenden am Beispiel des Faches Latein konkretisiert, unter dem massiven Druck der an ihn gestellten Relevanzfrage, ausgedrückt etwa durch den Verdacht kommunikativer Nutzlosigkeit.[38] Sicherlich zählt ein missverständliches und zugleich mit gewissen Vorurteilen beladenes Profil schulischer Übersetzungsarbeit im altsprachlichen Unterricht zu den diesbezüglichen Bedingungsfaktoren. Dabei wird Übersetzen primär mit einer – linguistisch verengten – repräsentationalistischen Äquiva-

---

[35]   Nassehi 2023, 247–257.

[36]   Vgl. Grümme 2019.

[37]   Diesen Vorschlag verdanke ich Manfred Pirner in einer Diskussion auf einer Tagung in Frankfurt zur Konfessionalität des RU am 16.11.2023.

[38]   Gerhards / Sawert / Kohler 2019, 311f.

lenz verschränkt. Aus einer solchen Perspektive heraus wäre jenem Verdacht der kommunikativen Nutzlosigkeit wenig entgegenzusetzen: Als *„instrumentum universale"*[39] würde sich die Übersetzungsarbeit dann in der Tat auf die möglichst äquivalente interlinguale Übertragung beschränken. Übersetzen würde in der Konsequenz zu einer inhaltsleeren Technik des Austauschens verkommen, Sprachreflexion in jeglicher Hinsicht unterlaufen und die den Texten innewohnenden kommunikativen Potentiale völlig ausklammern.

2.1   Übersetzung – altsprachlich kontextualisiert

Keip / Doepner arbeiten für den altsprachlichen Unterricht drei Übersetzungstypen heraus, die sich auf (I) imitierendes[40], (II) zielsprachlich angemessenes[41] und (III) wirkungsgerechtes[42] Übersetzen beziehen. Dieser Differenzierung liegt auf theoretischer Ebene der Gedanke voraus, beim (altsprachlich-unterrichtlichen) Übersetzen handele „es sich vielmehr um die Vermittlung zwischen zwei ungleichen Sprachsystemen", die „im Prinzip immer unvereinbare Strukturdifferenz zwischen Ausgangssprache und Zielsprache" finde einen Ausgleich qua Übersetzung.[43] Vor einem ähnlichen Hintergrund lassen sich auch die von Peter Kuhlmann formulierten Ziele für die Übersetzungsarbeit im altsprachlichen Unterricht einordnen: der Nachweis sprachlich-formal wie inhaltlich korrekten Satz- und Textverständnisses beziehungsweise die Offenlegung noch bestehender Verständnisprobleme, die Reflexion über die Unmöglichkeit äquivalenten Übersetzens und die durch den kreativen Vorgang in der Zielsprache evozierte Übung und Erweiterung diesbezüglicher Ausdrucksfähigkeit.[44]

Die obige Engführung wird zwar aufgebrochen – Herkendell etwa betonte bereits, man müsse Schüler*innen von der Annahme befreien, „es gäbe so etwas

---

[39] Doepner 2019, 126.

[40] Man gelangt bei einem solchen Zugang zur altsprachlichen Übersetzungsarbeit im Unterricht schnell zu dem Eindruck, hier erfolge ein im Grunde lediglich auf feste Strukturen zurückgreifendes Übersetzen ohne Verstehen, Doepner 2019, 125: „Die Texterfassung verbleibt auf der sprachlichen Oberfläche, das Verständnis lateinischer Satz- und Denkstrukturen wird durch Nachahmung statt durch Neubildung bezeugt und die Semantisierung bleibt auf der Ebene der Grundbedeutungen und folgt dem Schema von Wortgleichungen."

[41] Ebd. Im Gegensatz zu einer Nachahmungslogik geht dieser Übersetzungstyp das Wagnis vielfältiger Modulationen (Bedeutungsveränderungen auf semantischer Ebene) sowie Transpositionen (Umstellung oder Änderung auf syntaktischer Ebene) ein. Textverständnis konstituiert sich zuallererst durch die kommunikative Funktion der Übersetzung.

[42] Ebd., 125f. Dieser Typ nimmt schließlich den Text in seiner (auch außertextlichen) Gesamtkomposition in den übersetzungstheoretischen Blick, sensibilisiert für kontextuelle und pragmatische Zusammenhänge.

[43] Ebd., 119.

[44] Kuhlmann 2009, 95f. Ähnlich auch Herkendell 2003, 9f.

wie eine spiegelbildliche Abbildung des Originals"[45] – Übersetzen wird als hoch komplexer, aus mehreren Phasen der De- und Rekodierung[46] bestehender Akt konturiert, diesbezügliche empirische Studien, deren Intensivierung ein fach-didaktisches Desiderat bleibt[47], weisen allerdings klar in Richtung des ersten Übersetzungstyps, obgleich hier natürlich keine Auftrennung im Sinne herme-tisch abgegrenzter Übersetzungskategorien erfolgen kann: Schüler*innen über-setzen tendentiell in festen Zyklen, konzentrieren sich dabei auf ein Wort-für-Wort-Vorgehen bei gleichzeitiger Zentrierung einer Wortbedeutungsebene im Sinne möglichst enger Äquivalenz (!).[48]

Übersetzen im Kontext altsprachlicher Didaktik scheint mit einer oft ausge-blendeten Multifaktoralität einherzugehen, die noch viel stärker das intersek-tionale Zusammenspiel auf den Unterricht sowie im Speziellen auf das Überset-zen im altsprachlichen Unterricht einwirkender Faktoren in den Blick zu neh-men hätte. So zieht Lena Florian vor dem Hintergrund der Beurteilungspraxis im Lateinunterricht die Konsequenz, dieser verlange eine Übersetzung, „die nicht zielsprachenorientiert ist, sondern zeigt, dass sie [die Schüler*innen; MdB] grammatikalische Phänomene und Formen richtig erkannt haben."[49] Hier wir-ken spezifische, jeweils kontextuell verortete Erwartungshaltungen an die Schü-ler*innen auf die entsprechenden unterrichtlichen Prozesse massiv ein.[50]

Unterrichtspraktische Übersetzungsvollzüge im Kontext der Alten Spra-chen als (interlinguale) De- und Rekodierungsprozesse im Umgang mit einem für Schüler*innen ausgangssprachlich fremden Text hätten, dies ließe sich hier zumindest konstatieren, in noch viel stärkerem Maß ein auf Metakognition basierendes Moment der (intralingualen) Reflexion über die zielsprachliche Übersetzung eines Textes einzuspielen[51], die auch aus den oben zitierten fach-didaktischen Annäherungen an schulische Übersetzungsarbeit sowie diesbezüg-lichen Zielformulierungen deutlich wird. Offen bliebe dann die weiter zu trak-tierende Perspektive, inwiefern eine ebensolche Multifaktoralität den Überset-zungsprozess selbst, also Phasen der De- und Rekodierung, nicht bereits derart prägt, dass die Analyse dem Übersetzungsprozess inhärenter Positionierungs-prozesse zur *conditio sine qua non* des entsprechenden fachdidaktischen Diskur-ses avancierte.

---

[45]   Ebd., 10f.
[46]   Texterschließung (Dekodierung) und eigentliche Übersetzung (Rekodierung). Doepner 2019, 123f.
[47]   Florian 2015, 11f.
[48]   Ebd., 62.
[49]   Ebd., 77.
[50]   Ebd., 115f.
[51]   Ebd., 15f.

2.2   Historische Kommunikation und Positionalität

Im fachdidaktischen Diskurs der Alten Sprachen elementar für den Ausgangspunkt historischer Kommunikation ist die „Konfrontation des antiken Textes
mit der Gegenwart", die überdies derart anzubahnen ist, dass sie virulent und
existentiell wird.[52] Konstitutiv für eine solch existentielle Relationierung von
Text und Rezipierenden, in unserem Fall von Schüler*innen, seien textimma-
nente Momente etwa „der Identifikation (z. B. Wie hättest du damals gehan-
delt?), der Irritation (Was wirkt auf dich befremdlich, entsetzlich etc.?), der Ab-
straktion (Welche Grundfragen des Menschlichen sind hier problematisiert?)
oder der Produktion (Zu welchem Handeln regt der Text an?)".[53] Letztlich in der
Dialektik von Identität und Alterität lokalisiert, impliziert dies die hermeneutische Reziprozität beider ‚Welten' (Text- und Schüler*innenwelt), die für die
Textarbeit in Gänze unerlässlich ist.[54]

Übersetzungsarbeit wäre also noch viel stärker vor dem Hintergrund von
Positionalität zu lesen, Positionierungsprozesse bereits *im* Übersetzungsvollzug
selbst zu verorten.[55] Letzterer würde in einer derartigen Lesart in Bezug auf jene
strukturellen Mechanismen der Erwartungshaltungen an die Schüler*innen-
übersetzungen etwa von Seiten der Lehrkräfte entscheidend an emanzipatori-
schem Profil gewinnen. Unterrichtspraktische Fragen von Deutungsmacht und
-hoheit im Übersetzungsprozess würden, wie Florian im Rahmen der videographierten Unterrichtsstunden aufgezeigt hat[56], in ihrer Virulenz aufgedeckt,
wenn es etwa darum geht, wer über die Übersetzung unter welchen Ansprüchen
und unter welcher Leitperspektive entscheidet. Wenn Schüler*innen sich zum
Text positionieren, dann impliziert dies, sich begründet für eine (von mehreren)
Übersetzungen zu entscheiden und die Konsequenzen zu reflektieren.[57] Positionalität würde dann im altsprachlich-unterrichtlichen Kontext bedeuten, die
dem Übersetzungsprozess inhärente Subjektivität der Übersetzenden[58] im Rekurs auf die konkrete Einbettung des Prozesses in spezifisch schulische Rahmenbedingungen und Mechanismen, wie oben angeführt, noch stärker transparent
werden zu lassen. Dieser Prozess greift deutlich tiefer, wie die soeben skizzierten
Rahmenbedingungen verdeutlichen.

---

[52]   Sauer 2021, 57. Grundlegend zur historischen Kommunikation: Fritsch 2000.

[53]   Sauer 2021, 57.

[54]   Ähnlich bereits auch Fritsch 2000, 2: „Solche Äußerungen [...] zeigen, dass historische Kom-
munikation nicht nur bedeutet, dass wir, die heutigen Menschen, Kontakt aufnehmen zu
Autoren früherer Epochen, sondern dass die antiken Autoren selbst gewissermaßen als
Absender zu betrachten sind [...]."

[55]   Sauer 2021, 58.

[56]   Florian 2015, 36f.

[57]   Nickel 2015, 3.

[58]   Bertram 2003, 36.

2.3   Positionalität im „neutralen Experimentierraum"[59]?

„Im altsprachlichen Unterricht werden Schüler unterschiedlicher Herkunft mit der in den antiken Texten vermittelten Antike konfrontiert, die als längst vergangene Welt von allen als neutral empfunden wird. [...] so könnte der lateinische (und griechische) Lektüreunterricht einer heterogenen Schülerschaft als ressentimentfreier Experimentierraum dienen. [...] Denn die antike Welt ist für alle Lernenden zeitlich gleich weit entfernt und für alle zumindest in vieler Hinsicht inhaltlich fremd: So stellt der altsprachliche Unterricht mit der Antike einen Diskurs auf Abstand zur Diskussion."[60]

In der Distanzierung von einem entpolitisierenden-idealisierenden Zugang zur Antike und der gewissermaßen kritischen Relecture fachdidaktischer Denkmodelle als Interpretamente[61] schlägt Schauer angesichts der in diesem Raum gebotenen Ressentimentfreiheit und Neutralität die konzeptionelle Alternative eines interaktiven Raumes vor, der, unter anderem, auf die Interkulturalitätsforschung, hier im Besonderen auf die Perspektivik interkultureller Zwischenräume, rekurriert und seine ergebnisoffenen Interpretationsmöglichkeiten aus der Interaktion „zwischen gegenwärtigen Kulturen mit einer vergangenen" speist – eben im Sinne historischer Kommunikation.[62] Obgleich hiermit hochrelevante Impulse für ein weiteres interdisziplinäres Feld markiert sind, lässt das Konzept eines neutralen Experimentierraumes im Umgang mit den für den Übersetzungsprozess konstitutiven Literaturgrundlagen und im Horizont von Positionalität aufhorchen.

Würde ein neutraler Raum nicht den obigen Zugang zur Dimension des Übersetzens im altsprachlichen Unterricht, für die das Moment der Interpretation qua Positionierung unerlässlich bleibt, unterlaufen, ja nicht in mehrfacher Hinsicht gar konterkarieren?

Sicherlich wird der Brückenfunktion des altsprachlichen Unterrichtes für mehrsprachige Schüler*innen zuzustimmen sein[63], doch wie verhält es sich konkret mit vermeintlich neutraler Diskursivität im Umgang mit in der antiken Literatur eröffneten staatstheoretischen, religiösen oder politischen Themen?[64]

Übersetzen als positionellen Prozess zu umrahmen, würde in der Konsequenz bedeuten, doch gerade in der intrikaten Verwobenheit mit Standortbezogenheit Positionalität derart performativ zu verstehen, dass die gesamte Auseinandersetzung mit einem ausgangssprachlich fremden Text qua Übersetzung eben, im Blick auf kritische politische Bildung, nicht in einem neutralen Experi-

---

59   Schauer 2020, 50.
60   Ebd.
61   Ebd.
62   Ebd., 51.
63   Ebd., 50.
64   Sauer 2021, 60.

mentierraum stehen kann, sondern mit für die weitere Auseinandersetzung maßgeblichen Entscheidungsprozessen stets schon insofern verbunden ist, als hier eine gleichsam sprachbewusste wie im Blick auf die inhaltlichen Dimensionen positionell-performative Verwicklung der Übersetzenden zum Übersetzungsgegenstand unerlässlich bleibt.

So wird der Anmerkung, der altsprachliche Unterricht ermögliche einen „Diskurs auf Abstand"[65], zwar partiell im Hinblick auf seine Brückenfunktion als Sprachunterricht für eine mehrsprachige Schülerschaft zuzustimmen sein,[66] jedoch würde eine obige Präzisierung der Übersetzungstätigkeit im altsprachlichen Unterricht jene Multifaktoralität offenlegen, die eine Neutralität qua (für Schüler*innen dieselbe) Distanz unterrichtspraktisch ausschließt.

Das Konzept des Translanguaging, das derzeit auch in religionspädagogischen Zugriffen auf den Übersetzungsbegriff traktiert wird[67], könnte hier die Wichtigkeit der Sensibilität für das jeweils gesamtsprachliche Repertoire von Schüler*innen für den Übersetzungsprozess markieren und zeigen, dass keineswegs etwas wie eine grundlegende Universaldistanz durch den ausgangssprachlich fremden Text vorausgesetzt werden kann, die Ressentimentfreiheit und die Überwindung interkultureller Konflikte ermöglicht. Jenes Repertoire mit der „Perspektive auf einen je individuellen, Sprache(n) gewissermaßen transzendierenden Idiolekt eines Menschen"[68] zu verbinden, kann auf machtsensible Weise Essentialismen im Zugriff auf Sprache sowie die Verstrickung von Sprache in soziale und politische Konstruktionsdynamiken offenlegen.[69] In der Konsequenz wären also Übersetzungsprozesse, auch im altsprachlichen Unterricht, vor dem Hintergrund „hybrider und fluider Identitäten"[70] im Kontext von Positionierungsprozessen nicht in hermetisch abgetrennter sprachlicher Distanz zum im Text eröffneten Zugang zur Antike zu verstehen, sondern die Rahmenbedingungen des Übersetzens im altsprachlichen Unterricht angesichts fachdidaktischer Implikationen viel stärker auf die Verwobenheit mit Macht, Inklusion, Exklusion und Asymmetrien auf sozialer wie politischer Ebene kritisch zu prüfen.[71]

Der Perspektive eines Experimentierraumes ist daher beizupflichten, diese allerdings auf den Übersetzungsprozess selbst als *Zwischenraum*[72] zu transferieren.

---

[65]   Schauer 2020, 50.
[66]   Ebd.
[67]   De Byl 2023b, 36–38; Hild 2023, 153–159.
[68]   De Byl 2023b, 37.
[69]   Ebd.
[70]   Gantefort / Sánchez Oroquieta 2015, 27.
[71]   De Byl 2023b, 37f.
[72]   Schauer 2020, 51.

2.4   Zum übersehenen Potential des Übersetzungsdiskurses

Quid ad nos? Was sich die altsprachliche Fachdidaktik in Bezug auf historische Kommunikation fragt, muss nun als Frage auch abschließend für die Religionspädagogik gestellt werden.

Aus der oben eingeforderten stärkeren Weitung wie Öffnung interlingualer De- und Rekodierungsphasen lassen sich für den religionspädagogischen Diskurs in entgegengesetzter Richtung Impulse gewinnen, die bislang noch weitgehend übersehen werden. Drei seien nachfolgend in gebotener Kürze angezeigt.

Die Religionspädagogik könnte erstens einen wichtigen Impuls für die weitere terminologische Präzisierung dessen, was sie jeweils selbst unter der Dimension des Übersetzens versteht, gewinnen. Zweifelsohne kann und darf der obige Ansatz nicht die jeweiligen Fachlogiken ausblenden. Auch künftig wird sich der altsprachliche Übersetzungsdiskurs auf Textebene abspielen. Die obigen Impulse verhelfen zu mehr Transparenz qua Positionalität, verstehen sich allerdings nicht als Abkehr von dieser für die Fachlogik konstitutiven Zentrierung. Jene Strukturdifferenzen und deren Ausgleich qua (interlingualer) Übersetzung in der gleichsam kontrastiven wie existentiellen Spannung zwischen Text- und Schüler*innenwelt müssten, so eine Konsequenz der obigen Beobachtungen, positionssensibler reflektiert werden. Der Religionspädagogik und -didaktik könnte ein solcher interdisziplinärer Blick schließlich helfen, den derzeit im religionspädagogischen Diskurs recht offen rezipierten Übersetzungsbegriff[73] konziser einzugrenzen.[74]

Zweitens – und an den ersten Impuls anknüpfend – ließen sich weitere notwendige, übersetzungstheoretische Anschärfungen im Hinblick auf den Diskurs um religiöse Sprache als ‚Fremdsprache‘ vornehmen.[75] Eine Relationierung mit der Didaktik der Alten Sprachen erfordert hier zwangsläufig den Ausweis eines eindeutigeren Profils einer solchen ‚Fremdsprache‘: Eine als religiös verstandene Sprache[76] lässt sich – zumindest nicht äquivalent – auf beispielsweise einen unbekannten lateinischen Text übertragen. Eine Sprachkrise im Bereich des Religiösen, die sich auch mit voller Wucht im Religionsunterricht realisiert[77], ist sicher nicht zur Gänze abzustreiten, doch der Zugriff auf religiöse Sprache als ‚Fremdsprache‘ wird im Horizont der eingespielten Impulse aus der Didaktik der Alten Sprachen zumindest brüchig. Wäre hier nicht ein intensivierter Dialog insofern weiterführend, als die Religionspädagogik sich von den Methoden des alt-

---

[73]   De Byl 2023a, 118–123; Hild 2023, 25–75.

[74]   Wie etwa Hild 2023 in seinem Ansatz einer Sprach- und Translationssensibilisierung, 144–259.

[75]   Vgl. Altmeyer 2011.

[76]   Hild 2023, 20; sowie konkretisiert auf Wortebene 186–194.

[77]   Langenhorst 2013, 65f.

sprachlichen Unterrichts im Kontext schulischer Übersetzungsarbeit – wie oben auch vice versa geschehen – zu denken geben lassen könnte?

Schließlich bietet drittens der Zugriff auf die Antike in Form eines positionellen Experimentierraums Potentiale für den religionspädagogischen wie -didaktischen Umgang mit Tradition als Übersetzungsgegenstand – insbesondere in der Dialektik von Nähe und Distanz sowie der Reziprozität von Text- und Schüler*innenwelt, mit P. Barié formuliert: Wie kann es gelingen, „Texte verfügbar [zu] halten und die Verfügbarkeit der Texte punktuell auf[zu]heben, indem man sie neu inszeniert, damit anstelle des disponibel gehaltenen ‚Sinns an sich‘ der jeweils aktuelle und persönlich verantwortete ‚Sinn für uns‘ aufleuchte"[78]? Inwiefern ließe sich dieser Zugang, in dem „diese ‚Sinnfindung für uns‘ zurückgebunden bleibt an den Text als die condicio sine qua non jeder rezeptiven Vereinnahmung"[79] in übersetzungstheoretischer Lesart auf die relevanzorientierte Erschließung beispielsweise christlicher Traditionen im Religionsunterricht übertragen?

3.   Bilanz und Perspektiven

Der vorliegende Beitrag hat auf der Grundlage transdisziplinärer Weitungen Perspektiven auf Positionalität im Gespräch mit der Politikdidaktik und der Didaktik der Alten Sprachen werfen können. Übersetzung avanciert hierbei zu einer der zentralen Schlüsselkategorien, auch im Rekurs auf den vorliegenden Gesamtband und den thematischen Horizont öffentlicher religiöser Bildung im Kontext von Translationen, Transkulturalität und Transdisziplinarität.

Die Ausführungen des ersten Kapitels haben hierbei in der Relationierung von Positionalität und Kontroversität sowie in der Kontrastierung Politischer Bildung im Rückgriff auf den Beutelsbacher Konsens und Kritischer Politischer Bildung in der Rezeption der Frankfurter Erklärung angezeigt, wie – auf der Grundlage einer politikdidaktisch angeschärften Kontextualisierung von Positionalität – Potentiale für die Religionspädagogik, hier im Besonderen vor dem Hintergrund des Übersetzungsdiskurses in der Verschränkung mit religiöser Bildung, eröffnet werden können.

Weitere diesbezügliche Perspektiven konnte ein positionssensibler Zugriff auf die schulische Übersetzungsarbeit der Alten Sprachen einspielen: Nicht zuletzt unter der Leitperspektive historischer Kommunikation hat sich Positionalität als Konstitutivum altsprachlicher Übersetzungsarbeit erwiesen, die bereits im Übersetzungsprozess beginnt. Das Konzept eines neutralen Experimentierraums wurde angesichts einer oben vorgenommenen Transferierung auf den

---

[78]   Barié 1993, 27.
[79]   Ebd.

Übersetzungsprozess selbst kritisch angefragt. Auch aus dieser Blickrichtung konnten Potentiale für die Religionspädagogik gewonnen werden.

Die eingangs von uns erwähnten Dynamiken im Kontext des Übersetzungsdiskurses bleiben auch am Ende unseres Beitrags noch nicht vollends ersichtlich. Die obigen Ausführungen verstehen sich allerdings als Impulse, diesen Diskurs für die Religionspädagogik weiterzudenken.

Offen bleibt die weitere Eingrenzung des, wie deutlich wurde, vielschichtigen Übersetzungsbegriffs und die Frage nach den nicht nur terminologischen Konsequenzen einer solchen Eingrenzung. Die transdisziplinären Weitungen haben die diesbezüglichen Verflechtungen, aber eben auch die bleibenden Grenzen der jeweiligen Fachlogiken im Umgang mit Positionalität und Übersetzung markiert. So werden derzeit ebensolche Präzisierungen im Rekurs auf andere Disziplinen vorgenommen.[80] Die Vielschichtigkeit und Dynamik zeigen allerdings an, dass hier auch künftig derartige Wege einzuschlagen sind, will man jene Diskurse nachhaltig in die Religionspädagogik einspielen.

Literatur

ALTMEYER, STEFAN (2011), Fremdsprache Religion? Sprachempirische Studien im Kontext religiöser Bildung (Praktische Theologie heute 114), Stuttgart.

ARETZ, SUSANNE (Hg.) (2023), Latein und Griechisch in Nordrhein-Westfalen 4. Jahrgang – Ausgabe 1/2023. Themenheft: Demokratiebildung, Bochum.

BARIÉ, PAUL (1993), Von der Textparaphrase zur Interpretation, in: Der altsprachliche Unterricht Latein, Griechisch 36/4–5, 23–36.

BERTRAM, JÜRGEN (2003), „Audacius certere". Zu Paraphrase und Übersetzung von Texten, in: Der altsprachliche Unterricht Latein, Griechisch 46/3, 34–39.

BRAUN, KATHARINA / JANSSEN, LEONI (2023), Tu regere imperio populos, Romane, memento (Verg. Aen. 6,851). Demokratiebildung durch historische Kommunikation in der Lehrbuchphase, in: Latein Und Griechisch in Nordrhein-Westfalen 4/1, 18–25, https://doi.org/10.11576/lgnrw-6467.

CHEHATA, YASMINE u. a. (Hg.) (2024), Handbuch kritische politische Bildung, Frankfurt a. M.

COMTESSE, DAGMAR / FLÜGEL-MARTINSEN, OLIVER / MARTINSEN, FRANZISKA / NONHOFF, MARTIN (Hg.) (2019), Radikale Demokratietheorie. Ein Handbuch, Berlin.

DE BYL, MARIUS (2023a), Der Religionsunterricht als Übersetzungsraum von Theologie? Eine übersetzungstheoretische Relationierung von Theologie und Religionspädagogik im Kontext religiöser Bildung, in: ÖRF 31/2, 107–126.

DE BYL, MARIUS (2023b), Religionslehrer*innen als Übersetzer*innen? Impulse für eine kontextsensible Thematisierung von Humanität im Religionsunterricht, in: ANUSIEWICZ-BAER, SANDRA / HILD, CHRISTIAN / MASSUD, ABDEL-HAFIEZ (Hg.), Humanität als religionspädagogisches und -didaktisches Leitmotiv, Stuttgart, 31–48.

---

[80]   Vgl. Anm. 2.

DOEPNER, THOMAS (2023), Der Rahmen für die politische Bildung im Lateinunterricht, in: Latein Und Griechisch in Nordrhein-Westfalen 4/1, 39–41, https://doi.org/10.11576/lgnrw-6471.

DOEPNER, THOMAS (2019), Übersetzung, in: KEIP, MARINA / DOEPNER, THOMAS (Hg.), Interaktive Fachdidaktik Latein, Göttingen, 119–140.

EVANGELISCHE LANDESKIRCHEN IN NORDRHEIN-WESTFALEN / KATHOLISCHE DIÖZESEN IN NORDRHEIN-WESTFALEN (Hg.) (2022), Thesen für einen zukunftsfähigen Religionsunterricht in NRW. Eine Grundorientierung, https://www.nrw-evangelisch.de/storage/files/f385c03d-536c-41e1-94a3-35c82e88dfb7/ThesenfuereinenzukunftsfaehigenRU.pdf.

FABRICIUS, STEFFI (2022), Positionalität, Lehrende, in: WiReLex, http://www.bibelwissenschaft.de/stichwort/201013/.

FLORIAN, LENA (2015), Heimliche Strategien. Wie übersetzen Schülerinnen und Schüler?, Göttingen.

FRITSCH, ANDREAS (2000), Latein im dritten Jahrtausend. „Historische" Kommunikation als Lernziel des Lateinunterrichts, in: Latein und Griechisch in Berlin und Brandenburg 44, 2–16.

GANTEFORT, CHRISTOPH / SÁNCHEZ OROQUIETA, MARÍA JOSÉ (2015), Translanguaging-Strategien im Sachunterricht der Primarstufe: Förderung des Leseverstehens auf Basis der Gesamtsprachigkeit, in: JUEN-KRETSCHMER, CHRISTA / MAYR-KEILER, KERSTIN / ÖRLEY, GREGOR / PLATTNER, IRMGARD (Hg.), transfer Forschung <-> Schule, Heft 1. Sprachsensibles Lehren und Lernen, Bad Heilbrunn, 24–37.

GÄRTNER, CLAUDIA / HERBST, JAN-HENDRIK / KLÄSENER, ROBERT (2023a), Einleitung: „New Bottle, Old Wine"?, in: HERBST, JAN-HENDRIK / GÄRTNER, CLAUDIA / KLÄSENER, ROBERT (Hg.), Der Beutelsbacher Konsens in der religiösen Bildung. Exemplarische Konkretionen und notwendige Transformationen (Wochenschau Wissenschaft), Frankfurt a. M., 7–19.

GÄRTNER, CLAUDIA / HERBST, JAN-HENDRIK / KLÄSENER, ROBERT (2023b), Rückblick und Resümee, in: HERBST, JAN-HENDRIK / GÄRTNER, CLAUDIA / KLÄSENER, ROBERT (Hg.), Der Beutelsbacher Konsens in der religiösen Bildung. Exemplarische Konkretionen und notwendige Transformationen (Wochenschau Wissenschaft), Frankfurt a. M., 207–219.

GÄRTNER, CLAUDIA / HERBST, JAN-HENDRIK / KLÄSENER, ROBERT (2022), Der „Schwerter Konsent" – ein religionspädagogischer Beutelsbacher Konsens?, in: feinschwarz. Theologisches Feuilleton, https://www.feinschwarz.net/der-schwerter-konsent-ein-religionspaedagogischer-beutelsbacher-konsens/.

GERHARDS, JÜRGEN / SAWERT, TIM / KOHLER, ULRICH (2019), Des Kaisers *alte* Kleider: Fiktion und Wirklichkeit des Nutzens von Lateinkenntnissen, in: KZfSS 71, 309–326.

GRAMMES, TILMAN (2016), Ein pädagogischer Professionsstandard der politischen Bildung. Fachdidaktisches Denken mit dem Beutelsbacher Konsens, in: WIDMAIER, BENEDIKT / ZORN, PETER (Hg.), Brauchen wir den Beutelsbacher Konsens? Eine Debatte der politischen Bildung (Schriftenreihe 1793), Bonn, 155–165.

GRÜMME, BERNHARD (2023), Öffentliche Politische Theologie. Ein Plädoyer, Freiburg i. Br.

GRÜMME, BERNHARD (2021), Praxeologie. Eine religionspädagogische Selbstaufklärung, Freiburg i. Br.

GRÜMME, BERNHARD (2019), Übersetzung „inmitten von Ruinen" (Judith Butler). Nachdenkliche Anmerkungen zu einem religionspädagogischen Postulat, in: HAUSSMANN, WERNER / ROTH, ANDREA / SCHWARZ, SUSANNE / TRIBULA, CHRISTA (Hg.), EinFach Übersetzen. Theologie und Religionspädagogik in der Öffentlichkeit und für die Öffentlichkeit (Religionspädagogik Innovativ 33), Stuttgart, 35–44.

GRÜMME, BERNHARD / SCHLAG, THOMAS (2019), Emanzipation, in: WiReLex, http://www.bibelwissenschaft.de/stichwort/200375/.

HAARMANN, MORITZ PETER / LANGE, DIRK (2016), Emanzipation als Kernaufgabe politischer Bildung. Überlegungen zum Beutelsbacher Konsens, in: WIDMAIER, BENEDIKT / ZORN, PETER (Hg.), Brauchen wir den Beutelsbacher Konsens? Eine Debatte der politischen Bildung (Schriftenreihe 1793), Bonn, 166–170.

HAUßMANN, WERNER / ROTH, ANDREA / SCHWARZ, SUSANNE / TRIBULA, CHRISTA (Hg.) (2019), EinFach Übersetzen. Theologie und Religionspädagogik in der Öffentlichkeit und für die Öffentlichkeit (Religionspädagogik Innovativ 33), Stuttgart.

HERBST, JAN-HENDRIK / METJE FREDERIK / RÖSSLER, SVEN (2024), Emanzipation – Befreiung – Mündigkeit, in: CHEHATA, YASMINE u. a. (Hg.), Handbuch kritische politische Bildung, Frankfurt a. M., 59–68.

HERBST, JAN-HENDRIK (2019), Offenbarung aus einem „brennenden Dornbusch im Schwarzwald" (G. Steffens)? Der Beutelsbacher Konsens und seine religionspädagogische Rezeption, in: Theo-Web. Zeitschrift für Religionspädagogik 18/2, 147–162.

HERKENDELL, HANS ERNST (2003), Textverständnis und Übersetzung, in: Der altsprachliche Unterricht Latein, Griechisch 46/3, 4–13.

HILD, CHRISTIAN (2023), Religiöse Wörter übersetzen. Ein Ansatz zur Sprach- und Translationssensibilisierung von SchülerInnen (Praktische Theologie heute 190), Stuttgart.

KÄBISCH, DAVID / PHILIPP, LAURA (2022), Positionierung im Ethik- und Religionsunterricht – Überlegungen zur Aufgabendidaktik, in: Theo-Web. Zeitschrift für Religionspädagogik 21/2, 117–127.

KETTERER, HANNA / BECKER, KARINA (Hg.) (2019), Was stimmt nicht mit der Demokratie? Eine Debatte mit Klaus Dörre, Nancy Fraser, Stephan Lessenich und Hartmut Rosa, Berlin.

KUHLMANN, PETER (2009), Fachdidaktik Latein kompakt, Göttingen.

LANGENHORST, GEORG (2013), Sprachkrise im ‚Theotop'? Zur Notwendigkeit radikaler Neubesinnung religiöser Sprache, in: Religionspädagogische Beiträge 69, 65–76.

LÖSCH, BETTINA (2020), Wie politisch darf und sollte Bildung sein? Die aktuelle Debatte um ‚politische Neutralität' aus Sicht einer kritisch-emanzipatorischen politischen Bildung, in: GÄRTNER, CLAUDIA / HERBST, JAN-HENDRIK (Hg.), Kritisch-emanzipatorische Religionspädagogik. Diskurse zwischen Theologie, Pädagogik und Politischer Bildung, Wiesbaden, 383–402.

LÜHR, FRANZ-FRIEDER / KRÜGER, JOACHIM (1981), Probleme politischer Bildung im altsprachlichen Unterricht, in: Der altsprachliche Unterricht Latein, Griechisch 24/2, 5–28.

NASSEHI, ARMIN (2023), Gesellschaftliche Grundbegriffe. Ein Glossar der öffentlichen Rede, München.

NICKEL, RAINER (2015), Übersetzen lehren und lernen, in: Der altsprachliche Unterricht Latein, Griechisch 58/5, 2–5.

RAAB, MORITZ (2021), Politische Bildung im Lateinunterricht – ein (kritischer) Rückblick, in: Pegasus-Onlinezeitschrift 19, 1–30, https://doi.org/10.11588/pegas.2020.0.78239.

SANDER, WOLFGANG (2013), „Kritische politische Bildung" – Eine Dekonstruktion, in: WIDMAIER, BENEDIKT / OVERWIEN, BERND (Hg.), Was heißt heute kritische politische Bildung?, Schwalbach am Taunus, 240–248.

SANDER, WOLFGANG (2008), Politik entdecken – Freiheit leben: Didaktische Grundlagen politischer Bildung (Politik und Bildung 50), Schwalbach am Taunus.

SANDER, WOLFGANG (2005), Theorie der politischen Bildung: Geschichte – didaktische Konzeptionen — aktuelle Tendenzen und Probleme, in: SANDER, WOLFGANG (Hg.), Handbuch Politische Bildung, Schwalbach am Taunus, 13–47.

SAUER, JOCHEN (2021), In utramque partem disputare. Demokratiebildung in der Lehramtsausbildung und im Unterricht der alten Sprachen, in: PraxisForschungLehrer*innenBildung. Zeitschrift für Schul- und Professionsentwicklung 3/3, 55–68.

SCHAUER, MARKUS (2020), Altsprachlicher Unterricht und Interkulturalität: Vom Modell zum Diskurs, in: Der altsprachliche Unterricht Latein, Griechisch 63/1, 49–51.

SCHWEITZER, FRIEDRICH (2019), Über den Erfolg entscheiden die Schüler*innen! Übersetzen in elementarisierungstheoretischer Perspektive, in: HAUSSMANN, WERNER / ROTH, ANDREA / SCHWARZ, SUSANNE / TRIBULA, CHRISTA (Hg.), EinFach Übersetzen. Theologie und Religionspädagogik in der Öffentlichkeit und für die Öffentlichkeit (Religionspädagogik Innovativ 33), Stuttgart, 53–60.

STEIN, GERD (1979), Politische Bildung zwischen Politik und Pädagogik. Politischer Kontext, edukative Aufgabe und Bezugswissenschaften des Politikunterrichts, in: MICKEL, WOLFGANG W. (Hg.), Politikunterricht. Im Zusammenhang mit seinen Nachbarfächern, München, 29–51.

WIESE, CHRISTIAN (2022), „Religiöse Positionierungen": Theoretische Überlegungen und historische Orientierungen aus der Perspektive der jüdischen Religionsphilosophie, in: Theo-Web. Zeitschrift für Religionspädagogik 21/2, 13–31.

WOHNIG, ALEXANDER (2023), Ein Kommentar als Reflexionsangebot aus Sicht der politischen Bildung, in: HERBST, JAN-HENDRIK / GÄRTNER, CLAUDIA / KLÄSENER, ROBERT (Hg.), Der Beutelsbacher Konsens in der religiösen Bildung. Exemplarische Konkretionen und notwendige Transformationen (Wochenschau Wissenschaft), Frankfurt a. M., 194–204.

WOPPOWA, JAN (2022), Positionierung. Von normativen Verschiebungen und religionsunterrichtlicher Praxis, in: Theo-Web. Zeitschrift für Religionspädagogik 21/2, 204–219.

Bildung für nachhaltige Entwicklung: Das Spannungsfeld zwischen BNE und rBNE

Maike Maria Domsel

Aktuell wird der Ruf nach einer Wertegrundlage für eine sichere Zukunft lauter, wobei ein nachhaltiger Lebensstil als anerkannter Wertekanon gilt, insbesondere im Rahmen der Bildung für nachhaltige Entwicklung (BNE). Hiervon ausgehend konzentriert sich die religiöse Bildung für nachhaltige Entwicklung (rBNE) auf eine (christlich-)theologische Perspektive. Z. B. verknüpft die Sozialenzyklika „Laudato si'" von Papst Franziskus sozialökologische und religiöse Ansätze zur Nachhaltigkeit und weckt öffentliches Interesse – über religiöse Grenzen hinweg. Dieser Beitrag untersucht die Rolle der religiösen Dimension in Nachhaltigkeitsdiskursen angesichts der Erosion christlicher Wertvorstellungen sowie die Wechselwirkungen zwischen BNE und rBNE und ihre öffentliche Relevanz auf transdisziplinäre Weise.

Bildung für nachhaltige Entwicklung (BNE) – religiöse Bildung für nachhaltige Entwicklung (rBNE) – Laudato si' – transdisziplinäre Perspektiven – Religionsunterricht

Currently, there is a growing call for a value foundation for a secure future, with sustainable living recognized as an established set of values, particularly within the framework of Education for Sustainable Development (ESD). Building on this, Religious Education for Sustainable Development (rESD) focuses on a (Christian) theological perspective. For instance, Pope Francis' encyclical „Laudato Si'" connects socioecological and religious approaches to sustainability, generating public interest across religious boundaries. This contribution examines the role of the religious dimension in sustainability discourses in light of the erosion of Christian values, as well as the interactions between ESD and rESD and their public relevance in a transdisciplinary manner.

Education for Sustainable Development (BNE) – Religious Education for Sustainable Development (rBNE) – Laudato si' – Transdisciplinary Perspectives – Religious Education

1. Thematische Hinführung, Problemaufriss, Zielhorizont

In zunehmend pluralen und säkularen Gegenwartsgesellschaften wird der Appell nach einer substanziellen und konsensfähigen Wertegrundlage für eine sichere und florierende Prospektive immer deutlicher. Ein nachhaltiger Lebensstil, der mit den Paradigmen der Zeitenwende und der Abkehr von etablierten

Normen verbunden ist, hat sich in den letzten Jahrzehnten als neue, breit akzeptierte Wertebasis etabliert.[1] Diese Entwicklung findet zunehmend Eingang in öffentliche Diskurse und so auch in den Bildungskontext, insbesondere durch den Terminus „Bildung für nachhaltige Entwicklung" (BNE), der erstmals auf der UN-Umweltkonferenz in Rio de Janeiro im Jahre 1992 eingeführt wurde. Er steht für eine Bildungsphilosophie, die darauf abzielt, Individuen zu befähigen, aktiv, eigenverantwortlich und ethisch verantwortungsvoll die Zukunft in einer globalisierten Welt zu gestalten. Ein zentrales Anliegen besteht darin, die komplexen Wechselwirkungen zwischen den Dimensionen Umwelt, Gesellschaft und Wirtschaft umfassend zu vermitteln.[2]

Während BNE eine umfassendere Bildungsphilosophie darstellt, die nicht notwendigerweise religiös geprägt ist und auf ethischer Verantwortung sowie nachhaltigem Handeln basiert, konzentriert sich die sogenannte religiöse Bildung für nachhaltige Entwicklung (rBNE) auf eine theologische Perspektive, die von einem religiös-eschatologischen Transformationsverständnis und einer spezifischen Schöpfungsspiritualität ausgeht. Ihr vorrangiges Ziel ist es, auf Basis des (christlichen) Glaubens – den Sinn-Grund des Lebens für alle, einschließlich kommender Generationen und der Mitwelt, zu erkunden.[3]

Ein wesentlicher Beitrag in diesem Kontext ist in der Sozialenzyklika „Laudato si' – Über die Sorge für das gemeinsame Haus"[4] von Papst Franziskus zu sehen. Dieses apostolische Schreiben basiert auf einem sozialökologischen und katastrophentheoretischen Ansatz und hat großes öffentliches Interesse geweckt – auch bei Personen, die sich nicht als religiös oder christlich bezeichnen würden.

Nichtsdestotrotz ist angesichts der zunehmenden Erosion christlicher Wertvorstellungen, insbesondere im Mittel- und Nordeuropäischen Raum[5], die Frage zu stellen, inwiefern die religiöse Dimension in Nachhaltigkeitsdiskursen öffentliches Gehör finden kann und auf welche Weise diese kommuniziert wird. Wirkt sie sich auf gesellschaftlicher Ebene aus und – falls ja – wie? Welchen spezifischen Beitrag können Theologie und Kirche zu Nachhaltigkeitsdiskursen und der Umsetzung von Nachhaltigkeitszielen leisten? Welche Wechselwirkungen bestehen zwischen BNE und rBNE, und wie können diese die öffentliche Relevanz von rBNE beeinflussen und plausibilisieren? Bietet rBNE eine (sprachliche) Schnittstelle zu BNE und ist ihre Perspektive auch für Personen relevant, die sich nicht explizit als spirituell oder religiös identifizieren?

Im Rahmen einer transdisziplinären Untersuchung liegt der Schwerpunkt des vorliegenden Beitrags auf der Bestimmung und Analyse des Verhältnisses

---

[1]   Birkel 2019, 178.
[2]   Grunwald / Kopfmüller 2022.
[3]   Bederna 2019; Gärtner 2020.
[4]   Papst Franziskus 2015.
[5]   Schweitzer, Friedrich u. a. 2018; Pickel 2022, 287–290.

zwischen BNE und rBNE. Dabei werden zunächst die konzeptionellen Rahmenbedingungen festgelegt, indem BNE und rBNE definiert werden. Zudem erfolgt eine Auseinandersetzung mit der Konzeption des Religionsunterrichts (RU) als Spiegel gesellschaftlicher Debatten. Anschließend wird beispielhaft die „Enzyklika Laudato si'" hinsichtlich ihrer öffentlichen Wirkung untersucht, um – basierend auf diesen Erkenntnissen – transdisziplinäre Perspektiven und (sprachliche) Schnittstellen zwischen BNE und rBNE auszuloten.

2. Konzeptioneller Rahmen

2.1 BNE und rBNE

Das Paradigma der Nachhaltigkeit gewinnt in politischen und gesellschaftlichen Diskursen zunehmend an Bedeutung. Ziel ist es, gegenwärtige Handlungen so zu gestalten, dass Natur und Artenvielfalt für kommende Generationen bewahrt und geschützt werden, um ein möglichst ausgewogenes ökologisches Gleichgewicht zu gewährleisten. Diese Vision wurde erstmals von der Brundtland-Kommission in ihrem Bericht „Our Common Future" von 1987 als eine Entwicklung beschrieben, die gegenwärtige Bedürfnisse befriedigt, ohne jene künftiger Generationen zu gefährden.[6] Die Agenda 21 und die Sustainable Development Goals (SDGs) der UN Agenda 2030[7] sind wichtige Meilensteine in der globalen Nachhaltigkeitsdebatte, die sowohl ökologische als auch soziale und ökonomische Ziele umfassen.[8]

Die Übertragung der SDGs in den Bildungssektor erfolgte durch das Konzept der BNE, welches – unterstützt von den Vereinten Nationen – auf die Nichtnachhaltigkeit aktueller Wirtschaftsweisen und Lebensstile reagiert. In den Ländern des globalen Südens zielt BNE auf eine nachhaltige Entwicklung innerhalb ökologischer Grenzen ab, während in jenen des globalen Nordens auf die Transformation zu nachhaltigen Lebens- und Wirtschaftsweisen sowie intergenerationelle und ökologische Gerechtigkeit fokussiert wird.[9] Die Konzepte der BNE variieren in ihrem normativen Anspruch und ihrer thematischen Vielfalt, wobei einige auf Werthaltungen ausgerichtet sind und andere die Entwicklung von Kompetenzen für nachhaltiges Handeln betonen. Innerhalb des Gestaltungskompetenzkonzepts werden drei didaktische Prinzipien hervorgehoben: Partizipations- und Visionsorientierung und vernetzendes Lernen. Auf internationaler Ebene haben Initiativen wie die UN-Weltdekade BNE und das UNESCO-Weltaktionsprogramm BNE die Förderung von BNE vorangetrieben, während auf

---

6   World Commission on Environment and Development (WCED) 1987.
7   United Nations 2015.
8   World Commission on Environment and Development (WCED) 1992.
9   Brock 2022.

nationaler Ebene Programme wie der Nationale Aktionsplan BNE in Deutschland eine zentrale Rolle spielen.[10]

Das Konzept von rBNE basiert auf dem Gedanken einer Transformationsbildung in messianischer Perspektive, die eine umfassende Erlösung und Erneuerung anstrebt, wobei die ökologisch-soziale Lage, ethische Grundsätze sowie die Grundgedanken der Würzburger Synode berücksichtigt werden.[11] Im Zentrum steht die Frage nach einem erfüllten Leben für alle, inklusive künftiger Generationen und der Mitwelt. Auch im Sinne einer Option für die Armen bzw. einem Streben nach möglichst gerechten Verhältnissen zielt rBNE darauf ab, konsumorientierte, räumlich, zeitlich und zukunftsunabhängige Lebensstile sowie unterstützende Wirtschaftsweisen zu relativieren sowie diesbezügliche Kompetenzen zu etablieren.[12] Sie gründet auf dem Konzept einer freien und wechselseitigen Erschließung von Selbst und Welt – abgeleitet aus dem (christlichen) Glauben. Dabei wird betont, dass Fragen der Nachhaltigkeit aufgrund der grundlegenden Prägung jedes individuellen Weltbezugs durch Sozialität, Naturalität und Temporalität einen integralen Bestandteil religiöser Bildung darstellen. Das Ziel besteht darin, ein tieferes Verständnis für die Wechselwirkungen zwischen individuellem Handeln und ökologischen sowie sozialen Prozessen zu entwickeln und daraus resultierende Verantwortung zu erkennen und zu übernehmen. Diese Zielsetzung wird durch den Gedanken der Bewahrung der Schöpfung und der Nächstenliebe inspiriert. Besonderes Augenmerk liegt auf der Förderung von Mut und der Einnahme eines moralischen Standpunkts der Freiheit.[13]

Die aktuelle Diskussion über Nachhaltigkeit hat zahlreiche Impulse für religionspädagogische Ansätze geliefert, insbesondere hinsichtlich des Engagements junger Menschen für Umwelt- und Klimaschutz. Es wird argumentiert, dass dieses im Einklang mit dem christlichen Glauben steht, insbesondere im Kontext des Paradigmas der Bewahrung der Schöpfung. Beispielsweise wird die Teilnahme an Bewegungen wie „Fridays for Future" als konsistent und methodisch sowie inhaltlich ansprechend für ethisches Lernen angesehen.[14]

Im religiösen Kontext werden verschiedene Formen des ökologischen und nachhaltigen Lernens diskutiert, darunter ästhetisches, performatives und mystagogisches Lernen, die auch Fragen der Gerechtigkeit und des Friedens ansprechen. Religiöse Bildung wird dabei als Mittel betrachtet, um eine kritische Auseinandersetzung mit politischen, ökonomischen und ökologischen Fragen zu er-

---

[10]   United Nations 2015.

[11]   Die Würzburger Synode von 1971 markiert einen bedeutsamen Meilenstein in der Geschichte der römisch-katholischen Kirche in Deutschland und leitete umfassende Reformen in Struktur, Liturgie und Pastoral ein. Ihre Leitgedanken konzentrieren sich auf die Erneuerung und Anpassung der Kirche an moderne gesellschaftliche Bedürfnisse und Herausforderungen. Bertsch u. a. 1976.

[12]   Bederna 2019; Gärtner 2020.

[13]   Gärtner 2020.

[14]   Grümme 2021, 322.

möglichen und somit einen Beitrag zur umfassenden Bildung in öffentlichen Schulen zu leisten.[15]

Um diese Zielsetzungen zu erreichen, wurden zehn didaktische Prinzipien im Rahmen der rBNE für den RU formuliert:

1. Emanzipatorisch: Der Unterricht soll ermutigen, Freiräume und Kreativität fördern sowie zum Einsatz für andere ermutigen.
2. Partizipationsorientiert: Der Unterricht sollte zum Selbstdenken anregen, an den Fragen der Lernenden orientiert sein und Mitbestimmung üben.
3. Ziel auf Protest und verändernde Taten: Aktivierung und Einbezug von transformierenden Aktionen sind wesentliche Elemente des Unterrichts.
4. Zukunftsorientiert: Der Unterricht soll durch die Erinnerung an die Opfer der Zukunft zur prospektiven Solidarität führen.
5. Schöpfungsorientiert: Die Mitwelt soll eine angemessene Rolle im Unterricht spielen, und die Schöpfungstexte sollen eine neue Sicht auf die Mitgeschöpfe vermitteln.[16]
6. Vernetzt und vernetzend: Themen sollen hinreichend vernetzt, komplex und interdisziplinär erarbeitet werden, um die Retinität allen Seins zu reflektieren.
7. Ethisch orientiert: Der Unterricht hat die Aufgabe, ethisch zu motivieren, begründete Kritik zu ermöglichen und die Einzelkenntnisse der Lernenden ethisch zu integrieren.
8. Politisch dimensioniert: Die politischen Dimensionen von Nachhaltigkeitsproblemen müssen im Unterricht aufgedeckt und analysiert werden.
9. Religiöse Bildung: Der Unterricht soll die Botschaft des Reiches Gottes und der Schöpfung mit Nachhaltigkeitsfragen und Erfahrungen der Lernenden in Verbindung bringen.[17]
10. Ästhetisch und spirituell ausgerichtet: Der Unterricht soll eine sinnen- und sinnorientierte Weltdeutung ermöglichen und verschiedene Formen des Lernens nutzen.

Insgesamt verbindet die rBNE religiöse Werte und Prinzipien mit einem aktiven Engagement für eine nachhaltige Zukunft. Der Unterricht integriert die theologisch-ethische Dimension in die Reflexion und Analyse von Nachhaltigkeitsfragen und ermutigt die Lernenden zu verändernden Taten im Sinne einer nachhaltigen Entwicklung.[18]

Das Zusammenspiel zwischen BNE und rBNE liegt darin, dass sie gemeinsame Ziele verfolgen, nämlich die Förderung nachhaltiger Lebensweisen und die Bewahrung der Umwelt für zukünftige Generationen. Während BNE sich auf die Vermittlung von Kompetenzen und Werten konzentriert, die zur Erreichung

---

[15]   Ebd., 322–325.
[16]   Hunze 2007.
[17]   Bederna 2019; Gärtner 2020, 6–7.
[18]   Bederna 2019; Gärtner 2020.

globaler Nachhaltigkeitsziele erforderlich sind, betont rBNE die Integration religiöser Überzeugungen und Praktiken in Bildungsprozesse, um ein tieferes Verständnis für die spirituellen Dimensionen von Nachhaltigkeit zu fördern.

In der Praxis können BNE und rBNE einander ergänzen, indem rBNE religiöse Werte und Überzeugungen in die Gestaltung von Bildungsprogrammen und –aktivitäten für nachhaltige Entwicklung integriert. Dies kann dazu beitragen, eine ganzheitliche Perspektive auf Nachhaltigkeit zu fördern, die sowohl ökologische als auch spirituelle Aspekte umfasst und so zu einem umfassenderen Verständnis der Komplexität von Nachhaltigkeit und ihrer gesellschaftlichen Bedeutung beiträgt.

2.2   Der Religionsunterricht im Kontext gesellschaftlich-normativer Debatten

Angesichts der Bedeutung von rBNE und der Möglichkeit, Schule nicht nur als Spiegelbild, sondern auch als aktive Gestalterin gesellschaftlicher Entwicklungen zu betrachten[19], ist es unerlässlich, Umweltschutz und Nachhaltigkeit in verschiedenen Fächern zu behandeln, um eine ganzheitliche und zukunftsorientierte Bildung zu gewährleisten. Da Schüler*innen ihre Weltwahrnehmung – auch im Hinblick auf in ihrer Lebenswelt präsente Nachhaltigkeitsthemen – auch und gerade in den RU einbringen, da dieser nicht nur Raum für die Diskussion spiritueller, sondern auch ethischer und weltanschaulicher Fragen bietet, ist auch eine dezidierte (religions)pädagogische Auseinandersetzung erforderlich.[20]

Insgesamt führt die Diskussion über die Rolle der Schule als gesellschaftliche Akteurin auch zu Fragen nach Neutralität und Normativität im Bildungskontext – insbesondere mit Blick auf die Umsetzung von Nachhaltigkeitszielen und im Kontext ethischen Lernens.[21] Dabei reicht die Debatte von der Auswahl der Lehrinhalte bis hin zu den zugrunde liegenden Wertvorstellungen der Bildungsziele und Organisator*innen von Bildungsprozessen.[22] Fest steht, dass gesellschaftliche Diskurse um nachhaltige Transformationsprozesse und damit verbundene schulische Bildungsziele stark normativen Charakter besitzen, was gleichermaßen für BNE und rBNE gilt. So besteht eine wesentliche Herausforderung darin, Nachhaltigkeitsziele zu erreichen, ohne dabei die (Entscheidungs)freiheit des lernenden Individuums zu beeinträchtigen oder gar zu übergehen.[23]

---

[19]   Durkheim / König 2007; Illich 1995; Freire 2014; Bourdieu 2016; Domsel 2023, 227–280. Hierzu kritisch: Luhmann 1998; Bernfeld 1976; Herzog 2009, 155–194.

[20]   Herbst 2022, 421.

[21]   Pickel u. a. 2023; Mendl 2023, 58.

[22]   Wohnig / Zorn 2022, 9–10.

[23]   Henkel u. a. 2023; Mendl 2023, 53– 64.

2.2.1 Stellung und Rolle

Mit Blick auf Debatten um Normativität im Zusammenhang mit dem RU ist zunächst seine herausragende Stellung innerhalb des Fächerkanons zu nennen, die bereits durch seine Organisation im Rahmen eines res mixta-Verfahrens (GG Art. 7 Abs. 3) deutlich wird, welches eine Zusammenarbeit zwischen Staat und Religionsgemeinschaften vorsieht. Während strukturelle Angelegenheiten in die Zuständigkeit der Bundesländer fallen, obliegen inhaltliche Aspekte den anerkannten Religionsgemeinschaften. Dabei besteht das Bestreben, die religiöse Mündigkeit der Schüler*innen zu fördern, ohne instrumentell zu sein, wodurch die Integration von Werten wie Freiheit und Selbstbestimmung eine kritische Reflexion erfordern, um normative Gehalte zu vermitteln.[24] Beispielsweise stellt sich die Frage, ob und inwieweit die theologische Perspektive, die sich (notwendigerweise) im Sinne einer Option für die Armen für sozial Benachteiligte einsetzt[25], adäquat in den Unterricht integriert werden kann.

Hierzu ist anzumerken, dass die Integration von Nachhaltigkeitsthemen in den RU einerseits eine entscheidende Rolle bei der Förderung von ethischem Denken und nachhaltigem Handeln bei Schüler*innen spielt.[26] Normative Fragen in der religiösen Erziehung sind zentral für die Entwicklung ethischer Werte bei Schüler*innen und erfordern die Betonung der Autonomie der Lernenden sowie die Berücksichtigung verschiedener Wertorientierungen in pluralen Gesellschaften.[27] Andererseits sei an dieser Stelle auch auf den Beutelsbacher Konsens verwiesen, der die Unterscheidung zwischen (politischer) Indoktrination und einer auf Mündigkeit ausgerichteten Bildung festlegt. Besonderen Wert legt der Konsens darauf, die Autonomie der Lernenden zu respektieren, indem er im Sinne eines Neutralitätsgebots darauf abzielt, keine vorgefertigten Urteile zu vermitteln, sondern Schüler*innen zur eigenständigen Urteilsbildung zu befähigen. In der religionspädagogischen Diskussion spielt der Beutelsbacher Konsens mit seinem Überwältigungsverbot und Kontroversitätsgebot eine bedeutende Rolle.[28] Obwohl im RU der Fokus auf der Vermittlung religiöser Inhalte und Wertorientierungen liegt, kann der Beutelsbacher Konsens auch dort Berücksichtigung finden, etwa indem kontroverse Themen im religiösen Kontext multiperspektivisch behandelt werden.[29]

2.2.2 Das Gebot der Subjektorientierung

Im Kontext von Religionspädagogik und Religionsdidaktik hat sich im Zuge der anthropologischen Wende ein Paradigmenwechsel vollzogen: von einer reinen

---

[24] Grümme 2021.
[25] Mette 2020, 163–180; Metz 1992, 35–41; Metz 2006.
[26] Bederna 2019; Gärtner 2020, 235.
[27] Grümme 2021, 335–339; Wohnig / Zorn 2022, 9–10.
[28] Grümme 2021, 335–339; Wohnig / Zorn 2022, 10.
[29] Eis 2016, 131–139.

Wertevermittlung[30] hin zu einem grundlegend subjektorientierten Bildungsansatz, der als zentrales Element religiöser Erziehung betrachtet wird.[31] Das Ziel
der Subjektorientierung in der religiösen Bildung besteht darin, die Fähigkeit
zur moralischen Urteilsbildung, Handlungsfähigkeit und Entscheidungskompe-
tenz zu fördern, wobei nicht nur die Vermittlung religiöser Inhalte im Vordergrund steht, sondern vielmehr deren individuelle Reflexion.[32]

Jedoch sind nach Hans Mendl aktuelle gesellschaftliche Diskurse, insbesondere im Kontext von rBNE, – auch aus schöpfungstheologischer Perspektive – oft
unausweichlich mit Postulaten wie ökologischer Transformation und nachhaltigen Lebenskonzepten verbunden.[33] Ein Beispiel dafür ist die Enzyklika „Laudato
si'" von Papst Franziskus.[34] Diese Postulate würden mit einer starken moralischen Autorität vorgetragen, was jedoch zu einer Einschränkung alternativer
Optionen führen könne und dazu, dass Personen, die von diesen Normen abweichen, Gefahr laufen, als intolerant oder unsozial eingestuft zu werden.[35] So
könne es sich als schwierig gestalten, alternative Optionen zu äußern, da diese
möglicherweise nicht mit vorherrschenden Normen der Political Correctness
übereinstimmen[36], was die Frage aufwirft, ob solche Bemühungen, die eine deutlich normative Ausrichtung aufweisen und auf Verhaltensänderungen des Einzelnen abzielen, möglicherweise im Widerspruch zum Paradigma der Subjektorientierung wie zum Beutelsbacher Konsens stehen.

Eine Lösungsperspektive könnte in der von Bernhard Grümme propagierten
sogenannten normativen Reflexivität gesehen werden, die eine kontinuierliche
kritische Selbstprüfung von Normen in religiösen Bildungsprozessen umfasst.
Dabei sind diese nicht als absolut zu betrachten, sondern an sich ändernde gesellschaftliche Kontexte anzupassen, was eine fortwährende Adaption von Bil-
dungspraktiken erfordert. Normative Reflexivität ermutigt zur Selbstkritik und
zur Transformationsbereitschaft von Normen, um religiöse Bildungsprozesse inklusiver und gerechter zu gestalten, indem alternative Ansichten berücksichtigt
werden.[37]

Dennoch ist es wichtig zu bedenken, dass das Dilemma zwischen der Betonung individueller Freiheit bzw. Subjektorientierung und dem Streben nach
nachhaltigen Lebensweisen als äußerst komplex einzustufen und nicht leicht zu
lösen ist. Es bedarf einer kontinuierlichen Exploration bzw. Aus- und Neugestal-
tung dieses aporetischen Raumes unter Berücksichtigung und Dekonstruktion

---

[30]   Schambeck / Pemsel-Maier 2017, 10; Ziebertz 2000, 45.
[31]   Altmeyer 2022, 228; Grümme 2022, 38; Heger 2017, 508.
[32]   Mendl 2023.
[33]   Ebd. 53.
[34]   Ebd. 58.
[35]   Nassehi 2022.
[36]   Mendl, 2023, 57–58.
[37]   Grümme 2021, 350–358.

bestehender Machtstrukturen sowie kritischer Reflexion, um den Bedürfnissen möglichst aller Akteur*innen gerecht zu werden.

3. Die Sozialenzyklika „Laudato si'"

Die Sozialenzyklika „Laudato si'"[38] von Papst Franziskus, veröffentlicht im Jahr 2015, bietet einen tiefgreifenden Einblick in die ökologischen Fragestellungen im Kontext sozialer Gerechtigkeit. Sie plädiert für einen holistischen Ansatz im Umgang mit dem Klimawandel, indem sie ökologische, wirtschaftliche, soziale und religiöse Aspekte miteinander verwebt.

3.1 Struktur

Die Verlautbarung beginnt mit einer ausführlichen Einleitung, in der ihr historischer Kontext bis zur Enzyklika „Pacem in terris" von 1963 skizziert wird. Papst Franziskus betont zunächst seine Beweggründe für die Verfassung des Textes und ruft zu einem dringenden Dialog über die planetare Zukunft auf. Er würdigt die Beiträge der weltweiten ökologischen Bewegung und der Ökumene (14).

Im ersten Kapitel mit dem Titel „Was unserem Haus widerfährt" analysiert der Papst eingehend die Umweltproblematik, darunter Umweltverschmutzung, Klimawandel, Wasserknappheit und den Verlust der biologischen Vielfalt. Besondere Aufmerksamkeit wird der Schwäche der internationalen politischen Reaktion sowie der Dominanz eines Systems gewidmet, das finanzielle Gewinne über Umweltauswirkungen und Menschenwürde stellt (56).

Das zweite Kapitel, „Das Evangelium von der Schöpfung", würdigt die kulturellen Reichtümer und propagiert eine holistische Ökologie. Dabei betont der Papst die Notwendigkeit, sämtliche Quellen der Weisheit einzubeziehen, um die durch Umweltschäden verursachte Zerstörung zu korrigieren (63). Im dritten Kapitel, „Die menschliche Wurzel der ökologischen Krisen", werden die von Menschen hervorgerufenen Ursachen der ökologischen Krise beleuchtet. Franziskus analysiert die Ambiguität der Technologie, die Globalisierung des technokratischen Paradigmas und die anthropozentrische Maßlosigkeit der Moderne. Im vierten Kapitel, „Eine ganzheitliche Ökologie", skizziert der Papst eine umfassende Ökologie, die die Bereiche Umwelt, Wirtschaft und Gesellschaft miteinander verbindet. Dabei werden Themen wie Kulturökologie, die „Ökologie des Alltagslebens" und generationsübergreifende Gerechtigkeit behandelt. Im fünften Kapitel, „Einige Leitlinien für Orientierung und Handlung", präsentiert Franziskus präzise Handlungsrichtlinien, darunter die Befürwortung eines in-

---

[38] Mendl 2023, 53–64.

ternationalen Umweltdialogs in der Politik und die Förderung von Dialog und Transparenz in Entscheidungsprozessen. Im sechsten Kapitel, „Ökologische Erziehung und Spiritualität", ruft der Papst zu einem anderen Lebensstil auf, begleitet von ökologischer Umkehr und einem Leben in Freude und Frieden. Es schließt mit einem eschatologischen Ausblick auf die Hoffnung auf ein „neues Jerusalem", das „gemeinsame Haus des Himmels" (202–245).

3.2   Kernbotschaft und ökotheologischer Ansatz

In seiner Enzyklika prangert Franziskus die als „selbstmörderisch" bezeichnete Lebensweise des 19. und 20. Jahrhunderts an, in denen die Menschheit die Umwelt besonders schlecht behandelte. Dabei werden die Dringlichkeit der Reduzierung von Treibhausgasemissionen und der Ausstieg aus fossilen Energieträgern hervorgehoben. Kritik gilt dem Konsumismus, während politische Programme zur Bewältigung ökologischer Herausforderungen gefordert werden und das universale Menschenrecht auf Zugang zu sauberem Trinkwasser betont wird. Die Dominanz der Wirtschaft über die Politik und die sozialen Ungleichheiten, verursacht durch den Reichtum in den entwickelten Staaten, werden vom Papst kritisiert. Dabei plädiert er für eine Verlangsamung des Wachstums in Industriestaaten, um armen Ländern mehr Entwicklungschancen zu bieten. Die Enzyklika stützt sich auf frühere kirchliche Verlautbarungen und den Theologen Romano Guardini, wobei Franziskus die soziale Dimension des Menschen besonders hervorgebt und die untrennbare Verbindung von Natur, Mensch und Gott herausstellt.

3.3   Rezeption und Wirkung

Die Enzyklika „Laudato si'" hat sich nicht nur innerhalb der kirchlichen Sphäre, sondern weit darüber hinaus als wegweisender Meilenstein in der ökologischen Debatte etabliert. Bereits im Jahr ihrer Veröffentlichung 2015 beeinflusste die Verlautbarung die UN-Konferenzen zu Nachhaltigkeit und Klimaschutz maßgeblich. Ihre Wirkung erstreckte sich weltweit auf die Umweltwissenschaften, wo sie eine intensive Auseinandersetzung mit den kulturellen Tiefendimensionen der notwendigen ökosozialen Transformation anregte.[39]
    Die Reaktionen auf die Enzyklika waren vielfältig und reichten von enthusiastisch lobenden Überschriften in den Medien bis zu positiven Stellungnahmen von prominenten Persönlichkeiten aus Kirche und Politik.[40] Der Sozialethiker Markus Vogt bezeichnet die Enzyklika als „Meilenstein in der Entwicklung

---

[39]   Abmeier o. J.; Vogt 2015, 3–10.
[40]   Abmeier o. J.

der katholischen Soziallehre".[41] Der Papst sei „zu einem weltweit führenden Anwalt der Armen, der Natur und der Zukunft geworden".[42] Laudato si' schließe
eine lang bestehende ethische Leerstelle in der Diskussion über Umweltprobleme und Klimawandel. So betont der Papst nicht nur die in der Öffentlichkeit
häufig thematisierten ökologischen und sozialökonomischen Aspekte, sondern
bringt eine tiefgreifende ethische Dimension in die Debatte mit ein. Die klare
Positionierung zugunsten des Umweltschutzes und gegen soziale Ungerechtigkeiten unterstreicht die Verantwortung der Menschheit gegenüber der Natur
und den Mitmenschen, insbesondere den gesellschaftlich Benachteiligten.

Ebenso lobte der Dalai Lama die „wunderbare" Entscheidung des Papstes,
sich diesem Thema zu widmen und rief andere Religionsführer*innen auf, diesem Beispiel zu folgen.[43] Überraschend waren vor allem die vorwiegend positiven Reaktionen aus den verschiedensten Disziplinen der Wissenschaften. So
äußern etwa der Ökonom Ottmar Edenhofer und der Sozialwissenschaftler
Christian Flachsland des Potsdam Institute für Climate Impact Research (PIK), es
habe sie beeindruckt, „dass weltweit Wissenschaftler, die sich selbst als Atheisten oder Agnostiker bezeichnen – politisch Konservative, die der Klimapolitik
skeptisch gegenüberstehen, und Aktivisten, die die Kirche längst abgeschrieben
haben-, über Papst Franziskus und seine Enzyklika [...] reden."[44]

Trotz der großen Zustimmung wurden jedoch auch kritische Stimmen laut.
Einige bemängelten die klare Trennung zwischen den Industrienationen und
Schwellen- bzw. Entwicklungsländern sowie eine gewisse Schwarz-Weiß-Dialektik in der Gesamtargumentation. Die geopolitische Darstellung wurde als zu
simplifizierend betrachtet, und es wurden Bedenken hinsichtlich der praktischen Umsetzbarkeit der päpstlichen Visionen geäußert.[45]

Insgesamt wurde die Enzyklika als Weckruf für die Gesellschaft interpretiert, der Umweltfragen und soziale Gerechtigkeit in einem ethischen Kontext
verbindet, wobei die Integration von Umweltaspekten und sozialer Verantwortung als besonders bedeutsam herausgestellt wurde. Der Appell zur Sorge um
das gemeinsame Haus wird als dringende Mahnung für die gegenwärtigen und
kommenden Generationen wahrgenommen. Trotz unterschiedlicher Meinungen bleiben die langfristige Wirkung und Umsetzung der in der Enzyklika vorgeschlagenen Prinzipien und Maßnahmen Gegenstand anhaltender öffentlicher
Diskussionen und Analysen.

---

[41] Vogt 2015, 3.
[42] Ebd., 10.
[43] Radio Vatikan 2015.
[44] Edenhofer / Flachsland 2015, 589.
[45] Reuber / Fuchs 2015, 18–39.

4.   Transdisziplinäre Perspektiven

Wie exemplarisch an der Enzyklika „Laudato si'" erläutert, weisen die transdis-ziplinären Perspektiven von BNE und rBNE einen gemeinsamen Zielhorizont auf: den Schutz der Umwelt, den Erhalt von Ressourcen und die Sicherstellung einer intakten Umwelt für kommende Generationen. Die Bildungsziele von rBNE spie-geln diese Ausrichtung deutlich wider und harmonieren in vielen Aspekten mit den Prinzipien der BNE, ohne zwangsläufig eine religiöse Konnotation zu tragen. Im Zentrum dieser übergeordneten Ansätze steht die Vermittlung eines umfas-senden Verständnisses für aktuelle soziale, ökologische und wirtschaftliche Her-ausforderungen sowie die Befähigung der Lernenden zur Entwicklung und Um-setzung nachhaltiger Lösungsansätze.

Das emanzipatorische Prinzip der rBNE, welches Freiräume und Kreativität fördert sowie zur Fürsorge für andere ermutigt, entspricht dem BNE-Prinzip des Empowerments, welches darauf abzielt, Individuen zu ermächtigen, aktiv an der Gestaltung einer gerechteren und nachhaltigeren Welt teilzuhaben. Die partizi-pationsorientierte Ausrichtung der rBNE, welche zur Selbstreflexion und Mitbe-stimmung anregt, steht im Einklang mit dem BNE-Prinzip der Teilhabe. Ihr Ziel ist es, die Lernenden dazu zu befähigen, informierte Entscheidungen zu treffen und aktiv an der Umsetzung von nachhaltigen Maßnahmen mitzuwirken. Das Ziel auf Protest und verändernde Taten, welches die Lernenden dazu ermutigen soll, transformative Handlungen zu unternehmen, harmoniert mit dem BNE-Prinzip des Handelns. Dabei geht es darum, Veränderungen in Denk- und Ver-haltensweisen herbeizuführen, um eine nachhaltige Entwicklung zu fördern. Die zukunftsorientierte Perspektive der rBNE, die die Bedeutung langfristiger Soli-darität und Verantwortung für kommende Generationen betont, steht im Ein-klang mit dem BNE-Prinzip der Zukunftsorientierung. Letzteres zielt darauf ab, die Bedürfnisse zukünftiger Generationen zu berücksichtigen und langfristige Lösungen für gegenwärtige Probleme zu entwickeln.

Religiöse Stimmen im Kontext des Themenfeldes nachhaltiger Transforma-tion, insbesondere jene des Papstes, wie sie vor allem in der Enzyklika „Laudato si'" zum Ausdruck kommt, genießen eine breite öffentliche Anerkennung, die über religiöse und christliche Kreise hinausreicht. Sie spielen eine signifikante Rolle in politischen Diskursen und öffentlichen Debatten zum Thema Umwelt-schutz. So spiegelt sich ihre Bedeutung beispielsweise auch in Schulbüchern wi-der, insbesondere in Lehrwerken für den RU, wo teils auf die Inhalte von Laudato si' verwiesen wird.[46]

Anhand der Auseinandersetzung mit Laudato si' lässt sich zeigen, dass reli-giöse Perspektiven bzw. religiöse Bildung durch ihre Teilnahme an gesellschaft-lichen Nachhaltigkeitsdiskursen an öffentlicher Anerkennung gewinnen kön-

---

[46]   Beispielsweise in Tomberg 2018 und Tomberg 2024.

nen. Dennoch gilt es, diesen Aspekt genauer zu untersuchen und kritisch zu prüfen. In diesem Zusammenhang soll auf Oliver Reis verwiesen werden, der bereits in seiner Dissertation aus dem Jahr 2003, in der er das theoretische Modell der Systemtheorie von Niklas Luhmann verwendet, um die Debatte über sozialethische Nachhaltigkeit zu analysieren, darauf hinweist, dass theologische Diskussionen oft einen blinden Fleck aufweisen. So nehmen diese an vielen Stellen keine eindeutige Außenperspektive ein, um stattdessen die ethischen Prinzipien des ökonomisch-politischen Systems zu übernehmen. Dies führt dazu, dass sie die religiöse Dimension der Gesellschaft im Kontext von Nachhaltigkeit nicht erkennen. Wenn theologische Ansätze diese Dynamik unterstützen, verlieren sie die Möglichkeit, aus ihrer eigenen religiösen Tradition heraus prophetische Kritik zu üben. Reis argumentiert weiterhin, dass die Nachhaltigkeitsdebatte selbst eine religiöse Dimension annimmt, indem sie ihre Entscheidungslogik als unumstößlich transzendental betrachtet und somit anderen möglichen Entscheidungen entzieht.[47]

Dabei bietet das christliche Proprium zahlreiche Anknüpfungspunkte und theologische Konzepte, die gerade im Kontext von Nachhaltigkeitsdiskursen eine ebenso weiterführende wie kritisch-differenzierende Perspektive ermöglichen. Um dies zu illustrieren, sollen im Folgenden einige dieser Konzepte exemplarisch und in gebotener Kürze umrissen werden:

1. **Kernthemen des christlichen Glaubens:** Innerhalb der rBNE gewinnen die Kernthemen des christlichen Glaubens eine erweiterte Bedeutung. Die Frage nach dem Sinn des Lebens erhält eine neue Dimension durch die Betonung des nachhaltigen Umgangs mit der Schöpfung. Die Hoffnung auf Hilfe und Vertrauen wird im Kontext von rBNE zu einem Aufruf zur aktiven Mitgestaltung einer gerechteren und nachhaltigeren Welt. Die Verkündigung der Botschaft vom Gottesreich trägt die Hoffnung auf ein souveränes und gerechtes göttliches Herrschaftsreich, an dessen Verwirklichung der Mensch aktiv teilhaben kann. Diese Botschaft bildet eine Verbindung zur Vision einer intakten und ausbalancierten Natur.[48]

2. **Jesus und seine radikalen Forderungen:** Die Worte Jesu, wie beispielsweise „Gib alles weg und folge mir nach" (Mk 2,14; Lk 12,33), stellen radikale Ansprüche an seine Nachfolge im Sinne von Umkehr dar. Diese Forderungen betonen den Verzicht auf materielle Güter zugunsten einer spirituellen Hingabe und betonen somit eine kritische Haltung gegenüber weltlichen Besitztümern. Die Idee, materiellen Besitz nicht übermäßig zu betonen, korreliert mit nachhaltigen Lebensweisen.[49]

3. **Trinitarischer Ansatz:** Der trinitarische Glaubensansatz, der die Einheit Gottes in drei Personen (Vater, Sohn und Heiliger Geist) betrachtet, eröffnet

47 Reis 2003.
48 Pemsel-Maier 2021, 97–106; Pirner 2012, 10–13; Rahner 2005, 489–510; Petersen 2005.
49 Luther 2014, insbesondere 230, Roebben 2011; Domsel 2023, 133–138.

wichtige theologische Dimensionen, indem er die Frage nach Gottes Präsenz inmitten von Leid und Rettungsbedürfnissen aufwirft. Die daraus resultierende Spannung zwischen Vertrauen und dem Gefühl der Abwesenheit Gottes ist von herausragender Bedeutung. Der Heilige Geist, der das All in allem Lebendigen durchdringt (einschließlich Tiere und Pflanzen), verdeutlicht die göttliche Präsenz im gesamten Schöpfungskontext.[50]

So geht es rBNE betreffend einerseits im korrelativen Sinne um einen dezidierten Realitätsbezug gemäß dem religionspädagogisch so essenziellen Prinzip der Subjekt- bzw. Adressat*innenorientierung[51] sowie der so wichtigen Wahrnehmung von Zeitzeichen, andererseits jedoch auch um eine Herausstellung und Nutzung des christlichen Propriums im Sinne der zuvor beispielhaft skizzierten Theologumena und um ein Einbringen jener in aktuelle Nachhaltigkeitsdiskurse. Hierbei ist von Bedeutug, dass sich die christliche Botschaft auch durch ihre irritierende Andersartigkeit und „wachrüttelnde" Kraft auszeichnet – um es mit den Worten von Johann Baptist Metz auszudrücken: durch Unterbrechung.[52]

Konkret zeichnet sich die christliche Botschaft durch ihre Fähigkeit aus, Konventionen zu hinterfragen und Denkanstöße zu geben. In diesem Zusammenhang entsteht eine Spannung zwischen der Anpassung an plurale und säkulare Gegenwartsgesellschaften und der Notwendigkeit, jene Unterbrechung und Irritation zu bewahren und deren Potenzial zu nutzen – ohne zu überwältigen und die Freiheit des Subjektes zu übergehen.

Ein solch aporetischer Raum eröffnet sowohl Chancen als auch Herausforderungen, die kontinuierlich neu betrachtet und interpretiert werden müssen, um seine gesamte Komplexität angemessen zu erfassen und entsprechend reagieren zu können.[53]

Um dieses Ziel zu erreichen, bedarf es auch einer ansprechenden wie klaren und verständlichen Sprache, die sie jedoch gleichzeitig – im Sinne einer Irritation – von gewohnten Sprachspielen abhebt. Hierauf soll im Folgenden eingegangen werden.

5.   (Sprachliche) Schnittstellen?

Die präzise Differenzierung zwischen gemeinsamen Sprachmustern und bewussten Unterbrechungen ist von entscheidender Bedeutung für eine sprachliche Ausgestaltung. Exemplarisch soll hier zunächst auf Lehrwerke für den RU hingewiesen werden, die teilweise simplifizierend die Termini „Umweltschutz" und „Bewahrung der Schöpfung" gleichsetzen. Stattdessen sollte der (sprachli-

---

[50]   von Stosch 2017; Böhnke 2021.
[51]   Mendl 2023, 53–64.
[52]   Metz 1992, 166; Buchholz, 2018.
[53]   Domsel / Kiroudi / Roebben 2024.

che) Bezug zwischen diesen Konzepten hergestellt und gleichzeitig die spezifische Perspektive auf Welt und Mensch im Sinne einer inhaltlichen Füllung expliziert werden.[54]

Eine derartige Konturierung des Eigenen ist zudem von strategischer Relevanz, insbesondere im Rahmen von Diskursen zur Nachhaltigkeit. Sie trägt zur Stärkung der Glaubwürdigkeit von Theologie und Kirche bei und leistet einen signifikanten Beitrag zur Umsetzung von Nachhaltigkeitszielen, indem sie die fortbestehende Relevanz der religiösen Dimension in Gegenwartsgesellschaften verdeutlicht, die dem gemeinsamen Ziel der Umsetzung von Nachhaltigkeitszielen dienlich ist.

Hierbei ist es von Bedeutung, dass religiöse Stimmen ihr volles Potenzial entfalten und über einfache Ermahnungen und moralische Appelle hinausgehen. Insbesondere vor dem Hintergrund zahlreicher krisenhafter Zeitzeichen ist es unabdingbar, dass sie nicht nur eine prophetisch-kritische, sondern gleichzeitig eine ermutigende, einladende und unterstützende Wirkung entfalten.

Wenn religiöse Sprache auch von Menschen verstanden werden soll, die in pluralen und säkularen Umgebungen leben und diese möglicherweise als fremd oder unverständlich empfinden, könnte es von Vorteil sein, philosophische, psychologische und soziologische Sprachspiele miteinzubeziehen, um einen Zugang zu religiöser Sprache zu schaffen. In diesem Zusammenhang könnten ästhetische Ausdrucksformen eine bedeutende Brückenbauerfunktion übernehmen, da sie vielen Zeitgenoss*innen vertrauter sind als theologische Sprechweisen und so einen sinnhaften Übergang zu religiös-spirituellen Sprachspielen ermöglichen können.[55] Die zuletzt Genannten geben auf tiefsinnige Art und Weise über den Menschen Auskunft und beinhalten hierbei zum Teil hohe Abstraktheitsgrade, wodurch sie als mit der Theologie verwandte Wissenschaften angesehen werden können. Trotzdem sind sie zeitgenössischen Menschen eher vertraut als die theologische Rede. Auf diese Weise kann bei einem Sprechen-Lernen vom Religiösen an bereits vorhandenes Wissen und schon existierende Sprachmuster etwa von Schüler*innen angeknüpft und bereits bestehende sprachliche Strukturen erweitert bzw. bereichert werden. Sprachkompetenz kann nämlich zunächst nur auf Basis einer bereits vorgegebenen bzw. zumindest partiell beherrschten Sprache erworben werden. Daher sollte die religiöse Sprache auch zunächst keine Sondersprache sein, sondern eine Alltagssprache mit besonderer Qualität. Die Ausbildung einer solchen Sprachkompetenz ist auf den Kontakt mit einer entsprechenden Kommunikationspraxis angewiesen.[56] Gegebene Sprachformen werden von Menschen jedoch nicht nur an vertrauten Sprachmustern gemessen, sondern zudem an jenen Erfahrungen, für die es noch keine (adäquate) Sprache gibt, weil sie das Empirische zur Transzendenz hin übersteigen.

---

[54]   Hunze 2007.
[55]   Altmeyer 2011, 63–64.
[56]   Ebd., 318.

So sollten theologische Sprachspiele zwar einerseits anschlussfähig an die Alltagssprache sein, sich jedoch zugleich von ihr abheben, wenn ihre einzigartig-
authentische sowie frohe Botschaft für den Menschen zur Geltung kommen
soll.[57] Auch und gerade im Kontext von Nachhaltigkeit geht es daher um die
Etablierung einer Sprachkultur, die sich durch Klarheit und allgemeine Verständlichkeit auszeichnet, gleichzeitig aber auch bewusst irritieren und unter-
brechen kann, um dann wieder neu zu ermutigen – stets im Respekt vor der Freiheit des Individuums und im transzendenten Bezug.

Als Beispiel für eine solche Sprachkultur kann der Absatz 76 aus der Enzyklika „Laudato si'" dienen. Papst Franziskus hebt hier hervor, dass der Begriff
„Schöpfung" in der jüdisch-christlichen Tradition eine tiefere Bedeutung hat als
der bloße Begriff „Natur". Er betont, dass die Schöpfung als ein Akt der göttlichen Liebe betrachtet werden sollte, in dem jedes Geschöpf einen eigenen Wert
und eine Bedeutung besitzt. Im Gegensatz zur Natur, die oft als mechanisches
System betrachtet wird, hebt Papst Franziskus hervor, dass die Schöpfung als ein
Geschenk verstanden werden sollte, das aus der liebevollen Hand Gottes hervor-
geht und uns zur Gemeinschaft der Liebe aufruft.

Die essenzielle Differenzierung zwischen theologischer und alltäglicher
Sprache wird an dieser Stelle verdeutlicht. Papst Franziskus unterstreicht, dass
der Terminus „Schöpfung" in der jüdisch-christlichen Überlieferung eine trans-
zendente Dimension beinhaltet, welche über den reinen Begriff der „Natur" hinausgeht. Diese Unterscheidung veranschaulicht die Komplexität religiöser Sprache und verdeutlicht ihre Fähigkeit, eine tiefere, spirituelle Ebene des Verständnisses zu vermitteln. So kann Franziskus eine Brücke zwischen theologischem
Diskurs und dem Verständnis von Religiosität in säkularen Kontexten schlagen.

6.   Konklusion und Ausblick

Der in diesem Beitrag skizzierte transdisziplinäre Ansatz bietet die Möglichkeit
zur Perspektivierung einer ganzheitlichen nachhaltigen Transformation, die
alle Bereiche der Gesellschaft einbezieht. Dabei wird Religion als ein wesentlicher Faktor zur Verwirklichung dieser Ziele betrachtet, was zu öffentlichen Debatten und einer Integration in schulische Bildung führen sollte. Jedoch ist es
wichtig, diese religiöse Dimension nicht allein auf moralische Appelle zu redu-
zieren, sondern einen verstärkten Fokus auf ein breites Spektrum theologischer
Inhalte zu legen. Dies könnte langfristig zu einer Steigerung der Glaubwürdigkeit von Theologie, Kirche und religiöser Bildung beitragen.

Diese Herangehensweise ermöglicht eine multiperspektivische Betrachtung, die Bezüge zur Naturwissenschaft, Politik, Soziologie sowie die Chance für

---

[57]   Ebd., 17.

fächerverbindendes Lernen eröffnet. Dabei steht nicht die Absicht einer religiösen Bekehrung oder missionarischen Bestrebungen im Vordergrund, sondern vielmehr das Verständnis dafür, warum die religiöse Dimension, insbesondere im Kontext von Nachhaltigkeitsdiskursen und global betrachtet, für viele Menschen von Bedeutung ist und daher Teil öffentlicher Diskurse sein sollte.

Literatur

ABMEIER, KARLIES (o. J.), Aufruf zu einer „Ökologie des Menschen". Die Enzyklika „Lauda to si'" – ein einordnender Hintergrund. Konrad-Adenauer-Stiftung. Berlin (Analysen & Argumente), online im Internet: http://www.kas.de/wf/doc/kas_43216-544-1-30.pdf?1511120 95421, [abgerufen am 20.04.2024, 19.22 Uhr].

ALTMEYER, STEFAN (2011), Fremdsprache Religion? Sprachempirische Studien im Kontext religiöser Bildung (Praktische Theologie heute 114), Stuttgart.

ALTMEYER, STEFAN (2022), Schwer zu sagen: Was bedeutet es, Religion subjektorientiert zu unterrichten? – Eine ziemlich subjektive Zwischenbilanz, in: ALTMEYER, STEFAN u. a. (Hg.), Jahrbuch der Religionspädagogik, Religion subjektorientiert erschließen, Göttingen, 226–242.

BEDERNA, KATRIN (2019), Every Day for Future: Theologie und religiöse Bildung für nachhaltige Entwicklung, Ostfildern.

BERNFELD, SIEGFRIED (²1976), Sisyphos oder die Grenzen der Erziehung, Frankfurt a. M.

BERTSCH, LUDWIG u. a. (Hg.) (1976), Gemeinsame Synode der Bistümer in der Bundesrepublik Deutschland, Freiburg i. Br.

BUCHHOLZ, RENÉ (2028), Religion als Unterbrechung, online im Internet: https://www.fein schwarz.net/religion-als-unterbrechung/ [Zugriff 02.04.2024, 23.15 Uhr].

BIRKEL, SIMONE (2019), Warum wir dran sind. Lernen für ein zukünftiges Leben, in: KATBL 144/3, 177–181.

BÖHNKE, MICHAEL (2021), Geistbewegte Gottesrede: Pneumatologische Zugänge zur Trinität, Freiburg i. Br.

BROCK, ANTJE (2022), Materialität Menschlicher Freiheiten: Gerechtigkeit Als Bildungsauftrag: Relationen Zwischen Umwelt und Sozialem Gestalten, Wiesbaden.

BOURDIEU, PIERRE (2016), Die feinen Unterschiede: Kritik der gesellschaftlichen Urteilskraft (SCHWIBS, BERND / RUSSER, ACHIM TRANS.), Frankfurt a. M. (Original work published 1979).

DOMSEL, MAIKE MARIA (2023), Hinter dem Horizont: Zum spirituell-religiösen Selbstverständnis von Religionslehrkräften, Stuttgart.

DOMSEL, MAIKE MARIA / KIROUDI, MARINA / ROEBBEN, BERT (2024), Navigating the Climate Crisis: Autoethnographic Insights from Europe. An Essay for the Pre-conference Forum of the Religious Education Association (REA) Annual Meeting on Dear Earth: Innovating Religious Education Through the Lens of Climate Justice, Chicago.

DURKHEIM, ÉMILE / KÖNIG, RENÉ (2007), Die Regeln der soziologischen Methode (Nachdr.), Frankfurt a. M.

EDENHOFER, OTTMAR/ FLACHSLAND, CHRISTIAN (2015), Laudato si'. Die Sorge um die globalen Gemeinschaftsgüter, in: Stimmen der Zeit 233/9, 579–591.

EIS, ANDREAS (2016), Vom Beutelsbacher Konsens zur ‚Frankfurter Erklärung': Für eine kritisch-emanzipatorische Politische Bildung'?, in: WIDMAIER, BENEDIKT / ZORN, PETER (Hg.), Brau-

chen wir den Beutelsbacher Konsens? Eine Debatte der politischen Bildung, Bonn, 131–
139.

FREIRE, PAULO (2014), Pedagogy of the Oppressed (30th anniversary edition), New York.

GÄRTNER, CLAUDIA (2020), Klima, Corona und das Christentum: Religiöse Bildung für nachhaltige
Entwicklung in einer verwundeten Welt, Bielefeld.

GRÜMME, BERNHARD (2021): Praxeologie. Eine religionspädagogische Selbstaufklärung, Freiburg
i. Br.

GRÜMME, BERNHARD (2022), Subjekt und Subjektorientierung in der Religionspädagogik – Unter-
scheidungen und Perspektiven, in: ALTMEYER, STEFAN / GRÜMME, BERNHARD / KOHLER-SPIE-
GEL, HELGA / NAURATH, ELISABETH / SCHRÖDER, BERND / SCHWEITZER, FRIEDRICH (Hg.), Jahrbuch
der Religionspädagogik, Religion subjektorientiert erschließen, Göttingen, 33–51.

GRUNWALD, ARMIN / KOPFMÜLLER, JÜRGEN (³2022), Nachhaltigkeit, Frankfurt a. M. / New York.

HEGER, JOHANNES (2017), Wissenschaftstheorie als Perspektivenfrage?! Eine kritische Diskussion
wissenschaftstheoretischer Ansätze der Religionspädagogik, Paderborn.

HENKEL, ANNA / BERG, SOPHIE / BERGMANN, MATTHIAS / GRUBER, HOLLI / KARAFYLLIS, NICOLE C. / MA-
DER, ISABELL / MÜLLER, ANN-KRISTIN / SIEBENHÜNER, BERND / SPECK, KARSTEN / ZORN, DANIEL-
PASCAL (Hg.) (2023), Dilemmata der Nachhaltigkeit, Baden-Baden.

HERBST, JAN-HENDRIK (2022), Der Ukrainekrieg als Nagelprobe einer christlichen Friedenserzie-
hung: Konzeptionelle Reflexionen und konkrete Handlungsperspektiven für den Religionsunterricht, in: ZPT 74(4), 420–434.

HERZOG, WALTER (2009), Schule und Schulklasse als soziale Systeme, in: BECKER, ROLF (Hg.), Lehr-
buch der Bildungssoziologie, Wiesbaden; 155–194.

HUNZE, GUIDO (2007), Die Entdeckung der Welt als Schöpfung. Religiöses Lernen in naturwis-
senschaftlich geprägten Lebenswelten (Praktische Theologie heute 84), Stuttgart.

ILLICH, IVAN (⁴1995), Entschulung der Gesellschaft. Eine Streitschrift, München.

LUHMANN, NIKLAS (1998), Die Gesellschaft der Gesellschaft. Frankfurt a. M.

LUTHER, HENNING (2014), Religion und Alltag. Bausteine zu einer Praktischen Theologie des Sub-
jekts, Stuttgart.

PAPST FRANZISKUS (2015), Laudato si: Die Umwelt-Enzyklika des Papstes, Freiburg i. Br.

PICKEL, GERT (2022), Religionssoziologie, in: Kölner Zeitschrift für Soziologie und Sozialpsycho-
logie 74.2, 287–290.

PICKEL, SUSANNE u. a. (2023), Gesellschaftliche Ausgangsbedingungen Für Radikalisierung und
Co-Radikalisierung. Wiesbaden.

MENDL, HANS (2023), Subjektorientierung unter Druck: neue Normative in der (Religions-)Päda-
gogik, in: RpBeiträge 46/1, 53–64.

METTE, NORBERT (2020), Emanzipation (und Kritik) in der Religionspädagogik – Herausforderungen, Potenziale, Perspektiven, in: GÄRTNER, CLAUDIA / HERBST, JAN-HENDRIK (Hg.), Kritisch-
emanzipatorische Religionspädagogik: Diskurse zwischen Theologie, Pädagogik und Politischer Bildung, Wiesbaden, 163–180.

METZ, JOHANN BAPTIST (1992), Für eine anamnetische Kultur, in: LOEWY, HANNO (Hg.), Holocaust.
Die Grenzen des Verstehens. Eine Debatte über die Besetzung der Geschichte, Reinbek bei
Hamburg, 35–41.

METZ, JOHANN BAPTIST (⁵1992), Glaube in Geschichte und Gesellschaft. Studien zu einer praktischen Fundamentaltheologie, Mainz.

METZ, JOHANN BAPTIST (2006), Memoria Passionis: Ein provozierendes Gedächtnis in pluralisti-
scher Gesellschaft, Freiburg.

NASSEHI, ARMIN (2022), „Es ist zu viel und zu schnell" (Interview), in: Publik Forum 17, 12–
15.

PEMSEL-MAIER, SABINE (2021), Kein Katastrophenszenario. Zum Potential apokalyptischen Denkens in der ökologischen Krise – Wegmarken für eine wenig bedachte Dimension der Eschatologiedidaktik, in: RpB 44/2, 97–106.

PETERSEN, CLAUS (2005), Die Botschaft Jesu vom Reich Gottes. Aufruf zum Neubeginn, Gütersloh.

PIRNER, MANFRED L. (2012), Schöpfung ohne Tiere? Eine theologisch-religionspädagogische Spurensuche, in: entwurf 3, 10–13.

RADIO VATIKAN (2015), Dalai Lama lobt Papst-Enzyklika, online im Internet: https://www.archivioradiovaticana.va/storico/2015/06/30/dalai_lama_lobt_papst-enzyklika/de-1155084, [abgerufen am 18.02.2024, 14.08 Uhr]. Sendung vom 30.06.2015, 14.53 Uhr.

RAHNER, KARL (2005), Theologische Prinzipien der Hermeneutik eschatologischer Aussagen, in: KARL-RAHNER-STIFTUNG (Hg.), Sämtliche Werke. Menschsein und Menschwerdung Gottes. Studien zur Grundlegung der Dogmatik, zur Christologie, theologischen Anthropologie und Eschatologie, Sämtliche Werke 12, Freiburg / Basel / Wien, 489–510.

REIS, OLIVER (2003), Nachhaltigkeit – Ethik – Theologie. Eine theologische Beobachtung der Nachhaltigkeitsdebatte (Forum Religion & Sozialkultur, Abteilung B, Profile und Projekte 18), Münster 2003.

REUBER, PAUL / FUCHS, DORIS (2015), Politische Raumkonstruktionen von Gesellschaft und Umwelt in der Enzyklika „Laudato Si'" Ein kritischer Kommentar aus der Perspektive von Politischer Geographie und Politischer Ökonomie., in: ZIN Diskussionspapiere 1, 18–39.

ROEBBEN, BERT (2011), Religionspädagogik der Hoffnung. Grundlinien religiöser Bildung in der Spätmoderne (Forum Theologie und Pädagogik 19), Berlin.

SCHAMBECK, MIRJAM / PEMSEL-MAIER, SABINE (Hg.) (2017), Welche Werte braucht die Welt? Wertebildung in christlicher und muslimischer Perspektive, Freiburg i. Br.

SCHWEITZER, FRIEDRICH u. a. (Hg.) (2018), Jugend – Glaube – Religion [1] Eine Repräsentativstudie zu Jugendlichen im Religions- und Ethikunterricht, o. O.

TOMBERG, MARKUS (Hg.) (2018), Leben gestalten 3. Unterrichtswerk 9. und 10. Jahrgangsstufe, Stuttgart.

TOMBERG, MARKUS (Hg.) (2024), Leben gestalten 1. Unterrichtswerk 5. und 6. Jahrgangsstufe, Stuttgart.

UNITED NATIONS (2015), Transforming our world: The 2030 Agenda for Sustainable Development. Resolution adopted by the General Assembly on 25 September, online im Internet: https://www.un.org/ga/search/view_doc.asp?symbol=A/RES/70/1&Lang=E, [abgerufen am 08. 12.2023, 12.57 Uhr]

VOGT, MARKUS (2015), Ein neues Kapitel der katholischen Soziallehre. Ganzheitliche Ökologie, eine Frage radikal veränderter Lebensstile und Wirtschaftsformen, in: Amosinternational 9/4, 3–10.

VON STOSCH, KLAUS (2017), Trinität, Stuttgart.

WOHNIG, ALEXANDER / ZORN, PETER (2022), Einführung – oder: Was wir uns dabei gedacht haben?, in: WOHNIG, ALEXANDER / ZORN, PETER (Hg.), Neutralität ist keine Lösung! Politik, Bildung – politische Bildung, Bonn, 9–17.

WORLD COMMISSION ON ENVIRONMENT AND DEVELOPMENT (WCED) (1987), Our Common Future. Oxford.

WORLD COMMISSION ON ENVIRONMENT AND DEVELOPMENT (WCED) (1992), Agenda 21: Programme of Action for Sustainable Development, Oxford.

ZIEBERTZ, HANS-GEORG (2000), Im Mittelpunkt der Mensch? Subjektorientierung der Religionspädagogik, in: RpB, 27–42.

Religiös-ethische Sprach- und Translationssensibilisierung für Studierende der Ingenieurwissenschaften

Christian Hild

Ingenieur*innen werden – in Studium und Beruf – mit religiös-ethischen Anforderungssituationen konfrontiert, wozu entsprechende Denk- und Argumentationsfiguren notwendig sind. Für eine derartige Sprachhandlungsfähigkeit i. S. einer verantwortungsvollen Plausibilisierung gehören sowohl eine Sensibilisierung für die unterschiedlichen Sprachdimensionen der pluralen Öffentlichkeiten, als auch für diesbezügliche Translationen zwischen diesen Sprachdimensionen. Die Theorie und Praxis eines entsprechenden Lehr-Lern-Arrangements, das sich in einem vom Autor geplanten und durchgeführten Seminars für Studierende der Ingenieurwissenschaften äußert, wird vorgestellt und kritisch diskutiert.

Schlüsselwörter: Hochschuldidaktik, Ingenieurwissenschaften, Praxisbeispiele, Sprachsensibilisierung, Translationssensibilisierung

In their studies and at work, engineers face religious and ethical challenges, for which appropriate figures of thought and argumentation are necessary. Achieving this kind of linguistic ability to act in the sense of responsible plausibilisation requires both a sensitisation to the different linguistic dimensions of plural public spheres and relevant translations between these linguistic dimensions. The theory and practice of a corresponding teaching-learning arrangement, which minifests itself in a seminar for engineering students planned and organised by the author, is presented and critically discussed.

Keywords: university didactics – engineering sciences – practical examples – language sensitisation – translation sensitisation

1.   Einleitung

Das Präsidium des *Vereins Deutscher Ingenieure e. V.* (VDI) hat im Jahre 2021 mehrere „Ethische Grundsätze des Ingenieurberufs" verabschiedet, die den „Ingenieurinnen und Ingenieuren als den Gestaltern von Technik Orientierung bieten und sie bei der Beurteilung von Verantwortungskonflikten unterstützen".[1] Darunter heißt es u. a.:

---

[1]   VDI (2021), Einband ohne Seitenzahl; alle weiteren Zitate gemäß den angeführten Punkten.

„Ingenieurinnen und Ingenieure achten die universalethisch anerkannte Rangfolge:
Menschenrechte und Umweltschutz vor Nutzenerwägungen, öffentliches Wohl vor
privaten Interessen und hinreichende Sicherheit vor Wirtschaftlichkeit und bloßer
Funktionalität. Dabei sind sie sich bewusst, dass Kriterien und Indikatoren für unterschiedliche Werte nicht dogmatisch vorgegeben, sondern im gesellschaftlichen Dialog zu ermitteln, abzuwägen und abzugleichen sind. Die spezifische Ingenieurverant-
wortung orientiert sich an Grundsätzen allgemein moralischer Verantwortung, wie
sie jeglichem Handeln zukommt." (Punkt 2.3)

„Die Verantwortung von Ingenieurinnen und Ingenieuren orientiert sich an Grenzen, die im Rahmen allgemeiner ethischer Verantwortung gegeben sind. Dabei sind
sie sich bewusst, dass Kriterien und Indikatoren für die unterschiedlichen Wertbe-
reiche nicht dogmatisch vorauszusetzen, sondern nur im Dialog mit der Öffentlichkeit zu ermitteln, abzuwägen und abzugleichen sind." (Punkt 2.4)

Mit den Grundsätzen wird zweierlei präsupponiert: Zum einen eine Sprachhandlungsfähigkeit, die unterschiedliche kontextgebundenen Binnensprachen um-
greift, die religiös-ethische Fragestellungen, die ingenieurwissenschaftliche
Fachsprache[2] und weitere Bereiche der pluralen Öffentlichkeiten[3] tangieren; für
diese wird auch die Bezeichnung des Sprachspiels verwendet.[4] Im weiteren Verlauf erweist sich für die unterschiedlichen Sprachen, auf die sich die anvisierte
Sensibilisierung richtet, die Bezeichnung *Sprachdimensionen* als hilfreich, da eine
Dimension unterschiedliche Aspekte bzw. Sprachen anhand eines bestimmten
Merkmals zusammenfasst und aufeinander bezieht. Zum anderen eine Trans-
lationshandlungsfähigkeit, um die ingenieurwissenschaftliche Fachsprache in
den postulierten „Dialog mit der Öffentlichkeit" verständlich einbringen zu können und um religiös-ethische Fragestellungen mit dieser Fachsprache zu verknüpfen.

Daraus erwachsen folgende Fragestellungen: Wie können Studierende der
Ingenieurwissenschaften sensibilisiert werden für religiös-ethische Sprachdimensionen einerseits, für eine Kommunikation mit Angehörigen anderer
Sprachdimensionen bzw. für die hierzu notwendigen intralingualen Translationsprozessen der ingenieurwissenschaftlichen Fachsprache andererseits?

---

[2] Gemäß der in der Fachsprachenforschung immer wieder aufgegriffenen Definition von
Hoffmann (1985, 53) ist Fachsprache „die Gesamtheit aller sprachlichen Mittel, die in
einem fachlich begrenzbaren Kommunikationsbereich verwendet werden, um die Verständigung zwischen den in diesem Bereich tätigen Menschen zu gewährleisten".

[3] Hier und im Folgenden wird bewusst der Plural verwendet: Eine Öffentlichkeit setzt sich
aus stark ausdifferenzierten Gruppierungen zusammen, die in unterschiedlichen Sprachdimensionen miteinander kommunizieren (Pirner 2018, 63).

[4] Das Wort orientiert sich an dem Verständnis von Ludwig Wittgenstein (1889–1951), der die
Verwendung – und damit auch die Bedeutung von Wörtern – an eine Tätigkeit oder Le-
bensform koppelt, zu deren Kommunikationsformen auch eine entsprechende Syntax,
Semantik und Gestik gehören. So unterliegen menschliche Sprachensysteme bestimmten
Regeln, deren Beherrschung die Voraussetzung für ein Verstehen bildet (Wittgenstein
1984, 250).

An den Antwortversuchen gliedert sich dieser Beitrag: Auf eine Darstellung der theoretischen Grundlagen für eine religiös-ethische Sprachsensibilisierung innerhalb des Studiums der Ingenieurwissenschaften (Kap. 2), folgen im Rahmen einer praxisorientierten Konkretion didaktische Umsetzungsmöglichkeiten, die sich an dem Ablauf des Seminars *Ethik und Design* orientieren, das im Wintersemester 2023/24 an der Hochschule für Technik und Wissenschaft des Saarlandes (htw saar) vom Autor geplant, organisiert und durchgeführt worden ist (Kap. 3). Auf der Grundlage von Studierenden bearbeiteter Arbeitsaufträge wird ein Fazit gezogen (Kap. 4).

2.   Theoretische Grundlagen

Die oben gestellten Fragen sind in zwei interdepent gelagerten Forschungsfeldern verortet, auf denen auch Antwortversuche einzuholen sind: Auf der Ebene der Sensibilisierung für Sprachen (Kap. 2.1) und für Translationsprozesse (Kap. 2.2).

2.1   Sprache

Ingrid Gogolin und Imke Lange formulieren treffend: „Eine Argumentation über eine faire Verteilung von Tortenstücken wird im Religions- und Ethikunterricht anders geführt als in der Mathematik."[5] In Abhängigkeit von der Perspektive eines sprachlichen Zugriffs bzw. der jeweiligen Sprachdimension verändern Sachverhalte im Allgemeinen und einzelne Wörter im Speziellen ihre Bedeutung. Eine derartige Veränderung wird wahrnehmbar bei einem parallelen sprachlichen Zugriff, wenn also z. B. innerhalb eines Seminars der Ingenieurwissenschaften religiös-ethische Fragestellungen aufgegriffen und im Hinblick auf die jeweils unterschiedlichen Sprachen in didaktischer Hinsicht zugeschnitten werden.

Eine derartige Fokussierung auf die Sprache und auch die Sprachhandlungsfähigkeit der Studierenden entspricht einem sprachsensiblen bzw. sprachbewussten oder auch -intensiven Fachunterricht (SFU), der „sachbezogenes Sprachlernen [betreibt]. Hier wird Sprache an und mit der Sache (den Fachinhalten) gelernt. Damit fördert er die Sprache an und mit den Fragestellungen im Fach."[6]

Gerade weil die Ingenieur*innen in einem Dialog mit den Öffentlichkeiten stehen und in diesem Zusammenhang sowohl religiös-ethische als auch inge-

---

[5]   Gogolin / Lange 2011, 113.

[6]   Leisen 2013, 6.

nieurwissenschaftliche Sprachdimensionen verschränkend kommunizieren müssen, ist die Sprachsensibilisierung auf eine *Mehrsprachigkeit* angelegt, die es nachfolgend zu präzisieren gilt.

Mittels der Fachsprache kommunizieren die Studierenden – und auch die ausgebildeten Ingenieur*innen – mit den Angehörigen ihres Berufsstandes; sie zeichnet sich aus durch vollständige und komplexe Sätze, einen präzisen Wortgebrauch, wenige Wiederholungen und weist keine Diskurspartikeln, Gedankensprünge und grammatikalischen Fehler auf.[7]

Im Hinblick auf die von dem VDI aufgestellten ethischen Grundsätze sollen die Studierenden für diese Sprachdimension sensibilisiert werden, die innerhalb des Kontextes ethischen Lernens innerhalb christlich-religiöser Bildungsprozesse verortet ist, das „die Ausbildung ethischer Urteilsfähigkeit, die Entwicklung der Fähigkeit zu situationsbezogener ethischer Reflexion und die Begründung von Werten und Normen zum Ziel [hat]."[8]

> Ethik und damit auch ethische Grundsätze sind stets an einen Wahrheitsanspruch zurückgebunden, der eine religiöse oder nicht-religiöse bzw. philosophische Grundierung aufweist. Der Kontext des ethischen *Lernens* innerhalb eines Bildungsprozesses ist bewusst so gewählt, denn die Sensibilisierung richtet sich nicht auf ein bestimmtes ethisches Wissen, sondern es geht „um Wahrnehmungen, Einstellungen, Handeln. Das verweist auf die komplexe Frage nach dem guten Leben und ist nicht mit normativen Vorgaben, mit Pflichten, Verfahren oder Verantwortlichkeiten, freilich auch nicht mit anerkannten Tugenden zu beantworten. Denn bei alle dem wird gerade die entscheidende Perspektive übergangen, was nämlich mich bewegen sollte, den Vorgaben, seien sie noch so plausibel begründet, zu folgen."[9] Dies ist anschlussfähig an die kritische Selbstwahrnehmung des Ingenieurberufs i. S. eines eigenverantwortlichen Handelns, wie es oben in den ethischen Grundsätzen des VDI formuliert ist. Die somit der Sprach- und Translationssensibilisierung zugrundegelegte christliche Ethik orientiert sich an dem guten Leben im Horizont von Gottes Willen, nämlich an dem „Guten und Wohlgefälligen und Vollkommenen" (Röm 12,2). Somit geht es nicht um eine Suche nach dem Guten, die durch unsere Vorstellungen normiert ist, sondern durch den für Menschen unverfügbaren Gott, so dass diese Vorstellung vom Guten „nicht anders zugänglich [ist] als in der gemeinsamen Suche nach dem, was diesem Willen in unserem Leben entsprechen kann".[10] Somit ist ethisches Lernen als eine Urteilspraxis zu bestimmen: „Es ist eine Praxis, weil es um ein offenes, nicht vorher bestimmbares Geschehen geht, das der gemeinsamen Suche und Nachdenklichkeit bedarf; und es geht um ein *Urteilen*, weil hier Unterscheidungen getroffen und versucht werden müssen. Urteilen heißt dabei, nicht gleich zu wissen, was das Gute ist; und dabei muss auch manchmal in Frage gestellt werden, ob das, was wir für das Gute und Vernünftige gehalten und darum verantwortlich getan

---

[7]   Leisen 2018, 13. Siehe auch Anm. 2. Im Speziellen siehe die hierfür an der TU Dortmund entwickelten „online App zur ingenieurwissenschaftlichen Fachsprache": https://beet-box.iul.tu-dortmund.de/kb2/h1/fachsprachapp.php (Zugriff: 26.04.2024). Hierzu auch ausführlich Lütticke/Scheiderer 2018.

[8]   Englert 2008, 807.

[9]   Schoberth 2017, 113.

[10] Ebd.

haben, wirklich gut und vernünftig war."[11] Weiterhin unterliegt der Rückbindung an religiös-ethische Bildungsprozesse christlicher Prägung insofern eine praktische Intention, als auf dem gegenwärtigen theologischen und religionspädagogischen Diskursfeld Übersetzungen virulent sind und somit auch schon unterschiedliche Ansätze vorliegen,[12] auf die im weiteren Verlauf zurückgegriffen werden kann.

Die Artikulationsfähigkeit derartiger ethischer Urteilspraxis mit einem christlichen Bezug verläuft in einer *als religiös verstandenen Sprachdimension*, die sich weiter ausdifferenzieren lässt: Zum einen in sachorientierte Sprache der (christlichen) Religion, zum anderen in die einer individuellen Ausdruckspotenzialität von Religiosität unterliegende subjektorientierte Sprache für Religiöses.[13]

Wie bereits erwähnt, stehen Ingenieur*innen insofern in Kontakt mit den *Sprachdimensionen der pluralen Öffentlichkeiten*, als sie dort ihren Beruf ausüben, über Klienten verfügen etc., so dass sie auch einen Sensus für diese unterschiedlichen kontextgebundenen Sprachen entwickeln müssen, um einerseits die ingenieurwissenschaftliche Fachsprache und auch die in Abhängigkeit von den jeweiligen Projekten die religiös-ethische Fragestellungen zu transferieren.

Hinzu kommen die *individuellen Sprachdimensionen der Studierenden* selbst, denen sie sich bewusst werden müssen, um sie von der Inanspruchnahme anderer Sprachen unterscheiden zu können; hierzu gehören z. B. Dialekte, jugendsprachliche Elemente, Soziolekte.[14]

Zusammenfassend richtet sich die Sensibilisierung auf vier Sprachdimensionen, in deren Schnittmenge sich Ingenieur*innen gemäß dem Postulat der ethischen Grundsätze des VDI bewegen: die ingenieurwissenschaftliche Fachsprache, die als religiös verstandene Sprache (sachorientierte Sprache der Religion, subjektorientierte Sprache für Religiöses), die kontexgebundenen Sprachen der pluralen Öffentlichkeiten und die individuelle Ausdruckpotenzialität. Innnerhalb dieser Schnittmenge kommt es zu einer Verschränkung der unterschiedlichen Sprachdimensionen und so zu Translationsprozessen, auf deren Sensibilisierung im folgenden Kapitel eingegangen wird.

2.2 Translationsprozesse

Für eine didaktische Präzisierung erweist sich die Ausdifferenzierung eines Translationsprozesses in fünf Elemente als hilfreich, die sich als Fragekatalog formulieren lassen und an denen sich die Gliederung dieses Kapitels orientiert: Translationsintention, Translationsgegenstand, Translationsverfahren, Translationsstrategien, Translationsprodukt.

---

[11] Ebd.
[12] Einen Überblick unterschiedlicher Ansätze seit den 1970er Jahren bis 2023 skizziert Hild 2023, 86–102.
[13] Altmeyer 2021, 24.
[14] Schulte 2019, 118f.

2.2.1   Translationsintention

Die Umsetzung des Kernanliegens, Studierende der Ingenieurwissenschaften für die in ihrem Berufsfeld zusammentreffenden vier Sprachdimensionen zu sensibilisieren, lässt sich in folgende Intention überführen: Sensibel werden *durch* Translationsprozesse *für* Sprachen bedeutet zugleich sensibel zu werden *für* Translationsprozesse *durch* Sprachen.

Für eine pädagogische und auch didaktische Grundierung dieser Intention bedarf als deren Zielhorizont eines Kompetenzansatzes. Eine hierzu geeignete Grundlage bildet ein Verständnis von Kommunikation und Sprache des *Gemeinsamen Europäischen Referenzrahmen für Sprachen* (GERS), wonach „jeder Mensch Beziehungen mit einem sich ständig erweiternden Geflecht überlappender sozialer Gruppierungen ein[geht], was insgesamt seine ‚Identität' definiert".[15] In diesem Zusammenhang stehen auch die einzelnen Kompetenzen des Referenzrahmens, die „auf komplexe Weise bei der Entwicklung jedes einzelnen Menschen [interagieren]",[16] und sich in vier Kompetenzfelder ausdifferenzieren:

Das deklarative Wissen („savoir") bildet das „Ergebnis von Erfahrungslernen (Weltwissen) und von formalen Lernprozessen (theoretisches Wissen)".[17] Diese Kompetenz bildet den sachorientierten Grundstock, der sich in zwei Ebenen aufgliedert: erstens in das im Studium erworbene Wissen mitsamt der ingenieurwissenschaftlichen Fachsprache, zweitens in das auf Erfahrung erwachsene „Weltwissen" als Handlungsfeld.

Eine persönlichkeitsbezogene Kompetenz („savoir-être") wird als „die Summe der individuellen Eigenschaften, der Persönlichkeitsmerkmale und Einstellungen verstanden, wie zum Beispiel das Selbstbild und die Sicht anderer Menschen, die Bereitschaft, sich auf soziale Interaktion mit anderen einzulassen".[18] Diese Kompetenz richtet sich insofern auf das Selbstverständnis des Berufsstandes von Ingenieur*innen, wie sie in den ethischen Grundsätzen des VDI ausformuliert sind, als diese ihren Beruf verantwortungsbewusst im Dialog mit den Öffentlichkeiten bzw. mit ihren Klienten ausüben sollen.

Das prozedurale Wissen („savoir-faire") basiert „mehr auf der Fähigkeit, Handlungen und Prozesse auszuführen, als auf deklarativem Wissen, obgleich solche Fähigkeiten durch den Erwerb von ‚vergessbarem' deklarativem Wissen gefördert werden können".[19] Diese Kompetenz umfasst den Praxisbezug einer fachsprachlichen Handlungsfähigkeit und von diesbezüglich notwendigen Translationsprozessen bei der Interaktion in den Öffentlichkeiten.

Die Lernfähigkeit („savoir-apprendre") ist eine Art Nährboden für die obigen Kompetenzen, indem sie die die „persönlichkeitsbezogenen Kompetenzen,

---

[15]   Europarat 2017, 14.
[16]   Ebd.
[17]   Ebd., 22.
[18]   Ebd., 23.
[19]   Ebd.

das deklarative Wissen und die prozeduralen Fertigkeiten [aktiviert]".[20] Diese Kompetenz speist sich aus den im Zuge des Studiums und späteren Berufslebens gemachten Erfahrungen im Umgang mit ingenieurwissenschaftlichen Anforderungssituationen, die religiös-ethische (Sprach- und Translations-)Dimensionen tangieren.

2.2.2 Translationsgegenstand

Der Fokus richtet sich auf einzelne Wörter, aus denen stehende Wendungen werden können, die auch generell für ein Sprachsystem grundlegend sind, und somit den Grundstock für die anvisierte Mehrsprachigkeit auf Satz-, Text- und Diskursebene unter besonderer Berücksichtigung religiös-ethischer Argumentationsfiguren bilden.

Diese Wörter stellen eine Verbindung zwischen den unterschiedlichen vier Sprachdimensionen her, mit denen sich Ingenieur*innen konfrontiert sehen könnten. Somit erweisen sich solche Wörter als geeignet, die mehrperspektivisch konstituiert sind, für die sich also in Abhängigkeit der Perspektive des sprachlichen Zugriffs ein jeweils anderer Bedeutungshorizont eröffnet, der zugleich hermeneutischen Raum für die anderen sprachlichen Perspektivierungen aufbietet.

Die didaktische Pointe besteht in den von den Studierenden selbst vorgenommenen Lernbewegungen zum Einholen dieser Wörter: Zuerst eruieren eine für ihren Beruf mögliche Anforderungssituation in einem religiös-ethischen Spannungsfeld und suchen dann nach einer entsprechenden Lösungsmöglichkeit, die in einem Wort zusammengefasst wird und dann den Translationsgegenstand bildet.

2.2.3 Translationsverfahren

Gemäß den Grundsätzen des VDI stellt eine gemeinsame Sprachbasis zur Verständigung im Kontext einer religiös-ethisch wie sprachlich pluralen gesellschaftlichen Öffentlichkeit eine notwendige Zielperspektive dar. Im Anschluss an die Translationsintention richtet sich der pädagogische und didaktische Fokus auf die Ausbildung der Fähigkeit, die unterschiedlichen vier Sprachdimensionen vor dem Hintergrund einer religiös-ethischen Fragestellung bzw. Anforderungssituation, die typisch für die Ingenieurwissenschaften sind, kooperativ aufeinander beziehen zu können.

Für das Erreichen des religionspädagogischen Zielhorizonts ist folgender didaktische Ansatz geeignet, der als „translatio religionis" bezeichnet werden soll:[21] Er meint die Translation von Wörtern, welche den als religiös verstandenen Sprachdimensionen angehören, in die Sprachdimensionen der pluralen

---

[20]   Ebd., 24.
[21]   Hild 2023, 159–163.

Öffentlichkeiten und in die Sprachdimensionen der Studierenden – und umgekehrt, in Abhängigkeit von der syntaktischen Lesart von „religionis": Als Genetivus subiectivus wird „religionis" zum Subjekt der Überführung, d. h. eine religiöse Sprache bietet Sprache an, um Phänomene auf den Begriff zu bringen, die sich in anderen Sprachdimensionen nur mühsam umschreiben lassen, und leistet so Translationshilfe. Als Genetivus obiectivus wird „religionis" zum Objekt der Translation, d. h. Wörter können durch die Translation aus dem Verwendungskontext der als religiös verstandenen Sprachdimensionen in andere Sprachdimensionen eine neue Bedeutung erhalten.

Durch diesen kreativ-hermeneutischen Akt legen die Studierenden von der jeweiligen Warte der Sprachdimensionen aus tiefere Schichten der einzelnen Wörter frei, als dies bei einer einseitigen Betrachtung, also von der Warte nur einer einzigen der vier Sprachdimensionen aus, der Fall wäre; z. B. erlangen die Wörter „sich rechtfertigen"/„Rechtfertigung" eine jeweils andere Bedeutung in Abhängigkeit ihrer Verwendung innerhalb der Lehre Martin Luthers oder im Zusammenhang eines von Ingenieur*innen vorzubringenden Beweises hinsichtlich der Berechtigung eines Projekts.

2.2.4   Translationsstrategie

Ein auf „translatio religionis" abgestimmtes Translationsverfahren richtet sich auf die individuelle Zugangsart der Studierenden als Translator*innen und zielt nicht auf eine – theologisch problematische – rationale Durchdringung von Wörtern der Sprache der Religion im Zuge des Decodieren und Recodierens ab.

Ein derartiges Verfahren soll als *Transkreieren*[22] bezeichnet werden: Durch eine wechselseitige *Trans*lation von Wörtern in die vier Sprachdimensionen *kreieren* die Studierenden selbst in intralingualer – und ggf. intersemiotischer und interlingualer Hinsicht – Wörter neu, erhalten von unterschiedlichen Warten anderer Sprachdimensionen aus eine andere Sichtweise und legen tiefere Schichten der ursprünglich nicht verstandenen Wörter – und damit auch Anforderungssituationen – frei.

Ein Impuls hierzu geht von dem Translationswissenschaftler Paul Kußmaul aus, der unterschiedliche Strategien für kreative Translate, die sowohl neuwertig gegenüber dem Translationsgegenstand als auch angemessen sind, zusammengestellt und ausdifferenziert hat. Für die Entwicklung unterschiedlicher Translationsstrategien, die dieser Kreativität entsprechen, greift er auf unter-

---

[22]   Dieser Neologismus nimmt Bezug auf das von dem brasilianischen Dichter und Übersetzer Haroldo de Campos (1929–2003) geprägte, auf literarische Texte bezogene Übersetzungsverfahren „transcriação", das er als „tentato captar a ‚vibração' do original non seu ‚eu'" (Campos 1983, 241) verstand, also als einen Versuch, die Schwingungen des Translationsgegenstands und nicht ihn selbst einzufangen; diese bewusst vorgenommenen sprachlichen und kulturellen Veränderungen ermöglichen hermeneutische Wechselwirkungen zwischen Translationsgegenstand und -produkt und setzen neue Sichtweisen frei.

schiedliche kognitionswissenschaftliche und psycholinguistische Erkenntnisse zurück, darunter auf die „Scenes-and-frames-Semantik" von Charles F. Fillmore; demnach „sind die Wörter oder Sätze, die wir in Texten lesen, die frames, die ‚Rahmen', durch die mentale Bilder oder scenes, ‚Szenen' in unserem Gedächtnis aktiviert werden".[23]

Die praktische Umsetzung äußert sich in einer Visualisierung der Translationsgegenstände: Die Studierenden äußern sich zu den mentalen Repräsentationen, den einzelnen ‚Szenen', die der Translationsgegenstand als ‚Rahmen' dieser Szenen bei ihnen auslöst. Hier greifen die Studierenden auf ihr sämtliches erworbenes Vorwissen, ihre Vorurteile, Erfahrungen etc. zurück und nehmen andere Sichtweisen und Bezüge aus der Gruppe wahr, loten dabei Gemeinsamkeiten aus und bauen eine Art Beziehung zu dem Translationssgegenstand bzw. zu dem Rahmen auf, der am Ende der Visualisierung mit weiteren Szenen gefüllt ist.

Dementsprechend sind unterschiedliche Arten der Veränderungen der Translationsgegenstände charakteristisch – in Abhängigkeit von den Strategien, für die entsprechende Impulse bereitstehen: Wiedergabe eines Rahmens („frame") durch einen Rahmen,[24] Wiedergabe eines Rahmens durch eine Szene („scene"),[25] Wiedergabe einer Szene durch eine Szene,[26] Wiedergabe einer Szene durch einen Rahmen.[27]

2.2.5   Translat

Am Ende dieser vier Translationsstrategien stehen dann mehrere Translate; dies bedeutet allerdings nicht, dass diese sprachlichen Erschließungen einer Beliebigkeit preisgegeben sind; vielmehr stellen sie Verstehensprodukte, unterschiedliche Beobachterperspektiven, dar, die in der Summe konsistente sprachliche Perspektiven und Erschließungen des Translationsgegenstandes ermöglichen.

Die Antwort auf die Frage, inwieweit ein Translat als gelungen bezeichnet werden kann, bemisst sich an zwei Kriterien: Erstens an der Pragmatik i. S. der Verständlichkeit, wenn die Neuwertigkeit in der anvisierten Sprachdimension durch eine gewählte Translationsstrategie insofern erkannt wurde, als sie für die

---

[23]   Kußmaul 2004, 99.

[24]   „Ersetzen Sie den Rahmen durch einen anderen, der möglichst viele Szenen des Worts enthält und so für jemanden verständlicher wird, der (Angabe der Sprachdimension)."

[25]   „Durch welche Szene(n) könnte dieser Rahmen ersetzt werden, dass der Rahmen erhalten bleibt und so bei dem Wort neue Aspekte freigesetzt werden, die sich für sein Verständnis als förderlich erweisen?"

[26]   „Welche Szene(n) würde (Angabe der Sprachdimension) auswählen und sie mit welcher vertauschen, damit es für ihn/sie deutlicher wird?"

[27]   „Mit welchen Wörtern würde (Angabe der Sprachdimension) die Szene zusammenfassen, dass sich so sowohl für euch neue Einsichten ergeben als auch für Menschen die (Angabe der Sprachdimension)."

darin beheimateten Adressat*innen sprachlich plausibel und verständlich ist. Zweitens an der theologisch-translatorischen Angemessenheit, die sich daran bemisst, ob der Translationsgegenstand durch das Translat absorbiert wurde.

Hinzu kommt die den Studierenden zu plausibilisierende theologisch-translatorische Besonderheit, dass im Glauben wurzelne Wörter im Zuge eines Translationsprozesses nicht durchdrungen werden können, da sie so verfügbar gemacht werden können und bei der Translation in eine rational zugängliche Sprache, z. B. die ingenieurswissenschaftliche Fachsprache, ihrer Undurchdringlichkeit beraubt werden und nicht mehr als religiös-ethisch angesehen werden können.

Diese Antworten eruieren die Studierenden selbst, wozu sie auf der Grundlage einer Metareflexion ihrer Translate und den gewählten Strategien in eine Diskussion mit der Lerngruppe eintreten und so die Auswertung selbst vornehmen, während die Seminarleitung diesen Prozess moderiert und ggf. durch weitere Impulse unterstützt.

3.   Praxisorientierte Konkretionen

Die religiös-ethische Sprach- und Translationsensibilisierung setzt sich aus vier Bausteinen zusammen: Religiös-ethische Dimensionierung, ingenieurwissenschaftliche Anforderungssituationen im Kontext religiös-ethischer Fragestellungen, Translation, Metareflexion.

3.1   Religiös-ethische Dimensionierung

Für eine erste Zusammenführung der vier unterschiedlichen Sprachdimensionen werden die Studierende zu einem sprachlichen Perspektivenwechsel angehalten. Dieser Perspektivenwechsel äußert sich in vier unterschiedlichen Identifizierungspraktiken.[28] Die entsprechenden Impulse richten sich in einem ersten Schritt auf die Individualität der Studierenden als Menschen: „Wer ist der Mensch, ...“
- Introspektion: „... der ich für mich bin?"
- Projektion: „... der ich sein will?"
- Perspektivübernahme: „... den andere in mir sehen?"
- Identität und Image: „... der ich für andere sein will?"

---

[28]   Zirfas 2014, 572–574.

In einem zweiten Schritt werden die Identifizierungspraktiken auf die religiös-ethische Relevanz Penis des Studiums bzw. des angestrebten Berufs zugeschnitten: „Was ist religiös-ethisch relevant für den Ingenieur/die Ingenieurin, der/die …"

- Introspektion: „… ich für mich bin?"
- Projektion: „… ich sein will?"
- Perspektivübernahme: „… von anderen in mir gesehen wird?"
- Identität und Image: „… ich für andere sein will?"

Die Studierenden erleben einen neuen Blick auf sich selbst im Zuge des anvisierten Berufsziels innerhalb der Spannungsfelder Technik, Wirtschaft und eigenen Ansprüchen, die wiederrum religiös-ethische Fragestellungen und auch Anforderungssituationen mit sich bringen. Damit sind die Weichen für den nächsten Baustein gestellt, der seinen Ausgangspunkt in ingenieurwissenschaftlichen Aunforderungssituationen nimmt.

3.2 Ingenieurwissenschaftliche Anforderungssituationen im Kontext religiös-ethischer Fragestellungen

Die Studierenden formulieren nun eine Anforderungssituation, mit der sie sich in ihrem künftigen Berufsleben konfrontiert sehen könnten. Eine Differenzierung ermöglichen vier Aktivierungsrichtungen als Impuls für das Finden von Anforderungssituationen und deren Verortung im Kontext religiös-ethischer Fragestellungen. Sodann erörtern sie ausgehend von der Anforderungssituation ein sog. ‚religiös-ethisches Puzzlestück': Die Bezeichnung zeigt an, dass in einer ingenieurwissenschaftlichen Anforderungssituation ein Problem als ‚Unterbrechung' vorliegt, das durch einen religiös-ethischen Impuls überwunden werden kann.

Während dieser beiden Schritte werden die Studierenden zu Sprachhandlungen angehalten, in der sie auf die unterschiedlichen vier Sprachdimensionen zurückgreifen bzw. mit ihnen in Kontakt kommen. Am Ende dieses Bausteins bilden dann unterschiedliche Anforderungssituationen und entsprechende Puzzlestücke das Ergebnis:[29]

---

[29] Dokumentation der Sitzung vom 19.12.23.

Aktivierungsrichtungen	Anforderungssituationen	Puzzlestücke
Mit welchen Dilemmata könnte ich einmal konfrontiert werden?	Widerspruch zwischen der Integrität des Auftraggebers und den meiner Firma/meiner Position (Großauftrag aus Russland).	Gewissen, Verantwortung,
	Durch Prozessoptimierung, die durch meine Entwicklung/mein Produkt vorangebracht wurde, fallen Arbeitsplätze weg.	Fürsorge
	Aus Gründen der Wirtschaftlichkeit bin ich gezwungen, Schwarzarbeiter aus Rumänien unterhalb des Mindestlohns zu bezahlen.	Nächstenliebe
Was stellt mich infrage? Was lässt mich an mir zweifeln?	Interessenskonflikt zwischen beruflicher Weiterentwicklung und damit verbundenen finanziellen Fragen.	Glaube
	In welchem Umfang/Ausmaß werden Erwartungen an mich herangetragen, die eine Änderung meines Selbstverständnis als Mensch und meiner leibseelischen Auffassung betreffen, z. B. Eingriffe in die Natur?	Gottebenbildlichkeit, Schöpfung
Welche privaten und beruflichen Umbrüche stehen mir bevor?	Wechsel der Firmenleitung verändert die Ausrichtung meines Betriebs.	Werte
	Berufliche Weiterentwicklung ist mit Umzug / Trennung von Familie verbunden.	Liebe
	Nebeneinander von alter und neuer Technik, die ich erst erlernen muss.	Nachhaltigkeit, Wahrheit
In welchen Situationen werde ich Beziehungen zu Menschen aufbauen, die nicht über mein im Studium erworbenes Wissen verfügen? Wie kann ich verantwortungsbewusst mit ihnen kommunizieren?	Als Entwickler habe ich ein Produkt entwickelt, dessen Kunden ich die Verantwortung bei der Ingebrauchnahme komplett zuweise und ich mich als Entwickler von den Folgen einer negativen Ingebrauchnahme ausnehme.	Ehrlichkeit, Fürsorge, Nächstenliebe, Verantwortung, Vertrauen

Die Wörter werden auf ihre religiös-ethischen Bezüge hin befragt, indem sich die Studierenden diesen in Gruppen zuwenden und entsprechende Recherchen betreiben,[30] die im Anschluss im Plenum vorgestellt werden. Im Zuge dessen konkretisieren die Studierenden das Potenzial des Puzzlestücks als Lösungsoption für die entsprechende vorausgegangene Anforderungssituation und ver-

---

[30]   Als Hilfestellung wurden folgende Internetportale genannt: https://www.ekd.de/Basis wissen-Glauben.htm, https://fragen.evangelisch.de, https://www.kathweb.de/lexikon-kir che-religion/b/index.html, https://www.bibelwissenschaft.de/wibilex (Zugriff: 30.03.24).

feinern so wechselwirkend ihre religiös-ethische und ingenieurwissenschaftliche Sprachhandlungsfähigkeit.

3.3   Translation

Die Translation besteht in der Übertragung eines religiös-ethischen Puzzlestücks in den Zielhorizont des ingenieurwissenschaftlichen Alltags, bzw. lautet die Kernfrage, inwieweit das religiös-ethische Puzzlestück einen ingenieurwissenschaftlichen Handlungsimpuls geben und wie demzufolge ein entsprechendes Translat aussehen könnte, auf dass ein Mensch, der nicht an Gott glaubt oder dem das Puzzlestück in seiner religiös-ethische Tiefe fremd ist, ihn dennoch als Impuls heranziehen kann.

Exemplarisch wird die Translation von „Gottebenbildlichkeit" (s. o.) vorgestellt. Sie beginnt mit der Visualisierung und folgendem Impuls: „Leiten Sie die Visualisierung mit ‚Ich sehe ...'. ein. Verwenden Sie die Begriffe ‚Rahmen' und ‚Szene'."

> „Ich sehe viele Menschen unterschiedlicher Herkunft, sozialer Schicht, die alle gleichwertig sind." – „Ich sehe, wie diese Menschen alle an der Erschließung eines Neubaugebiets eben als Ingenieure beteiligt sind." – „In ihrer Gottebenbildlichkeit sollen sie verantwortungsvoll mit der zu erschließenden Natur umgehen." – „Und so auch nachhaltig bauen, was sich in der Anlage der Straßen hinsichtlich der Versiegelung des Bodens äußert." – „Ich sehe auch eine Ausrichtung des Wohnbaugebiets nach Süden für die Nutzung von Solarenergie." – „Dann ist unser Rahmen ‚Gottebenbildlichkeit' und die Szenen sind die einzelnnen zu berücksichtigen Aspekte für verantwortungsvolles und nachhaltiges Erschließen des Wohngebiets und Bebauen."

Im Anschluss eruieren die Studierenden die Wahl der Strategien (Anm. 30–33), die ihrer Meinung nach am besten dafür geeignet sind, ihr Puzzlestück bzw. ihren Translationsgegenstand in einen ingenieurwissenschaftlichen Zielhorizont zu transferieren. Hierzu favorisierte die Gruppe die folgenden Strategien, die zu entsprechenden Translaten führten:
- Wiedergabe eines Rahmens („frame") durch einen Rahmen: „Kreislaufwirtschaft" und „Biodiversitätsförderung".
- Wiedergabe einer Szene durch eine Szene: „soziale Integration".

3.4   Metareflexion

Die Studierenden erläutern abschließend ihre gewählte Strategien und das Zustandekommen der Translate. Dabei werden sie zu Sprachhandlungen angehalten, bei denen sie auf die unterschiedlichen Sprachdimensionen zurückgreifen. Schaut man isoliert auf die beiden obigen Translate, lässt sich zwar kein Unterschied im Hinblick auf die Strategien erkennen; allerdings geht es gemäß der Translationsintension um die Plausibilisierung des Prozesses unter Zuhilfnahme unterschiedlicher Sprachdimensionen und um eine so einzuleitende mehrsprachliche Handlungsfähigkeit. Dabei ist es notwendig, die Translate als fluide und als konsistent anzusehen: fluide, da unter anderen äußeren Voraussetzungen und biographisch gelagerten Vorerfahrung der Studierenden als Translator*innen andere Translate – unter Verwendung anderer Strategien – zustande kommen werden. Konsistent, weil es eben nicht das *eine* Translat eines Translationsgegenstandes gibt bzw. – in theologischer Hinsicht geben kann, da im Glauben wurzelnde Wörter nicht vollkommen decodiert und damit verfügbar gemacht werden können. So stehen am Ende mehrere Translate, die als unterschiedliche Verstehensprodukte in Gänze einen partiellen Zugriff auf ein religiös-ethisches Puzzlestücks aus ingenieurswissenschaftlicher Perspektive gewähren und im Zuge der Metareflexion eiine kreativ-hermeneutische Folie bilden, wodurch bei dem Translationsgegenstand „tiefere Schichten […] freigelegt werden, die sonst nur im Bereich der Ausdruckspotenzialität geblieben wären".[31]

Im Anschluss äußern sich die restlichen Studierenden zu den Kriterien eines gelungenes Translat, respektive zu den Aspekten der Verständlichkeit und der Angemessenheit – und auch hier werden sie zu Sprachhandlungen angehalten, in denen sie auf die unterschiedlichen Sprachdimensionen zurückgreifen.

4.   Fazit und Ausblick

Die Innovation von „translatio religionis" für Sprach- und Translationssensibilisierung besteht auf den interdependent gelagerten Ebenen der Sprache und des Transferierens.

Auf der Ebene der Sprache wird die durch die unterschiedlichen Sprachebenen greifbare Mehrsprachigkeit auf einzelne Wörter als hermeneutische Folie für eine wechselseitig kritisch-produktive Begegnung zwischen den religiösethischen Puzzlestücken und den Studierenden in ihren Lebenswelten kanalisiert. Damit wird das folgende bislang auf einer theoretischen Ebene normative Postulat praktisch realisiert und als didaktischer Zielhorizont ausgewiesen, nämlich: „Begegnungen mit Formen religiöser Sprache zu inszenieren, die im Zwischenraum Neues entstehen lassen, das weder die Fremdheit bestätigt noch einfach aufhebt, sondern die Option der Selbsterkundung und -artikulation erweitert".[32]

Auf der Ebene des Transferierens wird der Sensus für einzelne Elemente eines Translationsprozesses geschärft. Sie erhalten Impulse für die Kommuni-

---

[31]   Gil 2015, 152.
[32]   Kumlehn 2021, 38.

kation bzw. die Translation religiös-ethischer Fragestellung in die ingenieurwissenschaftliche Fachsprache und umgekehrt.

In dem Seminar wurde deutlich, dass angehende Ingenieur*innen in dem Sprachraum ihres Studiums nicht gezielt an eine Sprachhandlungsfähigkeit herangeführt werden, die sie zu einer Umsetzung der ethischen Postulate des VDI befähigt. Der vorgelegte Ansatz ermöglicht den Erwerb der vier Kompetenzen des GERS (Kap. 2.2.1), die in das Feld der Ingenieurwissenschaften übertragen werden.

Noch ein abschließendes Wort zu der beobachtbaren Interrelation von Religion, Kommunikation, Bildung und Gesellschaft: Die Translationsintention korreliert mit dem Forschungsfeld einer Öffentlichen Theologie, deren Kernanliegen in dem Versuch besteht,

> „im interdisziplinären Austausch mit anderen Wissenschaften an der Universität und im kritischen Gespräch mit Kirche und Gesellschaft in gesellschaftlichen Grundfragen Orientierung zu geben und dabei Ressourcen der Kommunikation zu erarbeiten, die die Relevanz religiöser Orientierungen in der pluralistischen Gesellschaft deutlich machen".[33]

Hier bilden die ethischen Grundsätze des VDI den Orientierungsrahmen, der mit religiös-ethischen Grundfragen gefüllt wird, womit aufgrund der Interdisziplinarität Translationsprozesse einhergehen; in diesem Zusammenhang werden sowohl für die christliche Theologie als auch für die Ingenieurwissenschaften hermeneutische Impulse freigesetzt.

Literatur

ALTMEYER, STEFAN (2021), Sprachsensibler Religionsunterricht. Grundlagen und konzeptionelle Klärungen, in: DERS. / GRÜMME, BERNHARD / KOHLER-SPIEGEL, HELGA u. a. (Hg.), Sprachsensibler Religionsunterricht (JRP 37), Göttingen, 16–31.

BEDFORD-STROHM, HEINRICH (2009), Dietrich Bonhoeffer als öffentlicher Theologe, in: EvTh 69, 329–341.

CAMPOS, HAROLDO DE (1983), Tradução, Ideologia e História, in: Cadernos do MAM 1/1983, 239–247.

ENGLERT, RUDOLF (2008), Die ethische Dimension religiöser Bildung, in: MERTENS, GERHARD / FROST, URSULA / BÖHM, WINFRIED u. a. (Hg.), Handbuch der Erziehungswissenschaft, Bd. 1, Paderborn, 815–820.

EUROPARAT RAT FÜR KULTURELLE ZUSAMMENARBEIT (2017), Gemeinsamer europäischer Referenzrahmen für Sprachen: lernen, lehren, beurteilen, Stuttgart.

GIL, ALBERTO (2015), Translatologisch relevante Beziehungen zwischen Hermeneutik und Kreativität am Beispiel der Übertragungskunst von Rainer Maria Rilke, in: DERS. / KIRSTEIN, ROBERT (Hg.), Wissenstransfer und Kommunikation, St. Ingbert, 143–162.

---

[33]   Bedford-Strohm 2009, 231.

HILD, CHRISTIAN (2023), Religiöse Wörter übersetzen – Ein Ansatz zur Sprach- und Translations-
    sensibilisierung von SchülerInnen (Praktische Theologie heute 190), Stuttgart.
KUMLEHN, MARTINA (2021), Zwischen Babel und Pfingsten. Übersetzen zwischen Sprachwelten
    als Kernaufgabe sprachsensibler Theologie, in: ALTMEYER, STEFAN / GRÜMME, BERNHARD /
    KOHLER-SPIEGEL, HELGA u. a. (Hg.), Sprachsensibler Religionsunterricht (JRP 37), Göttingen,
    30–40.,
KUßMAUL, PAUL (2004), Translation als kreativer Prozess – ein kognitionslinguistischer Erklä-
    rungsversuch, in: ZYBATOW, LEW (Hg.), Translation in der globalen Welt und neue Wege in
    der Sprach- und Übersetzerausbildung 2, Frankfurt a. M., 93–116.
HOFFMANN, LOTHAR (1985), Kommunikationsmittel Fachsprache, Tübingen.
LEISEN, JOSEF (2013), Handbuch Sprachförderung im Fach, Stuttgart.
LEISEN, JOSEF (2018), Von der Alltagssprache über die Unterrichtssprache zur Fachsprache.
    Sprachbildung im Fachunterricht, in: Deutsch als Fremdsprache 58, 10–23.
LÜTTICKE, DANIEL / SCHEIDERER, CHRISTIAN (2018), Ingenieurwissenschaftliche Fachsprachkurse –
    Fachvokabular technischer Disziplinen für internationale Studierende. Tagungsband der
    13. Ingenieurpädagogischen Regionaltagung, Bochum, 95–97.
SCHOBERTH, INGRID (2017), Migration und ethische Bildung im Religionsunterricht, in: Theo-
    Web. Zeitschrift für Religionspaedagogik 16/2, 111–120.
SCHULTE, ANDREA (2019), *Religion übersetzen* im Kontext religiöser Sprachbildung und Kommuni-
    kation im Religionsunterricht, in: OORSCHOT, FREDERIKE VAN / ZIERMANN, SIMONE (Hg.),
    Theologie in Übersetzung? Religiöse Sprache und Kommunikation in heterogenen Kon-
    texten (ÖTh 36), Leipzig, 111–124.
PIRNER, MANFRED L. (2018), Religiöse Bildung zwischen Sprachschulung und Übersetzung im
    Horizont einer Öffentlichen Religionspädagogik, in: SCHULTE, ANDREA (Hg.), Sprache, Kom-
    munikation, Religionsunterricht: gegenwärtige Herausforderungen religiöser Sprachbil-
    dung und Kommunikation über Religion im Religionsunterricht (StRB 15), Leipzig, 55–69.
VEREIN DEUTSCHER INGENIEURE E. V. (Hg.) (2021), Ethische Grundsätze des Ingenieurberufs, Düs-
    seldorf [https://www.vdi.de/fileadmin/pages/mein_vdi/redakteure/publikationen/VDI_
    Ethische_Grundsaetze_des_Ingenieurberufs.pdf, 01.04.24].
WITTGENSTEIN, LUDWIG (1984), Werkausgabe, Bd. 1. Bearbeitet von J. Schulte (suhrkamp taschen-
    buch wissenschaft 501), Frankfurt a. M.
ZIRFAS, JÖRG (2014), Identität, in: WULF, CHRISTOPH / ZIRFAS, JÖRG (Hg.), Handbuch Pädagogische
    Anthropologie, Wiesbaden, 567–577.

Kulturtransfer und Translation: Impulse der Kultursemiotik von Jurij M. Lotman für interkulturelle und interreligiöse Bildungsprozesse

Sungsoo Hong

Die aktuelle Diskussion in den Kulturwissenschaften führt zu einer kritischen Auseinandersetzung mit konventionellen Kulturverständnissen, die Kultur als statische und homogene Einheit betrachten. In diesem Diskussionszusammenhang kommt der Kultursemiotik von Jurij M. Lotman, einem russisch-jüdischen Literaturwissenschaftler und Semiotiker, eine besondere Relevanz zu. Sein Ansatz ermöglicht es, Kultur(en) und Religion(en) in ihren dynamischen Transfer- und Transformationsprozessen zu erfassen, und eröffnet damit wertvolle Perspektiven für die pädagogische und religionspädagogische Praxis in interkulturellen und interreligiösen Kontexten.

Schlagwörter: interkulturell – interreligiös – Jurij M. Lotman – Kultursemiotik – Übersetzung

The current debate in cultural studies is leading to a critical examination of conventional understandings of culture, which consider culture as a static and homogeneous entity. In this context, the cultural semiotics of Yuri M. Lotman, a Russian-Jewish literary scholar and semiotician, is particularly relevant. His approach makes it possible to recognize culture(s) and religion(s) in their dynamic processes of transfer and transformation, thus opening up valuable perspectives for educational and religious education practice in intercultural and interreligious contexts.

Keywords: intercultural – interreligious – Jurij M. Lotman – cultural semiotics – translation.

1.   Einleitung

Die aktuelle kulturwissenschaftliche Diskussion regt zu einer kritischen Auseinandersetzung mit Kulturverständnissen an. Während konventionelle Ansätze häufig von essentialistischen und deterministischen Sichtweisen geprägt sind und eine klare Trennung zwischen dem Eigenen und dem Fremden postulieren, finden gegenwärtig dynamische Kulturverständnisse zunehmend Beachtung.[1]

---

[1]   Zur Kritik konventioneller Kulturverständnisse und zu neuen Orientierungen siehe Bolten 2016, 77–81.

Kultur wird dabei als ein dynamischer, sich ständig wandelnder Prozess verstanden, in dessen Verlauf Individuen und Gruppen verschiedene Kulturelemente aufnehmen, neu interpretieren und transformieren. In dieser Entwicklung ist eine grundlegende Abkehr vom klassischen Containerdenken hin zu einem Netzwerkdenken (Manuel Castells) erkennbar. Im Mittelpunkt dieser relationalen Sichtweise stehen die komplexen Verflechtungen zwischen verschiedenen sozialen, kulturellen und religiösen Räumen, die traditionelle Kategorien wie Ethnizität, Nation und Kultur in Frage stellen.

Diese neue Blickrichtung gewinnt auch im Bildungskontext, eben im Bereich der interkulturellen und interreligiösen Bildung, zunehmend an Bedeutung. Konventionelle pädagogische Ansätze und Didaktiken in diesen Bereichen gehen vielfach vom Austausch und Dialog zwischen zwei geschlossenen, homogenen Gruppen aus, was den komplexen Beziehungsdynamiken von Schüler*innen in ihrer Diversität und somit auch ihren vielfältigen Lebenswelten nicht gerecht wird. Damit verbunden ist auch die potenzielle Gefahr, trotz gut gemeinter pädagogischer Intentionen – wie der Förderung gegenseitigen Verständnisses oder der Identitätsbildung – eher Fremdzuschreibungen zu verstärken und Nichtzugehörigkeit zu inszenieren (‚Othering'). Diese Problematik ist auch in jüngeren pädagogischen und religionspädagogischen Diskursen durchaus kritisch behandelt worden.[2] Neuere Überlegungen plädieren dafür, Kultur(en) und Religion(en) in ihren komplexen Verflechtungen zu betrachten.[3] Kulturtransfer vollzieht sich nicht automatisch zwischen geschlossenen Kulturräumen wie Nationalkulturen, sondern vielmehr durch vielschichtige Interaktionen zwischen Individuen, Gruppen oder einzelnen Institutionen, d. h. durch vielfältige Netzwerke.[4]

Eine weitere Erkenntnis ist, dass Kultur(en) oder Religion(en) nicht in einer isolierten Reinform existieren, sondern immer in bestimmte gesellschaftliche Kontexte eingebettet sind und in ihren Praktiken vielfältige Facetten aufweisen.[5] Kultur(en) und Religion(en) existieren nur im Plural, d. h. sie manifestieren sich als intrakulturelle und intrareligiöse Heterogenität bzw. gelebte Vielfalt.[6] In interkulturellen und interreligiösen Bildungskontexten ist es daher von zentraler Bedeutung, ein annäherndes Verständnis kultureller und religiöser Orientierun-

---

[2]   ‚Othering' beschreibt einen Zuschreibungsprozess, in dem Individuen oder Gruppen aufgrund bestimmter Differenzmerkmale als grundsätzlich anders oder fremd dargestellt werden, was häufig zu Marginalisierung oder Ausgrenzung führt. Im pädagogischen Kontext setzt sich u. a. Riegel vor dem Hintergrund der Migrationsgesellschaft mit dieser Problematik auseinander. Riegel 2016. Im religionspädagogischen Bereich weist Freuding auf interreligiöse Bildungskontexte hin, in denen subtile Formen des ‚Othering' auftreten können. Hierbei werden religiöse Überzeugungen einer Gruppe häufig in einer Weise dargestellt, die Stereotype und Vorurteile verstärkt. Freuding 2022.

[3]   Busch 2023, 582.

[4]   Keller 2011, 107.

[5]   Käbisch 2019, 2.

[6]   Klinger / Espelage 21, 57.

gen von Schüler*innen und deren Prozesshaftigkeit in Rechnung zu stellen.[7] In diesem Zusammenhang bietet auch die Übersetzungsperspektive vielversprechende Anknüpfungspunkte. Sie ermöglicht es, Kontakte und Transfers zwischen verschiedenen kulturellen und religiösen Räumen sowie die damit einhergehenden Aushandlungsprozesse unter dem Vorzeichen der Übersetzung zu betrachten.[8] Aus den dargelegten Überlegungen ergibt sich die pädagogische Implikation, dass Schüler*innen dazu befähigt werden sollten, den komplexen Anforderungen einer sich kulturell, religiös und weltanschaulich diversifizierenden Gesellschaft zurechtzukommen. Auch die Förderung interkultureller und interreligiöser Kompetenz sowie das Verständnis für unterschiedliche Perspektiven und Wertesysteme stellen zentrale Bildungsanforderungen dar.

Um solche dynamischen Kulturverständnisse mit ihren Transfer- und Transformationsaspekten adäquat zu berücksichtigen, bietet die Kultursemiotik von Jurij M. Lotman eine aufschlussreiche Perspektive. Lotman, ein russisch-jüdischer Literaturwissenschaftler und Semiotiker, hat mit seinem innovativen kultursemiotischen Theorieansatz die Wissenschaftslandschaft maßgeblich geprägt. Lotmans Ansatz kann als „eine Art Gegenerzählung" zu den damals vorherrschenden, auf dem Containerdenken basierenden Vorstellungen von Nation und Kultur betrachtet werden; denn im Gegensatz zu diesen postuliert er „Veränderung, Asymmetrien, Unordnung, Neues, Fremdes und Unerwartet" als Grundlage kultureller Entwicklung.[9] Von besonderer Relevanz ist auch seine raumbezogene Reflexion von Kulturkontakten und grenzüberschreitenden Übersetzungsprozessen.[10] Lotman hat in den letzten Jahren auch im deutschsprachigen Diskursraum verstärkt Resonanz erfahren, die über die Sprach- und Literaturwissenschaften hinaus auch die Kultur- und Sozialwissenschaften einbezieht. Namentlich Susi K. Frank, Cornelia Ruhe und Alexander Schmitz haben mit ihrem Forschungsprojekt „Lotman und die Kulturtheorie" Lotmans Theorien neu in die wissenschaftliche Diskussion eingebracht,[11] was eine wesentliche Grundlage für den vorliegenden Beitrag darstellt.

In diesem Beitrag wird die Kultursemiotik Lotmans unter Einbeziehung aktueller kulturwissenschaftlicher Ansätze grundlegend beleuchtet und auf ihre Impulse für die interkulturelle und interreligiöse Bildung befragt. Nach diesem Einführungsteil (1) wird ein Überblick über Lotmans Kultursemiotik gegeben (2). Anschließend werden seine Konzepte der Grenze (3) und der Übersetzung (4), die für Kulturtransferprozesse von besonderer Relevanz sind, näher beleuchtet. Abschließend werden Lotmans Anregungen für interkulturelle und interreligiöse Bildungsprozesse aus bildungstheoretischer und religionspädagogischer Per-

---

[7]   Eppenstein 2017, 63.
[8]   Hild 2023, 41; vgl. Bachmann-Medick 2019, 62.
[9]   Werberger 2012, 277.
[10]   Frank / Ruhe / Schmitz 2010, 393; vgl. Werberger 2012, 275.
[11]   Siehe u. a. Frank / Ruhe / Schmitz 2012.

spektive diskutiert (5). Dies ermöglicht eine umfassende Betrachtung interkultureller und interreligiöser Bildungsprozesse als vielschichtige Übersetzungs- und Transformationsprozesse.

2.   Lotmans Kultursemiotik: Kultur als Semiosphäre

In seiner Kultursemiotik befasst sich Lotman eingehend mit den semiotischen Mechanismen, die die kulturelle Entwicklung prägen und vorantreiben.[12] Sein Werk „Die Innenwelt des Denkens", speziell der zweite Teil „Die Semiosphäre"[13] sowie sein Artikel „Über die Semiosphäre"[14] enthalten grundlegende kultursemiotische Überlegungen. Sein Ansatz basiert auf der Grundannahme, dass Kultur ein semiotischer Raum ist, in dem sich komplexe Dynamiken zwischen verschiedenen Zeichensystemen entfalten. Er bezeichnet diesen Raum als „Semiosphäre", d. h. „semiotisches Kontinuum"[15] und versucht damit, nicht nur Sprache oder Literatur, sondern alle kulturellen Phänomene mehr oder weniger als Zeichensysteme zu begreifen[16].

Die Semiosphäre, wie Lotman sie definiert, ist keine statische Ansammlung von Zeichen, wie ein Container oder Gefäß; sie ist vielmehr ein dynamisches Feld, in dem durch die Interaktion verschiedener Zeichensysteme neue Bedeutungen entstehen und ausgetauscht werden.[17] Diese kontinuierlichen Prozesse des Austauschs und der Neuinterpretation formen und gestalten die Kulturlandschaft. Für Lotman ist die Semiosphäre daher sowohl „Ergebnis" als auch „Voraussetzung" für die Entwicklung von Kultur.[18]

Lotmans Verständnis von Kultur als Semiosphäre bietet einen wertvollen Rahmen für die Analyse von Kulturtransfer und kulturellem Wandel. Durch die Betonung der Dialogizität, der dynamischen Interaktion und des Zusammenspiels von Grenzen und Übersetzung eröffnet seine kultursemiotische Sichtweise ein vielseitiges Verständnis davon, wie verschiedene Kultur(en) und Religion(en) miteinander in Kontakt treten und wie kulturelles und religiöses Wissen ausgetauscht wird. Lotmans Ansatz verdeutlicht die Fluidität und Dynamik kultureller Grenzen, hinterfragt starre Identitätsvorstellungen und betont die fortwährenden Aushandlungs- und Austauschprozesse. In einer globalisierten Welt, die durch vielfältige Vernetzung und komplexe Abhängigkeiten gekenn-

---

[12]   Frank / Ruhe / Schmitz 2010, 397.
[13]   Lotman 2010, 163–290.
[14]   Lotman 1990.
[15]   Ebd., 288; vgl. Lotman 2010, 165.
[16]   Frank 2012, 69; vgl. Frank / Ruhe / Schmitz 2010, 391.
[17]   Krah 2018, 81; vgl. Frank 2012, 69f.
[18]   Lotman 2010, 165.

zeichnet ist, erweist sich Lotmans Ansatz als nützliches Analyseinstrument, um dezentralisierte soziale Ordnungen zu erschließen.[19]

Im Rahmen des kultursemiotischen Ansatzes von Lotman sind die Konzepte der Grenze und Übersetzung von zentraler Bedeutung. Die Grenze markiert die Unterscheidung zwischen dem Eigenen und dem Fremden und spielt eine wichtige Rolle bei der Identitätsbildung. Übersetzung hingegen ermöglicht die Überschreitung dieser Grenzen und somit einen Austausch zwischen Kultur(en) und Religion(en). In den nachfolgenden Kapiteln werden diese beiden Konzepte näher beleuchtet und ihre Bedeutung für die Analyse von Kulturtransfer und Transformationsprozessen ausführlich diskutiert.

3.   Grenze als Trennlinie und zugleich als Raum des Kulturtransfers

In Lotmans Kultursemiotik kommt dem Grenzbegriff eine zentrale Bedeutung zu, wie er auch in der aktuellen kultur- und sozialwissenschaftlichen Forschung vielfach thematisiert wird. Grenze wird hier nicht nur im physischen oder geographischen Sinne verstanden, sondern um symbolische und metaphorische Dimensionen wie identitätsbezogene, soziale, kulturelle oder sprachliche Grenzen erweitert.[20] Lotman befasst sich mit der tiefgreifenden semiotischen Bedeutung der Grenze, die Kommunikation und Kulturtransfer maßgeblich beeinflusst. Sein Grenzkonzept stellt daher einen bedeutenden theoretischen Rahmen dar, um die Dynamik kultureller Prozesse und des interkulturellen Austauschs sowie deren Komplexität und Vielschichtigkeit zu analysieren. Hinzu kommt, dass in Lotmans Grenzverständnis eine sozial-konstruktivistische Sichtweise deutlich wird: Grenzen werden demnach nicht einfach als bestehende Faktizität wahrgenommen, sondern als Ergebnisse sozialer Prozesse, die ihrerseits den Rahmen für soziales Handeln bilden. Grenzsetzung und Grenzüberschreitung sind für Lotman die beiden entscheidenden Momente sozialen Handelns.[21]

Besonders interessant an Lotmans Überlegungen ist die ambivalente Doppelfunktion der Grenze: „Der Begriff der Grenze ist *ambivalent*: Einerseits *trennt* sie, andererseits *verbindet* sie. Eine Grenze grenzt immer an etwas und gehört folglich gleichzeitig zu beiden benachbarten Kulturen [...].“[22] Die Funktion der Grenze besteht einerseits im „Trennen des Eigenen von Fremden“ und in der „Beschränkung des Eindringens des Äußeren in das Innere“.[23] Andererseits dient die Grenze als „Übersetzungsmechanismus“ bzw. „filternde Membran“, die

[19]   Koschorke 2012, 31.
[20]   Augustin 2020, 12.
[21]   Frank 2012, 219.
[22]   Lotman 2010, 182 (eigene Hervorhebung).
[23]   Lotman 1990, 292.

fremde Elemente in den eigenen, inneren Kulturraum überträgt und adaptiert, „ohne ihre Fremdartigkeit zu verlieren".[24] Lotmans Grundannahme ist, dass Grenzen nicht starr festgelegt sind, sondern sich vielfach ausdehnen oder verschieben können.[25] Grenzen können daher nicht nur als eine Trennlinie fungieren, sondern auch als ein offener Raum für kulturellen Transfer und Transformation, an dem unterschiedliche kulturelle Normen, Werte und Identitäten aufeinander treffen und sich gegenseitig beeinflussen.

Solche kulturellen Transferprozesse an Grenzen verlaufen nicht immer reibungslos, bieten aber auch Chancen für kulturelle Entwicklungen und die Entstehung neuer hybrider Formen.[26] Auch bei der interkulturellen Kommunikation, so betont z. B. Bolten, können Grenzen zu Missverständnissen und Konflikten führen, aber auch Diversität fördern.[27] Eine weitere bemerkenswerte Nuance von Lotmans Grenzkonzept ist, dass Grenzen nicht nur zwischen verschiedenen Kulturräumen bzw. -systemen verlaufen, sondern auch innerhalb eines Kultursystems auf verschiedenen Ebenen und in unterschiedlichem Ausmaß existieren.[28] Die Fluidität dieser diversen Binnengrenzen ermöglicht es einem Kultursystem, sich an neue Bedingungen anzupassen und unterschiedliche Perspektiven zu integrieren.

Die bisher genannte Doppelfunktion der Grenze steht in einem engen Zusammenhang mit Lotmans Auffassung von Zentrum und Peripherie. Dabei handelt es sich nicht um feste geographische Bezeichnungen, sondern um semiotische Kategorien, die komplexe dynamische Prozesse innerhalb eines Systems beschreiben. Zentrum und Peripherie folgen unterschiedlichen Logiken:[29] Im Zentrum herrschen strenge Regeln, die die Kontinuität und Stabilität eines Systems gewährleisten. Diese Ordnung und Vorhersehbarkeit, die mit dieser Regulierung einhergehen, können das Sicherheitsgefühl verstärken. Allerdings birgt eine zu strikte Regulierung im Zentrum die Gefahr der Starrheit und mangelnden Anpassungsfähigkeit. Die Peripherie hingegen zeichnet sich durch hohe Flexibilität und Offenheit für Neues aus. Hier werden auch Aspekte und Prozesse sichtbar, die in den bisherigen Normen und dominanten Perspektiven ausgeblendet bleiben.[30] Die Peripherie bietet somit Raum für Experimente und Innovationen, die zu einer Transformation und Erneuerung des Gesamtsystems führen können. Die hohe Flexibilität der Peripherie kann jedoch auch Unsicherheit und Diskontinuität mit sich bringen, da sie bestehende Dominanzverhältnisse herausfordert und dort etablierte Normen in Frage stellt.

---

[24] Lotman 2010, 182; vgl. Lotman 1990, 292.
[25] Frank 2012, 220.
[26] Lotman 2010, 178; vgl. Frank / Ruhe / Schmitz 2010, 400.
[27] Bolten 2007, 79.
[28] Frank / Ruhe / Schmitz 2010, 401; vgl. Werberger 2012, 279; Lotman 2010, 184.
[29] Lotman 2010, 178; vgl. Frank 2012, 230.
[30] Ruhe 2015, 172.

Die Wechselbeziehung zwischen Zentrum und Peripherie ist durch ein Spannungsverhältnis zwischen „zentripetale[n]" und „zentrifugale[n]" Kräften gekennzeichnet.[31] Die zentripetale Kraft zieht die Elemente in Richtung eines gemeinsamen Zentrums. Dadurch entstehen Normen und Standards kultureller Werte und Praktiken, was ein Gefühl der Zugehörigkeit und kollektiven Identitäten stärkt. Demgegenüber wirkt die zentrifugale Kraft vom Zentrum weg und begünstigt die Dezentralisierung und Diversifizierung, was für Experimente, Innovationen und die Entstehung neuer kultureller Ausdrucksformen wesentlich ist. Zentrum und Peripherie sind jedoch nicht als starre Gegensätze zu verstehen, sondern als graduelle Abstufungen.[32] Gerade diese „innere Ungleichmäßigkeit"[33] zwischen Zentrum und Peripherie sowie die Existenz verschiedener Übergangsstufen mit durchlässigen Binnengrenzen stellen eine wesentliche Voraussetzung für die Dynamik innerhalb einer Semiosphäre dar, die für deren Weiterentwicklung notwendig ist.

Lotmans Hauptinteresse gilt der Transformation und Hybridität an der Peripherie bzw. an der Grenze, die als „Peripherie der Peripherie"[34] verstanden werden kann. Er erweitert das Verständnis der Peripherie über die bloße Marginalität hinaus und betrachtet sie als Ort der Liminalität, wo dominante Sozialordnungen gelockert werden und ein großer Handlungsspielraum entsteht.[35] Im diese Sinne hält Lotman fest: „Sie [die Grenze] ist der Bereich beschleunigter semiotischer Prozesse, die immer aktiver an der Peripherie der kulturellen Ökumene verlaufen, um von dort aus in die Kernstrukturen einzudringen und diese zu verdrängen."[36] An der Grenze kommt es zu einer doppelten Bewegung: Das Eigene wird fluid und wandelbar, während das Fremde durch Übertragung innerkulturelle Geltung erlangt und somit in die gesellschaftliche Sinnproduktion einbezogen wird.[37] Hier zeigt sich eine gewisse Nähe zu Bhabhas Konzept des „dritten Raumes" als „Schellenraumes", in dem dichotomische Kategorien in Frage gestellt und neue hybride Perspektiven eröffnet werden.[38] Grenzräume sind besonders produktiv, betonen sowohl Lotman als auch Bhabha, weil sie als Orte der Vermittlung und des Austauschs dienen, an denen Kulturen nicht nur aufeinandertreffen, sondern auch die Möglichkeit haben, voneinander zu lernen und sich gegenseitig zu bereichern.

Wie Lotman die transformative Kraft der Grenze betont, liegt ein besonderes Interesse seiner narratologischen Überlegungen in Grenzüberschreitungen. Diese markiert den Beginn jeglicher Handlung und Dynamik in literarischen

---

[31] Frank 2012, 230.
[32] Ebd., 227.
[33] Lotman 1990, 290.
[34] Ruhe 2015, 173.
[35] Zum Begriff Liminalität siehe u. a. Ruthner 2019, 30–32.
[36] Lotman 1990, 293.
[37] Koschorke 2012, 31; vgl. Bauer 2019, 156.
[38] Frank / Ruhe / Schmitz 2010, 401, unter Verweis auf Bhabha 2000, 5.

Texten.[39] Die Konfrontation mit Grenzen, ihre Überschreitung und die damit verbundenen Entwicklungen, die eine Veränderung des Individuums bewirken, sind wesentliche Elemente seiner Narratologie.[40] Lotmans Hauptfiguren treten immer als Grenzgänger*innen auf, die nicht nur physische, sondern auch sprachliche, kulturelle wie auch ideologische Grenzen überschreiten und als Vermittler*innen zwischen zwei Welten agieren.[41] Durch ihr Handeln werden starre Grenzen durchlässiger, neu definiert oder gar aufgelöst.[42] Diese narratologischen Überlegungen können auch auf Transferprozesse zwischen unterschiedlichen kulturellen und religiösen Räumen übertragen werden.

In der Gesamtschau bietet Lotmans Verständnis der Grenze als semiotischer Raum tiefgreifende Einsichten in die Dynamik von Kultur(en) und Religion(en) und unterstreicht die Bedeutung von Grenzen als Orte des Austauschs und der Transformation. Dies macht deutlich, wie essenziell die Auseinandersetzung mit diesen Übergangszonen für das Verständnis und die Förderung kultureller Vielfalt ist.[43]

4.   Kulturtransfer als Übersetzung

Die Exploration von Lotmans Grenzkonzept führt nahtlos zu seiner Auffassung von Übersetzung, die die komplexe Dynamik kultureller Interaktionen und vielschichtiger Transferprozesse einschließt. Im Folgenden soll Lotmans Übersetzungskonzept unter Einbeziehung der aktuellen Erkenntnisse der Translation Studies näher behandelt werden, da es viele Überschneidungen zwischen beiden Ansätzen gibt. Dies kann ferner facettenreiche Dimensionen in der Analyse von Kulturtransfer und -transformation eröffnen, wodurch auch die transformative Wirkung kultureller Begegnungen und die kontinuierlichen Aushandlungsprozesse zwischen kulturellen Systemen besser zu verstehen sind.

In Anknüpfung an Lotmans Theorie sowie die Erkenntnisse der Translation Studies wird Übersetzung nicht länger lediglich als Übertragung eines Textes aus einer Sprache in eine andere betrachtet. Vielmehr handelt es sich um einen umfassenden Transferprozess, der unterschiedliche kulturelle, historische und soziale Kontexte miteinander in Beziehung setzt.[44] Die Übersetzungsperspektive, die eng mit Lotmans Grenzkonzept zusammenhängt, ist für die Beschreibung von Dynamik und Veränderung in kulturellen Interaktionen von wesentlicher Bedeutung. Dieses erweiterte Verständnis der Übersetzung legt den Fokus

---

[39]   Lotman 1989, 332; vgl. Frank 2012, 222; Ruhe 2015, 176.
[40]   Krah 2018, 86.
[41]   Frank 2012, 227.
[42]   Ebd., 223.
[43]   Werberger 2012, 280.
[44]   Wutsdorff / Zbytovský 2014, 11; vgl. Mende 2017, 229; Bachmann-Medick 2021, 240.

auf die inhärente Transformation, die in Übersetzungsprozessen stattfindet, und betont somit, wie Kultur(en) durch ständige Prozesse der Übersetzung und Neuinterpretation geformt werden.[45]

Lotman betrachtet Übersetzung als Transformationsprozess und distanziert sich von der Vorstellung eines reibungslosen Transports.[46] In den aktuellen Translation Studies wird dieser Standpunkt ebenfalls deutlich: Statt von „Original-Treue", „Äquivalenz" oder „Repräsentation" stehen nun Aspekte wie „Kontextwechsel, kulturelle Differenzen, Brüche, Transformation, Alterität, displacement, Diskontinuität, Missverstehen, soziale Adressierung, Konflikt und Macht" im Zentrum der Betrachtung.[47] Folglich unterliegt jedes übersetzte kulturelle und soziale Element einer Veränderung, die allerdings nicht zufällig erfolgt, sondern in soziokulturellen Kontexten wie auch gesellschaftlichen Machtverhältnissen eingebunden ist.

Lotmans Übersetzungskonzept lässt sich in einem engen Zusammenhang mit seinem grundlegenden Kommunikationsmodell betrachten. Nach Lotman sind Kommunikationsprozesse niemals als passive Übermittlung zwischen Sender und Empfänger zu verstehen, sondern vielmehr als komplexe Re-Codierungsprozesse von Nachrichten.[48] Aus diesem Grund ist Kommunikation grundsätzlich unbestimmbar und umfasst zwangsläufig Momente der Brechung, Übersetzung sowie Transformation.[49] In jeglicher Form der Kommunikation und Verständigung verbleibt ein „Rest" an Ambiguität oder Unbestimmtheit.[50] Eine essenzielle Erkenntnis ist dabei, dass dieser Rest einen wesentlichen Bestandteil jedes Kommunikationsprozesses darstellt und nicht lediglich als Störgröße oder als Nebeneffekte einer idealerweise reibungslosen Informationsübermittlung betrachtet werden muss.[51] Dies gilt auch für den interkulturellen und interreligiösen Austausch.

Diese erweiterte Perspektive auf Übersetzung erlaubt ein vertieftes Verständnis von Kultur, das wesentlich über konventionelle Auffassungen hinausgeht: Kultur(en) werden nicht nur übersetzt, sondern formen und konstituieren sich aktiv als Übersetzungsprozesse.[52] Mit der Betonung des hybriden und heterogenen Charakters von Kultur(en) wird hier verdeutlicht, wie Kultur(en) aus einer Vielzahl von fortlaufend interagierenden und sich wandelnden Bedeutungsgefügen besteht.[53] Diese fortlaufenden Übersetzungs- und Transformationsprozesse führen dazu, dass Kultur(en) als dynamische Konstrukte ständig

---

[45] Wutsdorff / Zbytovský 2014, 13.

[46] Ebd., 11.

[47] Bachmann-Medick 2019, 64.

[48] Koschorke 2012, 32, unter Verweis auf Lotman 1989, 302.

[49] Koschorke 2012, 32.

[50] Ebd., 34.

[51] Ebd., 34f.; vgl. Hild 2023, 71.

[52] Mende 2017, 229.

[53] Wutsdorff / Zbytovský 2014, 14.

neu verhandelt und umgestaltet werden. Dies trägt zu einem besseren Verständnis der Komplexität und Fluidität von Kultur(en) bei und verdeutlicht, wie kulturelle Vielfalt und Interkulturalität im Alltag gelebt und erfahren werden.

Zusammenfassend lässt sich feststellen, dass Lotmans erweitertes Verständnis von Übersetzung einen fundierten theoretischen Rahmen für das Verständnis der komplexen Prozesse des Kulturtransfers und der kulturellen Transformation bildet. Diese Perspektive ist insbesondere in einer globalisierten Welt von Bedeutung, in der die Fähigkeit, über kulturelle Grenzen hinweg zu kommunizieren und zu interagieren, zunehmend gefragt ist.

5. Interkulturelle und interreligiöse Bildungsprozesse im Licht von Lotmans Ansatz

Bisher wurde der kultursemiotische Ansatz von Lotman, vor allem dessen Konzepte der Grenze und der Übersetzung, grundlegend behandelt. Darauf aufbauend sollen nun bildungstheoretische und religionspädagogische Überlegungen erfolgen, um interkulturelle und interreligiöse Bildungsprozesse im Licht von Lotmans Ansatz neu zu beleuchten.

Zunächst ist sein Kulturverständnis für die weiteren Überlegungen von Relevanz: Er versteht Kultur als ein dynamisches, semiotisches Gefüge, in dem jedes kulturelle Element in Netzwerke vielfältiger Zeichenbeziehungen eingebettet ist. Dieses offene, dynamische Verständnis ermöglicht es, kulturelle und religiöse Identitäten im Bildungskontext als dynamische Konstrukte zu betrachten, anstatt sie als festgelegte Entitäten vorauszusetzen. Zudem ist es auch für die Bildungsprozesse der Schüler*innen förderlich, wenn sie über ihre eigenen kulturellen Hintergründe und religiösen Orientierungen nachdenken und diese zugleich in einen größeren Kontext einbetten können. Dies hilft ihnen, ein tieferes Verständnis für die Vielschichtigkeit menschlicher Identitäten zu entwickeln und die Dynamik zwischen verschiedenen Identitätsaspekten zu erkennen.

In jüngster Zeit ist eine zunehmende kritische Auseinandersetzung mit interkulturellen und interreligiösen Ansätzen zu beobachten, insbesondere im Hinblick auf begegnungspädagogische Methoden.[54] Hier können sich stereotype Zuschreibungen verfestigen, wenn die Beteiligten als Repräsentant*innen der jeweiligen Kultur(en) oder Religion(en) wahrgenommen werden, ohne dass ihren jeweiligen individuell vielfältig geprägten Identitäten und Mehrfachzugehörigkeiten Rechnung getragen wird.[55] In diesem Zusammenhang wird auch von

---

[54]   Siehe u. a. Lingen-Ali / Mecheril 2016.
[55]   Klinger / Espelage 2021, 56.

„verkennender Anerkennung" gesprochen.[56] Hinzu kommt, dass das dynamische und fluide Verhältnis zwischen dem Eigenen und dem Anderen ausgeblendet wird.

Um einer möglichen Vereinnahmung vorzubeugen und gleichzeitig solche interkulturellen und interreligiösen Ansätze nicht vorschnell abzuwerten,[57] kann die Anwendung des kultursemiotischen Ansatzes von Lotman zielführend sein. Dieser nimmt die Relevanz von Grenzen zwischen Kultur(en) und Religion(en) ernst, ohne jedoch deren Durchlässigkeit außer Acht zu lassen. Dadurch können Austausch und Dialog zwischen vielfältigen kulturellen und religiösen Räumen ermöglicht und offene Räume für freie Selbstdarstellungen von Schüler*innen geschaffen werden.

Ferner kann Lotmans Annahme zur Doppelfunktion von Grenzen, die sowohl trennend als auch verbindend wirken, wertvolle Perspektiven bieten. Für die Gestaltung interkultureller und interreligiöser Lernangebote und Bildungsprozesse ist es essenziell zu erfassen, wann Grenzen in Bildungsprozessen trennend und wann sie verbindend wirken. Die trennende Wirkung von Grenzen wird deutlich, wenn es um die Identitätswahrung und die Klarheit über die Zugehörigkeit geht. Durch die Abgrenzung von anderen kann auch das eigene Selbstverständnis und die Selbstwahrnehmung gestärkt werden, was ebenfalls die trennende Wirkung von Grenzen verdeutlicht. Umgekehrt können Grenzen verbindend wirken, wenn durch eine behutsame Überschreitung von Grenzen der interkulturelle und interreligiöse Dialog ermöglicht und damit das gegenseitige Verständnis gefördert wird.

Nicht zuletzt sind Lotmans Überlegungen zum Übersetzungsbegriff beachtenswert, da sie einen tieferen Einblick in die Komplexität interkultureller und interreligiöser Verständigung eröffnen können. Lotman versteht Übersetzung als einen aktiven, kreativen und dynamischen Prozess der Grenzüberschreitung und Neuverhandlung. Jede kulturelle Interaktion kann demnach als eine Form der Übersetzung verstanden werden. Vor diesem Hintergrund erfordern interkulturelle und interreligiöse Bildungsansätze ein Umdenken – weg von rein kulturvergleichenden Ansätzen hin zu einem Verständnis, das auf Wechselseitigkeit und Vermittlung beruht.

Diese Übersetzungsperspektive ermöglicht es auch, die komplexen und manchmal konfliktgeladenen Begegnungen zwischen Kultur(en) und Religion(en) zu analysieren. Besonders hilfreich ist diese Perspektive in interkulturellen und interreligiösen „Überschneidungssituationen, in denen unterschiedliche Modi des Weltverstehens und z. T. divergierende Deutungsmuster aufeinandertreffen".[58] Die Komplexität von Übersetzungsprozessen, einschließlich von Übersetzungskonflikten und Unübersetzbarkeit, erfordert eine Ambigui-

[56]   Klinger / Espelage 2021, 58.
[57]   Willems 2022, 465.
[58]   Klinger / Espelage 2021, 59.

tätstoleranz, d. h. die Kompetenz, Spannungsverhältnisse und Mehrdeutigkeiten auszuhalten.[59]

Lotmans Überlegungen zur Übersetzung haben schließlich eine bedeutende hermeneutische Implikation. Er befasst sich mit Übersetzungsmechanismen, durch die fremde Elemente in die eigene Semiosphäre einführen und integrieren, ohne deren Fremdheit vollständig aufzuheben. In interkulturellen und interreligiösen Bildungskontexten wird zwar ein „besseres Verstehen von und über andere" angestrebt, gleichzeitig muss aber eine „letzte Unzugänglichkeit" des Anderen anerkannt werden, „um einseitigen Zuschreibungen im pädagogischen Handeln vorzubeugen und das ‚Recht auf Selbstverfügbarkeit' zu sichern".[60]

Ein weiterer wesentlicher Ertrag von Lotmans Ansatz liegt in seinem Kommunikationsmodell. Es geht über das klassische Sender-Empfänger-Schema hinaus und beleuchtet die komplexe Dynamik kultureller Kommunikation. In seinem Kommunikationsmodell ist Unbestimmtheit ein zentraler Faktor, der den Zeichenmechanismus von Kultur(en) antreibt und die Vielfalt kultureller Kommunikation fördert. Dieser Aspekt kann für die interkulturelle und interreligiöse Bildung von Bedeutung sein, da er verdeutlicht, dass Vielfalt und Offenheit für unterschiedliche Interpretationen und Perspektiven wesentlich sind, um die Komplexität und Vielschichtigkeit kultureller Identitäten zu verstehen. Nach Lotmans Kommunikationsmodell vollzieht sich interkulturelle und interreligiöse Kommunikation immer „in der Bandbreit eines partiellen Verstehens und Umformens" – jenseits von vollständigem Verstehen bzw. Vereinnahmung auf der einen Seite und Unzugänglichkeit auf der anderen Seite.[61] Die Erkenntnis, dass jede Kommunikation einen Rest an Mehrdeutigkeit und Vagheit enthält, kann dazu beitragen, die Komplexität und Vielschichtigkeit kultureller und religiöser Identitäten und Orientierungen zu erkennen; dieser Rest an Unbestimmtheit kann als fruchtbarer Boden betrachtet werden, auf dem neue kulturelle und religiöse Verständnisse entstehen und sich entwickeln können.[62]

Im Fazit lässt sich festhalten: Lotmans kultursemiotischer Ansatz bietet wertvolle Einsichten für die interkulturellen und interreligiösen Bildungsprozesse. Sein dynamisches Kulturverständnis sowie die Betonung von Übersetzung als kreativem Prozess eröffnen neue Perspektiven für den Dialog zwischen Kultur(en) und Religion(en). Die Vorstellung der Grenze als sowohl trennendes als auch verbindendes Element fördert das Verständnis für die Komplexität kultureller Identitäten und ermutigt zur Integration fremder Elemente. Lotmans Ansatz liefert wichtige Impulse für eine zeitgemäße und zukunftsorientierte Bildung, die den Herausforderungen und Chancen einer globalisierten Weltge-

---

[59] Bolten 2007, 112.
[60] Wermke / van der Hoek / Seher 2023, 2.
[61] Koschorke 2012, 32.
[62] Ebd., 33f.

sellschaft angemessen Rechnung trägt und den Schüler*n dazu befähigt, sich in einer komplexen, grenzüberschreitend vernetzten Gesellschaft zurechtzufinden.

Trotz dieser Mehrwerte und Beiträge lassen sich in einer kritischen Würdigung schließlich auch Grenzen des Lotmans Ansatzes und Herausforderungen bei seiner Anwendung benennen. Lotmans Konzepte sind oft abstrakt und komplex, was ihre praktische Anwendung erschwert. Damit verbunden ist eine mangelnde Praxisorientierung zusammen, die in der pädagogischen Anwendung die Ableitung konkreter Maßnahmen für die Praxis einschränkt. Zudem trägt sein Ansatz sozialen und politischen Machtstrukturen nicht ausreichend Rechnung. Die einseitige Betonung der Fluidität kultureller Identitäten birgt die Gefahr, die Bedürfnisse von Schüler*innen nach Sicherheit und stabiler Orientierung zu relativieren. Um diesen Herausforderungen zu begegnen, könnten Lotmans Konzepte durch postkoloniale Theorieansätze ergänzt werden. Während sich postkoloniale Ansätze vor allem aus Perspektive marginaler Gruppen mit gesellschaftlichen Machtverhältnissen auseinandersetzten, betrachtet Lotman die Asymmetrie zwischen Zentrum und Peripherie „unter dem Gesichtspunkt der Sinnproduktion" und fokussiert auf liminale Momente.[63] Insofern können sich beide Ansätze gut ergänzen. Für eine praxisnahe Anwendung ist die Operationalisierung der Lotmans Theorieansätze und eine kontinuierliche Reflexion und Anpassung an die konkreten Bedürfnisse von Schüler*innen in ihren Bildungsprozessen unter Berücksichtigung ihrer Diversität und ihrer vielfältigen Lebenswelten – im Sinne der Subjektorientierung – ebenfalls notwendig.

Literatur

AUGUSTIN, JENNY (2020), Gewalt erzählen. Grenzen und Transgressionen im mexikanischen Roman der Gegenwart, Wiesbaden.

BACHMANN-MEDICK, DORIS (2019), Übersetzung und Transnationalität, in: BISCHOFF, DOERTE / KOMFORT-HEIN, Susanne (Hg.), Handbuch Literatur & Transnationalität, Berlin u. a., 62–78.

BACHMANN-MEDICK, DORIS (⁷2021), Cultural turns. Neuorientierungen in den Kulturwissenschaften, Hamburg.

BAUER, MATTHIAS (2018), Sozialer und semiotischer Raum: Querbezüge, Übergänge und Grenzverschiebungen nebst einigen Anmerkungen zur kulturwissenschaftlichen Relevanz des Ähnlichkeitsdenkens, in: NIES, MARTIN (Hg.), Raumsemiotik. Räume – Grenzen – Identitäten, Flensburg, 143–168.

BHABHA, HOMI K. (2000), Die Verortung der Kultur, Tübingen.

BOLTEN, JÜRGEN (2007), Interkulturelle Kompetenz, Erfurt.

BOLTEN, JÜRGEN (2016), Interkulturelle Trainings neu denken, in: interculture journal 15/26, 75–91.

---

[63]   Bauer 2018, 154.

BUSCH, DOMINIC (2023), Jürgen Bolten. Das Unfassbare erforschen, in: BARMEYER, CHRISTOPH / BUSCH, DOMINIC (Hg.), Meilensteine der Interkulturalitätsforschung: Biographien. Konzepte. Positionen, Wiesbaden, 557–585.

EPPENSTEIN, THOMAS (2017), (Inter)religiöse Erziehung in der Migrationsgesellschaft, in: Interdisciplinary Journal for Religion and Transformation in Contemporary Society, 3/1, 62–89.

FRANK, MICHAEL C. (2012), Sphären, Grenzen und Kontaktzonen, in: FRANK, SUSI K. / RUHE, CORNELIA / SCHMITZ, ALEXANDER (Hg.), Explosion und Peripherie. Jurij Lotmans Semiotik der kulturellen Dynamik revisited, Bielefeld, 217–246.

FRANK, SUSI K. / RUHE, CORNELIA / SCHMITZ, ALEXANDER (2010), Jurij Lotmans Semiotik der Übersetzung, in: LOTMAN, JURIJ M., Die Innenwelt des Denkens, Berlin, 383–416.

FRANK, SUSI K. (2012), Jurij Lotman. Der semiotische Raum, in: LEGGEWIE, CLAUS u. a. (Hg.), Schlüsselwerke der Kulturwissenschaften, Bielefeld, 69–72.

FRANK, SUSI K. / RUHE, CORNELIA / SCHMITZ, ALEXANDER (Hg.) (2012), Explosion und Peripherie. Jurij Lotmans Semiotik der kulturellen Dynamik revisited, Bielefeld.

FREUDING, JANOSCH (2022), Fremdheitserfahrungen und Othering. Ordnungen des „Eigenen" und „Fremden" in interreligiöser Bildung, Bielefeld.

HILD, CHRISTIAN (2023), Religiöse Wörter übersetzen. Ein Ansatz zur Sprach- und Translationssensibilisierung von SchülerInnen, Stuttgart.

ILLING, FRANK (2017), Jurij Michailovič Lotman (1922 – 1993), in: STEUERWALD, CHRISTIAN (Hg.), Klassiker der Soziologie der Künste. Prominente und bedeutende Ansätze, Wiesbaden, 545–569.

KÄBISCH, DAVID (2019), Art. Kulturtransferforschung, in: WiReLex (https://www.bibelwissen schaft.de/stichwort/200611/).

KELLER, THOMAS (2011), Kulturtransferforschung: Grenzgänge zwischen den Kulturen, in: MOEBIUS, STEPHAN / QUADFLIEG, DIRK (Hg.), Kultur. Theorien der Gegenwart, Wiesbaden, 101–114.

KLINGER, SUSANNE / ESPELAGE, CHRISTIAN (2021), Von der Hermeneutik zur Didaktik. Interreligiöse Bildung als Differenzkompetenz, in: ESPELAGE, CHRISTIAN / MOHAGHEGHI, HAMIDEH / SCHOBER, MICHAEL (Hg.), Interreligiöse Öffnung durch Begegnung, Hildesheim u. a., 47–64.

KOSCHORKE, ALBRECHT (2012), Zur Funktionsweise kultureller Peripherien, in: FRANK, SUSI K. / RUHE, CORNELIA / SCHMITZ, ALEXANDER (Hg.), Explosion und Peripherie. Jurij Lotmans Semiotik der kulturellen Dynamik revisited, 27–40.

KRAH, HANS (2018), Raum und Grenze. Eine semiotische Bestandsaufnahme – Mit dem Beispiel des Bunkers im ästhetischen Diskurs globaler Katastrophenszenarien, in: NIES, MARTIN (Hg.), Raumsemiotik. Räume – Grenzen – Identitäten, Flensburg, 73–110.

LINGEN-ALI, ULRIKE / MECHERIL, PAUL (2016), Religion als soziale Deutungspraxis, in: Österreichisches Religionspädagogisches Forum 24/2, 17–24.

LOTMAN, JURIJ M. (³1989), Die Struktur literarischer Texte, München.

LOTMAN, JURIJ M. (1990), Über die Semiosphäre, in: Zeitschrift für Semiotik 12/4, 287–305.

LOTMAN, JURIJ M. (2010), Die Innenwelt des Denkens. Eine semiotische Theorie der Kultur, Berlin.

MENDE, JANA-KATHARINA (2017), Übersetzung, in: GÖTTSCHE, DIRK u. a. (Hg.), Handbuch Postkolonialismus und Literatur, Stuttgart, 229–231.

RIEGEL, CHRISTINE (2016), Bildung – Intersektionalität – Othering, Bielefeld.

RUHE, CORNELIA (2015), Semiosphäre und Sujet, in: DÜNNE, JÖRG / MAHLER, ANDREAS (Hg.), Handbuch Literatur & Raum, Berlin u. a., 170–177.

RUTHER, CLEMENS (2019), Grenzwertig im Dazwischen: Liminailität als DenkRaum, in: Ars et humanitas 13/2, 26–39.

WERMKE, MICHAEL / VAN DER HOEK, STEFAN / SEHER, SOPHIE (2023), Art. Bildung, diversitätssensible, in: WiReLex (https://bibelwissenschaft.de/stichwort/201108/).

WILLEM, JOACHIM (2022), ‚Religionistischer' Rassismus und Religionsunterricht, in: FEREIDOONI, KARIM / SIMON, NINA (Hg.), Rassismuskritische Fachdidaktiken: Theoretische Reflexionen und fachdidaktische Entwürfe rassismuskritischer Unterrichtsplanung, Wiesbaden, 449–469.

WUTSDORFF, IRINA / ZBYTOVSKÝ, ŠTĚPÁN (2014), Übersetzen. Praktiken kulturellen Transfers am Beispiel Prags. Zur Einführung, in: Zeitschrift für interkulturelle Germanistik 5/2, 11–16.

„Das hebräische Wort ist natürlich moderner" – Verwendung mehrsprachiger Ressourcen zur diskursiven Aushandlung säkularer und religiöser Identitäten

Esther Jahns

In diesem Beitrag zeige ich, wie jüdische Sprecher*innen im heutigen Berlin ihre mehrsprachigen Ressourcen nutzen, um ihre Positionierung innerhalb der community diskursiv auszuhandeln und wie Sprachsozialisation und Sprachideologien ihre Sprachentscheidungen beeinflussen. Sprachliche Sozialisation kann als Teil jüdischer Bildung angesehen werden, da Sprachentscheidungen zur Konstruktion der eigenen Identität beitragen können.

Schlagwörter: Jüdische Sprachen – Jüdische Identitäten – Metapragmatik – Sprachideologien – Sprachsozialisation

In this contribution I will show how Jewish speakers in today's Berlin make use of their multilingual resources to position themselves within the community and how language ideologies and language socialization affect their linguistic choices. Language socialization can be interpreted as one part of Jewish education as linguistic choices can contribute to the individual's identity building.

Keywords: Jewish languages – Jewish identities – Language Ideologies – Language Socialization – Metapragmatic.

1. Einleitung

In diesem Beitrag zeige ich, wie jüdische Sprecher*innen im heutigen Berlin ihre mehrsprachigen Ressourcen nutzen, um ihre Positionierung innerhalb der Community diskursiv auszuhandeln und welche Rolle sprachliche Sozialisation und Sprachideologien dabei spielen.[1]

Die Geschichte des Judentums ist zugleich auch eine Geschichte der Mehrsprachigkeit. Neben Hebräisch-Aramäisch als Sprache für religiöse Zwecke und der jeweiligen Landessprache, wurde in jüdischen Gruppen in der Diaspora in der Regel eine weitere Sprache für die Kommunikation innerhalb der Gruppe

---

[1]   Ich danke Hanna Acke sowie den Reihenherausgeber*innen für ihre sehr hilfreichen und konstruktiven Kommentare zu diesem Beitrag.

verwendet. Diese wird in der Literatur meist als jüdische Sprache bezeichnet.[2] Der linguistische Abstand zur jeweiligen Landessprache variiert dabei stark und beschränkt sich im 21. Jahrhundert meist auf einige lexikalische Elemente aus dem Hebräischen und der früher in diesem Gebiet gesprochenen jüdischen Sprache. In meiner Studie mit dem Titel „Diglossic translanguaging – The multilingual repertoire of German-speaking Jews in Berlin" zeige ich, dass auch Jüdinnen und Juden im heutigen Berlin Zugriff auf ein „distinctive Jewish linguistic repertoire"[3] haben, das hauptsächlich aus lexikalischen Elementen aus dem Hebräischen und Jiddischen besteht, die von den Sprecher*innen ins Deutsche integriert werden (z. B. Ich fahre auf *Machane;*[4] Bist du *brojges?*[5] Wer ist hier der *Gabbai?*[6]).[7]

Ich betrachte sprachliche Bildung bzw. sprachliche Sozialisation[8] in diesem Beitrag als einen Teil jüdischer (religiöser) Bildung, da Sprachentscheidungen zur (diskursiven) Konstruktion der eigenen (jüdischen) Identität beitragen können. Diese Herausbildung oder Stärkung einer jüdischen Identität wird als ein Ziel jüdischer Bildung angesehen.[9] Die Variationsmöglichkeiten, die das Repertoire bietet, ermöglichen eine Positionierung bzw. die Aushandlung der eigenen Position innerhalb der jüdischen Community.

Auf der Grundlage von qualitativen Interviews mit 12 jüdischen Sprecher*innen aus dem heutigen Berlin zeige ich, wie diese Personen ihre eigenen Sprachentscheidungen begründen und die anderer interpretieren. Diese Entscheidungen sind dabei zum einen von Sprachideologien[10] bezüglich der beiden Sprachen, aus denen Elemente ins Deutsche integriert werden (Hebräisch und Jiddisch), aber auch durch individuelle (sprachliche) Biographien der Sprecher*innen beeinflusst.

2.   Mehrsprachigkeit in jüdischen Gemeinschaften

Seit dem 6. Jahrhundert v. u. Z. leben jüdische Gruppen in Mehrsprachigkeit.[11] In der Diaspora bildete sich dabei in der Regel ein Muster heraus, das – in Anlehnung an Fergusons Diglossie-Begriff[12] – als Triglossie bezeichnet werden kann.

---

[2]   Fishman 1981, Peltz 2010, Spolsky / Benor 2006.
[3]   Benor 2008.
[4]   ‚Ich fahre ins Sommercamp.'
[5]   ‚Bist du sauer/genervt?'
[6]   ‚Wer ist hier der Synagogenvorsteher?'
[7]   Jahns 2024.
[8]   Benor 2012, Ochs 1999.
[9]   Anusiewicz-Baer 2022, 38.
[10]   Irvine / Gal 2000, Silverstein 1979.
[11]   Spolsky / Benor 2006.
[12]   Ferguson 1959.

Die drei Sprachen, die von den Sprecher*innen verwendet wurden, waren dabei relativ klar abgrenzbaren Domänen zugeordnet. Hebräisch-Aramäisch war die Sprache für religiöse Zwecke, die Sprache des jeweiligen Landes wurde zur Kommunikation mit Nicht-Jüdinnen und -Juden verwendet und eine weitere Sprache, die in der Literatur oft als jüdische Sprache bezeichnet wird, stellte das Medium für die Alltagskommunikation innerhalb der jüdischen Gruppe dar.[13] Diese jüdischen Sprachen, deren prominenteste Vertreterin das Jiddische ist, entstanden durch Sprachkontakt zwischen dem Hebräisch-Aramäischen, der jeweiligen Landessprache und den jüdischen Sprachen, die in den vorherigen Siedlungsgebieten gesprochen wurden.[14] Während die jüdische Sprache in historischen Kontexten häufig einen relativ großen linguistischen Abstand zur jeweiligen Landes- bzw. Majoritätssprache hatte, unterscheiden sich jüdische Sprachen im 21. Jahrhundert vor allem durch lexikalische Elemente aus dem Hebräischen und der früher in diesem Gebiet gesprochenen jüdischen Sprache von der sie umgebenden Sprache. Benor spricht daher von einem „distinctive Jewish linguistic repertoire"[15] über das jüdische Sprecher*innen aufgrund ihres Jüdischseins verfügen. Mit dem Repertoirebegriff wird der Fokus von Sprachen als scheinbar voneinander abgrenzbaren Entitäten auf die Sprecher*innen und ihren Umgang mit sprachlichen Ressourcen gerichtet. Das Konzept des Repertoires entspricht damit den neueren Perspektiven in der Soziolinguistik, die Sprachgebrauch nicht einfach als das Produkt sozialer Kategorien verstehen, sondern Sprecher*innen als aktive Sprachentscheider*innen wahrnehmen (s. 4.).[16]

In meiner aktuellen Studie zeige ich, dass auch Jüdinnen und Juden im heutigen Berlin Zugriff auf ein „distinctive Jewish linguistic repertoire" haben, das hauptsächlich aus lexikalischen Elementen aus dem Hebräischen und Jiddischen besteht, die von den Sprecher*innen ins Deutsche integriert werden. Der Großteil der Elemente sind Substantive, darüber hinaus werden auch einige feststehende Floskeln, Verben, Adjektive und Partikeln verwendet (für eine detaillierte Beschreibung siehe Jahns 2024). Das Repertoire wird in der Regel nur für die Kommunikation innerhalb der jüdischen Community verwendet.

Wie die Sprecher*innen mit den einzelnen Elementen in Kontakt kommen und gekommen sind, hängt dabei mit der individuellen sprachlichen Biographie, aber auch mit ihrer Art des Jüdischseins zusammen (z. B. religiös vs. säkular). Die Verwendung des Repertoires bedeutet nicht zwangsläufig, dass die Sprecher*innen über eine hohe Sprachkompetenz in Jiddisch und/oder Hebräisch verfügen. Der Grad der Mehrsprachigkeit reicht von der Kenntnis einiger Begriffe bis hin zu sehr hoher sprachlicher Kompetenz aufgrund aktiv genutzter Familienspra-

---

[13] Spolsky / Benor 2006.
[14] Aptroot / Gruschka 2010.
[15] Benor 2008, 1064.
[16] Eckert 2008; 2012.

chen oder längerer Aufenthalte in Israel. Orte und Situationen des Sprachkon-
takts sind dabei vor allem die Familie, das religiöse Lernen und jüdische Gruppen, wie z. B. Gemeinden, aber auch säkulare Zusammenschlüsse wie Studieren-
denvereinigungen. Neben dem Erwerb einzelner Begriffe oder Sprachen in der
Kindheit, kann auch die Entscheidung, ein religiöseres Leben zu führen, zu stärkerem Sprachkontakt und dem weiteren Erwerb hebräischer oder jiddischer Begriffe führen.

3.   Sprachliche Sozialisation und Sprachideologien

Unabhängig davon, wann und wie Sprecher*innen mit dem Repertoire in Kontakt kommen, erwerben sie durch die unterschiedlichen Kontaktsettings nicht
nur die Begriffe selbst, sondern auch die sprachlichen Regeln der Gemeinschaft,
in der sie sich bewegen und in der diese Begriffe verwendet werden. Sie erfahren
also eine sprachliche Bildung oder sprachliche Sozialisation. Ochs definiert
Sprachsozialisation als „socialization through language and socialization to use
language"[17]. Sprachsozialisation bedeutet demnach zum einen, mit Hilfe der
Sprache die sozialen Verhaltensweisen und Normen einer Gesellschaft oder Gemeinschaft zu erlernen, und gleichzeitig auch, die sprachlichen Praktiken und
Normen eben dieser Gemeinschaft zu erwerben. Dieser Spracherwerb oder diese
sprachliche und soziale Adaptation ist dabei keinesfalls nur auf Kinder beschränkt, sondern findet bei jedem Eintritt in eine neue Gruppe statt wie Benor
am Beispiel von Jüdinnen und Juden zeigt, die sich entscheiden zum orthodoxen
Judentum überzutreten.[18] Der Erwerb der sprachlichen Praktiken, also die
Kenntnis darüber, welche sprachlichen Mittel wann und wie verwendet werden,
erlaubt es den Sprecher*innen somit, ihre Zugehörigkeit zu einer speziellen
Gruppe zu demonstrieren. Mit der sprachlichen Sozialisation geht aber neben
dem Erwerb der sprachlichen Mittel und der Kenntnis, welche Mittel innerhalb
der Gemeinschaft wann als angemessen gelten, auch der Erwerb von Vorstellungen von und Einstellungen zu diesen sprachlichen Praktiken einher. Durch explizite meta-sprachliche, aber auch durch implizite Äußerungen erwerben die
(sprachlichen) Noviz*innen so Sprachideologien. Sprachideologien können definiert werden als in der Gruppe oder Gesellschaft geteilte Vorstellungen von
und Zuschreibungen zu Sprache(n) und sprachlichen Praktiken.[19] Auf der Ebene
von Sprachen können sich diese in einer Hierarchisierung äußern, indem einigen Sprachen ein höheres Prestige und damit ein höherer kultureller oder sozialer Wert attestiert wird. Sie können sich aber auch in symbolischen Zuschreibungen im Sinne von Sprachen als Embleme für bestimmte Werte wie Moderni-

---

[17]   Ochs 1999, 2.
[18]   Benor 2012.
[19]   Irvine / Gal 2000, Kroskrity 2004, Woolard / Schieffelin 1994.

tät, Authentizität, Tradition etc. zeigen.[20] Auf der Ebene der sprachlichen Praktiken geht es dabei häufig um den ‚richtigen' und ‚korrekten' Sprachgebrauch, also um die Bewertung, ob einer sprachlichen Norm gefolgt wird.[21] Dabei geht es auch um die Frage, wer die Autorität oder die Legitimation hat, diese Norm festzulegen oder Abweichungen zu bewerten. Wesentlich ist, dass mit einer Bewertung von Sprachen und sprachlichen Praktiken immer auch eine Bewertung der jeweiligen Sprecher*innen einhergeht. Daher haben Sprachideologien immer auch Einfluss auf die sprachlichen Entscheidungen der Sprecher*innen. Silverstein definiert Sprachideologien daher als „any sets of beliefs about language articulated by the users as a rationalization or justification of perceived language structure and use"[22].

Dieser sprachideologische Aspekt von Sprachsozialisation findet häufig auch in „meta-linguistic communities"[23] statt, die Avineri insbesondere für das Jiddische beschrieben hat.[24] In diesen Communities steht der symbolische Wert der Sprache im Mittelpunkt. Das bedeutet, dass Sprechen über die Sprache wichtiger ist als das Sprechen in der Sprache.[25] Laut Avineri wird das Jiddische und der Austausch über diese Sprache als eine Form, sich mit der Vergangenheit und den Vorfahren zu verbinden, wahrgenommen. Sie spricht in diesem Zusammenhang auch von ‚nostalgia socialization'. Interessanterweise wird der Versuch, diese Verbindung herzustellen, aber nur in Richtung Vergangenheit unternommen, während eine Weitergabe an die nächste Generation in der Regel nicht als wesentlich erachtet wird.[26]

4.   Variation, soziale Bedeutung und Identität

Sprachliche Variation bedeutet, dass mehrere Formen und Ausdrucksmöglichkeiten zur Verfügung stehen, um denselben Inhalt auszudrücken. Während die Auswahl in einigen Fällen aufgrund von grammatischen Konventionen begrenzt ist,[27] kann eine sprachliche Entscheidung in anderen Fällen soziale Bedeutung annehmen.[28] Dies bedeutet, dass die Wahl der Variante etwas über die Sprecherin oder den Sprecher aussagt, das über die inhaltliche Bedeutung des jeweiligen

---

[20]   Blommaert 1999.
[21]   Busch 2013, 30.
[22]   Silverstein 1979, 193.
[23]   Avineri 2017, Avineri / Harasta 2021.
[24]   Avineri 2014.
[25]   Ebd., Hornsby 2015, Shandler 2008.
[26]   Avineri 2015.
[27]   Die verschiedenen Pluralmorpheme im Deutschen können beispielsweise nicht frei gewählt werden (sg. Sprache – pl. Sprachen; Sprecher – pl. Sprecher_, sg. Sprachgebrauch – pl. Sprachgebräuche)
[28]   Jahns 2024; Johnstone / Andrus / Danielson 2006, 81.

Begriffs oder der jeweiligen Formulierung hinausgeht. Bei dieser soziolinguisti-
schen Perspektive auf Variation wurde zunächst davon ausgegangen, dass Variation die Folge der sozialen Kategorien (Alter, Geschlecht, Herkunft etc.) ist,
denen die jeweilige Person angehört. Im Zuge der sogenannten *3rd wave sociolinguistic*[29] wurde ein radikaler Wandel vollzogen, der die Sprecher*innen als aktive*n Gestalter*innen des eigenen Sprachstils annimmt, die ihre Identität(en)
und Zugehörigkeiten im Diskurs konstruieren und aushandeln.[30]

Im Rahmen dieses Beitrags folge ich Bucholtz/Hall,[31] die Identität als die soziale Positionierung des Selbst und der Anderen definieren.[32] Es geht also immer
um das Verhältnis des Individuums zu Anderen und um die Konstruktion der
eigenen Identitäten im Spannungsfeld von Zugehörigkeit und Abgrenzung. Daraus folgt, dass Identität keine unveränderbare oder gar angeborene Größe ist,
sondern immer wieder entsteht und verhandelt wird.[33] Sprache als soziale Praxis
ist daher, insbesondere aufgrund der ihr inhärenten Variationsmöglichkeiten,
eine ideale Form, Identitäten auszudrücken und zu konstruieren.

Das Repertoire, über das jüdische Sprecher*innen im heutigen Berlin verfügen, ermöglicht sprachliche Variation auf grundsätzlich zwei Ebenen, die zwei
soziale Funktionen erfüllen können. Die erste Ebene ist die Nutzung des jüdischen Repertoires insgesamt. Die Sprecher*innen können Elemente des Repertoires in einen deutschen Satz integrieren, sie können den Satz aber genauso gut
ohne diese Elemente formulieren. Die grundsätzliche Verwendung von Elementen des Repertoires kann somit die Zugehörigkeit zu der globalen oder zu einer
speziellen jüdischen Community demonstrieren. Die zweite Ebene der Variation
betrifft die Auswahl der zur Verfügung stehenden Elemente. Das Repertoire besteht hauptsächlich aus lexikalischen Elementen aus dem Jiddischen und Hebräischen.[34] Neben den Begriffen, die nur auf Hebräisch (z. B. *Madrich*,[35] *Chug*[36])

---

[29]   Eckert 2012.

[30]   Auer 2007, Eckert 2012; Eckert / Rickford 2001, Irvine 2001.

[31]   Bucholtz / Hall 2005, 586.

[32]   Eine umfassende Auseinandersetzung mit dem Konzept der Identität würde den Rahmen
       dieses Beitrags sprengen und wäre auch nicht zielführend. Ich beschränke mich daher hier
       auf einige Perspektiven aus der Soziolinguistik und aus der sprachlichen Anthropologie
       zum Thema.

[33]   Ebd. 585–587.

[34]   Zusätzlich zu den jiddischen und hebräischen Begriffen und Floskeln gibt es im Repertoire
       auch einige wenige Elemente aus dem Deutschen und Aramäischen. Bei den deutschen
       Elementen handelt es sich dabei um Begriffe, die nur in jüdischen Kontexten bzw. von jü-
       dischen Sprecher*innen verwendet werden oder in diesen Kontexten über eine etwas an-
       dere Semantik verfügen, z. B. Jahrzeit mit der Bedeutung ‚Jahrestag des Todes‘ oder Be-
       ter/Beterin mit der Bedeutung ‚Gemeindemitglied‘.

[35]   Gruppenleiter*in.

[36]   Arbeitskreis, AG.

oder nur auf Jiddisch (z. B. *Plotkes*,[37] *brojges*,[38]) Teil des Repertoires sind, gibt es einige, die in einer jiddischen und einer hebräischen Variante existieren und verwendet werden können (z. B. *Tallis – Tallit*,[39] *dawke – dawka*[40]). Darüber hinaus gibt es auch jiddische Begriffe oder Floskeln, die in verschiedenen dialektalen (Aussprache-)Varianten existieren, wie z. B. der Schabbatgruß *Gut Schabbos – Git Schabbes*. Obwohl die Wahl der Variante keinen Einfluss auf die Semantik des Gesagten hat, kann sie die soziale Bedeutung der Aussage verändern. Diese Variationsmöglichkeiten innerhalb des Repertoires erlauben Sprecher*innen ihre individuelle jüische Identität durch sprachliche und damit soziale Positionierung zu konstruieren. „By using certain resources in certain situations and with certain audiences, they can present themselves not only as Jews but also as certain types of Jews".[41]

Die Stärkung der jüdischen Identität wird von Anusiewicz-Baer als ein erklärtes Ziel jüdischer Bildungseinrichtungen beschrieben. Weiterhin beschreibt sie jüdische Bildung als eine Selbstverwirklichung in der Auseinandersetzung mit dem Selbst und den Anderen, die zu einer Positionierung in der Gesellschaft führt.[42] Sprachsozialisation im Sinne der Vermittlung und Weitergabe von sprachlichen Praktiken und Sprachideologien (z. B. von Eltern an Kinder, von etablierten Mitgliedern einer jüdischen Gemeinschaft an Noviz*innen, von Rabbiner*innen an *Beter*innen*[43]) kann daher als eine Form von Bildung angesehen werden, die jüdischen Sprecher*innen die Möglichkeit bietet, sich innerhalb der jüdischen Community zu positionieren und damit die eigene jüdisches Identität im Verhältnis zu anderen Mitgliedern der Community zu konstruieren und zu verhandeln.

5.   Methode

Um herauszuarbeiten, wie jüdische Sprecher*innen das Repertoire für ihre Positionierung nutzen und welche Kategorien ihre Sprachentscheidungen und Sprachwahrnehmungen beeinflussen, habe ich eine spezielle Methode zur Datenerhebung entwickelt. Dabei wurden qualitative Interviews mit einer Aufgabe verbunden, die theoretisch von der metapragmatischen Positionierung[44] und methodisch von der Wahrnehmungsdialektologie[45] inspiriert wurde.

---

[37]   Gerüchte.
[38]   genervt, verstimmt, schmollend.
[39]   Gebetsschal.
[40]   mit Absicht.
[41]   Benor 2009, 234–235.
[42]   Anusiewicz-Baer 2022, 35–38.
[43]   Gemeindemitglieder.
[44]   Spitzmüller 2013.
[45]   Cramer 2016.

Für jedes Interview stand ein Stapel mit Karten zur Verfügung, auf denen je ein Begriff aus dem Repertoire notiert war. Die Interviewpartner*innen wurden aufgefordert, jeden Begriff einzeln laut vorzulesen, zu kommentieren, ggf. zu verbessern und gemäß ihrer eigenen Verwendung in drei Stapel zu sortieren. Die Aufteilung der Stapel war dabei wie folgt: Begriffe, die die Person

1. kennt und selber auch verwendet,
2. kennt, aber selber nicht verwenden würde,
3. nicht kennt.

Die Interviews waren somit metasprachlicher Natur und erlaubten es den Interviewpartner*innen ihren eigenen Sprachgebrauch zu reflektieren und ihre Sprachwahl bzw. die Wahrnehmung der Sprachentscheidungen anderer zu begründen. Zusätzlich zum Kommentieren und Bewerten der Begriffe durch die Interviewpartner*innen, ermöglichte das Interviewsetting Nachfragen durch die Interviewerin. Diese umfassten bezüglich der ersten Kategorie typische Situationen der Verwendung, Adressat*innen und grammatische Integration des Begriffs. Bei Begriffen der zweiten Kategorie standen hingegen eher Gründe für die Nichtverwendung sowie die Beschreibung und ggf. auch Bewertung von Sprecher*innen, die diesen Begriff aus Sicht der Interviewten typischerweise verwenden im Vordergrund. Darüber hinaus waren auch Themen wie Weitergabe und individuelle Bedeutung der Sprachen Teil des Interviews. Durch die Sortierung der Begriffe entstand eine sichtbare Abbildung des individuellen Sprachgebrauchs in Abgrenzung zum Sprachgebrauch anderer und es fand eine metapragmatische Positionierung zu den einzelnen Begriffen und dem Sprachgebrauch anderer statt.[46] Diese Methode bezeichne ich deshalb als „linguistic-positioning task".[47]

Die Stimuli für diese Aufgabe waren Begriffe aus dem Repertoire, die ich vorab im Rahmen von Expert*inneninterviews gesammelt hatte. Die Interviews im Rahmen dieser Vorstudie dienten zunächst einer explorativen Annäherung an das Forschungsthema. Neben der Bestätigung, dass ein „distinctive Jewish linguistic repertoire" auch unter jüdischen Sprecher*innen im heutigen Berlin existiert und dass dieses Repertoire Variationsmöglichkeiten bietet, lieferten die Expert*innen Begriffe, die Teil eben dieses Repertoires sind.[48]

Insgesamt wurden 11 qualitative Interviews mit 12 Personen aus Berlin durchgeführt.[49] Es handelte sich um neun weibliche und drei männliche Personen, die zum Zeitpunkt des Interviews zwischen 25 und 58 Jahre alt waren. Acht Personen bezeichneten sich als religiös (und gehörten folgenden Strömungen

---

[46]   Spitzmüller 2013.

[47]   Jahns im Druck.

[48]   Die gesammelten Begriffe, die natürlich nur einen Teil des Repertoires bilden, sind in Jahns (2024) zu finden sowie im Judäo-Deutschen online Wörterbuch unter https://jdw.jewish-languages.org/about (Jahns 2022-present).

[49]   Die Interviews waren als Einzelinterviews konzipiert. In einem Fall ergab sich die Konstellation, dass zusätzlich ein zweiter Interviewpartner spontan am Interview teilnahm.

an: moderne Orthodoxie, *Masorti*,[50] Reform), vier als säkular. Als Erstsprache(n) wurden Deutsch, Russisch, Polnisch und Schweitzerdeutsch angegeben. Die Interviews dauerten zwischen 30 und 100 Minuten. Die Audioaufnahmen wurden anschließend mit der Transkriptions- und Analyse Software f4 transkribiert.

Bei der Analyse habe ich mich an den Prinzipien der *Grounded Theory*[51] orientiert. Dies bedeutete, dass ich, um die Perspektive der Sprecher*innen herauszuarbeiten und um Ergebnisse jenseits der Vorannahmen nicht zu übersehen, die Kategorien für die Analyse aus den Daten entwickelt habe. Eine Forschung gänzlich ohne Vorannahmen ist allerdings aus meiner Sicht nicht möglich, wie auch die eigene Person der Forschenden immer einen gewissen Einfluss auf die Perspektive und Analyse haben.

6. Das sprachliche Repertoire deutschsprachiger Jüdinnen und Juden in Berlin

Bei der Verwendung des „distinctive Jewish linguistic repertoire", über das jüdische Sprecher*innen im heutigen Berlin verfügen, steht der symbolische Wert beziehungsweise die soziale Bedeutung im Vordergrund. Die Sprecher*innen integrieren also Begriffe aus dem Jiddischen und Hebräischen ins Deutsche, um etwas über sich und ihre Position innerhalb der Gemeinschaft auszusagen. Voraussetzung für die erfolgreiche Positionierung ist dabei, dass mögliche Adressat*innen die Sprachentscheidung so interpretieren wie von der Sprecherin oder dem Sprecher intendiert. Grundlage dafür sind daher die Sprachideologien, die in der Gruppe bezüglich der beiden Hauptgebersprachen (Jiddisch und Hebräisch) vorherrschen sowie die Fähigkeit, die Begriffe den beiden Sprachen zuzuordnen.[52]

Durch die Analyse der Interviews konnten für beide Sprachen jeweils unterschiedliche Sprachideologien herausgearbeitet werden. Einige dieser Sprachideologien, an denen sich die Positionierung der Sprecher*innen verdeutlichen lässt, wie auch Aussagen zur Sprachbiographie, Sprachsozialisation und Weitergabe von Sprachen möchte ich hier anhand von Auszügen aus den Interviews exemplarisch vorstellen.

---

[50] *Masorti* bedeutet traditionell und bezeichnet eine Strömung der Mitte zwischen Orthodoxie und Reform.

[51] Charmaz 2010.

[52] Aus sprachwissenschaftlicher Sicht ist die Unterscheidung zwischen Begriffen aus dem Hebräischen und Jiddischen nicht immer einfach, insbesondere da viele Begriffe im Jiddischen hebräischen Ursprungs sind. Jahns (2024) zeigt jedoch, dass Sprecher*innen die Begriffe nicht nur sehr klar jeweils einer der Sprachen zuordnen, sondern dass das Wissen über die Herkunft der Begriffe (wie auch über Varianten und gewisse grammatische Regeln) von großer Bedeutung ist und einen hohen Wert darstellt.

Insgesamt zeigte sich, dass die Sprecher*innen eine emotionalere, aber auch widersprüchlichere Verbindung zum Jiddischen haben, während die Bedeutung und das Prestige des Hebräischen konstanter zu sein scheinen.

Der folgende Auszug ist ein Beispiel für eine Sprachideologie, die ich ‚Nostalgie nach dem Stetl‘ betitelt habe.

> (1)   … und Jiddisch ist sowas, was ich so 'n bisschen mehr mit so Tradition und meiner Herkunft verbinde, weil ich weiß, meine Großeltern und Eltern kamen ja auch aus Osteuropa, aus Rumänien und äh mein Vater ist auch mit Jiddisch aufgewachsen. Und dann weiß man irgendwie, wenn man diese Wörter benutzt, dann ist so irgendwie so dieses Alte, dieses Traditionelle, das so 'n bisschen weiterlebt. Das hat sowas ähm Nostalgisches und auch was so nja, vielleicht sowas Symbolisches, Bedeutungsvolles. Deswegen find ich das schon ganz schön dann solche Begriffe auch mal dann mitzunehmen. (Rebecca, 1:06:52)[53]

Das Substantiv *Nostalgie* oder das Adjektiv *nostalgisch* werden von mehreren Interviewpartner*innen im Zusammenhang mit Jiddisch und jiddischen Begriffen verwendet und bestätigen auch die Bedeutung der sprachlichen Praktiken in Bezug auf das, was Avineri als „nostalgia socialization"[54] bezeichnet. Diese Sehnsucht nach der vergangenen Welt wird allerdings nicht von allen Befragten geteilt:

> (2)   Ich, äh, würde sagen, dass ich mich im Hebräischen viel wohler fühle als im Jiddischen, weil äh, ich glaube, dass das Jiddische eben dann aufgesetzt wäre, dass man sich 'ne Welt aneignet, die's nicht mehr gibt, einfach so. [...] Aber diese Welt, wenn ich nicht gerade in, in äh, mich in ultra-religiösen Kreisen in weiß nicht, in Bnei Brak oder Mea Shearim oder auch in Brooklyn Heights oder so bewege, ist … diese Welt gibt es nicht mehr. Also jedenfalls, äh, nicht in den Kreisen, in denen, den jüdischen Kreisen, in denen ich mich bewege, ne? Das ist keine *Stetl* Welt und dementsprechend, find' ich hat das Jiddische da auch gar keine Relevanz und keinen Platz. Das Hebräische aber schon, das moderne Hebräische, weil das ist für mich, ähm, ein Ausdruck des Jüdischseins, der mir einfach entspricht, weil der eben auch äh, säkular geht, ja (lacht)? Weil man eben da über die Sprache Jüdischsein ausdrücken kann, aber unabhängig von der Religion, ja? (Petra 42:10)

Während Jiddisch von Rebecca als Emblem für Tradition und als eine Verbindung zu den Vorfahren interpretiert wird, distanziert sich Petra vom Jiddischen und damit von dieser Vergangenheit. Für ihr Judentum hat das Jiddische keine Relevanz, da es für etwas steht, dass sie mit der Metonymie *Stetl* aufgreift. Das jiddische Substantiv *Stetl* bedeutet wörtlich ‚Städtchen‘, ist aber zum Inbegriff des typischen osteuropäischen Dorfes geworden, das von sehr religiösen und traditionellen Jüdinnen und Juden bewohnt wurde. Entsprechend akzeptiert sie Jiddisch in der heutigen Welt nur als Ausdrucksmittel für die oben benannten

---

[53]   Die Namen der Interviewpartner*innen wurden pseudonymisiert.
[54]   Avineri 2015.

ultra-orthodoxen jüdischen Communities. Die Verwendung von Hebräisch wird hingegen grundsätzlich mit dem Judentum und jeder Art von Jüdischsein, auch dem säkularen, assoziiert.

Einer der Experten erläutert die unterschiedliche Wirkung bei der Wahl der Varianten im Gottesdienst folgendermaßen:

> (3) Das hebräische Wort klingt natürlich moderner, während dann oft auch ganz bewusst das jiddische Wort benutzt wird, um eine traditionellere Variante auszudrücken. (Samuel 41:05)

Obwohl gerade (2) anderes vermuten lässt, nutzen alle 12 Interviewpartner*innen sowie die neun Expert*innen sowohl jiddische als auch hebräische Begriffe. Sie begründen die Variation innerhalb ihres eigenen Sprachgebrauchs dabei meist mit den jeweiligen Adressat*innen oder dem Gesprächsanlass. Dabei bevorzugen sie in der Regel jiddische Begriffe in informellen Situationen mit Familie und Freund*innen, während hebräische Begriffe formelleren Situationen mit unbekannten Gesprächspartner*innen vorbehalten sind.

> (4) *Gut Schabbos* hat ähm noch mal 'ne andere Wirkung, glaub' ich, sendet 'nen anderes Signal. Es ist so, find' ich informeller als *Schabbat Schalom*. [...] Es ist einfach, als Grußformel schwingt da wirklich so 'n bisschen was von alter Welt noch mit. [...] Bei denen, die ich besser kenne, würd' ich, *Gut Schabbos* schreiben. (Petra, 15:11)

Dieser Auszug (4) demonstriert die scheinbare Ambivalenz bei der Verwendung des Jiddischen. Obwohl Petra Jiddisch als passenden Ausdruck für ihr Jüdischsein ablehnt (2), wählt sie beim Schabbatgruß die jiddische Variante als Marker für Nähe. Dies ist vermutlich auf Kindheitserfahrungen und Sozialisation zurückzuführen, da viele der Interviewpartner*innen Jiddisch mit Eltern und besonders Großeltern verbinden.[55]

> (5) Meine Eltern sind ja noch mit Jiddisch als Muttersprache aufgewachsen. Ich nicht mehr. Deswegen, für mich ist es eher so eine Art Kindheitserinnerungen. Als die Großeltern sich mit den Eltern unterhalten haben oder auch als die Großeltern sich mit mir vielleicht unterhalten haben oder ich das irgendwie mitbekommen habe im Hintergrund. Da lief (unv.) das jiddische Programm sozusagen (lacht). (Leo 09:37)

---

[55] Hornsby (2015) berichtet in seiner Studie zu ‚New Speakers' des Jiddischen von der Prägung des Begriffs *bobe-loshn* (‚Großmuttersprache') statt des gebräuchlichen *mameloshn* (‚Muttersprache'). Dies verdeutlicht die Rolle und Bedeutung der Großeltern bei der Sprachsozialisation, wenngleich es sich in diesen Fällen häufig nicht um eine Weitergabe der Sprache handelte und die Kinder eher als Herkunftssprecher*innen oder sogar Herkunftshörer*innen (heritage hearer bei Jahns (2024)) bezeichnet werden können.

Natalya und ihr Ehemann gehören zur modern orthodoxen Strömung. Hier berichtet sie über ihre unterschiedliche Sozialisation, die in einer unterschiedlichen Beziehung zum Jiddischen mündete:

> (6)   Natalya: Ich komm aus Moskau, säkular par exellence. Das ist, das ist,
>   das ist assimiliert bis zum Gehtnichtmehr. Und deswegen, das
>   ist mein approach, meine Herangehensweise an die jiddische
>   Sprache.
>   Interviewerin: Das heißt für Ihren Mann ist es wahrscheinlich was Emotio-
>   naleres, aber ...
>   Natalya: Das ist *heimisch*.[56] Das ist der Begriff. Ist ein jiddischer Begriff.
>   [...]. Das hat den Geruch von/vom Essen von Oma. Für die, für
>   seine Großeltern war das die erste Sprache noch. [...]. Man ist
>   mit der Sprache aufgewachsen. Für mich ist es nicht *heimisch*.
>   Für mich ist so ja, Judensprache. [...] Absolut. Neutral. Keine
>   emotionale Verbundenheit. Absolut keine. (Natalya, 11:21)

Wie diese Auszüge zeigen, spielen Kindheitserfahrungen und Weitergabe der Sprachen eine wichtige Rolle bezüglich der Bedeutung, die die Sprachen (bzw. Elemente dieser Sprachen) für die Befragten haben. Dabei fällt eine gewisse Asymmetrie in der Verwendung der Sprachen auf beziehungsweise es scheint sich – sofern sich eine solche Aussage bei der kleinen Zahl der Interviewpartner*innen treffen lässt – eine Art Sprachwandel zu vollziehen, hin zu mehr hebräischen und weniger jiddischen Elementen. Die Interviewpartner*innen berichten zum einen davon, dass sie mit ihren Eltern jiddische Elemente verwenden, nicht jedoch mit ihren Kindern, oder dass sie in Gesellschaft ihrer Eltern bewusst oder unbewusst mehr jiddische Elemente verwenden als mit anderen Gesprächspartner*innen:

> (7)   Julia: *Sollst sein gezunt*[57] – ja. Kenn ... Sag ich auch, kenn ich auch.
>   Interviewerin: Ja. Wem würdest du sowas wünschen?
>   Julia: Ähm ja, meiner Mutter wahrscheinlich oder so (lacht) um ihr
>   'ne Freude zu machen, dass ich das sage. (Julia 51:23)

Auszug (7) zeigt, dass Julia bestimmte sprachliche Formen wie diese jiddische Floskel von ihrer Mutter kennt und wahrscheinlich auch von ihr gelernt hat. An anderer Stelle im Interview erzählt sie, dass ihre Mutter – im Gegensatz zu ihr selbst – viele jiddische Elemente verwendet, weil sie viel Wert auf ihre jüdische Identität legt. Die Weitergabe von sprachlichen Praktiken und den damit verbundenen Vorstellungen führt daher nicht zwangsläufig auch zu einer Übernahme derselben. Sie sind der Tochter zwar bewusst, so dass sie sie abrufen und

---

[56]   Das jiddische Adjektiv *heimisch* weist einen Bedeutungsunterschied zum gleichlautenden deutschen Adjektiv auf und kann beispielsweise im Zusammenhang mit Essen verwendet werden. Laut Isaacs (1999, 19) wird es häufig in orthodoxen Gruppen verwendet, um auszudrücken, dass an den alten Werten festgehalten wird.

[57]   Bleib gesund!

verwenden kann. Für Julias Mutter ist die Verwendung jiddischer Elemente der adäquate Ausdruck ihrer jüdischen Identität. Für Julias jüdische Identität scheint Jiddisch aber eine nicht so große Rolle zu spielen (8). Auch bei der expliziten Frage nach der Weitergabe der beiden Sprachen wird das Erlernen des Hebräischen von Julia (8), aber auch von den anderen Befragten durchweg als wünschenswert und sinnvoll eingestuft. Wie an dem folgenden Beispiel zu sehen ist, genießt das Hebräische unter den Sprecher*innen ein hohes Prestige:

> (8)   Also das Hebräische ist halt einfach die Sprache des Judentums. So. Und die Tora ist halt eben die Heilige Schrift auf Hebräisch. So. Und ja und Jiddisch ist natürlich total schön und total interessant usw., aber es ist halt eigentlich, glaube ich mehr aus so 'ner, ja, soziologischen Perspektive, kulturell-soziologischen Perspektive interessant zu untersuchen und linguistisch sicherlich auch, aber im/ jetzt für die [...] für das Judentum an sich, für den Bestand, sag ich mal, des Judentums ist es jetzt nicht so wichtig, glaub ich, Jiddisch zu können. Also da ist es viel wichtiger Hebräisch zu können, um das Judentum sozusagen aufrecht zu erhalten, weil das Hebräische nun mal einfach die, DIE Sprache des Judentums ist (inhaltlich) und immer sein wird. Und Jiddisch, kann halt sein, dass es irgendwie in 50 Jahren keiner mehr kennt oder so, ja? (Julia, 1:17:34)

Die Bedeutung des Jiddischen wird insgesamt als gering eingestuft. Dies wird zum einen mit der unbedeutenden Rolle, die es – insbesondere im Verhältnis zum Hebräischen – für das Judentum spielt, begründet (8). Das geringere Prestige hängt aber auch damit zusammen, dass die Zahl derer, die Jiddisch als Alltagssprache verwenden, zum einen durch den hauptsächlich im 19. Jahrhundert vollzogenen Sprachwechsel hin zum Deutschen,[58] vor allem aber durch den Holocaust drastisch reduziert wurde. Jiddisch hat damit seinen Status und auch seine Funktion als gesamtjüdische Alltags- und Verständigungssprache verloren und wird heute nur noch in einigen orthodoxen Communities als solche verwendet.[59] Meine Informand*innen interpretieren die Verwendung von Jiddisch oder von jiddischen Begriffen daher häufig als Marker für orthodoxes Judentum. Für Sprecher wie Alexander (9), der sich selbst als Agnostiker beschreibt und berichtet, keine Anknüpfungspunkte mit der jüdischen Gemeinde zu haben, hat Jiddisch daher keinen praktischen Nutzen. Er verwendet sogar den Begriff Außenseitersprache, korrigiert sich aber wieder:

> (9)   Interviewerin: Und wolltest du denn, dass deine Tochter Jiddisch lernt?
> Alexander: Das hat ja wenig praktischen Nutzen. Da bin ich zu pragmatisch. Das ist einfach 'ne ... Was soll sie 'ne Sprache lernen, die eigentlich nur ... also keine Außenseitersprache ist, die aber im Aussterben ... Die keine lebendige Sprache mehr ist. Anders als das Lateinische, was einem vieles andere einfacher macht.

---

[58]   Brenner 2002.
[59]   Fader 2009.

Interviewerin: Okay, ja. Obwohl 's auch 'ne tote Sprache ist.
Alexander: Tote Sprache. Genau. Genau. Aber 'ne tote Sprache mit 'nem
                  positiven Nutzen. (Alexander, 52:00)

Diese Sprachideologie des geringen Nutzens des Jiddischen, bzw. die deutliche
Hierarchisierung der beiden Sprachen, wird trotz der emotionalen Verbundenheit einiger Sprecher*innen zum Jiddischen von allen Befragten geteilt. Diese
Ergebnisse entsprechen damit Avineris Befunden zu jiddischen ‚meta-linguistic
communities‘, in denen ebenfalls die Verbindung zur Vergangenheit und den
Vorfahren wichtiger ist als die Weitergabe an die nächste Generation (Avineri
2015, 138).

Eine wichtige Rolle bei der Sprachsozialisation spielen neben den Familien
auch die jüdischen Institutionen und Gemeinden. Auch hier scheint der Schwerpunkt auf Vermittlung und Verwendung hebräischer Begriffe zu liegen. Auf der
Internetseite[60] der Jüdischen Gemeinde Berlin werden beispielsweise einige Begriffe auf Deutsch und Hebräisch verwendet. Mirjam (10) verweist in diesem Zusammenhang auf die identitätsstiftende Funktion des Hebräischen, die eben
auch für säkulare jüdische Identitäten funktioniert (siehe auch [2]):

(10) Und ich find ja wirklich, dass man sehr viel mehr äh Hebräisch auch unterrich-
      ten soll. Dass die Kinder auch noch was haben tatsächlich, ja? Und deshalb find
      ich so einen Zugang gar nicht schlecht, ja? Kann man über, über die hebräi-
      sche/israelische Musik, das ist auch eine Säule der Identität, neben jetzt der
      Religion oder so. (Mirjam 16:21)

Eine besondere Rolle spielen in diesem Zusammenhang die jüdischen Sommer-
camps, hebr. *Machane* (pl. *Machanot*). Ähnlich wie in den entsprechenden Camps
in den USA[61] ist ein Ziel des Gemeinschaftserlebnisses die Vermittlung jüdischen
(meist hebräischen) Vokabulars:

(11) ... zum Beispiel jedes *Machane* hatte 'ne Hymne, ja, die ich auch immer schreibe
      und singe. Und wenn ich, ich, manchmal hab' ich 'nen Text fertig, geh dann zu
      meinem Leiter, zeig ihm das. Und dann sagt er ‚Mir fehlt noch ein bisschen äh
      Hebräisch drin, Jüdisch. Mach mal mehr davon rein‘. Und dann muss ich aber
      auch manchmal Passagen wirklich ändern und Wörter vielleicht austauschen,
      die vielleicht genauso passen, damit die Kinder auch etwas Jüdisches singen
      und was Jüdisches lernen. Da wird drauf geachtet, dass da wirklich nicht nur
      rein auf Deutsch gesungen wird. [...] Ich glaube auch, um sich zu unterscheiden
      von was ist der Unterschied zwischen 'nem normalen Camp und so 'ner
      Machane. (Aaron 15:56)

Aaron ist regelmäßig Gruppenleiter (hebr. *Madrich*) auf *Machanot* und berichtet
von den unterschiedlichen Strategien und Versuchen, den Teilnehmer*innen
hebräische Begriffe beizubringen:

---

60   http://www.jg-berlin.org/, zuletzt geprüft am 10.06.2024.
61   Benor / Krasner / Avni 2020.

(12) Und wenn die kein einziges Wort kennen, dann sagen wir ‚Okay, jetzt stellen
      wir die *Chugim* vor. Was ist *Chugim*, was stellst du dir vor?' Und dann checken
      die das schon. Okay, das sind äh Runden, wo wir so sitzen und irgendwas be-
      arbeiten und dann gibts da was, das lerne ich. (Aaron 19:51)

(13) Kippas, dann verbessere ich immer das Kind. ‚Gibt's noch Kippas?' Sag ich ‚Das
      heißt *Kippot*.' Wenn schon, denn schon. (Aaron 37:26)

Das letzte Zitat (13) ist ein Beispiel für eine weitere das Hebräische betreffende
Sprachideologie, die ich ‚Präskiptivität' genannt habe. Diese Kategorie umfasst
Aussagen zur ‚korrekten' Verwendung hebräischer Substantive. Die Kenntnis
und Verwendung der hebräischen Pluralbildung auch bei der Integration der
Substantive ins Deutsche ist für alle Befragten von großer Bedeutung. Die Verwendung eines deutschen Pluralmorphems wie *-s* bei *Kippa* wird als falsch, die
oder der jeweilige Sprecher*in als unwissend wahrgenommen. Das Prestige des
Hebräischen überträgt sich somit auch auf die Sprecher*innen, die grammatische Kenntnisse dieser Sprache haben und nutzen.

7.   Zusammenfassung

Das sprachliche Repertoire von deutschsprachigen Jüdinnen und Juden in Berlin
ermöglicht es den Sprecher*innen zu demonstrieren, dass sie Teil der jüdischen
Community sind. Darüber hinaus bieten die mehrsprachigen Ressourcen, auf die
sie aufgrund ihres Jüdischseins Zugriff haben, die Möglichkeit der Differenzierung und Positionierung. Die sprachliche Sozialisation, die sie erfahren haben,
wie auch die Sprachentscheidungen ihrer Eltern und Großeltern, aber auch die
Sprachpolitik auf *Machane* sowie die Reaktionen anderer auf ihre sprachlichen
Äußerungen nehmen dabei Einfluss auf ihre eigenen sprachlichen Praktiken.
Aufgrund der Sprachideologien, die wie die Begriffe selbst Teil der Sprachsozialisation sind, können Sprecher*innen mit sprachlichen Mitteln ihre jüdische
Identität im Einklang mit oder im Gegensatz zu anderen konstruieren. Jiddische
Elemente werden dabei häufig als Ausdruck von Tradition und Religiosität, aber
auch als Marker für Nähesprache wahrgenommen. Hebräische Begriffe signali-
sieren Modernität und werden auch (aber nicht ausschließlich) zum Ausdruck
einer säkularen Identität genutzt. Insgesamt ist das Repertoire dabei so dyna-
misch wie die Identitäten seiner Nutzer*innen und verändert sich durch aktive
Verwendung wie auch durch Veränderungen der Community selbst.

Literatur

ANUSIEWICZ-BAER, SANDRA (2022), Jüdische Religiöse Bildung im 21. Jahrhundert. Inhalte – Ziele – Herausforderungen, in: REICHMANN, BETTINA / URBANY, WOLFGANG (Hg.), Jüdische und christliche religiöse Bildung im Dialog. Anstöße für eine menschenrechtliche Zukunft. Ostfildern, 35–48 (= Schriften aus dem Projekt „Menschenrechtsbildung" am Fachbereich 6).

APTROOT, MARION / ROLAND GRUSCHKA (2010), Jiddisch. Geschichte und Kultur einer Weltsprache, München (= Beck'sche Reihe, Bd. 1621).

AUER, PETER (Hg.) (2007), Style and social identities. Alternative approaches to linguistic heterogeneity, Berlin (= Language, Power and Social Process, Bd. 18).

AVINERI, NETTA (2014), Yiddish endangerment as phenomenological reality and discursive strategy. Crossing into the past and crossing out the present, in: Language & Communication 38, 18–32.

AVINERI, NETTA (2015), Yiddish language socialization across communities: Religion, ideologies, and variation, in: Language & Communication 42, 135–140.

AVINERI, NETTA (2017), Contested Stance Practices in Secular Yiddish Metalinguistic Communities: Negotiating Closeness and Distance, in: Journal of Jewish Languages 5/2, 174–199.

AVINERI, NETTA / JESSE HARASTA (Hg.) (2021), Metalinguistic communities. Case studies of agency ideology, and symbolic uses of language, Cham, Switzerland (= Palgrave studies in minority languages and communities).

BENOR, SARAH / JONATHAN B. KRASNER / SHARON AVNI (2020), Hebrew infusion. Language and community at American Jewish summer camps. New Brunswick, New Jersey / London.

BENOR, SARAH BUNIN (2008), Towards a New Understanding of Jewish Language in the Twenty-First Century, in: Religion Compass 2/6.

BENOR, SARAH BUNIN (2009), Do American Jews Speak a „Jewish Language"? A Model of Jewish Linguistic Distinctiveness, in: The Jewish Quaterly Review 99/2, 230–269.

BENOR, SARAH BUNIN (2012), Becoming Frum. How Newcomers Learn the Language and Culture of Orthodox Judaism, New Brunswick, NJ (= Jewish cultures of the world).

BLOMMAERT, JAN (1999), The debate is open, in: BLOMMAERT, JAN (Hg.), Language Ideological Debates, Berlin, 1–38 (= Language, Power and Social Process, Bd. 2).

BRENNER, MICHAEL (2002), Jüdische Sprachen in deutscher Umwelt, Göttingen.

BUCHOLTZ, MARY / HALL, KIRA (2005), Identity and interaction: a sociocultural linguistic approach, in: Discourse Studies 7/4–5, 585–614.

BUSCH, BRIGITTA (2013), Mehrsprachigkeit, Wien (= UTB Sprachwissenschaft, Bd. 3774).

CHARMAZ, KATHY (2010), Constructing grounded theory. A practical guide through qualitative analysis, Los Angeles, Calif.

CRAMER, JENNIFER (2016), Perceptual Dialectology, in: Oxford Handbook Online, 1–31.

ECKERT, PENELOPE (2008), Variation and the indexical field, in: Journal of Sociolinguistics 12/4, 453–476.

ECKERT, PENELOPE (2012), Three Waves of Variation Study: The Emergence of Meaning in the Study of Sociolinguistic Variation, in: Annual Review of Anthropology 41/1, 87–100.

ECKERT, PENELOPE / RICKFORD, JOHN R. (Hg.) (2001), Style and sociolinguistic variation. Cambridge.

FADER, AYALA (2009), Mitzvah Girls: Bringing Up the Next Generation of Hasidic Jews in Brooklyn, Princeton, NJ.

FERGUSON, CHARLES A. (1959), Diglossia, in: WORD 15/2, 325–340.

FISHMAN, JOSHUA A. (1981), The Sociology of Jewish Languages from the Perspective of the General Sociology of Language: A Preliminary Formulation, in: International Journal of the Sociology of Language 30, 5–16.

HORNSBY, MICHAEL (2015), Revitalizing minority languages. New speakers of Breton, Yiddish and Lemko, Houndmills / Baskingstoke Hampshire / New York.

IRVINE, JUDITH T. (2001), „Style" as distinctiveness: the culture and ideology of linguistic differentiation, in: ECKERT, PENELOPE / RICKFORD, JOHN R. (Hg.), Style and sociolinguistic variation, Cambridge, 21–43.

IRVINE, JUDITH T. / GAL, SUSAN (2000), Language Ideology and Linguistic Differentiation, in: KROSKRITY, PAUL V. (Hg.), Regimes of language. Ideologies, polities & identities, 1. Aufl., 35–84 (= School of American Research advanced seminar series).

ISAACS, MIRIAM (1999), Haredi, *haymish* and *frim*: Yiddish vitality and language choice in a transnational, multilingual community, in: International Journal of the Sociology of Language 138, 9–30.

JAHNS, ESTHER (im Druck), „Das ist dann schon total cool zu sagen, so Machanot!" – Revealing speakers' justifications for linguistic choices, in: WAGNER, SUSANNE / STANGE-HUNDSDÖRFER, ULRIKE (Hg.), (Dia)lects in the 21st century: Selected papers from Methods in Dialectology XVII (Mainz, 2022), Berlin: Language Science Press, Language Variation Series.

JAHNS, ESTHER (2022 – present), Judäo-Deutsches Wörterbuch. https://jdw.jewish-languages. org/[jdw.jewish-languages.org.

JAHNS, ESTHER (2024), Diglossic translanguaging – The multilingual repertoire of German-speaking Jews in Berlin. Berlin, Boston (= Language and social life).

JOHNSTONE, BARBARA / ANDRUS, JENNIFER / DANIELSON, ANDREW E. (2006), Mobility, Indexicality and the Enregisterment of „Pittsburghese", in: Journal of English Linguistics 34/2, 77–104.

KROSKRITY, PAUL V. (2004), Language Ideologies, in: DURANTI, ALESSANDRO (Hg.), A companion to linguistic anthropology, Malden, Mass., 496–517 (= Blackwell companions to anthropology, Bd. 1).

OCHS, ELINOR (1999), Introduction, in: SCHIEFFELIN, BAMBI B. (Hg.), Language socialization across cultures, Cambridge, 1–14 (= Studies in the social and cultural foundations of language, no. 3).

PELTZ, RAKHMIEL (²2010), Diasporic Languages: The Jewish World, in: FISHMAN, JOSHUA A. / GARCÍA, OFELIA (Hg.), Handbook of language and ethnic identity, Oxford / New York, 135–152.

SHANDLER, JEFFREY (2008), Adventures in Yiddishland. Postvernacular language and culture, 1. Aufl., Berkeley, Calif. (= An S. Mark Taper Foundation book in Jewish studies).

SILVERSTEIN, MICHAEL (1979), Language structure and linguistic ideology, in: CLYNE, PAUL R. / HANKS, WILLIAM / HOFBAUER, CAROL (Hg.), The Elements: A Parasession on Linguistic Units and Levels. Chicago, 193–247.

SPITZMÜLLER, JÜRGEN (2013), Metapragmatik, Indexikalität, soziale Registrierung. Zur diskursiven Konstruktion sprachideologischer Positionen, in: Zeitschrift für Diskursforschung 1/3, 263–287.

SPOLSKY, BERNARD / BUNIN BENOR, SARAH (²2006), Jewish Languages, in: BROWN, KEITH (Hg.), Encyclopedia of language & linguistics, Amsterdam, 120–124.

WOOLARD, KATHRYN A. / SCHIEFFELIN, BAMBI B. (1994), Language Ideology, in: Annual Review of Anthropology 23/1, 55–82.

Die Heiligkeit im Profanen der Hebräischen Sprache

Gad Marcus

Dieser Artikel hinterfragt das Verständnis von Heiligkeit der hebräischen Sprache. Anhand philosophischer und talmudischer Texte wie auch pädagogischer Anekdoten, wird erkundet, was an der Sprache heilig sei – wenn überhaupt – und Konsequenzen erforscht, die sich daraus ergeben. Dabei wird herausgearbeitet, welches Potenzial zur Heiligkeit der Sprache innewohnt und inwieweit sich dieses Potential entlang der Bedeutung entfaltet, die wir der Sprache und der Absicht, mit der wir sie benutzen, beimessen. Grundlage dafür ist die jüdische Tradition und ihre Auslegung der richtigen Absicht, um der Sprache ihre potenzielle Heiligkeit zu geben.

Schlagwörter: Absicht, Vermittlung, Heiligkeit, Sprache, Hebräisch, Judentum.

This article questions the understanding of sacredness of the Hebrew language. Using philosophical and Talmudic texts, as well as pedagogical anecdotes, it explores what is sacred about the language – if anything – and discusses consequences that arise from this. It also explores the general potential for sacredness inherent in language and the extent to which this potential unfolds based on the meaning we ascribe to language and the intention with which we use it. The basis for this is Jewish tradition and its interpretation of the right intention to give the language its potential sacredness.

Keywords: intention – transmission – holiness – language – Hebrew – Judaism.

1. Einleitung

Als ich vor einigen Jahren in der Schweiz im Fußballstadion bei einem Länderspiel zwischen der Schweiz und Israel saß, regten sich die israelischen Fans neben mir plötzlich unerhört auf. Sie schienen zutiefst geschockt, als die Schweizer Fans anfingen, einheitlich und laut deren ‚Urfangesang‘ „Hopp Schwyz!" zu rufen. Ich war zuerst erstaunt, jedoch kurze Zeit später verstand ich das Problem. Die israelischen Besucher hörten nicht „Hopp Schwyz", sondern „Auschwitz". Es war deshalb natürlich durchaus verständlich, dass diese israelischen Zuschauer entsetzt waren. Allzu oft ist es der Fall, dass Worte anders gehört oder interpretiert werden, als sie gemeint sind. Es ist jedoch ebenso wichtig, was wir meinen, wenn wir Worte benutzen oder interpretieren. Was ist unsere Absicht beim Benutzen von Worten und Sprache?

Im Judentum sind Worte und Sprache kraftvoll. Nach kabbalistischer Überlieferung ist die Welt sogar anhand der Sprache, also durch das Wort geschaffen
worden.[1] Außerdem wird die hebräische Sprache oft als heilige Sprache bezeichnet. Es ist die Sprache, in welcher die Tora niedergeschrieben ist, und in welcher
der Tradition zufolge, Moses die Zehn Gebote erhalten hat.[2] Es ist auch die
Sprache, in der Gott mit Moses am brennenden Busch kommunizierte. Dort, am
brennenden Busch, als Moses Gott nach Seinem Namen fragt, und Er antwortet,
„אהיה אשר אהיה" – ich bin der ich bin.[3]

Viel wurde geschrieben um die genaue Bedeutung dieses Satzes zu verstehen, in welchem sich Gott quasi vorstellt. Herman Cohen schreibt das es seines
Erachtens von größter religiöser und philosophischer Bedeutung ist, wie man
diesen Satz versteht und kommt zu der Erkenntnis: Es muss als ‚ich bin der ich
bin' und nicht als ‚ich bin wer ich bin' übersetzt werden. Der Grund dafür ist,
unter anderem, dass bei einer anderen Übersetzung die Ambiguität des zeitlichen Seins verloren gehen würde.[4] Dies trotz der Tatsache, dass, wie auch Elisa
Klapheck schreibt, es des Öfteren gerade die Offenheit in der Deutung des gesie-
gelten Texts ist, welche die Tora als heiligen Text im Judentum ausmacht.[5] Klapcheck macht darauf aufmerksam, dass die jüdische Tradition anstelle einer wort-
wörtlichen Übersetzung des Textes den *Targum* benutzt, eine Übersetzung, die
gerade an den Stellen, die teilweise wage sind, weil zum Beispiel ein unbekann-
tes Wort vorkommt oder der Satzbau zum Hinterfragen veranlasst, diese Offenheit zur Interpretation beibehält.[6]

Interessanterweise ist der Name des Zweiten Buches der Tora, in welchem
die obengenannte Geschichte von Moses und dem brennenden Busch steht, auf
Hebräisch weit von dessen auf Deutsch gebräuchlichen Namen entfernt. Anstelle der Bezeichnung Exodus lautet die Übersetzung des hebräischen Wortes,
mit dem das Kapitel beginnt, *Schemot*, „Namen".[7] „Namen" deshalb, weil am Anfang dieses Buchs die Namen derer aufgelistet werden, die von Israel nach Ägypten ziehen bevor ihre Nachfahren später im Buch wieder Richtung dem Gelobten
Lande ziehen. Viele dieser Namen finden wir heutzutage in Israels Städten, wo
häufig Straßen, nach ihnen benannt sind. Allgemein finden wir in Israel im öffentlichen Leben, also für die Bezeichnung von Straßen und Plätzen, Städten und
Gebäuden, oft biblische Namen, so z. B. für die Städte Ashkelon oder Modi'in,
oder bei der Benennung von Straßen oder Plätzen. Aber auch in der modernen

---

[1]   Mishna Avot 5,1.
[2]   Ex 19-20.
[3]   Ex 3,14.
[4]   Cohen 1909, 48–50.
[5]   Klapcheck 2017, 131.
[6]   Ebd.
[7]   ואלה שמות: „Dies sind die Namen der Söhne Israels, die nach Ägypten gekommen waren –
       mit Jakob waren sie gekommen, ein jeder mit seiner Familie (Ex 1,1)."

Popkultur, in den Texten moderner Lieder werden biblische Begriffe und althe-
bräische Ausdrucksweisen referiert.[8]

Derart verschmelzen tatsächlich alt und neu im Staat Israel, so wie es sich
Theodor Herzl (1860–1904) erträumt und vorgestellt hatte.[9] Und nicht nur eine
Rückkehr in das Land der Vorväter hat sich durch die Gründung des Staates Israel ergeben, sondern mit ihr auch eine Wiederbelebung der Sprache von damals
– etwas, was sich Herzl nicht vorgestellt hatte – er konnte kein Hebräisch und
war nicht daran interessiert. Jedoch bereits im 19. Jahrhundert begann sich eine
hebräische Literatursprache zu entwickeln. In Israel wurde die heilige Sprache
aber dann zu einer Umgangssprache! Ein ganzes Vokabular musste dafür erfun-
den werden, da viele der modernen Worte natürlich fehlten. Außerdem stieß die
Wiederbelebung des Hebräischen nicht bei allen auf Begeisterung und es gab
ganze Gruppierungen, welche der Meinung waren, dass Hebräisch eine Sprache
für heilige Belange bleiben soll.

Man könnte also behaupten, dass die hebräische Sprache, so wie sie heute in
Israel auf der Straße gesprochen wird, einerseits aus der jüdischen Religion her-
vorgegangen ist bzw. auf dieser fußt und andererseits der Ausdruck des Bestre-
bens des jüdischen Volkes nach einer sicheren Heimat ist. Denn bis zur Wiederbelebung des Hebräischen wurde Hebräisch zwar in der Liturgie, also sowohl
beim Lesen der Bibel wie auch beim Gebet oder dem Studium traditioneller Quellen benutzt, jedoch nicht im Alltag gesprochen. Gesprochen wurde im jüdischen
Milieu in einer Umgangssprache, oftmals Ladino oder Jiddisch – je nach Geogra-
fie – die zwar hebräische Buchstaben benutzte und Elemente der hebräischen
Grammatik, aber lautmalerisch der Sprache der Umgebung glich (z.B. dem Mit-
telhochdeutschen).[10]

Aber was ist heute noch das Heilige an dieser hebräischen Sprache, welche
zu einer Alltags- und Umgangssprache in Israel geworden ist? Kann von Heiligkeit die Rede sein, wenn Nichtjuden, die in Israel leben, diese Sprache benutzen
oder sie lernen, um zu kommunizieren? Was ist mit Sportwetten, die auf Hebräisch abgeschlossen werden oder wenn der Preis für gewisse Vergnügen verhandelt werden muss? Meine kurze Antwort lautet, dass die hebräische Sprache
per se nicht heilig ist. Jedoch erlaubt gerade das Profane der Sprache – eigentlich
jeder Sprache – für das Durchscheinen des Heiligen. Ludwig Wittgenstein (1889–
1951) behauptet, dass sich das Heilige nicht in Worte fassen lässt.[11] Jedoch im
Gegensatz zu Wittgensteins Ansicht, benutzen wir Worte und Sprache, um über
alles Heilige zu reden, zu lernen und lehren und zu schreiben. Wie bereits erwähnt, ist die Tora mit hebräischen Worten geschrieben und somit in der he-

---

[8] Vgl. z. B. die Texte der „Moshav Band" als auch von Sängerin Noa (Achinoam Nini). Beide
     haben Lieder im Repertoire, die „Bereshit" heißen.
[9] Herzl 1988.
[10] S. a. Loewe 1911.
[11] Wittgenstein 1921, 262: „Wovon man nicht sprechen kann, darüber muß man schweigen."

bräischen Sprache verfasst – jedoch macht dies die Sprache nicht automatisch heilig. Eher umgekehrt: es ist gerade das Profane der Sprache, das es erlaubt auf das Heilige hinzuweisen. Wäre die Sprache in sich selbst heilig, hätte sie nicht die Möglichkeit, auf das Heilige hinzuweisen. Vielmehr wäre es dann der Fall, dass wir durch die Heiligkeit der Sprache im Heiligen selbst verfangen wären.

Allerdings wird die Sprache in der jüdischen Tradition benutzt, um zu beten oder zu segnen – also Tätigkeiten, welche zumindest versuchen, eine Verbindung zum Heiligen herzustellen. Nach jüdischer Tradition ist ein wichtiger Aspekt hierbei, mit welcher Absicht die Worte benutzt werden und welche Bedeutung den Worten oder der Handlung gegeben wird. Ich möchte im Folgenden versuchen zu erklären, was damit gemeint ist: Im Judentum gibt es eigentlich nichts Substantielles, das heilig ist. Unsere Welt ist profan. Wie mein Lehrer und Freund Professor Wolfson gerne zu mir sagte, „die Heiligkeit beginnt dort, wo die vom Menschen begreifbare Welt endet. Wir können das Heilige bestenfalls durch dessen Abwesenheit erfahren."[12] Die Heiligkeit, so wie Gott selbst, wird durch deren Abwesenheit präsent. Also sogar eine Tora, das heißt die Fünf Bücher Moses sind in sich nicht heilig! Vielmehr hat die Tora das Potenzial, uns in Richtung Heiligkeit zu führen – oder emporzuheben. Die potenzielle Heiligkeit liegt in dem, was wir mit oder aus der Bibel machen. So steht es auch mit dem Leben, denn es heißt: „Ihr sollt heilig sein, denn Ich bin heilig."[13] Jede Heiligkeit in dieser Welt, inklusive unserer eigenen, basiert einerseits auf der Heiligkeit Gottes und deren Absenz und hängt andererseits von uns und unseren Taten und Absichten ab.

Elisa Klapheck beleuchtet diesen Aspekt, wenn sie erklärt, dass die Interpretation des Textes den Text macht.[14] Es ist also an uns das Heilige im Text zu finden – oder sogar heilig zu machen. Ein- und derselbe Text kann verschieden interpretiert werden und somit unterschiedliche Bedeutung erhalten. Das heißt, dass es nicht nur eine richtige Interpretation gibt, sondern das genaue Gegenteil ist der Fall: jeder Interpretation wohnt theoretisch das Potenzial inne, den Text zu etwas Heiligem emporzuheben.

Nahman Bialik (1873–1934), einer der wichtigsten hebräischen Dichter der Moderne, macht einen ähnlichen Punkt in seinem „Revelation and Concealment".[15] Bialik meint, dass die Heiligkeit der Worte darin liegt, dass sie etwas beschreiben, das bisher noch nicht beschrieben wurde – ihm zufolge können Worte das Unfassbare erfassbar und zugänglich machen. Bialiks Problem oder Sorge dabei ist die Profanisierung von einst beinahe heiligen Worten – die Profanisierung des einst Heiligen. Also Worte, welche aus der Bibel stammen und

---

[12]   Persönliche Kommunikation mit Professor Elliot Wolfson.
[13]   Lev 19,20.
[14]   Klapcheck 2017, 133.
[15]   Bialik 1964.

im modernen Gebrauch eine andere Bedeutung bekommen.[16] Ein treffendes Beispiel dafür ist das Wort *Slicha,* das im modernen Hebräisch (Ivrit) mit „Entschuldigung" übersetzt und benutzt wird. In der Liturgie hatte *Slicha* jedoch einen weit wichtigeren Status inne.[17] Bialik zeigt mehr noch, dass nicht nur die Bedeutung und die Absicht, die wir den Worten geben, die Bedeutung des Wortes ändert, sondern dass auch die Bedeutung, welche die Worte über die Zeit neu annehmen, unsere Absichten ändert. Unsere Absicht beeinflusst und definiert das Resultat unseres Sprachgebrauchs und vice versa.

2.   Absicht und Zweck im Judentum

Die jüdische Tradition befasst sich auch mit der Absicht – insbesondere beim Beten oder Lernen. Die ‚höchste' Ebene der Absicht nennt sich *lischmah,* welche übersetzt „um seiner selbst willen" oder „um Gottes Willen" bedeutet. Im Talmud wird diese Art der Absicht an mehreren Stellen diskutiert. Das folgende Zitat, welches sich im Traktat *Nedarim* befindet, befasst sich mit unserer Absicht beim Akt des Studiums:

> Es wird gelehrt: Deinen Gott, den Herrn, zu lieben, auf seine Stimme zu hören und ihm anzuhangen [18]. Ein Mensch sage nicht, ich will Schrift lesen, damit man mich einen Weisen nenne, ich will lernen, damit man mich Meister nenne, ich will studieren, damit ich Ältester sei und im Kollegium sitze. Er lerne vielmehr aus Liebe, und endlich kommt die Ehrung, wie es heißt: binde sie auf deine Finger, schreibe sie auf die Tafel deines Herzens [19]. Ferner heißt es: ihre Wege sind freundliche Wege [20]. Ferner heißt es: ein Baum des Lebens ist sie denen, die an ihr festhalten, und die sie erfassen, sind selig. R. Eliezer b. R. Cadoq sagte: Tue Dinge um ihres Schöpfers willen und rede davon ihrethalben; mache sie nicht zur Krone, damit zu prunken, und benutze sie nicht als Axt, damit zu hacken.[21]

Diesem Text zufolge sind die Rabbiner auch der Meinung, dass es von Wichtigkeit ist, welche Absichten jemand hat, wenn er eine Handlung ausführt. Der Unterschied besteht darin, ob ich etwas „um meines Schöpfers Willen" und „um seiner selber Willen tue" oder ob ich etwas tue, während ich eine Belohnung im Sinn habe. Die Passage deutet an, dass ein Handeln um seiner selbst Willen gleichbedeutend ist mit dem Handeln um Gottes Willen – was in sich selbst interessante Fragen aufwirft. Darauf will ich hier jedoch nicht eingehen. Ich möchte

---

[16]   Ebd.
[17]   In der Liturgie ist es das Wort, welches benutzt wird, wenn man vor Gott steht und um Vergebung bittet.
[18]   Dtn 30,20.
[19]   Spr 7,3.
[20]   Spr 3,17.
[21]   TB: Nedarim 62a.

mich hier auf die Wichtigkeit der Absicht konzentrieren und erkunden, was es für verschiedene Arten der Absichten gibt.

Laut Rav Chaim Woloszyner (1749–1821) gibt es beim Beten vier verschiedene Ebenen der Absicht. Diese Ebenen sind miteinander verbunden und man kann im Gebet von einer zur Nächsten übergehen. Die ersten beiden bzw. unteren beiden Ebenen der Absicht werden von Norman Lamm in seinem Buch über die Jeschiwa in Woloschyn und ihren Gründungsvater Rav Chaim Woloszyner im folgenden Absatz wie folgt beschrieben:

> The specific *intentions* [...] are graded [...] hierarchically. At the very bottom of the scale, sufficient to qualify the prayer as valid [...] is the act of articulation itself, even in languages other than Hebrew. The correct manner of worship, however, beyond this minimum, is that which is informed by utter selflessness. True prayer is completely theocentric. Like the *olah*, the burnt offering which was completely consumed by fire upon the altar, and no part of which was used for human purposes, prayer should be devoted wholly to God. [...] Prayer requires [...] wholeheartedness („with all your heart"), i. e., the exclusion from the heart of alien thoughts such as concern for oneself.[22]

Wir sehen, dass die „unterste" Ebene nur eine Absicht ist, die Worte des Gebets zu artikulieren, ohne tatsächlich zu beten, und ohne jegliche Absicht, die über die Erfüllung dieser Handlung des Aussprechens der Worte hinausgeht. Das heißt, man kann Worte artikulieren, ohne zu beabsichtigen, dass das Gebet erhört wird oder irgendeine Wirkung hat. Darüber hinaus kann es sein, dass die Person, die das Gebet rezitiert, dies auch in anderen Sprachen oder mit anderen Absichten tut – zum Beispiel, um jemanden zu beeindrucken oder jemandem eine Freude zu machen – Mitgläubige, einem hübschen Date oder einem Elternteil. Dennoch setzt die bloße Durchführung der Handlung immer noch die Absicht voraus, dies zu tun. Interessanterweise wird auch diese Art von Gebet als einflusshabend auf die Gottheit angesehen.

Die zweite Art von Absicht, die erwähnt wird, fügt den Aspekt der Selbstlosigkeit und der Ausrichtung auf Gott hinzu. Durch die Verwendung der Worte „wholeheartedness" (engl. Ganzheitlichkeit) und „selflessness" (engl. Uneigennützigkeit) wird eine Art und Weise beschrieben, in der man nicht nur die Absicht hat zu beten, sondern dass die eigene Absicht selbstlos ist. Das Ziel des Gebets ist selbstlos, da es sich ausschließlich Gott widmet und nicht dem eigenen Nutzen dient. Es sollte jedoch beachtet werden, dass man sich auf dieser zweiten Ebene der Absicht zwar in einem „selbstlosen" Zustand befindet, dies jedoch an sich das Ergebnis der Absicht ist, d. h. man erreicht diese Ebene, indem man sich aktiv ganz Gott hingibt. Natürlich bin ich mir bewusst, dass die Ausrichtung unserer Absicht auf Gott möglicherweise kein Fortschritt in unserem Bemühen ist, herauszufinden wie man so eine Absicht erreicht, da Gott an sich nicht greifbar ist.

---

[22]   Lamm 1989, 78–79.

Schauen wir uns deshalb die beiden „höheren" Formen der Absicht an. Die nächste und dritte Ebene der Absicht ist eine, die wir offenbar anstreben können und sollten und die von Lamm wie folgt beschrieben wird:

> Prayer requires not only selflessness and wholeheartedness („with all your heart"), i. e., the exclusion from the heart of alien thoughts such as concern for oneself, [...] but also the complete dedication of the soul („and with all your soul"). [...] It implies the elevation of the soul to its Source as it abandons the body. The worshipper must feel that his will has been raised to such empyrean heights, uniting with the Mystery of Mysteries far beyond this lowly mundane world ..."[23]

Da auch die Vorstellung einer Seele für viele nicht allzu einfach zu verstehen ist, könnte diese Beschreibung der Absicht beinahe eine Art Frustration hervorrufen. Allerdings scheint mir die bloße Vorstellung, dass es eine Absichtsebene jenseits der Selbstlosigkeit gibt, ebenso interessant wie die differenzierte Definition davon. Während die vorherige Ebene der Absicht Selbstlosigkeit und völlige Hingabe erforderte, verlangt diese Ebene noch mehr, nämlich die Hingabe der eigenen Seele. Am auffälligsten ist jedoch, dass diese Ebene im Gegensatz zu den vorherigen Ebenen der Absicht offenbar ohne aktive Absicht erreicht wird. Das heißt, auch wenn wir aktiv in das Gebet vertieft sind, deutet die Tatsache, dass wir unsere körperlichen Absichten hinter uns lassen und unsere Seele die Verantwortung übernehmen soll, auf einen Geisteszustand hin, der nicht mehr von unserem eigenen Verstand und Willen gesteuert wird. Da die Seele etwas so Abstraktes und Spirituelles ist, dass sie sich unserer Kontrolle entzieht, wird sie zum Epizentrum im Bereich der Absicht, indem sie einen meditativen Zustand erreicht, der es dem Willen ermöglicht, sich völlig von sich selbst zu lösen. Dies ermöglicht im Gegenzug die Vereinigung mit dem, was als „Mysterium der Mysterien" oder „Unendlichkeit" bezeichnet wird.[24]

---

[23] Ebd., 80.

[24] Das Konzept, sich mit dem „Mysterium der Mysterien" vereinen zu können, dass nur eine weitere Beschreibung dessen ist, was nicht beschrieben werden kann, nämlich Gott, ist eine zentrale Idee im kabbalistischen Denken. Die Vorstellung, dass eine solche Vereinigung mit Gott dadurch erreicht werden kann, dass man zumindest beim Beten oder Studieren nach einer bestimmten Absicht handelt, bedarf einer weiteren Erklärung: Man ist nach kabbalistischem Denken immer mit dem Unendlichen verbunden, was nur eine andere Art ist, Gott zu beschreiben. Das Ausmaß unserer Verbundenheit findet jedoch auf verschiedenen Ebenen statt und es liegt an uns, diese Ebenen zu überwinden und uns schließlich mit dem Einen zu vereinen. Doch da die höchste Ebene im Unendlichen „endet", geht die Verbindung ohne Ende weiter. Es gibt keine Endlichkeit im Unendlichen und dadurch wird die Verbindung auf einer höheren Ebene zu einer lebenslangen Reise – genau wie die Unendlichkeit der Materie, die es zu studieren gilt.

3.   Im Klassenzimmer und darüber hinaus

Hier möchte ich Gesagtes auf eine der Klassen an einer Schule in Israel beziehen, an welcher ich unterrichte, und in der sowohl religiöse wie auch nichtreligiöse Kinder zusammen lernen. Dort wird zwar jeden Morgen im Klassenverbund in der ersten Unterrichtsstunde gebetet, die Teilnahme am Gebet ist jedoch freiwillig. Zum einen habe ich dort Schülerinnen und Schüler, welche überhaupt kein Interesse am Morgengebet haben und sich andersweitig beschäftigen. Zum anderen sind da auch Schüler, welche mit vollem Herz am Gebet beteiligt oder ins Gebet vertieft sind. Und zu guter Letzt, gibt es diejenigen die mitsingen oder mitlesen, weil es ihnen zum Beispiel einfach Spaß macht und sie die Melodie mögen oder aus anderen, persönlichen und individuellen Gründen. Innerhalb dieses Klassenzimmers sind dann oft nicht nur verschiedene Stufen der Absicht vorhanden, sondern auch der Heiligkeit, welche der Sprache zugeordnet wird. Als Lehrer benutze ich diese Lektionen oft mit den Schülerinnen und schülern, um ihr Bewusstsein dafür zu sensibilisieren, wie wichtig unsere Worte oder auch unser Schweigen sein kann, und was für einen Impakt wir durch die richtige Wahl unserer Worte oder unseres Schweigens machen können.

Ganz anders und doch wieder ähnlich kommt die religiöse Absicht bei meinem Hebräisch-Unterricht an einer arabischen Schule zur Geltung, wenn ich meinen Schülern, ausschließlich Jungen, dort erkläre, dass sie auf die Frage wie es ihnen geht, auf Hebräisch ברוך השם antworten können. Wortwörtlich bedeutet dies nämlich „gelobt sei Gott" und wird so auch benutzt. Jedoch wird es gleichzeitig von nichtreligiösen Menschen als einfaches „ok" „gehört" und verstanden. Für die muslimischen Schüler nimmt diese Ausdrucksweise aber noch eine andere Dimension an. Denn, die Frage stellt sich, ob denn hierbei auch Allah gemeint ist – und die natürliche Antwort hierzu in Israel ist: ja. Alle Ausdrucksweisen wie ברוך השם, בעזרת השם, oder אם ירצה השם, (gelobt sei Gott, mit Hilfe Gottes, oder so Gott es will) werden in der Umgangssprache auch von religiösen Muslim*innen oder Christ*innen benutzt und auch von ihnen jeweils auf Gott bezogen. Die Sprache ist dann nicht unbedingt eine heilige Sprache, jedoch ist sie in den Diensten des Heiligen erlaubt und weist somit darauf hin.

Was die höchste Absichtsebene angeht, ist es vielleicht keine Überraschung, dass es sich dabei um die geheimnisvollste und zugleich komplizierteste Ebene von allen handelt. Lamm beschreibt es, wie folgt:

> The most exalted contemplation in prayer corresponds to the loftiest of the souls of man, the „Root of the Soul," (*shoresh ha-neshamah*), which transcends the other three, a state attained only by Adam before his transgression, and which will remain beyond the reach of man until the resurrection. This self-elevation, by means of prayer, towards the equivalent of the level of the „Root of the Soul," implies the divesting of one's physicality, and must include the willingness to submit to death, to utter annihilation, in order to ensure the success of the soul's flight upwards. As one reaches this extremely rarefied level of self-extinction, one can be utterly passive during his

> praying, for then God opens man's mouth and gives him the gift of speech to pray to Him; it becomes a form of divine solipsism in which man is but the passive instrument by means of which God relates back to Himself.[25]

Diese letzte oder höchste Absicht liegt außerhalb unserer Reichweite. Doch auch wenn Lamm schreibt, dass dieses Niveau bis zur Auferstehung der Toten, d. h. dem Kommen des Messias, nicht mehr erreicht werden kann, ist es natürlich möglich, es sich zumindest vorzustellen. Da darüber hinaus alle Ebenen miteinander verbunden sind, können wir uns dieser Ebene immer noch annähern.

Die Vorstellung, dass Adams Absichten, bevor er Gut und Böse kannte, mit der Natur in Einklang standen und dadurch mit dem Einen verbunden waren, beeindruckt mich durch die Passivität, die sie erfordert. Es ist fast so, als würden unsere Handlungen durch eine äußere Kraft in eine bestimmte Richtung gelenkt und wir erst durch diesen äußeren Einfluss zu unserem wahren Selbst werden.

Eine „religiöse Absicht" würde dann eher von selbst eintreten und nicht erreicht werden. Alles, was wir tun können, ist, keine falschen oder schlechten Absichten zu haben und die höchsten Absichten anzustreben. Dasselbe sollte bei der Entscheidung, was zu tun ist, der Fall sein, auch wenn wir die höheren Absichtsebenen kaum beabsichtigen können, da sie eher sporadisch, natürlich und von selbst aufzutreten scheinen, während die richtigen Maßnahmen ergriffen werden. Darüber hinaus könnte sich eine Überbetonung der Absicht als schwierig erweisen, da es sich um etwas so Inneres handelt, dass wir uns möglicherweise in unseren eigenen inneren Kämpfen und Rechtfertigungen verlieren.

Insgesamt stellen wir fest, dass die eigene Absicht zwar eine entscheidende Rolle beim Erreichen von lischmah zu spielen scheint, dies jedoch nicht so einfach ist, wie man vielleicht denkt. Das heißt, die Art von Absicht, die erforderlich ist, ist nicht eine, die wir aktiv erreichen können, sondern eine, die sich im Laufe der Zeit von selbst verwirklicht. Wir sehen auch, dass das Bewusstsein für die Endlichkeit unseres Lebens einem helfen kann, sich mit dem Unendlichen zu verbinden oder es zu erleben, indem man sich mit einem spirituellen Aspekt in uns verbindet.

4.   Fazit

Wenn wir all dies nun zur Benutzung der Sprache zurückbringen, so stellen wir fest, dass es einerseits an uns liegt, wie und mit welcher Absicht wir die Sprache benutzen, jedoch andererseits, die purste Absicht zu erreichen nicht forciert werden kann. Und dasselbe gilt natürlich auch bei der Interpretation des Textes. Vergleichbar ist dies mit der Kantianischen Philosophie des zwecklosen

---

[25]   Ebd.

Zwecks.[26] Was wir daraus lernen können, ist dass wir, um eine Absicht zu erreichen, welche unserer Taten und unseren Gebrauch der Sprache Bedeutungen geben, welche in irgendeiner Weise als heilig angesehen werden können, einem unendlichen hin und her unserer Zeit und Realität mit unserer Absicht ausgesetzt sind.

Ich möchte mit einer Geschichte enden, die mein Lehrer Moshe Halbertal in seinem Buch „People of the Book"[27] erwähnt, und die mir sehr gut gefällt:

> The story is told that when the Ba'al Shem Tov, the founding father of eighteenth-century hasidism, studied *Talmud*, he learned the white space between the letters rather than the black print.[28]

Der Grund, warum ich diese Geschichte so sehr mag, ist, dass sie die Dinge ins rechte Licht rückt: Wir verstehen, dass es wirklich darauf ankommt, wie wir die Dinge, die uns umgeben, in diesem Moment wahrnehmen und verstehen. Es geht nicht so sehr darum, was wir sehen, sondern darum, wie wir sehen.[29] Nehmen wir die Dinge, die uns umgeben, als heilig wahr oder sind sie profan? Die Suche nach den heiligen Funken in dem, was unheilig erscheinen mag, kann dann eine Voraussetzung dafür sein, sie zu finden.

Was die Sprache im Judentum ausmacht, ist die Bedeutung, die wir ihr geben. Die hebräische Sprache ist zwar insofern heilig, in dem sich Gott uns durch sie offenbart – sowohl am brennenden Busch wie auch weiterhin durch die stets neue Interpretation von Text. Jedoch bedeutet dies nicht, dass alles Hebräische in der oder durch die Benutzung heilig wird. Die Sprache wird nur dann heilig, wenn wir sie so benutzen, dass sie dem Heiligen dient. Was ist also die Bedeutung die wir den Wörtern geben welche wir benutzen? Wenn wir all dies zurück in eine Umgebung des Lernens führen, in welchem Hebräisch oder im Prinzip jede Sprache gelernt und gelehrt wird, so ist vielleicht das Wichtigste, dass wir nicht vergessen darüber nachzudenken, weshalb wir eine Sprache lernen oder lehren. Was ist unsere Absicht beim Studium oder Lehren der Sprache? Was wollen wir beim Benutzen von Worten oder auch mit unserem Schweigen erreichen? Beabsichtigen wir dabei, das Gute zu sehen und Gutes zu tun? Denn nur dann, werden wir vielleicht eines Tages dies auch lischmah tuen.

---

[26]   Kant 2013, 10.

[27]   Halbertal 1997, 120.

[28]   Es wird erzählt, dass Baal Shem Tov, der Begründer des Chassidismus im 18. Jahrhundert, als er den Talmud studierte, den weißen Leerraum zwischen den Buchstaben und nicht die schwarze Schrift studierte.

[29]   Vgl. „... on ne voit bien qu'avec le coeur. L'essentiel est invisible pour les yeux". Saint-Exupéry 2008, 83.

Literatur

Babylonischer Talmud, Steinsatz Edition, Jerusalem, 1992.

Mischna, Kehati Edition, Jerusalem, 1977.

BIALIK, NACHMAN (1964), Offenbarung und Verhüllung in der Sprache in Artikel und Essays, Dvir Safrut, Tel Aviv (https://benyehuda.org/read/6049, aufgerufen am 5.5.2024).

COHEN, HERMAN (1909), Religion der Vernunft, 48–50, 2nd ed., Köln 1959.

HALBERTAL, MOSHE (1997), People of the Book, Cambridge MA.

HERZL, THEODOR (2013), Der Judenstaat, Hamburg.

KANT, IMMANUEL (2004), Groundwork of the Metaphysics of Morals, Cambridge MA.

KLAPCHECK, ELISA (2017), Luther als Targum. Rosenzweig, Luther und die rabbinische Überzeugungskunst, in: BRUMLIK, MICHA (Hg.), Luther, Rosenzweig und die Schrift: Ein deutsch-jüdischer Dialog, CEP Europäische Verlagsanstalt, 127–153.

LAMM, NORMAN (1989), Torah Lishmah: Torah for Torah's Sake: In the Works of Rabbi Hayyim of Volozhin and His Contemporaries, New York.

LOEWE, HEINRICH (1911), Die Sprache Der Juden, Köln.

SAINT-EXUPÉRY, ANTOINE DE (2008), Le Petit Prince, Harcourt.

WITTGENSTEIN, LUDWIG (1921), ‚Logisch-Philosophische Abhandlung' in Annalen der Naturphilosophie, Leipzig.

Zur Übersetzung der göttlichen Barmherzigkeit in die menschliche am Beispiel der Erzählung Joseph im Koran

Abdel-Hafiez Massud

Die Sure 12 des Korans, Yousuf, ist das einzige Kapitel im Koran, das vollständig einer bestimmten Prophetenfigur gewidmet ist. In der Regel wird Yousuf, zu Deutsch „Joseph", als das Vorbild für verzeihende Menschen gefeiert, da er seinen Halb-Brüdern verziehen hat, die ihn, nötigenfalls tödlich, beseitigen wollten. Der Beitrag eröffnet die Perspektive auf das Gottesattribut der Barmherzigkeit und ordnet die gesamte Erzählung Josephs als eine narrative Entfaltung der göttlichen Barmherzigkeit ein. In der Sure wird das göttliche Sein als „Der Barmherzigste aller Barmherzigen" bezeichnet. Damit wird die Barmherzigkeit Josephs als Schau der göttlichen Barmherzigkeit eingeordnet. Nach einer theoretischen Fundierung über die Notwendigkeit der Veredelung der Menschennatur wird religionspädagogisch aufgezeigt, wie gläubige junge Menschen das Gottesattribut der bedingungslosen Barmherzigkeit in ihr eigene menschliche Barmherzigkeit übersetzen und zur barmherzigen Vergebung befähigt werden können.

Schlüsselwörter: Gottesattribut der Barmherzigkeit – Vergebung – Joseph und seine Brüder – Gewaltprävention.

Sura 12 of the Qur'an, Yousuf, is the only chapter in the Qur'an that is entirely dedicated to a specific prophet figure. As a rule, Yousuf, or „Jospeh" in German, is celebrated as the role model for forgiving people, as he forgave his half-brothers who wanted to eliminate him, fatally if necessary. The article opens up the perspective on the divine attribute of mercy and organizes the entire narrative of Jospeh as a narrative unfolding of divine mercy. In the sura, the divine being is referred to as „The Most Merciful of the merciful". This classifies Joseph's mercy as an effect of divine mercy. After a theoretical foundation on the necessity of the refinement of human nature, it is shown in terms of religious education how believing young people can translate the divine attribute of unconditional mercy into their own human mercy and be enabled to forgive mercifully.

Keywords: God's attribute of mercy – forgiveness – Joseph and his brothers – violence prevention.

1.   Einleitung

Die Vergebung ist Ausdruck der Barmherzigkeit. Unter expliziter Berufung auf das Gottesattribut der Barmherzigkeit hat der Prophet Joseph seinen Brüdern die aufrichtige Vergebung ausgesprochen: „Kein Tadel treffe euch heute. Möge Allah euch vergeben! Denn Er ist der Barmherzigste Erbarmer."[1] Vergebung bejaht das Leben für sich und andere. Das Gegenteil der Vergebung, die Rache, negiert das Leben zunächst für die anderen und im Ergebnis für sich selbst. Vergebung ist Leben, Rache ist die gewaltsame Vernichtung deselben. Die Rachesucht startet ihr Abenteuer mit der Idee der Wiederherstellung der Gerechtigkeit und der gerechten Versühnung von Verfehlungen, um nur kurz darauf selbst ungerecht und maßlos zu werden. Wer Rache ausübt, wähnt sich zunächst als gerechter unfehlbarer Zuchtmeister, der über dem Menschlich-Fehlbaren weit erhaben ist. Der Sprung eines Menschen von den tiefen Niederungen der Rachesucht zu den Höhen der Vergebungsfähigkeit kommt mindestens einem Sprung über den eigenen Schatten gleich. Um so lohnender ist die Vergebung daher für sich und für andere. Und umso selbstverständlich ist die vollendete Vergebung nur dem souveränen allmächtigen Schöpfer vorbehalten. Der vorliegende Beitrag zeigt am Beispiel der Erzählung Josephs im Koran, wie heranwachsende Menschen mit Hilfe des Gottesattributs der Barmherzigkeit zur Vergebungsfähigkeit erzogen werden können und wie Gewalt in der zwischenmenschlichen Beziehung daher vorgebeugt werden kann. Zunächst wird die Struktur der menschlichen Psyche seziert, um die Menchanismen der Rache und der Vergebung darzulegen. Dann geht der Beitrag auf die wichtigsten Momente der Vergebung in dieser Erzählung und schließt dann mit einer didaktischen Roadmap für die Erziehung zur Vergebung ab, die im islamischen Religionsunterricht in der Sekundarstufe I Anwendung finden soll.

2.   Zur Befähigung zum Bösen in der Menschennatur

Der Mensch ist nach der islamisch-theologischen Perspektive zwar qua Geburt mit Menschenwürde ausgestattet und über andere Lebewesen erhaben,[2] dennoch gehört die Neigung zum Bösen auch zum Wesen dieses Menschen, was sich zwingend aus dem göttlich zugesprochenen Recht auf Freiheit ableitet. Diese Freiheit wird zutreffend als „das Vermögen des Guten und des Bösen" definiert.[3] Der Koran hebt beide Dimensionen dieser Natur des Menschen an verschiedenen Stellen und in verschiedenen Kontexten hervor: So betont der Koran die Zuschreibung des Guten und des Bösen zur menschlichen Psyche mit den Versen „An dem Tag wird jede Seele das, was sie an Gutem getan hat, bereitfinden. Und von dem, was sie an Bösem getan hat, hätte sie gern, wenn zwischen ihr und ihm ein weiter Abstand wäre. Und Allah mahnt euch zur Vorsicht vor Sich selbst.

---

[1]   Koran 12: 92.
[2]   Rommel 2020, 246–303.
[3]   Egloff 2016, 93.

Allah ist Gnädig zu den Menschen."[4] Der Koran lässt die Ehefrau des Potifars in der Geschichte Josephs dies sogar überdeutlich als eine Feststellung über sich selbst sagen: „Und ich spreche mich nicht selbst frei. Die Seele gebietet fürwahr mit Nachdruck das Böse, außer daß mein Herr Sich erbarmt. Mein Herr ist Allvergebend und Barmherzig."[5] Die Geschichte der beiden Söhne Adams steht exemplarisch für diese Doppelnatur und die Unberechenbarkeit des Menschen[6]: Der eine ging in die Menschheitsgeschichte als Mörder ein, der andere als rechtschaffener Pazifist. Neben eindeutigen Versen im Koran stehen gerade viele Erzählungen des Korans als Entfaltung der Spannung zwischen dem Trieb zum Guten und dem Trieb zum Bösen. Die islamische Offenbarung wendet sich in der Schöpfungsgeschichte an Adam, Eva und den Satan bzw. ihren Nachwuchs und hält fest: „Er (Allah) sagte: „Geht fort! Einer sei des anderen Feind. Und auf der Erde sollt ihr Aufenthalt und Nießbrauch auf Zeit haben."[7] Dieser Feststellung ist zu entnehmen, dass das Böse einen Teil der Menschennatur ausmacht und nicht einer bestimmten Zielgruppe vorbehalten ist. Für die Engel in der Schöpfungsgeschichte des Korans steht die Antwort auf die Frage, ob das Böse Teil der Menschennatur ist, klar fest: „Und als dein Herr zu den Engeln sagte: „Ich bin dabei, auf der Erde einen Statthalter einzusetzen", da sagten sie: „Willst Du auf ihr etwa jemanden einsetzen, der auf ihr Unheil stiftet und Blut vergießt, wo wir Dich doch lobpreisen und Deiner Heiligkeit lobsingen?" Er sagte: „Ich weiß, was ihr nicht wisst."[8] Wer sich die Kriminalitätsstatistik, die Kriege, die Auseinandersetzung und das Ausmaß des Unrechts auf Erden anschaut, hat es schwer, sich der Sicht der Engel auf die Menschennatur nicht anzuschließen. Vielmehr eröffnet der Koran den Blick darauf, dass alles, was von Gott erschaffen ist, ein Potential zum Bösen hat und dass sich die menschliche Kreatur nur an Gott wenden kann, um sich auf der ganzen Linie schützen zu können: „Sag: Ich nehme Zuflucht beim Herrn des Tagesanbruchs vor dem Übel dessen, was Er erschaffen hat."[9]

Diese Doppelnatur des Menschen ist auch in der Philosophie reichlich rezeptiert worden. Philosophen wie Aristotles[10] und Kant unterstreichen diese Doppelnatur des Menschen und begründen auch die Notwendigkeit der Erziehung eines solchen Lebewesens, das sich von sich aus nicht auf die Spur der Rechtschaffenheit bringen kann. In seiner „Grundlegung zur Metaphysik der Sitten" schreibt Kant:

---

[4] Koran 3: 30
[5] Koran 12: 53.
[6] Vgl. Koran 5: 27–31.
[7] Koran 7: 24.
[8] Koran 2: 30.
[9] Koran 113: 1–2.
[10] So unterscheidet Aristoteles zwischen drei Lebensformen, einer Lebensform der Lust, einer der Polis und einer dritten der Theorie, wobei die Lebensform der Lust den Trieben dient und damit auch mitunter dem Bösen (Wolf 2007, 20).

> „Der Mensch fühlt in sich selbst ein mächtiges Gegengewicht gegen alle Gebote der
> Pflicht, die ihm die Vernunft so hochachtungswürdig vorstellt, an seinen Bedürfnis-
> sen und Neigungen, deren ganze Befriedigung er unter dem Namen der Glückselig-
> keit zusammenfaßt."[11]

Dass der Mensch überhaupt wahrnimmt, wo die Grenzen des Bösen beginnen,
zeigt auch seine Fähigkeit, von sich aus und ohne externe Hilfe Böses und Gutes
zu identifizieren. Diese wichtige Tatsache hat der Koran ebenfalls hervorgehoben: „[...] und ihr [d. h. der eigenen Seele, Hinzufügung des Autors] dann ihre
Sittenlosigkeit und ihre Gottesfurcht eingegeben hat! Wohl ergehen wird es ja
jemandem, der sie läutert, und enttäuscht sein wird ja, wer sie verkümmern
läßt."[12]

   Die Eingabe der „Sittenlosigkeit" bedeutet hier nicht, dass die menschliche
Seele von der Erschaffung aus dafür prädestiniert ist, ein sittenloses Leben zu
führen, sondern dass diese Seele von der Erschaffung an die ausreichende Sensibilisierung dafür mitgegeben wurde, um selbständig das Böse als solches einordnen zu können. Und weil die menschliche Seele derart beschaffen ist, wird
sie auch nicht entschuldigt, wenn sie dem Bösen den Vorrang vor dem Guten
einräumt, da eine solche Entscheidung schon bewusst getroffen und dem Guten
bewusst eine Absage erteilt wird: „Aber nein! Der Mensch wird bezüglich seiner
selbst durchblicken, auch wenn er seine Entschuldigungen vorbrächte."[13]

3.   Zur psychologischen Struktur des Menschen im Islam und in der modernen Psychologie

Der Koran unterscheidet vorrangig zwischen drei Typen der Seelen bzw. drei
Naturen des Menschen: die dem Bösen zugeneigte Seele (annafs al'ammāra),[14]
welche das Böse befiehlt, die selbstkritische Seele (annafs al-lawwāma),[15] welche
das Böse als solches einordnet und zur Umkehr mahnt und die harmonische
Seele (annafs al-muṭma'ina),[16] die das Böse überwunden hat und zur Ruhe und
Harmonie mit Gott gekommen ist. Diese selbst erarbeitete Harmonie unterschie-
det den Menschen von Engeln, die nicht anders können, außer gottzugewandt
und gottergeben zu sein[17] und unterscheidet ihn gleichzeitig von dem Satan, der
nicht anders kann außer, böse bzw. Gottes Widersacher zu sein.[18] Die selbstkriti-

---

[11]   Kant 1999, 405.
[12]   Koran 91: 8–10.
[13]   Koran 75: 14–15.
[14]   Koran 12: 53.
[15]   Koran 75: 2.
[16]   Koran 89: 27.
[17]   Koran 21: 20.
[18]   Koran 2: 268.

sche Seele ist daher eine sehr wichtige Instanz und eine Art Immunsystem gegen das Böse im Menschen, das seine Kraft automatisch entfaltet. Diese selbstkritische Seele arbeitet mit dem Schuldmechanismus, um Einstellungen zu ändern und sich in Richtung Harmonie zu entwickeln.

Diese drei Naturen erinnert an die Vorstellungen Sigmund Freuds, der die Persönlichkeit bzw. die menschliche Psyche einteilt in ein Es, ein Ich und ein Überich, wobei das Es die Summe der aggressiven und der lebenserhaltenden Triebe des Menschen umfasst, das allmählich im Laufe des Lebens entwickelte Ich die Instanz bezeichnet, die die Triebe des Es im Sinne der Normen und der Moralvorstellungen des Über-Ich steuert und delegiert und somit wie eine Art Gewissen der Person fungiert.[19] Das Superego bringt es sozusagen zustande, dass das Es im Einklang mit den gesellschaftlichen Normen bleibt und einen Platz in der Gesellschaft ohne Kollision und Konfrontation bekommt.

Keiner hat sich in der islamischen Tradition so sehr mit der Persönlichkeitsstruktur des Menschen im Koran beschäftigt wie der Philosoph und Theologe Al-Ġazālī, der im Menschen ebenfalls eine dauerhafte Spannung zwischen einer Kraft des Bösen und einer Kraft des Guten sieht.[20] Unter den vielen Schriften, in denen er sich mit der menschlichen Psyche auseinandersetzte, ragt besonders der dritte Band seines Werks „Die Wiederbelebung der Wissenschaften der Religion" hervor, in dem er sich in konzentrierter und kohärenter Form mit der menschlichen Psyche hinsichtlich ihrer bösartigen Triebe ausführlich auseinandersetzt.[21] Hier führt Al-Ġazālī die Begriffe Seele (nafs), Geist (rūh), Herz (qalb) und Intellekt ('Aql) ein. Dabei bleibt das Herz die Kampfplattform des Menschen, um bösartige Triebe des Menschen zu überwinden und sich gegen die Versuchung des Satans zu wehren. Neuerdings wurden die Kategorien Al-Ġazālīs überprüft und für die Operationalisierbarkeit neu konkretisiert. In Anlehnung an die Begrifflichkeit der modernen Psychologie und in Anlehnung an Abū Raiya kann von den folgenden acht Dimensionen der menschlichen Psyche gesprochen werden.[22]

3.1 Nafs (Psyche)

Diese steht für die Ganzheitlichkeit des Menschen und schließt alle anderen folgenden sieben Determinanten und Schichten der Person mit ein. Die Psyche des Menschen wird im Koran als besonders anfällig für das Böse schlichthin dargestellt und sollte daher stets diszipliniert werden. Laut dem Koran ist die Nafs sogar einflussreicher als selbst der Satan, da der Satan ursprünglich an der eigenen

---

[19] Roth 1997.
[20] Garden 2014, 35.
[21] Vgl. Al-Ġazālī 2011, Bd. 3.
[22] Abu-Raiya 2014, 326–338.

Überheblichkeit ja gescheitert war und somit zum Bösen wurde, der sich weigerte, Gottes Gebot zu gehorchen und sich vor Adam niederzuwerfen, wie es die Engel gemacht haben.[23]

3.2   'Aql (Intellekt)

Der Intellekt repräsentiert die kognitive und denkende und reflektierende Dimension der Psyche insgesamt und gilt nicht nur als Brücke zum göttlichen Sein, sondern auch als Schutz gegen die Irreleitungen der Psyche. Wird der Intellekt abwesend gemacht oder wird er abgeschwächt, droht die ganze Psyche des Menschen zu entgleiten oder der Versuchung anderer zum Opfer zu fallen. Durch seine Verarbeitungsprozesse kann der Intellekt die Selbstmanifestation Gottes im Handeln, im Menschen und im Universum verfolgen und sich den Glauben an Gott aneignen. Der Sitz des Intellekts ist das Herz des Menschen. Der Koran weist immer wieder darauf hin, dass der Ort der Aktivität des Intellekts, *Al-Qalb*, das Herz ist.[24]

3.3   Die Hör- und Sehsinne

Sollen die Hör- und Sehsinne als Zugänge zur Kenntnis ausgeschaltet, abgelenkt oder nur in Dienst der Triebe gestellt werden, erreichen den Intellekt keine Kenntnisse. Deshalb hebt der Koran immer wieder hervor, dass nicht sehende Augen und nicht hörende Ohren genauso die Voraussetzung für das Verderben der Psyche darstellen wie ein abwesender oder ein schwacher Intellekt:

> „Wir haben ja schon viele von den Ǧinn und den Menschen für die Hölle erschaffen. Sie haben Herzen, mit denen sie nicht verstehen; sie haben Augen, mit denen sie nicht sehen; und sie haben Ohren, mit denen sie nicht hören. Jene sind wie das Vieh. Aber nein! Sie irren noch weiter ab. Jene sind (überhaupt) die Unachtsamen."[25]

Der negative Vergleich mit dem Vieh in diesem Koranzitat zielt darauf hin, dass das Vieh trotz des fehelenden Intellekts durch die bloßen Sinne doch die Fähigkeit aufbringen kann, sich nicht dem Verderben preiszugeben, während dies für Menschen mit solchen Merkmalen nicht möglich ist. Dabei sind Menschen mit Seh- und Hörbeschädigung im physikalischen Sinne hier nicht gemeint, sondern nur jene, die sich absichtlich der Rechtleitung versperren.

---

[23]   Koran 2: 34.
[24]   Koran 7: 179; 22: 46
[25]   Koran 7: 179.

3.4   Qalb (Herz)

Das Herz der Psyche ist nicht nur der Sitz des Intellekts. Es ist auch der Ort, in dem alle anderen Inputs aller Determinanten der Psyche zusammenlaufen und dazu beitragen, dass über das Schicksal der Psyche entschieden wird. Hier wird der Kampf der Kräfte des Guten und des Üblen ausgetragen und zugunsten oder zur Belastung des Menschen entschieden.

3.5   Rūḥ[26] (Geist)

Beim Geist handelt es sich um die ewige Wahrheit und die unsichtbare universale Energie, die eigentlich fähig ist, die Offenbarung und die Inspiration durch Gott zu empfangen. Es ist ein Heiligtum im Menschen und soll ihm ermöglichen, erleichterten Zugang zu Gott und Seinen Attributen zu erhalten, da der Mensch qua dieses Geists Göttliches in sich enthält. Koranübersetzer übersetzen die Vokabel Rūḥ bald mit „Seele" und bald mit „Geist". Koranexegeten betrachten die Rūḥ als die Psyche schlichthin, wenn der Geist sich mit dem Körper verbunden hat, wobei Geist und Psyche hier Synonyme wären.[27] Sie vergleichen Rūḥ mit dem Wasser. So wie sich das Wasser zu einem Saft oder zu einem Wein verwandelt, seine ursprüngliche Bezeichnung verliert, so verwandelt sich die Rūḥ in der konkreten Synthese mit dem Körper in die Psyche, Nafs, die das Gute oder das Böse befiehlt und heißt nicht mehr Rūḥ, sondern Nafs. Besonders ibn Qayyim hat sich ausführlich mit der Unterschieden und Gemeinsamkeiten zwischen Rūḥ und Nafs beschäftigt und war dabei zum Schluss gekommen, dass Nafs die Ganzheitlichkeit des Menschen aus Körper und Seele bezeichnet, während der Begriff Rūḥ ausschließlich den unsichtbaren Geist bezeichnet und niemals den Körper miteinschließt.[28] Rūḥ ist in diesem Kontext daher nur von Relevanz, als sie aufzeigen kann, dass das Potential zum Guten im Menschen mitgegeben wird.

Bei dem Akt der Erschaffung bekommt der Mensch aber diesen Hauch des göttlichen Geists verliehen, was ihm Lebensenergie verleiht und den Lebenden von dem Toten erst unterscheidet: „Hierauf formte Er ihn zurecht und hauchte ihm von Seinem Geist ein, und Er hat euch Gehör, Augenlicht und Herzen gemacht. Wie wenig ihr dankbar seid!"[29] Der göttliche Geist im Menschen soll dem

---

[26]   Der Begriff Rūḥ ist im Koran facettenreich. Er wird als Bezeichnung für die Seele des Menschen, für die Offenbarung, für den Erzengel Gabriel oder für Jesus verwendet. In diesem Beitrag wird damit lediglich jene unsichtbare gottgegebene Lebensenergie bezeichnet, die vor der Verbindung mit dem Körper den reinen Zustand hatte und dessen Verlust zum Tode des Menschen führt.

[27]   Vgl. Ibn Kaṯīr: https://www.altafsir.com/Tafasir.asp?tMadhNo=1&tTafsirNo=7&tSoraNo=17&tAyahNo=85&tDisplay=yes&UserProfile=0&LanguageId=1 (Zugriff: 1.05. 2024).

[28]   Ibn Qayyim (o. J.), 613–621.

[29]   Koran 32: 9.

Menschen den Zugang zur Rechtleitung verschaffen; in der Synthese mit den Körpertrieben kann die *Rūḥ*, nun als Psyche verwandelt, den Menschen jedoch auch in die Irre führen und zur Destruktion und Aggression verleiten. Die Richtungsentscheidung trifft dann die *'Aql*, der kritische reflektive Intellekt im Menschen. Erst wenn *'Aql* (der Intellekt) fähig ist, diese Rechtleitung aufzunehmen und ins Verhalten des Menschen einfließen zu lassen, kann der Mensch seinen Hang zum Bösen erfolgreich bekämpfen und über der Psyche erhaben bleiben, die ständig das Böse befiehlt.

3.6   Nafs 'ammāratun bi-s-sū'i

Diese wichtigste Determinante der menschlichen Psyche liegt im Unterbewusstsein. Das Böse bzw. die bösen Gefühle und die bösen Triebe sind für sie die treibende Kraft. Diese *Nafs* tritt in Erscheinung als negative Gefühle wie Neid, Aggression, Eifersucht, Lust, Rachesüchtigkeit etc. und verleitet den Menschen zu negativen bzw. zerstörerischen Verhaltensformen und Handlungen, die im Koran ausdrücklich verurteilt werden, wie Mord, Diebstahl, Gewalttätigkeiten etc.

3.7   Nafs lawwāma (selbstkritische Psyche)[30]

Diese Psyche, die sich selbst für moralische Unzulänglichkeiten Vorwürfe macht und sich über die Tiefen des Bösen erheben will, ist eine gottesgefällige Psyche, schlummert im Unterbewusstsein und gilt als ein waches Gewissen der ganzen Psyche, das das Rechte und das Unrechte aufzeigt und nach Verhaltensänderung in Richtung eines gottesgefälligen Lebens verlangt. Der Koran würdigt und lobt diese Psyche.[31] Dieser Psyche ist die erfolgreiche Umkehr zu verdanken, wenn die Psyche, das das Böse befiehlt oder der versuchende Satan die Oberhand zu gewinnen drohen.[32]

3.8   Nafs Muṭma'inna

Eine in Frieden mit sich lebende harmonische Psyche ist somit jene Psyche[33], die das optimale Ergebnis des Wechselspiels zwischen allen anderen Konstituenten der Psyche darstellt.

---

[30]   Wörtlich: eine Psyche, die sich selbst Vorwürfe macht und sich selbst korrigieren kann.
[31]   Koran 75: 2.
[32]   Koran 7: 201.
[33]   Wörtlich: eine Psyche, die ihre innere Ruhe genießt.

3.9 Nafs Marīḍa (Krankhafte Psyche)

Sie stellt das schlechteste und unerwünschte Ergebnis des Wechselspiels zwischen den Konstituenten der Psyche dar und zeigt, dass beim Kampf im Herzen um das Gute und das Gottesgefällige der Intellekt nicht ganz zum Zuge gekommen ist. Menschen, die kein gottesgefälliges Leben führen konnten, wirft der Koran daher vor, dass sie ihren 'Aql (Intellekt) nicht angewandt und somit die Rechtleitung Gottes nicht begriffen haben:

> „Habe Ich euch, o Kinder Adams, nicht als Verpflichtung auferlegt, daß ihr nicht dem Satan dienen sollt, gewiß er ist euch ein deutlicher Feind und daß ihr Mir dienen sollt?, – das ist ein gerader Weg! Er hat ja doch viele Geschöpfe von euch in die Irre geführt. Hattet ihr denn nicht begriffen?"[34]

Der Satan als externer Widersacher wirkt natürlich in die Psyche des Menschen hinein, nützt die Schwäche des Intellekts und die Psyche, die das Böse befiehlt, aus, um den Menschen in die Irre zu führen.

Bei all diesen Determinanten der Psyche zeigen sich zwei Pole: die *Nafs*, die Psyche selbst und der *'Aql*, der Intellekt, wobei sich die Spannung und die Konkurrenz zwischen diesen zwei Polen im Herzen eines jeden Menschen vollziehen. Die vier *Nafs*-Typen, die hier genannt werden, stellen jeweils das Ergebnis dieser Konkurrenz und dieser Spannung dar. Der Koran hebt diese Tatsache hervor, wenn er die Irreleitung des Menschen als Ergebnis der Intellektlosigkeit oder des vergesslichen schwachen Intellekts bezeichnet: „Er (der Satan) hat ja doch viele Geschöpfe von euch in die Irre geführt. Hattet ihr denn nicht Verstand gehabt?"[35]

Im Lichte der vorigen Ausführungen kann die Entstehung des Bösen im Menschen entweder an der Abwesenheit bzw. an der Schwäche des Intellekts, d. h. der Rationalität, im Menschen festgemacht werden oder an der absichtlichen Verweigerung der Erkenntnis durch die Hör- und Sehorgane. Ereignet sich einer dieser beiden Faktoren, so kann die *Nafs 'ammāratun bi-s-sū'i* (eine Psyche, die das Böse befiehlt) oder der Satan von dem Menschen Besitz ergreifen und ihn zum Fehlverhalten verleiten. Natürlich ist es auch möglich, dass diese negative Nafs und der Satan zusammen wirken und den Menschen zum Maximalbösen verführen. Koranexegeten machen den Unterschied zwischen der negativen Psyche des Menschen und dem Satan darin aus, dass die Psyche des Menschen auf einem bestimmten konkreten Fehlverhalten beharrlich festhält, während der Satan verschiedene Möglichkeiten und Alternativen des Fehlverhaltens aufzeigt, um den Menschen zum Sturz zu bringen und dass der Satan nur dann aktiv werden kann, wenn diese Psyche, die das Böse befiehlt, bereits empfäng-

---

[34] Koran 36: 60–62.
[35] Koran 36: 62.

lich ist.[36] Somit bleibt der Mensch das Zentrum jeder Erziehung und jeder Transformation schlichthin.

4. Facetten der Barmherzigkeit und der Vergebung aus der Geschichte Josephs

Aus den dargestellten Ansätzen zur Erschließung der Mechanismen des Bösen in der menschlichen Psyche geht hervor, dass das Böse nur dann entsteht und um sich greift, wenn die selbstkritische Psyche abgestumpft ist und die das Böse befehlende Psyche die Oberhand gewinnt, wobei die Vergegenwärtigung des Göttlichen parallel dadurch verhindert wird, dass die Hör- und Sehorgane als Wahrnehmungsmöglichkeiten ganz oder teilweise ausgeschaltet werden.

Im Fall des verletzten Gerechtigkeitsgefühls liegt es in der logischen Fortschreibung der Ereignisse, dass Rache geübt wird, um den zufriedenstellenden Ausgleich zu erreichen. Das Vergeltungsprinzip „Auge um Auge; Zahn um Zahn" dürfte allen Menschen vertraut sein.

Nur, sobald eine Rache gestartet wird, wird in der zwischenmenschlichen Beziehung ein Streitfall nicht abgeschlossen, sondern nur noch komplexer und lebhafter. Die rächende Seite kann entweder das faire Ausmaß der Vergeltung nicht identifizieren und somit Unrecht begehen oder sie kommt in die Versuchung, bei der Rache maßlos zu sein und um den Ausgleich zum einen zu erzielen und zum anderen um einen Einschüchterungseffekt zu hinterlassen. Das macht den einfachen Streit zu einem komplexen Fall von Gewaltaustausch. Der Koran erkennt das Gerechtigkeitsproblem der menschlichen Psyche bei der Ausübung der Rache zur Wiederherstellung des Ausgleichs, gibt jedoch der Vergebung ausdrücklich den Vorrang und verspricht einen wahrhaft göttlichen reichlichen Lohn hierfür: „Und wenn ihr bestraft, so bestraft im gleichen Maß, wie ihr bestraft wurdet. Wenn ihr aber geduldig seid, so ist das wahrlich besser für die Geduldigen."[37]

In der Geschichte Josephs gibt es für die Hauptfigur Joseph viele Facetten, wo sein Gerechtigkeitsgefühl nachhaltig verletzt wurde. Dazu gehört das Unrecht der Frau des Potifars, die Joseph die versuchte Unzucht unterstellt und er schließlich zu Unrecht im Gefängnis landete und dort einige Jahre verharren musste. Schmerzhafter ist das nachhaltige Unrecht, das die Brüder Josephs ihm zugefügt haben und dass sie ihm anfangs töten wollten.

Hier müsste Jospeh in beiden Fällen bei der Wiederherstellung seiner Abwehrmöglichkeiten logischerweise und zu Recht zuschlagen und sich rächen. Es

---

[36] Vgl. die Exegese des Verses 22 der Sure 14 bei Aš-Šarāwī: https://www.altafsir.com/Tafsir.asp?tMadhNo=7&tTafsirNo=76&tSoraNo=14&tAyahN^^o=22&tDisplay=yes&Page=4&Size=1&LanguageId=1: (letzter Zugriff: 01.05.2024).

[37] Koran 16: 126.

fehlte gar nicht an Möglichkeiten der Rache. Er hat bei seiner Traumdeutung sein wertvolles Wissen unterschlagen und bei der Amtsübernahme als Schatzmeister Ägyptens Schäden anrichten können, um sich am damals herrschenden ägyptischen System zu rächen, das es möglich machte, dass ein Unschuldiger im Gefängnis landete und solange dort verharren musste. Er tat es nicht. Was griff in seine menschliche Psyche ein, damit der der Vergebung den Vorrang gibt und die stürmischen Rachetriebe zügelt?

Auch im Fall der Brüder standen ihm alle Möglichkeiten, sich bitter zu rächen, zur Verfügung da er damals die höchste Staatsgewalt im Land präsentierte und über die Getreideversorgung hoheitlich verfügte. Er tat es nicht. Was griff in seine menschliche Psyche ein, damit er der Vergebung den Vorrang gibt und die stürmischen Rachetriebe zügelt?

Die Antwort auf die beiden Fragen lautet, dass die Vergebung ein Bewältigungshandeln darstellt, das erst durch Aktion und Reaktion ermöglicht wird. Die Aktion besteht darin, dass die verletzende Person ihre Transgression (an-)erkennt und Reue zeigt, was theologisch als „Umkehr" bezeichnet wird. Helmut Tacke sieht das Schuldgeständnis daher als grundlegende Voraussetzung für die Vergebung.[38] Dieses Schuldbewusstsein, das für einen Vergebungsprozess fundamental ist, ist Die Leistung der selbstkritischen Psyche, wie wir sie oben aus islamisch-theologischer Sicht dargestellt haben.

Die Reaktion in diesem Zusammenhang besteht darin, dass die verletzte Person diese Umkehr der verletzten Person akzeptiert und als Ausgleich einstuft. Gerade diese Akzeptanzhandlung ist die wahre innere Selbstüberwindung der verletzten Person, die der Vergebung tatsächlich eine Chance gibt. Nach Kämmerer und Kapp soll die verletzte Person vor insgesamt vier Schritten,[39] um die Vergebung zu gewähren und einen Neuanfang zu ermöglichen: das Erkennen und die Auseinandersetzung mit der Verletztheit, die Auseinandersetzung mit der verletzenden Person und die Bereitschaft zum Perspektivenwechsel, die Entscheidung zur Vergebung und schließlich die Etablierung neuer Verhaltensweisen, um den veränderten Beziehungen zwischen dem Verletzten und dem Verletzenden gerecht zu werden. Diese vier Schritte müssen meines Erachtens aus islamologischer Perspektive dahingehend modifiziert werden, dass sich die verletzte Person mit der Frage auseinandersetzt, was ihm der Schöpfer in dieser Situation billigt und was der Schöpfer in dieser Situation bevorzugen würde und warum. Diese Frage ist für den genannten Perspektivenwechsel wohl entscheidend.

Joseph konnte in den beiden Fällen vergeben, da die die verletzende Person in den beiden Fällen die Schuld bekannte und Umkehr und Reue zeigte. Die Frau des Potifars bekannte sich zu ihren Fehlern und stellt die Unschuld Josephs öffentlich klar: „Jetzt ist die Wahrheit ans Licht gekommen. Ich habe versucht, ihn

---

[38]   Tacke 1984, 293
[39]   Kämmerer / Kapp 2002, 184.

zu verführen. Und er gehört fürwahr zu den Wahrhaftigen."[40] Auch im Fall der Brüder gab es ein ausdrückliches Schuldbekenntnis und eine reue gegenüber Joseph: „Sie sagten: „Bei Allah, Allah hat dich uns vorgezogen. Und wir haben wahrlich Verfehlungen begangen."[41] Somit wurde in beiden Fällen der Weg der Vergebung freigemacht und dies traf auf eine Person, die bei der Verwurzelung im Boden des Glaubens zur Vergebung für das göttliche Angesicht bereit war.

Maßgeblich für diesen Beitrag ist, wie eingangs bereits zitiert, aber die Feststellung, dass die Fähigkeit Josephs zu vergeben,[42] ausdrücklich auf das Gottesattribut der Barmherzigkeit zurückzuführen ist, dem Jospeh mit Erfolg nacheifert. Erst dieses Nacheifern machte es wahrscheinlich, dass Jospeh prompt mit Vergebung auf das Schuldbekenntnis reagiert und sorgt auch dafür, dass diese Vergebung auch unumkehrbar ist. Die Verwurzelung im Glauben und das Nacheifern des Gottesattributes garantieren eine Vergebung ohne Narben in den zwischenmenschlichen Beziehungen. Es wird bezweifelt, dass eine reine ethische Haltung Menschen dazu befähigt, diesen großen Kraftsprung über den eigenen Schatten zu absolvieren. Der Psyche namens *an-Nafs Muṭma'inna* (eine in Frieden mit sich lebende harmonische Psyche) fällt es mit dem Glauben leichter, die Vergebung schnell und endgültig zu vollziehen.

Die Frage ist: Wie kann dieses Nacheifern nun den Heranwachsenden in der Sekundarstufe I didaktisch beigebracht werden? Dieser Beitrag schlägt hier eine Art Roadmap für die Vergebungsdidaktik vor, die für den Unterricht in allen Schulzweigen (Grundschule, beruflichen Schulen, Sekundarstufe I/II) und in der Gemeinde nutzbar gemacht werden kann.

5.   Eine didaktische Roadmap statt eines Unterrichtsentwurfs

5.1   Didaktische Rahmenbedingungen

Wie können wir unsere Kinder dazu bringen, bei immer wieder vorkommenden Transgressionen der anderen ihren Rachegefühlen nicht zu frönen und nicht zu maßlosen Brandstiftern zu werden? Wie können wir unsere Heranwachsende dazu anleiten, die Vergebung nicht nur als eine heldenhafte Kraftleistung zu sehen, sondern auch als einen großen Gewinn und als Erhöhung beim Schöpfer höchstpersönlich?

Rauf Ceylan und Michael Kiefer zeigen in ihrer schmalen Monographie aus dem Jahr 2018 auf, wie sie radikalisierungsgefährdete Heranwachsende vom

---

[40]   Koran 12: 51.
[41]   Koran 12: 91.
[42]   Koran 12: 92.

Weg der Gewalt abbringen wollen. Ihr Instrument ist das sogenannte Clearings-gespräch eines Beraterteams mit der Zielperson, an dessen Anschluss indivi-duelle sozialpädagogische Maßnahmen ergriffen werden können und der Hang zur Gewalt gestoppt werden soll.[43] Diese Vorgehensweise ist eher säkular ausge-richtet und ignoriert die systemischen Änderungsmechanismen im Glauben des Betroffenen selbst. Daher gilt die innige, glaubensorientierte Schulung an den Gottesattributen nach meinem Kenntnisstand als der beste Weg, Perspektiven tatsächlich grundlegend und nachhaltig zu ändern und die Rachegefühle zu überwinden, bevor sie in Gewalt ausarten.

Einer der Lehrpläne der deutschen Bundesländer, der Lehrplan des Landes Baden-Württemberg für den sunnitisch-islamischen Glauben hebt die Erziehung zur Vergebung im Rahmen des Islamischen Religionsunterrichtes in der Sekun-darstufe I im inhaltlichen Bereich „Mensch, Glaube und Ethik" hervor.[44]

Die Erzählung Josephs eignete sich besonders für den Zweck der Erziehung zur Vergebung, zumal die Geschichte den fünf Leitfragen des didaktischen Klafki-Modells entspricht, nämlich die Gegenwarts- und Zukunftsbedeutung, die Sachstruktur, die exemplarische Bedeutung und die Zugänglichkeit.[45] Die Ver-gebung Josephs gegenüber seinen Brüdern ist für jeden zugänglich und kann stets für konfliktäre Gegenwarts- und Zukunftskontexte heilend herangezogen werden.

5.2 Ressourcen der Erziehung zur Vergebung

Auch wenn es lediglich um das Gottesattribut der Barmherzigkeit geht, die sich in der Joseph-Erzählung in der Bereitschaft ausdrückt, Vergebung zu gewähren, ist es ratsam, alle schulischen und außerschulischen Ressourcen miteinzubezie-hen, um möglichst zielorientiert die lohnende Botschaft der Vergebung zu ver-mitteln. Im Folgenden begnügt sich dieser Beitrag mit einer kurzen Skizze dieser Ressourcen.

5.2.1 Der Koran

Der optimale Islamunterricht zum Thema Vergebung im Kontext der Jospeh-Er-zählung kann nicht umhin, intertextuell zu arbeiten. Hier gilt explizite Gebote des Korans (z. B. 44: 148; 7: 199) zur Vergebung miteinzubeziehen genauso wie Vergebungserzählungen (Adams Geschichte, Jonas Geschichte etc.), damit Her-anwachsende vergegenwärtigen, dass Vergebung nicht ein fakultatives Anlie-

---

[43] Ceylan / Kiefer 2018, 123f.
[44] Ministerium für Kultus, Jugend und Sport Baden-Württemberg 2016, 14–18.
[45] Klafki 1962, 15f.

gen des islamischen Glaubens ist, sondern eins ehr fundamentales, wovon Maß-
gebliches in der Lebensentwicklung eines gläubigen Menschen abhängt.

5.2.2 Die Prophetentraditionen

Auch hier kann die Intertextualität des Unterrichts fortgesetzt werden. Der Prophet Mohammed ist auch das ultimative Vorbild, der die Koranwerte, die Barmherzigkeit und die Vergebung eingeschlossen, vorgelebt hat. Die prophetische
Tradition ist nicht gerade dünn, wenn es um Ereignisse und Hadithe geht, die
die lohnende gottesgefällige Vergebungsfähigkeit nachdrücklich empfehlen. Die
Mekkaner waren nicht die ersten noch die letzten, die in den Genuss dieser bedingungslosen prophetischen Vergebung gekommen waren, nachdem vorhin
vertriebene Muslime als siegreiche Herren nach Mekka heimgekehrt waren.
Auch diese prophetische Barmherzigkeit ist nur eine Spur des Gottesattributs
der Barmherzigkeit.[46]

5.2.3 Die Familie

Die Familie ist der außerschulische Ort der dauerhaften sozialisierten religiösen
Erziehung und ist der Ort, wo Bildung am nachhaltigsten vorgenommen werden
kann. Die Familie sollte daher auf jeden Fall in irgendeiner (aktiven) Form in die
Vergebungserziehung miteinbezogen werden und sei es nur durch eine von den
Erziehungsberechtigten zu unterschreibende Unterrichtung über die laufende
Unterrichtsreihe zum Thema Vergebung. Die Ereignisse der Erzählung Josephs
ereigneten sich alle im familiären Umfeld im Elternhaus oder im ägyptischen
Aufnahmehaus und es vollzogen sich dort auch die Handlungen des Schulbe-
wusstseins und der Vergebung. Hier hat der Religionsunterricht den Anschluss
zu finden.

5.2.4 Die Gemeinde

Die Gemeinden sind ebenfalls wichtige religiöse Sozialisierungsräume, in denen
ein Leben im Einklang mit der religiösen Lehre gepredigt und versucht wird.
Aufgrund der Präsenz der islamischen Gemeinden in vielen Schulstädten in
Deutschland ist dem Islam-Unterricht möglich, bei der Umsetzung der didaktischen Roadmap für die Erziehung zur Vergebung in Austausch mit der religiösen
Leitung dieser Gemeinden zu treten und sich gegenseitig um gezielte Impulse
für eine höhere Sensibilisierung der Heranwachsenden für die Vergebungsfähigkeit in Konfliktfällen zu bereichern.

---

[46] Koran 21: 107.

5.2.5   Die Islam-Lehrkraft

Die Isamlehrkraft ist eine Art Autorität aus der Sicht der Heranwachsenden. Sie kann durch einen vergebenden Umgang mit den Schülern als auch mit Erzählungen aus der eigenen Biographie die Botschaft der Vergebung im Unterricht weitergeben.

Ferner ist es die Aufgabe der Lehrkraft, Potential aus all diesen Ressourcen geschickt zu beziehen, um den Heranwachsenden den sehr hohen und sehr lohnenden Wert der Vergebung als Ausdruck der Barmherzigkeit in verdichteter Form nachhaltig einzuprägen und ihre Einstellungen positiv zu ändern.

5.3   Ziele der didaktischen Roadmap für die Vergebungserziehung

1. Erkennen, dass Vergebung ein Ausdruck der Barmherzigkeit ist.
2. Erkennen, dass Vergebung nur eine göttliche souveräne Handlung ist
3. Erkennen, dass auch Menschen anderen Menschen vergeben können und somit auf dem Wege des Allvergebenden befinden.
4. Erkennen, dass die verletzte Person auch gelegentlich selbst Fehler begehen und andere verletzten kann.
5. Genauso wie die verletzte Person auf die göttliche Vergebung angewiesen sein kann, ist die verletzende Person als jemand auch anzusehen, der auf die Vergebung der verletzten Person angewiesen ist. Wer den Mitmenschen Vergebung gewährt, verbessert auch seine möglichen Chancen, in den Genuss der göttlichen Vergebung zu kommen.
6. Erkennen, dass die Vergebungsleistung eine Gabe an den Schöpfer persönlich ist.
7. Erkennen, dass Rache nur zur Zerstörung anderer und zur Selbstzerstörung leicht führen kann und dass dieser Schaden nicht ein momentaner ist, sondern sich unumkehrbar auf das ganze Leben erstrecken kann.
8. Sich in die Perspektiven der Erzählfiguren im Koran versetzen und diese perspektiven auch übernehmen, um ganzheitlich die erzählte Situation zu verstehen.
9. Exegetisch die Lehren aus den Koranerzählungen ziehen und auf die eigene Lebenswirklichkeit anwenden.
10. Sich schließlich mit dem Gottesattribut der Barmherzigkeit, auf das die Vergebung in dieser Joseph-Erzählung zurückgeht, auseinandersetzen und diesem Attribut, dem Joseph-Vorbild folgend, stets nacheifern.

5.4   Unterrichtspraktische Überlegungen

11. Es gelten Prinzipien der didaktischen Elementarisierung und der Subjekt-orientiertung. Im Sinne der Elementarisierung sollte sich der Unterricht nur auf die Facette der Versöhnung mit den Brüdern beschränken. Der Unterricht kann als Teil einer Unterrichtsreihe konzipiert werden, die sich z. B. mit dem Themenkomplex „Schuld, Vergeltung und Vergebung" befasst. Die persönlichen Erfahrungen der Rache: Im Sinne der Subjektorientierung sollte die Unterrichtsstunde aus der Erfahrungswelt der SchülerInnen starten und erfahrene Vergebung oder erfahrene Rache zunächst thematisieren, um daran den islamisch-theologischen Anschluss mit der Joseph-erzählung zu finden.

12. Didaktische Miteinbeziehung eines außerreligiösen Berichts aus dem konkreten Alltag, wo Rache in blutige Gewaltakte ausartete und Menschen zu Tode kamen. Dies kann auch ein kurzer authentischer Bericht aus einer Tageszeitung sein, wo das Motiv der exzessiven Gewalt eindeutig als die Rache identifiziert wird. Dieses Beispiel sollte den SchülerIn plastisch vor Augen führen, welche verheerenden Auswirkungen die Rache haben kann und wie diese Auswirkungen hätten verhindert werden können. Ein Beispiel für dieses externe Material wäre etwa:

> **„Erschreckende Tat in London**
> *Jugendliche bringen Mann um, weil er sie im Bus nervte.*
> In angetrunkenem Zustand nervte ein junger Mann in London drei Jugendliche bei einer Busfahrt – aus Rache lauerten die Teenager dem 21-Jährigen auf und töteten ihn. Dafür gab es jetzt hohe Haftstrafen.
> Dafür verurteilte der Strafgerichtshof Old Bailey sie am Freitag zu langen Haftstrafen. Richter John Hillen sagte, das Motiv sei – „so unglaublich es auch scheint" – gewesen, dass sich die Jugendlichen über das rüpelhafte Verhalten des Opfers geärgert hätten."[47]

13. Die Kontrastierung und Gegenüberstellung mit der Textfacette aus der Jospeh-Erzählung im Koran sollte nun nach der Analyse dieses externen Berichts nach den W-Fragen erfolgen. Die Korantextstelle umfasst die drei Verse 90–91, wo sich die Brüder zu ihren Verfehlungen bekennen und Joseph unmittelbar danach die Vergebung ausspricht.

14. Sozial sollten, nach Klassengrösse, mindestens vier Arbeitsgruppen gebildet werden. Jede zwei Gruppen befassen sich, je nach freiwilliger Wahl, entweder mit dem Korantext oder mit dem externen Bericht.

15. Die Suche nach den Spuren barmherzigen Handelns des Schöpfers in der Geschichte ist die Aufgabe aller vier Gruppen in der Klasse. Es muss eingehend herausgearbeitet werden, wie die Haltung Josephs zur Vergebung nicht nur

---

[47]   https://www.bz-berlin.de/welt/london-prozess-mord-bus-mord (Zugriff: 22.12.2023).

möglich, sondern auch konsequent werde. In diesem Zusammenhang gilt die eingehende Auseinandersetzung mit der Aussage Josephs „Keine Schelte soll heute über euch kommen. Allah vergibt euch, Er ist ja der Barmherzigste der Barmherzigen." Hier wird das Gottesattribut der Barmherzigkeit explizit ausgesprochen. Damit unterscheidet Joseph zwischen dem barmherzigen Menschen, der zur Vergebung bereit ist und dem Barmherzigsten, d. h. dem barmherzogen Schöpfer selbst. Damit stellt er sich dar als jemand, der dem Gottesattribut der Barmherzigkeit nacheifert. Die gesamte Handlung der Ereignisse im Leben Josephs drehen sich mit dem Willen und der Steuerung der göttlichen Allmacht, die für Joseph diese schwere Prüfung vorgesehen und ihn jedoch bei jeder Gefahr gerettet hat. Joseph bezeichnet die göttliche Steuerung der Ereignisse in seinem Leben als „feinfühlig": „Gewiß, mein Herr ist feinfühlig (in der Durchführung dessen), was Er will."[48] Damit ist es Aufgabe des Islamunterrichts zur Geschichte Josephs, diese göttliche Feinfühligkeit herauszuarbeiten und hervorzuheben, z. B. war es der Plan der Brüder zunächst, Joseph zu töten, begnügten sich jedoch damit, ihn nur in den Brunnen zu werfen, damit er im häuslichen Hof des Vater endgültig verschwindet. Diese Relativierung des Bösen ist für das bloße Überleben Josephs entscheidend.

16. Die Suche nach den Spuren des barmherzigen Handelns Josephs: Joseph begnadigt die Brüder mit dem Hinweis, dass die Begnadigung ein Akt der Barmherzigkeit ist und hebt jedoch hervor, dass der Barmherzigste doch für alle seiner Geschöpfe da ist. Damit stellt sich Joseph als jemand dar, der diesem Gottesattribut der Barmherzigkeit nacheifert.

17. Transfer: Die gewonnen wertvollen Kenntnisse zum Gottesattribut der Barmherzigkeit aus der Erzählung Josephs sollen nun auf die Lebenswirklichkeit der Schülerinnen und der Schüler Anwendung finden. Dafür bietet der schulische Alltag genügend Spannungsmomente und Streitanlässe, die schnell dazu führen, in Gewalt auszuarten. Islam-Gelehrte sind sich darüber einig, dass der Mensch nur dann als Rabbānī, Nacheiferer nach den Gottesattributen, bezeichnet werden kann, wenn er die Gottesattribute nicht nur sehr gut kennt und selbst erlebt, sondern auch anderen Menschen beibringen kann.[49] Man möchte hier hinzufügen, dass ein optimaler Nacheiferer nach den Gottesattributen ein Mensch ist, dessen Nacheifern zum Gedeihen der Mitmenschen gereicht.

---

[48]   Koran 12: 100.
[49]   Ibn Qayyim 1998, Bd. 3, 9.

6.   Fazit

Die Erziehung zur Vergebung gestaltet sich deswegen schwer, weil die Rache mit einem intersubjektiv plausiblen verletzten Gerechtigkeitsgefühl startet und die Vergebung nun einen Weg aufzeigt, der diesem Gerechtigkeitsgefühl entgegengesetzt wird und den Menschen um dieses Gerechtigkeitsgefühl im Vertrauen auf einen verborgenen göttlichen Lohn wegnehmen will. Die Fähigkeit zur Vergebung ist das Ergebnis der Überwindung jener Psyche im Menschen, die das Böse befiehlt. Die Oberhand hat in diesem Fall jene Psyche, die harmonisch mit sich und dem Schöpfer lebt. Beide Psychen konkurrieren miteinander im Inneren des Menschen. Maßgeblich für den Ausgang dieser Konkurrenz ist die Überzeugung der harmonischen Psyche, dass Vergebung nicht nur kein Akt der Schwäche ist, sondern vielmehr einen bleibenden Mehrwert darstellt, der nicht nur in diesem Leben Früchte trägt, sondern auch im Jenseits. Aufgrund dieser schwierigen Konstellation ist es daher wichtig, bei der Erziehung zur Vergebung authentische glaubwürdige Vorbilder im Islam-Unterricht zu präsentieren. Die Joseph-Erzählung dreht sich um das Gottesattribut der Barmherzigkeit, das in der Erzählung ausdrücklich genannt wird und nicht erst aus der Summe der Sprechhandlungen gewonnen werden soll. Das göttliche Handeln selbst bietet für Menschen eine Chance zum Nacheifern. So wie der Schöpfer Menschen verzeiht und ihnen Barmherzigkeit gedeihen lässt, so kann sich auch der Mensch gegenüber seiner Umwelt verhalten. Die göttliche Barmherzigkeit hat Joseph gehütet und geschützt und bildet zugleich die Grundlage für die Vergebung der Brüder. Joseph erscheint hier nicht als Vorbild, sondern als jemand, der dem Gottesattribut nacheifert. Das ist eine neue Perspektive auf diese Erzählung, da andere Stimmen in der Literatur ausschließlich dem Vorbild Joseph gewidmet sind und das göttliche Handeln der Barmherzigkeit und der Vergebung außer Acht lassen. Die hier entworfene didaktische Roadmap soll die Grundlage für einen Islam-Unterricht bilden, der der Vermittlung dieser Vergebungsfähigkeit gewidmet ist.

Literatur

ABU-RAIY, HISHAM (2014), Western psychology and Muslim psychology in dialogue: comparisons between a Qura'nic theory of personality and Freud's and Jung's ideas, in: J Relig Health, 53/2, 326–338.

AL-ĠAZĀLĪ, ABŪ HĀMED (2011), Revival of religious Sciences. Bd. 3 (translated by Mohammad Mahdi Al-Sharif), Beirut.

ARD (Hg.) (2022), Liken. Hassen. Töten, <iframe src="https://www.ardmediathek.de/embed/ Y3JpZDovL2Rhc2Vyc3RlLmRlL3JlcG9ydGFnZSBfIGRva3VtZW50YXRpb24gaW0gZXJjdGVu LzE4NDZkMzk1LWExMjMtNGNiOS1iZTgwLTZiZmNhNWQyMGI2YQ"width="640"height= "360" allowfullscreen frameBorder="0" scrolling="no"></iframe>: (lZugriff: 20.05.2024).

AŠ-ŠARĀWĪ, MUHAMMAD MUTWALĪ (1419 n. i. Z. R.), Ḫawāṭir ḥawla Al-Qurān Al-Karīm (Einfälle zum Verständnis des edlen Korans) (https://www.altafsir.com, Zugriff: 01.05.2024).

BUBENHEIM, FRANK / ELYAS, NADIM (2011), Der edle Koran und die Übersetzung seiner Bedeutungen in die deutsche Sprache, Medina.

CEYLAN, RAUF / KIEFER, MICHAEL (2018), Radikalisierungsprävention in der Praxis Antworten der Zivilgesellschaft auf den gewaltbereiten Neosalafismus, Wiesbaden.

EGLOFF, LISA (2016), Das Böse als Vollzug menschlicher Freiheit. Die Neuausrichtung idealistischer Systemphilosophie in Schellings Freiheitsschrift, Berlin.

GARDEN, KENNETH (2014), The first Islamic reviver: Abu Hamid al-Ghazali and his Revival of the religious sciences, Oxford.

HOFFMANN, BERNHARD (2015), Der Unterrichtsentwurf. Leitfaden und Praxishilfe, Baltmannsweiler.

IBN KAṮĪR, ABŪ L-FIDĀʾ ISMĀʿĪL (1998), Tafsīr al-qurʾān al-ʿaẓīm (Die Erläuterung des Korans). Bearbeitet und kommentiert von Muḥammad Ḥusayn Šams ad-Dīn. 10 Bde. Beirut: Dār al-kutub al-ʿilmiyya. Abrufbar (https://www.altafsir.com/ Zugriff 01.05.2024).

IBN QAYYIM AL-JAWZIYYA (gest. 1350) ([3]1998), Zād Al-Mīʿād fī hady ḫayr al-ʿibād (= Nahrung für den Tag der Begegnung zur Rechtleitung der guten Gottesdiener) (6 Bände), Beirut.

IBN QAYYIM AL-JAWZIYYA (o. J.), Kitāb Ar-Rūḥ (= Das Buch zum Thema Seele). Dār ʿĀlam Alfawāʾid: Mekka: (https://archive.org/details/KITBURR01IbnQajjimElDewzijjeh, Zugriff: 01.06.2022).

KÄMMERER, ANNETTE / KAPP, FRIEDRICH (2002), Emotionale Stiefkinder therapeutischen Handelns: Zum Beispiel Vergebung, in: PiD – Psychotherapie im Dialog 3/2, 184–187.

KANT, IMMANUEL (1999), Grundlegung der Metaphysik der Sitten, Hamburg.

KLAFKI, WOLFGANG (1964), Das pädagogische Problem des Elementaren und die Theorie der kategorialen Bildung, Leinen

MINISTERIUM FÜR KULTUS, JUGEND UND SPORT BADEN-WÜRTTEMBERG (2016), Gemeinsamer Bildungsplan der Sekundarstufe 1 – Islamische Religionslehre sunnitischer Prägung (https://www.bildungsplaene-bw.de/,Lde/LS/BP2016BW/ALLG/SEK1/RISL, Zugriff: 01.05.2024.).

ROMMEL, HERBERT (2020), Globale Verteidigung der Menschenwürde – Zum Wert des Menschen im Judentum, Christentum und Islam, Paderborn.

ROTH, PRISCILLA (1997), Superego – Ideas in Psychoanalysis, Cambridge.

TACKE, HELMUT (1984), Schuld und Vergebung, in: Praktische Theologie 19/4, 291–297.

WOLF, URSULA ([3]2013), Aristoteles „Nikomachische Ethik", Darmstadt.

Dynamiken schulischen Zusammenlebens im Kontext medialer Einflüsse: Perspektiven islamischer Religionslehrkräfte

Mevlida Mešanović

In einer zunehmend vernetzten Welt prägen die Medien maßgeblich die Wahrnehmung des Islam und der Muslim*innen, sowohl auf individueller als auch kollektiver Ebene, insbesondere im schulischen Umfeld. Eine Studie mit islamischen Religionslehrkräften im Süden Österreichs untersuchte die Auswirkungen der Medienberichterstattung auf die Wahrnehmung von Islam und Muslim*innen in Schulen und den Einfluss der Medieninhalte auf das soziale Miteinander. Diese Untersuchung liefert wichtige Erkenntnisse über die dynamischen Wechselwirkungen zwischen Medien und schulischem Zusammenleben und trägt zur Debatte über die Förderung von interreligiöser Sensibilität und dem Umgang mit Vorurteilen im Bildungswesen bei.

Schlagwörter: interreligiöse Bildung – Islamische Religionslehrkräfte – Medienberichterstattung – Muslim*innen – schulisches Zusammenleben – Wahrnehmung.

In an increasingly interconnected world, the media has a significant influence on the perception of Islam and Muslims, both on an individual and collective level, especially in the school environment. A study with Islamic religious education teachers in southern Austria examined the impact of media coverage on the perception of Islam and Muslims in schools and the influence of media content on social interaction. This study provides important insights into the dynamic interactions between media and school coexistence and contributes to the debate on promoting interreligious sensitivity and dealing with prejudice in education.

Keywords: interreligious education – Islamic religious education teachers – media coverage – Muslims – school coexistence – perception.

1. Einleitung

In einer globalisierten Welt gewinnt das Thema der interreligiösen Zusammenarbeit und des dynamischen Zusammenspiels verschiedener religiöser Gruppen im schulischen Kontext immer mehr an Relevanz. Auch für islamische Religionslehrkräfte stellt sich die Frage nach den Auswirkungen medialer Einflüsse auf ihre Rolle und ihre Beziehungen zu Schüler*innen, Kolleg*innen und der Gesellschaft als Ganzes. Vor dem Hintergrund der anhaltenden Medienpräsenz von Islam und Muslim*innen ist es wichtig, die komplexen Dynamiken des Zusammenlebens in der Schule zu verstehen und Wege interreligiöser Kooperation frei von Stereotypen und Vorurteilen zu fördern.

Die vorliegende Studie widmet sich der Untersuchung der Erfahrungen islamischer Religionslehrkräfte im schulischen Kontext, insbesondere im Hinblick auf den Einfluss der medialen Darstellung von Muslim*innen, des Islam und der Religionslehrkräfte. Es wird analysiert, wie sich mediale Darstellungen des Islams auf die Arbeit und Interaktionen von Lehrkräften mit Schüler*innen und Kolleg*innen auswirken. Durch die Untersuchung der Perspektiven und Herausforderungen der islamischen Religionslehrkräfte kann ein tieferes Verständnis für die Mechanismen entwickelt werden, die das schulische Zusammenleben prägen. Darüber hinaus können Impulse für die interreligiöse Zusammenarbeit im Bildungsbereich gegeben werden.

Medien haben in einer Ära der rasanten Entwicklung digitaler Technologien und der Vernetzung der Welt eine nie dagewesene Bedeutung erlangt. Sie fungieren nicht nur als Informationsquelle, sondern auch als entscheidender Kanal für die Meinungsbildung. In der heutigen Gesellschaft des 21. Jahrhunderts sind Medien ein integraler Bestandteil des täglichen Lebens der Menschen und erfüllen vielfältige Funktionen, sei es durch Bücher, Zeitungen, Radio, Fernsehen oder soziale Netzwerke. Während traditionelle Massenmedien etwa der Informationsweitergabe und Meinungsbildung dienen[1], werden soziale Medien zur Vernetzung und Kommunikation mit anderen genutzt.[2]

Zu den modernen Medien zählen auch verschiedene Plattformen: soziale Netzwerke, soziale Medien, virtuelle Netzwerke, Medien und Ähnliches sind Synonyme oder verwandte Begriffe, die in unserem Sprachgebrauch hauptsächlich sich auf soziale Netzwerke beziehen. Hierzu existieren bereits einige Definitionen, von denen eine von Danah Boyd und Nicole Ellison sich durchgesetzt hat. Ihnen nach ist ein soziales Netzwerk nichts anderes als ein Dienst, der es Nutzern ermöglicht, ein öffentliches oder halböffentliches Profil anzufertigen, eine Liste anderer Nutzer zu erstellen, mit denen sie verbunden sind, und ihre eigene Liste von Verbindungen sowie Listen, die von anderen Mitgliedern des Systems erstellt wurden, zu durchsuchen und Informationen auszutauschen.[3] Die verfügbaren Medien dienen in erster Linie dazu, Informationen aller Art zu verbreiten, Menschen über persönliche, gesellschaftliche und weltliche Veränderungen auf dem Laufenden zu halten und miteinander zu vernetzen, unabhängig von ihrem sozialen, sprachlichen oder räumlichen Kontext. Insbesondere Schüler*innen sind im Alltag von zahlreichen Medien und sozialen Plattformen umgeben.

Dieser Beitrag untersucht den Einfluss von Medien und sozialen Netzwerken auf den schulischen Kontext, insbesondere die Wahrnehmung des Islam und der

---

[1]   https://www.bpb.de/themen/medien-journalismus/medienpolitik/236435/medien-und-gesellschaft-im-wandel/ (letzte Einsicht 08.05.2024)

[2]   Kirkpatrick 2012, 79.

[3]   Boyd 2015, 2.

Muslim*innen. Er basiert auf einer Befragung von islamischen Religionslehr-kräften (IRL) und analysiert die Auswirkungen des Medieneinflusses auf die Lernumgebung und das soziale Miteinander in Schulen. Dabei wird auch die Re-levanz dieses Themas aus der Sicht der IRL betrachtet. Ein tieferes Verständnis dieser Mechanismen ist wichtig, da sie nicht nur die Bildung und Integration be-einflussen, sondern auch das Zusammenleben in Schulen prägen und langfris-tige Auswirkungen auf die Gesamtgesellschaft haben können.

2.   Die unsichtbaren Fäden

Medien prägen nicht nur Meinungen über Kulturen, Religionen und Welt-anschauungen, sie stellen auch Fakten dar, interpretieren und bewerten Ereig-nisse. Auf der einen Seite können sie den Unterricht bereichern, indem sie den Schüler*innen vielfältige Informationen vermitteln, auf der anderen Seite för-dern sie Klischees und Vorurteile, die den Unterricht und das Zusammenleben beeinträchtigen können. Daher ist ein kritisches Hinterfragen von Medieninhal-ten und die Förderung von Medienkompetenz bei Schüler*innen und Lehrkräf-ten wichtig. Dies ist die Voraussetzung für ein ausgewogenes Verständnis und den Schutz vor Fehlinformationen. Die Förderung von Medienkompetenz leistet einen Beitrag zur Bildung einer informierten, aufgeklärten und verantwortungs-vollen Schulgemeinschaft, die sich den Herausforderungen der modernen Me-dienlandschaft stellen kann. Die Schüler*innen werden befähigt, Medien be-wusst und verantwortungsbewusst zu nutzen und aktiv an einem harmonischen und respektvollen Miteinander mitzuwirken.

2.1   Mediale Präsenz von Islam und Muslim*innen

Seit September 2001 ist die mediale Präsenz des Islams und der Muslim*innen stark gestiegen,[4] jedoch ist die Berichterstattung überwiegend negativ.[5] Dies hat zur Entstehung von Vorurteilen, Stereotypen und Diskriminierung in der Gesell-schaft geführt, sowie zu einer Zunahme von Islamophobie, Islamfeindlichkeit und antimuslimischem Rassismus. Diese global verbreiteten Phänomene beein-trächtigen das Vertrauen, das Zusammenleben und die Zusammenarbeit zwi-schen verschiedenen Kulturen und Religionen und gefährden die Grundlagen einer integrativen und pluralistischen Gesellschaft.

Aufgrund begrenzter direkter Kontakte formt jedes Individuum seine Mei-nung über Muslim*innen auf der Grundlage verfügbarer Informationen, wobei

---

4   Sackl-Sharif / Goldgruber 2021, 191f.
5   Schober 2021, 595f.

viele nicht die Möglichkeit haben, sich akademisch mit dem Islam auseinander-zusetzen. Nicht-Muslim*innen beziehen primär über die Medien, auch Print-medien, Informationen über Muslim*innen und den Islam, was maßgeblich zur Bildung und Verfestigung von Meinungen und Vorurteilen beiträgt. Die darin präsentierten Informationen erreichen ein breites Publikum, können jedoch von den Muslim*innen nicht immer identifiziert werden. Die begrenzte direkte In-teraktion verstärkt das Potenzial der unkritischen Übernahme von Medien-inhalten, was zu Ängsten, Distanz und einer Zurückhaltung Kontakt aufzuneh-men, führen kann.

Neben den Printmedien erfreut sich das Thema Religion auch in der virtuel-len Welt erhält das Thema Religion verstärkte Aufmerksamkeit. Diese verstärkte Präsenz in digitalen Medien kann jedoch zur Verbreitung von Fehlinformatio-nen und Unkenntnis führen, ein Phänomen, das sich auch als Form virtueller Diskriminierung manifestieren kann. Dass Religion häufig ein wichtiges Motiv für das Verfassen von Hasspostings im Internet ist, zeigt eine Studie, die 2015 in der Steiermark durchgeführt wurde.[6] Dieser zufolge häuft sich Diskriminierung aufgrund von religiösen Ansichten: Rund 74 % der Befragten vermuteten Islam-feindlichkeit und etwa 37 % Antisemitismus als (eher) häufiges Motiv für das Posten von Online Hate Speech (OHS). In den Gruppendiskussionen derselben Studie wurde darüber hinaus deutlich, dass die Diskriminierung von Menschen mit islamischem Glauben häufig mit Rassismus verwoben ist und es hier zu in-tersektionalen Überschneidungen kommt.[7]

2.2 Medieneinfluss auf Beruf IRL

Die mediale Präsenz von Islam und Muslim*innen beeinflusst nicht nur die Wahrnehmung der IRL in der Gesamtgesellschaft und das öffentliche Bild IRL, sondern auch deren Berufsfeld. Vor allem im schulischen Kontext sehen sich die IRL häufig mit Vorurteilen konfrontiert, die in den sozialen Netzwerken, in den Print- oder in anderen Medien verbreitet werden.[8] Das Aufkommen unterschied-licher Diskriminierungsformen[9] führt zu Imageproblemen, aber auch zur Ent-wicklung von Ängsten, Unsicherheiten und Herausforderungen im Zusammen-leben, was auf Generalisierungen durch die Medien zurückgeführt werden kann[10] und was sich auf das schulische Miteinander massiv auswirkt.

Die IRL befinden sich oft in einem schwierigen Arbeitsumfeld, in dem sie mit falschen Vorstellungen und negativen Klischees zu kämpfen haben. Die Medien

---

[6] Bundesland im Süden Österreichs.
[7] Wahl 2011, 193f.
[8] Thiele 2014, 13.
[9] Schober 2021, 595.
[10] Sackl-Sharif / Goldgruber 2021, 210.

tragen dazu bei, dass sie zunehmend mit Vorurteilen und Misstrauen konfrontiert werden, was ihre Arbeit zusätzlich erschwert. Sie müssen diese Vorurteile abbauen und einen offenen Dialog über den Islam sowie interkulturelle und interreligiöse Themen fördern. Darüber hinaus werden sie zunehmend mit interreligiösen Konflikten und Spannungen innerhalb der Schulgemeinschaft konfrontiert und müssen Wege finden, diese zu überbrücken, ein respektvolles Miteinander zu fördern und gleichzeitig zur interreligiösen Verständigung beizutragen. Insgesamt verdeutlicht dies die komplexe Aufgabe der IRL in einer zunehmend multikulturellen und multireligiösen Gesellschaft, in der die Medien eine wichtige Rolle bei der öffentlichen Meinungsbildung spielen.

Um Vorurteilen und Stereotypen, die durch Medienberichterstattung und gesellschaftliche Einflüsse entstehen, entgegenzuwirken und die Sensibilität für kulturelle und religiöse Vielfalt zu fördern, ist es sinnvoll, Schüler*innen und Lehrkräfte durch interreligiöse Bildung zu stärken. Gezieltes interreligiöses Lernen im schulischen Kontext kann effektiv bestehende Klischees hinterfragen, Reflexion ermöglichen und im Idealfall Vorurteile abbauen, wie eine im Süden Österreichs mit islamischen Religionslehrkräften durchgeführte Studie, auf die im Folgenden näher eingegangen wird, zeigt. Dieser Bildungsansatz fördert ein differenziertes Verständnis unterschiedlicher religiöser Hintergründe.

2.3   Methodik der Studie

Die mit den IRL durchgeführte Studie hat zum Ziel, den Rahmen ihrer beruflichen Tätigkeit zu untersuchen, Einflussfaktoren zu identifizieren und die Förderung interreligiöser Bildung sowie Hindernisse aufzuzeigen. Dabei wird der Einfluss der Medien auf das Schulleben als wesentlicher Faktor berücksichtigt. Durch einen qualitativen Ansatz wurden relevante Erkenntnisse gewonnen, insbesondere durch die narrativen Erzählungen der Lehrkräfte. Diese Methode ermöglichte es, ihre Erfahrungen mit interreligiösem Lernen und dem Umgang mit Konflikten im Schulalltag genauer zu untersuchen. Die Analyse dieser narrativen Daten bietet differenzierte Einblicke, um die komplexen Zusammenhänge zwischen Medieneinflüssen, interreligiösem Lernen und dem sozialen Umfeld der Schule zu verstehen.

Im Rahmen der vorliegenden Studie wurden 15 IRL von insgesamt 74 im Dienst befindlichen Lehrpersonen (53 in der Steiermark und 21 in Kärnten) in episodischen Interviews befragt.[11] Um vielfältige Ergebnisse zu erhalten, wurden die Interviewpartner*innen nach Kriterien wie Alter, Geschlecht, Ausbildung, Berufserfahrung, Herkunft und Schultyp ausgewählt. Die Auswertung des erhobenen Materials erfolgte in Anlehnung an die qualitative Inhaltsanalyse nach

---

[11]   Mešanović 2023, 143.

Mayring, wobei alle Kategorien und Subkategorien induktiv aus den paraphrasierten Interviewdaten abgeleitet wurden. Zur Unterstützung der Datenanalyse wurde die Software MAXQDA eingesetzt. Die Auswertung des Materials ergab zwei große Dimensionen mit verschiedenen Kategorien, die in ein Kategoriensystem mündeten, wobei die Kategorie „Medienwirkung" eine wichtige Rolle spielt.

3.   Medieneinfluss auf den schulischen Kontext

Die Ergebnisse der Studie bieten wertvolle Einblicke in die Perspektiven der IRL in Bezug auf den Einfluss der Medien im schulischen Kontext. Die Interviews lieferten ein breites Spektrum an Informationen und Meinungen zu Themen wie der Darstellung des Islams in den Medien, der Wahrnehmung von Muslim*innen sowie den Herausforderungen, mit denen die IRL im Unterricht und im Schulalltag, verursacht durch die verschiedenen Medien, konfrontiert sind.

3.1   *„Ich muss mich immer rechtfertigen"*

Die durchgeführte Studie zeigt deutlich, dass die Medien die Wahrnehmung und Vorurteilsbildung gegenüber Muslim*innen und dem Islam maßgeblich beeinflussen. Dadurch entsteht in der Öffentlichkeit ein verzerrtes Bild von Muslim*innen, was sich negativ auf die Berufsausübung der IRL auswirkt, da einige Medien Themen unnötig zuspitzen und sie in einen politischen Kontext stellen, anstatt sie lösungsorientiert anzugehen.[12] Vor allem begegnen Schüler*innen auf dem Weg zur Schule verschiedene Plakatten mit Überschriften wie „„Daham statt Islam'[13] oder ‚Der Islam gehört nicht zu Österreich'[14] und kommen dann in

---

[12]   IP14, Pos. 113 (Die verwendeten Kürzel beziehen sich auf das Datenmaterial der Interviews und folgen dem Schema: IP (= Interviewpartner*in) Nummerierung, Pos. (= Position).

[13]   „Daham statt Islam" ist ein Ausdruck, der in der österreichischen Politik verwendet wurde, insbesondere von der Freiheitlichen Partei Österreichs (FPÖ). „Daham" ist ein Dialektwort, das „Zuhause" oder „Heimat" bedeutet. Die Phrase „Daham statt Islam" lässt sich also grob als „Heimat statt Islam" übersetzen. Dieser Slogan wurde im Kontext von Debatten über Migration, Integration und die Präsenz des Islams in Österreich verwendet. Er drückt aus, dass die Bewahrung der österreichischen Kultur und Traditionen Priorität hat und wird oft in Abgrenzung zur muslimischen Kultur und Religion benutzt. Kritiker werfen der FPÖ und anderen, die diesen Slogan benutzen, vor, damit populistische und fremdenfeindliche Ressentiments zu schüren. Befürworter argumentieren hingegen, dass es um den Schutz der eigenen Kultur und Identität gehe. Mehr dazu in: https://www.derstandard.at/story/3185303/daham-statt-islam-und-andere-aufreger (Zugriff am 12.06.2024).

[14]   Eine großangelegte Studie der Universität Salzburg, die 1.200 Österreicher befragte, zeigt ein beunruhigendes Bild: Die Mehrheit der Befragten sieht den Islam nicht als Teil Österreichs. Fast die Hälfte der Teilnehmer ist der Meinung, dass Muslime nicht die gleichen

den Unterricht und fragen ‚Warum steht das da und warum wird uns das vorge-
worfen?'[15]

Den interviewten IRL zufolge sei das, was die Gesellschaft „über Islam er-
fährt, dann eh über die Medien und wir wissen ja ganz genau, dass die Medien
alles, wenn ein Vorfall passiert, sehr groß spielen [...] und nicht der Wahrheit
entspricht."[16] Gemäß dieser Aussage werden Informationen über den Islam oft
über die Medien vermittelt. Hervorgehoben wird die Tendenz der Medien, Ereignisse sensationell darzustellen und sich dabei unter Umständen von der
Wahrheit zu entfernen, denn „es wird durch die Medien sehr viel Schlechtes berichtet, durch das Internet."[17] Die befragte Person ist mitunter skeptisch hinsichtlich der Objektivität und Genauigkeit der Medienberichterstattung über
den Islam und betont, dass die Medien oft verzerrt oder einseitig berichten. Ähnliche Meinung vertritt auch eine weitere befragte Lehrperson. Ihr zufolge ist
auch das präsente Bild IRL sowohl in den traditionellen als auch in den sozialen
Medien stark politisiert, weswegen sie an der Glaubwürdigkeit der Informationen zweifle und „Das, was in den Medien drinnen ist überhaupt [...] nicht der
Wahrheit entspricht. [...] Es wird vieles aufgeputscht und auch von meiner Sicht
aus, die kleinen Probleme, die vielleicht behandelbar wären, einfach zu politisie-
ren."[18] Aus dieser Passage geht noch hervor, dass die negativen Bilder über IRL
zu einem größeren Problem gemacht werden, um so politischen Zwecken zu dienen. Die in den Medien vorhandene Darstellung des Islam und der Muslim*innen
wirkt sich auf das Leben der Muslim*innen und das gesamte Bild des Islam aus:
„jeder attackiert den Islam, jeder kann Religionslehrer beschimpfen oder belei-
digen, das betrifft mich. Ich bin traurig darüber. Aber was können wir dagegen
machen, außer unsere Aufgabe weiterführen?"[19] Selbst inmitten von Herausforderungen und Angriffen bleibt die Würde und das Engagement IRL unerschüt-
terlich. Diese Passage beinhaltet Worte, die das Gefühl der Enttäuschung darüber ausdrücken, wie der Islam oft falsch verstanden und angegriffen wird, und
wie sogar Religionslehrer*innen Ziel von Beleidigungen werden. Trotz dieser
Widrigkeiten ist die Entschlossenheit zur Fortsetzung der Arbeit als Religionslehrer*in ungebrochen.

Die mediale Präsenz des Islam und der Muslim*innen wirkt sich auf den
schulischen Kontext aus und „Es kommt immer darauf an, wie gesprochen wird.
[...] wenn es schlecht ist, dann sehe ich mich irgendwie... ja, ich muss mich immer

---

Rechte wie andere Österreicher haben sollten. Die Studie deckt auf, dass Vorurteile gegenüber Muslimen in Österreich besonders stark ausgeprägt sind, im Vergleich zu anderen
Religionsgruppen. Mehr dazu in: https://www.derstandard.at/story/2000109103695/mehr
heit-der-oesterreicher-sehen-islam-kritisch (letzte Einsicht 12.06.2024).

[15]   IP2, Pos. 59.
[16]   IP11, Pos. 138.
[17]   IP8, Pos. 31.
[18]   IP14, Pos. 113.
[19]   IP9, Pos. 155.

rechtfertigen dafür, aber da sehe ich mittlerweile, dass das nicht meine Aufgabe ist."[20] Mit dieser Aussage reflektiert die interviewte Person ihre eigene Sensibilität gegenüber dem Umgang mit ihrer Religion und oft besteht ein ständiger Rechtfertigungsdruck bei negativen Äußerungen über den Islam. Wenngleich diese Aspekte nicht zu ihren Arbeitsaufgaben zählen, ist zu vermuten, dass sie im Alltag Kraft und Zeit kosten und den Beruf der IRL negativ beeinflussen. Dass es jedoch nicht ihre Aufgabe ist, sich ständig zu verteidigen, wird der Person bewusst.

Die Mehrheit der Befragten schildert, dass Berichte in den „Medien eigentlich sehr herabwürdigend [sind]. Wobei eigentlich vieles sehr von den Lehrern und Lehrerinnen geleistet wird für die Gesellschaft und ja. Das muss man schon wieder gutmachen."[21] Diese Aussage artikuliert, dass die positive Leistung der Lehrkräfte kaum medial kolportiert wird und die negativen Bilder zusätzliche Arbeit bzw. eine Wiedergutmachung erfordern. Der befragten Person zufolge sollten Medien objektiv bleiben und keine herabwürdigenden Aussagen treffen, insbesondere nicht gegenüber Lehrer*innen, die einen bedeutenden Beitrag für die Gesellschaft leisten. Es ist wichtig, diese Ungleichgewichte auszugleichen und die Leistungen der Lehrkräfte angemessen anzuerkennen und zu würdigen.

Nichtsdestotrotz sind einige Befragte vorsichtig und gehen nicht unreflektiert an medial verbreitete Informationen heran: „Ich nehme es natürlich nicht persönlich und ich bin da, ehrlich gesagt, so eine Person, wenn da so Informationen in den Medien auftauchen [...] Also ich versuche wirklich einmal neutral zu bleiben und ob die Nachricht stimmt oder wahr ist oder nicht wahr ist, wissen wir nicht und wie wirklich der Vorfall war, weiß ich nicht. Also vom Gefühl her, versuche ich mich gelegentlich, wenn da etwas hochgehen sollte, versuche ich mich abzudampfen und natürlich nachzurecherchieren, ob das der Wahrheit entspricht."[22] Die befragte Person gibt an, Neutralität zu bewahren und persönliche Betroffenheit zu vermeiden, wenn sie mit Medienberichten konfrontiert wird. Für sie bleibt jedoch das Erkennen der Wahrheit hinter den Nachrichten und das Verstehen des genauen Ablaufs eines Ereignisses eine Herausforderung. Deshalb versucht sie, ruhig zu bleiben und weitere Nachforschungen anzustellen, um zu überprüfen, ob eine Nachricht stimmt, bevor sie sich eine Meinung bildet oder reagiert.

Ein weiterer Aspekt in diesem Zusammenhang betrifft die Pauschalisierung und Generalisierung der Muslim*innen, die von den Befragten als unangenehm empfunden wird. Das beeinflusst wiederum das Ansehen der Religionslehrer*innen sowie die Zusammenarbeit und Interaktionen auf allen Ebenen in der Schule, sei es mit Schüler*innen, Kolleg*innen, Schulleitungen oder Erziehungsberechtigten.

---

[20]   IP6, Pos. 157.
[21]   IP14, Pos. 123.
[22]   IP1, Pos. 99.

Die Studie belegt, dass die Medien die Wahrnehmung von Muslim*innen und dem Islam stark beeinflussen und Vorurteile hervorrufen. Die Folge ist ein verzerrtes Bild in der Öffentlichkeit und eine Belastung für das Zusammenleben in den Schulen, wo *die dritte Stufe des interreligiösen Dialogs im Alltag*[23] mehr denn je gebraucht wird. Negative Mediendarstellungen erschweren nicht nur die Arbeit der IRL, sondern beeinträchtigen auch das Ansehen des Islam und der Muslim*innen im Schulkontext. Darüber hinaus zeigt die Studie, dass ein kritischer Umgang mit Medienberichten wichtig ist, damit Stereotype und Vorurteile vermieden und ein differenzierteres Bild gefördert werden kann.

3.2   *Schüler*innen schämen sich*

Die Analyse der Interviews legt die Annahme nahe, dass eine positive mediale Präsenz von Muslim*innen das Schulleben auf mehreren Ebenen erleichtern würde: für Schüler*innen, Religionslehrer*innen und durch entspanntere Umgangsformen im Kollegium. Vorrangig zu verändern ist nicht nur die Berichterstattung in traditionellen Medien, sondern insbesondere „die Arbeit im Internet,"[24] denn die Beschäftigung mit Internetarbeit führt dazu, dass die Schüler*innen Fragen stellen, um die Richtigkeit bestimmter Informationen zu überprüfen. In diesem Zusammenhang artikuliert die befragte Person Wertschätzung für offene Kommunikation und die Bereitschaft der Schüler*innen, Fragen zu stellen und unterstreicht hier die Bedeutung eines kontinuierlichen Austauschs im Bildungsumfeld, denn „solange sie fragen, bin ich froh. Aber wenn sie nicht mehr fragen, dann bin ich irgendwie beunruhigt, also wenn die Kommunikation irgendwie still bleibt."[25] Offene Diskussionen zu unterstützen und die Bereitschaft zu zeigen, Unsicherheiten anzusprechen, sind wesentliche Elemente eines effektiven Lernumfelds. Darüber hinaus unterstreicht die erwähnte Besorgnis über das Ausbleiben von Fragen die Bedeutung einer aktiven Kommunikation, um den Lernfortschritt aufrechtzuerhalten und die Schüler*innen zu motivieren.

Erschwert wird die Arbeit der IRL zusätzlich dadurch, dass im Internet unterschiedliche und oft falsche Informationen über Muslim*innen und Islam kursieren, wodurch auch die Arbeit mit Schüler*innen maßgeblich beeinflusst wird. Die Befragten berichten insbesondere, dass falsche Informationen in der Gesellschaft zirkulieren und beklagen das negative Bild, das Schüler*innen vermittelt wird. So sind IRL neben ihrer beruflichen Tätigkeit immer wieder herausgefordert, die verbreiteten Falschinformationen zu widerlegen, was nicht nur Kraft und Zeit kostet, sondern sich negativ auf die Zusammenarbeit auswirkt. In den

---

[23]   Just 2015, 142.
[24]   IP6, Pos. 37.
[25]   Ebd.

meisten Aussagen schwingen Emotionen mit, was auf die Schwierigkeit des Themas hinweist.

Die Befragten berichten über ein negativ geprägtes Medienbild des Islam
und der Muslim*innen sowie über den Einfluss der Medien auf nicht-muslimi-
sche Schüler*innen. Diese haben oft nur begrenzte Möglichkeiten, authentische
Informationen zu erhalten und entwickeln möglicherweise in erster Linie
Ängste gegenüber Muslim*innen. Eine der befragten Personen betont das Bewusstsein für mögliche negative Einflüsse der Medien, insbesondere in Bezug
auf die Darstellung von Kopftuch tragenden Frauen und dem Islam. Sie beschreibt ihre Bemühungen, die durch Medien geschürten Ängste der Schü-
ler*innen zu mildern, indem sie sich selbst als „normale Lehrerin"[26] darstellt, die
für ihre Schüler*innen da ist und eine offene Kommunikation fördert. Dabei betrachtet sie den direkten Kontakt mit den Kindern und Jugendlichen als Chance,
Vorbehalte der Eltern gegenüber dem Islam und Frauen mit Kopftuch abzubauen. Die Person nimmt eine proaktive Rolle bei der Förderung von Toleranz,
Respekt und Verständnis im gesamtschulischen Umfeld ein.[27] Gegenwärtig sei
das sehr wichtig, denn „Heutzutage gibt es sehr viele Informationen, [...] manchmal sind die zu gefährlich für die Kinder."[28] Eine weitere Problematik sieht die
interviewte Person darin, dass „jeder auf Youtube [...] auf Facebook [...] auf
Wikipedia [postet], und die Schüler können nicht [...] sich selbst erklären, ob das
wirklich Islam ist oder ob das etwas Übertriebenes ist."[29] Die neuen Medien erfordern von den Lehrpersonen zusätzliche Aufmerksamkeit, zumal die Schü-
ler*innen in einem Informationsüberfluss leben, der sich für den Religionsunterricht, aber auch für das Zusammenleben als herausfordernd zeigt. Allgemein betrachtet nehmen die IRL wahr, dass Schüler*innen zu wenig Wissen über
Religionen und Weltansichten ihrer Mittschüler*innen haben und „sie wiederholen nur das, was [sie] in den Medien hören, was sie auf der Straße hören, aber
die Wahrheit kennen die meisten Schüler nicht."[30]

Um die unreflektierte Wiederholung von Informationen zu vermeiden, entscheidet sich eine IRL für einen eigenen Ansatz und klärt die Schüler*innen auf.
Es erfordert viel Energie, den Schüler*innen zu vermitteln, dass die negativen
Bilder nicht die Meinung aller Menschen widerspiegeln. Besonders in einem geschlossenen Umfeld, im Rahmen des Religionsunterrichts neigen die Schü-
ler*innen dazu, eine eigene positive Meinung zu entwickeln."[31]

Die Befragten investieren viel Zeit in die Aufklärung ihrer Schüler*innen,
indem sie vermitteln, dass die Informationen nicht die Meinung der gesamten
Gesellschaft repräsentieren. Zudem wird aktiv versucht, der Entstehung von

---

[26] IP15, Pos. 119.
[27] IP15, Pos. 119.
[28] IP5, Pos. 35.
[29] Ebd.
[30] IP10, Pos. 156.
[31] IP3, Pos. 58.

Parallelgesellschaften vorzubeugen und bei den Schüler*innen ein positives Bild des Anderen zu fördern. Die Entstehung von Parallelgesellschaften kann auf verschiedene Weisen begünstigt werden; neben ethnischen, kulturellen oder religiösen Unterschieden können auch wirtschaftliche Ungleichheit und mangelnde Integration, über die in den letzten Jahren debattiert wurde,[32] eine Rolle spielen. So ist von großer Bedeutung, durch Bildung und interkulturellen und interreligiösen Dialog ein Verständnis für Vielfalt zu fördern, um der Entstehung von Parallelgesellschaften entgegen zu wirken, worauf die islamische Religionslehrkräfte aufmerksam machen und sich für ein Miteinander anstatt nebeneinander[33] einsetzen.

Weiter weisen die Interviewten darauf hin, dass das negative Medienbild die Identitätsentwicklung der Schüler*innen stark beeinflussen kann. So gibt es Begebenheiten, in denen manche Schüler*innen nicht bereit sind, ihre muslimische Identität zu zeigen, auch in den Situationen, wenn sie Lehrpersonen:

> „irgendwo auf der Straße sehen, schauen sie auf die Seite. Sie wollen dich nicht begrüßen, sie schämen sich, dass sie Muslime sind. [...] Weil, ich habe das Gefühl, sie müssen es immer erklären und sich entschuldigen, fast jeden Tag in der Klasse und bei manchen Lehrern im Unterricht auch, weil sie Muslime sind, weil Muslime machen ja immer nur die schlechten Sachen."[34]

Diese Aussage deutet auf ein starkes Stigma und Vorurteile gegenüber muslimischen Schüler*innen hin, was sich negativ auf ihr Selbstwertgefühl und Verhalten auswirkt. Die internalisierte Vorstellung, dass ihre Religionszugehörigkeit negativ konnotiert ist, führt bei den Schüler*innen zu Schamgefühlen, wenn sie als Muslim*innen erkannt werden. Die Notwendigkeit, sich regelmäßig erklären und entschuldigen zu müssen, zeigt, dass sich Muslim*innen aufgrund stereotyper Vorurteile ihres Umfelds oft permanent rechtfertigen müssen. Die Tendenz, Muslim*innen stets mit negativen Ereignissen zu assoziieren, zeigt eine mögliche Übergeneralisierung und Diskriminierung, die zur Ausgrenzung führen kann. Solche Situationen sind für Schüler*innen besonders herausfordernd, insbesondere wenn sie nicht ausreichend über ihre Religion informiert sind, da sie oft nur im Religionsunterricht damit konfrontiert werden, was zum Scheitern einer interreligiösen Zusammenarbeit führen kann.[35]

Die Interviews verdeutlichen, dass eine positive Darstellung von Muslim*innen in den Medien das Schulleben erleichtern würde, indem sie zu einem entspannteren Umgang und einer offeneren Kommunikation führt. Eine aktive Auseinandersetzung der Lehrer*innen mit den Medien und die Unterstützung der Schüler*innen beim kritischen Hinterfragen und der Suche nach authentischen

---

[32] Schiffauer 2011, 7.
[33] Ebd., 8–9.
[34] P7, Pos. 76.
[35] Zimmermann 2016, 42.

Informationen seien notwendig. Die negativen Auswirkungen der Medien auf die Identitätsentwicklung und das Selbstwertgefühl der Schüler*innen unterstreichen die Dringlichkeit einer positiven und differenzierten Darstellung von Muslim*innen in den Medien.

3.3   Dynamiken auf Kolleg*innenebene

Die IRL berichten, dass sie neben dem Unterricht ständig mit der Entkräftung falscher Informationen über Muslim*innen, den Islam und den Beruf der IRL beschäftigt sind, was Zeit und Energie kostet und sich negativ auf die Zusammenarbeit mit Kolleg*innen auswirkt. Es sei wichtig, dass

> „das Wissen oder die Nachrichten, [...], der Wahrheit entspricht und nicht, naja, von Medien aufgeputschte Nachrichten. [...] Das ist das, was [...] mich eigentlich sehr belastet. Das hat mit Religionsunterricht jetzt eigentlich nichts zu tun, aber man hat in dieser Hinsicht eine Belastung, auch was in der ganzen Welt geschieht, auch zum Unterricht auch irgendwie involviert wird."

Diese Aussage spiegelt die Besorgnis darüber wider, ob die übermittelten Informationen zutreffen oder übertrieben dargestellt wurden. Dieser Aspekt wird von den Befragten als Belastung empfunden, obwohl er nicht direkt mit dem Religionsunterricht zusammenhängt. Der Unterricht wird so zu einer Belastung, da „alles, was in der Welt passiert",[36] in den Unterricht einfließt und diesen beeinflusst. Die Bemühungen, die interreligiöse Zusammenarbeit zu fördern, leiden oft unter dieser Doppelbelastung. Darüber hinaus kann die wiederholte Konfrontation mit Stereotypen und Vorurteilen im schulischen Umfeld dazu führen, dass sich Religionslehrer*innen von ihren Kolleg*innen distanzieren. Sie plädieren für eine Zusammenarbeit im schulischen Kontext und Unterstützung, denn die Belastung, die IRL in ihrem Beruf durch die Verbreitung falscher Informationen zu tragen haben, fordert sie immer mehr.

Die Befragten sind der Ansicht, „dass die Muslime sehr viel mehr positiv präsenter sein müssen in den Medien. Das würde es auch den Schülern und den Lehrern erleichtern. Das würde auch den Umgang mit den anderen Kollegen erleichtern."[37] Von Enttäuschung ist dann die Rede, wenn alle Religionslehrer*innen oder alle Muslim*innen gleichbehandelt werden bzw. wenn generalisierte Stigmatisierung stattfindet oder wenn die positiven Anstrengungen vonseiten der Muslim*innen nicht wahrgenommen werden.[38]

Die meisten Befragten fühlen sich aufgrund der häufigen Diskussion von Islam-Themen von ihren Kolleg*innen als Expert*innen wahrgenommen und um

---

[36]   IP14, Pos. 42.
[37]   IP3, Pos. 58.
[38]   IP15, Pos. 113.

Rat gebeten. Dies kann herausfordernd sein, da es schwierig ist, genügend Zeit für jede Anfrage zu finden. Es kann auch überwältigend oder belastend sein, besonders, wenn Kolleg*innen traditionelle Medien konsumieren und plötzlich Fragen zu aktuellen Zeitungsartikeln über Muslim*innen im Lehrerzimmer auftauchen. Es ist nicht immer möglich, auf jedes Thema umfassend vorbereitet zu sein. Es gibt Bereiche, in denen die befragte Person gute Antworten geben kann, während sie in anderen Bereichen an ihre Grenzen stößt und sagen muss, dass sie nicht weiterhelfen kann, „was manchmal schwer zu akzeptieren ist."[39]

Die Kommunikation im Kollegium erweise sich als anspruchsvoll und nicht immer einfach „weil das, was alles in den Medien gebracht wird, wird in den Schulen dann auch nochmal wiedergegeben. Manchmal mit den eigenen Meinungen noch dazu. Das muss man wieder geraderichten, was die Medien sozusagen alles aufgeputscht haben"[40]. Es besteht der Wunsch, falsche Informationen, die Kolleg*innen erreicht haben, zu korrigieren und so zu einem besseren Klima im Team beizutragen. Das zeigt sich mitunter als schwierige Angelegenheit, denn „bei manchen Kollegen würde man gar nicht in das Lehrerzimmer hineingehen, vor allem, wenn da jetzt irgendetwas medial da war und dann sozusagen diese ganzen Fragen zu beantworten"[41]. Ob dies bewusst oder unbewusst geschieht, bleibt für die befragte Person ein Rätsel. Einige Kollegen scheinen möglicherweise bewusst nachzuhaken oder zu provozieren, während andere dies unbewusst tun.[42] Für einige Kolleg*innen bietet das einen Nährboden, um zu provozieren und die Schulatmosphäre negativ zu beeinflussen. In diesem Zusammenhang berichtet eine weitere Lehrperson, dass nicht nur falsche Informationen in den Medien, sondern „auch persönliche Erfahrungen mit bestimmten, sagen wir mal Lehrkörpern, [...] verstärken dieses Gefühl. Ich werde eh nicht anerkannt als Österreicher. Also im Vornherein schließt man ab und man baut sich eine Wand vor sich."[43] Aus dieser Aussage geht hervor, dass solche Gespräche über in den Medien vorhandene Bilder das Gefühl vermitteln, die IRL sei ein Gast oder ein Fremder, was eine Distanzierung hervorruft. Daher wird oftmals das Bilden einer Parallelgesellschaft als einziger Ausweg gesehen. Solche und ähnliche Situationen kommen aus unterschiedlichen Gründen zustande: „Die verstehen das nicht, verstehen die Religion nicht und sie wiederholen nur das, was in den Medien erwähnt wird, ohne zu verstehen oder ohne zu hinterfragen, was das eigentlich ist."[44] Hieraus lässt sich schließen, dass die Befragten von ihren Kolleg*innen eine reflektierte Auseinandersetzung mit der medialen Präsenz von Muslim*innen wünschen und erwarten.

---

[39] IP2, Pos. 81.
[40] IP14, Pos. 40.
[41] IP3, Pos. 58.
[42] Ebd.
[43] IP12, Pos. 30.
[44] IP4, Pos. 135.

Die von den Medien vorgenommene Verallgemeinerung, ohne zu differenzieren wird von den Befragten als störend empfunden. In diesem Zusammenhang berichtet eine IRL: „Ja [...] es ist nicht sehr erfreulich, weil dann alle Lehrerinnen und Lehrer in einen Topf geworfen werden."[45] Das führt dazu, dass Lehrkräfte über ihre und die Arbeit ihrer Kolleg*innen reflektieren: „Manchmal bin
ich sehr enttäuscht, weil manche Fakten gefälscht werden. Man sagt [...], dass
Lehrer halt nicht qualitativ sind, dass sie nicht gut gebildet sind und so weiter.
Wo ich mir denke, das sind nur Lügen. [...]. Und das tut manchmal weh."[46]

In Bezug auf das Thema Generalisierung äußern sich die Lehrpersonen eher
emotional, denn „positiv hört man nicht so oft, leider. [...] Weil ab und zu bin ich
traurig, wenn wir alle in einem Korb sind. Obwohl einer von mehreren hundert
Lehrerinnen und Lehrern was falsch gemacht hat."[47] Das Bewusstsein für die Un-
fairness dieser Generalisierungen und die daraus resultierende emotionale Belastung der Lehrer*innen wird unterstrichen, und es wird betont, wie wichtig
eine differenzierte und gerechte Bewertung ist, um den Leistungen des Einzelnen gerecht zu werden. Solche Situationen lösen bei den Befragten starke Emotionen aus, da die Verallgemeinerung negative Auswirkungen auf die Personen
haben kann, die sich Tag für Tag für das Zusammenleben einsetzen, und da diese
negativen Einflüsse von außen die Anstrengungen untergraben, die eine große
Zahl von Lehrer*innen unternimmt. Verbunden mit diesem Thema ist die emotionale Belastung, die durch die Diskrepanz zwischen den Bemühungen der
Lehrkräfte und der verzerrten Darstellung des Islam entsteht.[48] Aus Sicht der Befragten führt die negative mediale Präsenz von Islam, Muslim*innen und Religionslehrkräften zu einer Verschlechterung des Zusammenlebens und möglicherweise zur Verstärkung zwischenmenschlicher Barrieren.

Die mediale Präsenz des Islam und der Muslim*innen ist eng mit der Bild-
kultur verbunden. Sie vermittelt bestimmte Bilder, die Emotionen verstärken
und sich als Stereotypen festsetzen können. Eine der IRL erzählt diesbezüglich:

> Was ich wirklich unfair finde: Sehr oft in den Medien sieht man oder liest man z. B.
> einen Artikel und auf dem Bild wird eine Frau ganz schwarz bedeckt gezeigt, mit
> mehreren Kindern im Hintergrund, kaputte Gebäude [...] Also man hat immer das
> Gefühl, wenn du dieses Bild siehst: ‚Was ist das Schwarze? Was ist das überhaupt?',
> dann liest man den Artikel, was geschrieben wurde. Es sind oft viele Sachen, die nicht
> stimmen. [...], heutzutage haben die meisten Menschen Informationen aus den Me-
> dien [...].[49]

Das Statement betont die verzerrte Darstellung des Islam und der Muslim*innen
in den Medien und kritisiert die Verwendung stereotyper Bilder, die im schuli-

---

[45] IP15, Pos. 113.
[46] IP10, Pos. 132.
[47] IP13, Pos. 81.
[48] IP11, Pos. 114.
[49] IP2, Pos. 120.

schen Kontext, insbesondere im Kollegium, thematisiert werden. Besonderes Augenmerk wird auf das häufig zu sehende Bild einer vollverschleierten Frau mit Kindern vor dem Hintergrund zerstörter Gebäude gelegt, das Unsicherheit und Vorurteile gegenüber dem Islam auslöst. Dies zeigt, dass eine entstellte Medienberichterstattung weitreichende Auswirkungen auf die öffentliche Meinung und das Verständnis des Islam hat. Die IRL weist darauf hin, dass diese Darstellungen nicht dem österreichischen Kontext entsprechen und eine beängstigende Atmosphäre in der Gesellschaft schaffen können. Die Verwendung des Begriffs „sehr oft" zeigt, dass diese Stereotypen in den Medien immer wieder auftauchten.

Wegen des medialen Einflusses auf die Gesellschaft ist es laut den IRL keine günstige Zeit für Muslim*innen: „Ich weiß, in der heutigen Zeit, wenn man schaut, die Zeitungen und Medien, da sagt man sich ‚Ok ich kann nicht stolz sein, dass ich Muslim bin, weil die ganze Kritik geht an diese Seite.'"[50] Die immer wiederkehrende Konfrontation mit verschiedenen Stereotypen und Vorurteilen kann schnell in die falsche Richtung führen: zu einer Distanzierung von den Kolleg*innen und Ablehnung der Zusammenarbeit im schulischen Kontext.

4.   Conclusio

Die Ergebnisse der Studie zeigen den erheblichen Einfluss der Medien auf die Wahrnehmung des Islam und der Muslim*innen in der Schule und klare Trends, die auf Herausforderungen in der Medienlandschaft hinweisen, darunter Stereotype, Vorurteile und die Notwendigkeit von Medienkompetenz im Bildungssystem. Diese Erkenntnisse bilden eine Diskussionsgrundlage über Medieneinflüsse in Schulen und geben Empfehlungen für einen besseren Umgang. Die Wahrnehmungen, die von den Interviewten geschildert wurden, lassen die Deutung zu, dass Medien oft dazu neigen, Ereignisse sensationell darzustellen und sich dabei von der Wahrheit zu entfernen.

Ein auffälliges Ergebnis ist die Belastung der IRL durch das von ihnen als negativ wahrgenommene Image in den Medien. Sie werden regelmäßig mit Vorurteilen und falschen Informationen konfrontiert und verbringen viel Zeit damit, diese zu widerlegen. Dies beeinträchtigt nicht nur die Arbeit im Unterricht, sondern auch die Beziehungen zu Kolleg*innen und Schüler*innen. Die subjektive Wahrnehmung seitens der Lehrkraft mag auf bestimmte Medienbeiträge hinweisen, doch eine valide Bewertung erfordert die direkte Einbeziehung und Auswertung der der Schüler*innenperspektive. Es ist bekannt, dass Ablehnung zu einer verstärkten Identitätsbildung führen kann, die als „reactance" bekannt ist. Dies verdeutlicht die Notwendigkeit einer umfassenden Analyse der Identi-

---

[50]   IP5, Pos. 97.

tätsbildungsprozesse im Kontext der Medienwahrnehmung. Die Internalisierung negativer Konnotationen stellt eine Herausforderung bei der Identitätsentwicklung dar und beeinträchtigt das schulische Umfeld.

Medieneinflüsse führen zu Missverständnissen und Distanzierungen im Lehrer*innenkollegium, und können auch das Zusammenleben aber auch die Zusammenarbeit beeinflussen oder gar hindern. Insgesamt unterstreichen die Ergebnisse die Notwendigkeit einer ausgeglichenen und nuancierten Berichterstattung über Islam und Muslim*innen. Eine differenzierte, weniger sensationsheischende oder gar dämonisierende Medienberichterstattung könnte nicht nur zu einem besseren Image der Muslim*innen an den Schulen beitragen, sondern sich auch positiv auf den Zusammenhalt und das Zusammenleben in der Gesellschaft insgesamt auswirken.

5.   Ausblick und Implikationen für die Praxis und weitere Forschung

Die Studienergebnisse zeigen, dass Medien einen erheblichen Einfluss auf die Wahrnehmungen des Islam und der Muslim*innen im Schulkontext haben. Es zeichnen sich deutliche Trends ab, die auf mediale Veränderungen und Herausforderungen hinweisen. Dazu gehören die Entstehung von Stereotypen und Vorurteilen sowie die Notwendigkeit der Förderung von Medienkompetenz im Bildungsbereich. Diese Trends und Erkenntnisse bilden die Grundlage, um den Einfluss der Medien in der Schule zu diskutieren und Empfehlungen für einen verbesserten Umgang mit diesem Einfluss im Bildungsbereich zu formulieren.

Darüber hinaus unterstreichen die Ergebnisse dieser Studie die Notwendigkeit einer umfassenden Professionalisierung von Lehrkräften in den Bereichen Medien und dem *Stiefkind der Curricula*[51] – interreligiöser Bildung. Wichtig ist, dass Lehrer*innen über Fähigkeiten und Kenntnisse zur kritischen Medienanalyse verfügen und Schüler*innen bei der Entwicklung eines differenzierten Islamverständnisses unterstützen. Um Lehrer*innen bei der Stärkung ihrer Medienkompetenz und interkulturellen Sensibilität zu unterstützen, können Fortbildungsprogramme entwickelt und in die Fortbildungsreihen implementiert werden. Diese Programme könnten den Austausch bewährter Verfahren und die Zusammenarbeit zwischen Lehrer*innen verschiedener Fächer und Schulen fördern.

Entscheidend ist auch eine verstärkte Zusammenarbeit im schulischen Kontext. Programme zur Förderung der Medienkompetenz und der interkulturellen Bildung von Schüler*innen könnten von interdisziplinären Teams aus Lehrer*innen, Sozialarbeiter*innen und anderen Fachkräften gemeinsam entwi-

---

[51]   Nagel 2021, 291.

ckelt werden. Schüler*innen können dabei unterstützt werden, Medieninhalte kritisch zu reflektieren und Stereotype zu erkennen, indem diese Themen in den Lehrplan und in außerschulische Aktivitäten integriert werden.

Für eine umfassende Bildung ist es wichtig, dass Schulen einen sicheren Raum für offene Diskussionen über Islam und andere kulturelle und religiöse Themen schaffen, in welchen die Lernenden ermutigt werden, zu fragen, zu hinterfragen und verschiedene Perspektiven kennen zu lernen. Um den Schüler*innen die Möglichkeit zu geben, den Islam aus erster Hand kennenzulernen und Vorurteile abzubauen, könnten Schulen Partnerschaften mit lokalen Gemeindeorganisationen und religiösen Einrichtungen eingehen.

Zusätzlich ist es wichtig, Studien durchzuführen, um die langfristigen Auswirkungen dieser Maßnahmen auf die Wahrnehmung des Islam und der Muslim*innen zu erforschen. In einer von Medien durchdrungenen Welt spielt Medienkompetenz für Lehrkräfte und Schüler*innen eine entscheidende Rolle. Sie beeinflusst die Fähigkeit des Einzelnen, Medieninhalte kritisch zu hinterfragen, Informationen zu bewerten und digitale Medien verantwortungsvoll zu nutzen. Eine gut entwickelte Medienkompetenz ist für Lehrkräfte und Schüler*innen gleichermaßen unabdingbar, um sich in der heutigen Informationsgesellschaft zurechtzufinden und das respektvolle Miteinander zu fördern.

Literatur

BOYD, DANAH (2015), Social media: A phenomenon to be analyzed. Social Media+ Society, 1(1), 2056305115580148.

BUNDESKANZLERAMT ÖSTERREICH (20.08.1983), Lehrplan - islamischer Religionsunterricht an Pflichtschulen. BGBl. Nr. 421/1983 aufgehoben durch BGBl. II Nr. 234/2011 20.08.1983 BGBl. Nr. 421/1983 in: https://lmy.de/btzMdhttps://lmy.de/3lgr4 (Zugriff 23.03.2024).

JUST, WOLF-DIETER (2015), Von der mühsamen Anerkennung der multireligiösen Realität in Deutschland. Bedingungen für das friedliche Zusammenleben, in: ZACHARAKI, IOANNA / EPPENSTEIN, THOMAS / KRUMMACHER, MICHAEL (Hg.), Interkulturelle Kompetenz. Handbuch für soziale und pädagogische Berufe, Schwalbach, 128–147.

KIRKPATRICK, DAVID (2012), Facebookefekt - istinita priča o Marku Zuckerbergu i najbrže rastućoj kompaniji svijeta, Zagreb (Die wahre Geschichte von Mark Zuckerberg und dem am schnellsten wachsenden Unternehmen der Welt).

MEŠANOVIĆ, MEVLIDA (2023), Entwicklung interreligiöser Kompetenzen bei islamischen Religionslehrkräften, Stuttgart.

NAGEL, GÜNTER (2021), Interreligiöses Begegnungslernen - ein Stiefkind der Curricula? Einblicke in die Entwicklung im Land Niedersachsen, in: ESPELAGE, CHRISTIAN / MOHAGHEGHI, HAMIDEH / SCHOBER, MICHAEL (Hg.), Interreligiöse Öffnung durch Begegnung. Grundlagen - Erfahrungen - Perspektiven im Kontext des christlich-islamischen Dialogs, Hildesheim, 291–301.

SACKL-SHARIF, SUSANNE / GOLDGRUBER, EVA (2021), Die gespaltene Gesellschaft? Online Hate Speech aus der Sicht von Betroffenen und Organisationen, in: FISCHER, GREGOR / MILLNER, CLARA / RADKOHL, SONJA (Hg.), Online Hate Speech: Verlag Österreich, 205–219.

SCHIFFAUER, WERNER (2011), Parallelgesellschaften. Wie viel Wertekonsens braucht unsere Gesellschaft? Für eine kluge Politik der Differenz, Bielefeld.

SCHOBER, MICHAEL (2021), Interreligiöse Öffnung als ein Beitrag zu einer Gesellschaft der Vielfalt
– ein Resümee in Thesen, in: ESPELAGE, CHRISTIAN / MOHAGHEGHI, HAMIDEH / SCHOBER,
MICHAEL (Hg.), Interreligiöse Öffnung durch Begegnung. Grundlagen – Erfahrungen – Perspektiven im Kontext des christlich-islamischen Dialogs, Hildesheim, 593–607.

THIELE, MARTINA (2015), Medien und Stereotype. Konturen eines Forschungsfeldes, Bielefeld.

WAHL, FABIAN (2011), Der Islam in den Medien. Journalistische Qualität im Streit um die Mo-
hammed-Karikaturen, Marburg.

ZIMMERMANN, MIRJAM (2016), Interreligiöses Lernen narrativ. Feste in den Weltreligionen. Göttingen.

Die Konturen und die heuristischen Grundzüge einer trialogischen Korandidaktik

Abualwafa Mohammed

Das trialogische Lernen stellt eine programmatische Weiterentwicklung des interreligiösen Lernens und zugleich eine (An)Frage an die islamische Religionspädagogik dar. Der vorliegende Beitrag skizziert Konturen und heuristische Grundzüge einer trialogischen Korandidaktik. Er entfaltet die notwendigen theologischen und hermeneutischen Voraussetzungen und bietet Impulse zur Kompetenz- und Theoriebildung sowie zu den didaktischen Möglichkeiten eines koranisch trialogischen Lernens. Der Beitrag vermittelt ein differenziertes positives Bild von sowie einen trialogischen Zugang zu Judentum und Christentum. Der Koran ist trialogisch entstanden und knüpft in vielen Aspekten an die Bibel an. Er bietet vielfältige Lehr- und Lernmaterialien für trialogisches Lernen, die es zu reflektieren und zu didaktisieren gilt.

Schlagwörter: Trialog – Koran – interreligiöse Religionsdidaktik – Religionsunterricht.

Trialogical learning is a possible enrichment for interreligious learning and at the same time its development is an important task for Islamic religious education. This article outlines the contours and heuristic principles of trialogical Koranic teaching. It unfolds the necessary theological and hermeneutical basics and offers impulses for competence and theory development as well as for the didactic possibilities of Quranic trialogical learning. The article conveys a differentiated positive image as well as a trialogical approach to Judaism and Christianity. The Qur'an was created in a trialogue and is linked to the Bible in many aspects. It offers a variety of teaching and learning materials for trialogical learning, which need to be reflected upon and didacticised.

Keywords: Trialogue – Quran – Didactics – Interreligious – Religious education.

1. Hinführung

1.1 Der neue Modebegriff der Religionspädagogik?

„Trialogisches Lernen! Was soll das sein? Wieder ein neuer religionspädagogischer Modebegriff, hinter dem sich letztlich wenig Substantielles verbirgt?" Diese rhetorische Frage wirft Georg Langenhorst[1], der Autor eines ersten um-

---

[1] Langenhorst 2016.

fangreichen Entwurfs einer deutschsprachigen „Trialogischen Religionspädagogik", auf.[2] In einem in der Zeitschrift IfR – Informationen für den Religionsunterricht publizierten Beitrag antwortet er auf diese Frage.

Der im religionspädagogischen Diskurs seit etwa 15 Jahren anzutreffende[3] Begriff des *Trialogischen Lernens* beschreibt die auf Begegnung, Austausch und Annäherung abzielende Kommunikation zwischen den drei monotheistischen Religionen Judentum, Christentum und Islam.[4] Die Ursprünge eines Trialogs der abrahamischen Religionen reichen bis ins Mittelalter zurück.[5] Sajak verweist in diesem Kontext auf das Hauptwerk des katalanischen Theologen und Logikers Ramon Llull *Ars Magna* [dt. die Große Kunst], einen von Juden, Christen und Muslimen initiierten Trialog, den er als friedfertige Alternative zu den blutigen Kreuzzügen seiner Zeit verstanden wissen wollte.[6] Im historischen Rückblick auf die Ursprünge des Trialogs kann auf den Koran und die islamische Geschichte verwiesen werden, da – wie im Beitrag aufgezeigt wird –die trialogische Begegnung als Linie des Korans zur Stärkung des Monotheismus gedeutet werden kann.

1.2   (An-)Frage an die islamische Religionspädagogik

Trialog ist als Weiterentwicklung von Dialog zu verstehen und kein „Modewort", sondern ein pädagogischer Auftrag, der erst in den letzten Jahren zunehmend umgesetzt wird. Der Herder Verlag beispielsweise hat sein 1997 erschienenes „Lexikon der jüdisch-christlichen Begegnung" 2009 zu einem „Lexikon der Begegnung Judentum – Christentum – Islam" erweitert und den zweiten, dem Islam gewidmeten Teil explizit unter die Überschrift „Vom Dialog zum Trialog" gestellt.[7] Dieses Beispiel zeigt, dass von islamischer Seite die Anfrage nach einem trialogisch-pädagogisches Konzept zur Förderung des trialogischen Lernens erst verhältnismäßig spät kommt.

Religionsgemeinschaften sind Lerngemeinschaften und die „heiligen" Bücher sind de facto „Lehrbücher". In einer pluralen Gesellschaft sind die Religion und die religiöse Praxis vielfältig und es braucht daher ein Konzept für den interreligiösen Austausch. Der evangelische Religionspädagoge Johannes Lähnemann, ein Vordenker auf dem Gebiet der interreligiösen Bildung, legte bereits 1986 zwei Bände unter dem Titel „Weltreligionen im Unterricht" vor [der zweite

---

[2]   Sajak 2016, 3.

[3]   Ebd., 2.

[4]   Langenhorst 2016b, 4.

[5]   Schreiner 2010, 18.

[6]   Sajak 2015, 31–33.

[7]   Langenhorst 2016b; Herder Verlags Lexikon der Begegnung Judentum – Christentum – Islam 2009.

Band beschäftigt sich mit dem Islam].[8] 1998 folgte mit „Evangelische Religions-pädagogik in interreligiöser Perspektive" ein systematisierender Blick.

Diese Werke blieben – zumindest zunächst – eher nur in Insiderkreisen be-kannt.[9] Einen Überblick über Lähnemanns 40-jähriges unermüdliches Wirken für interreligiöse Bildung und Thesen gibt der Band „Interreligiöse Verständi-gung und Bildung 1980–2020".[10] Neben den Werken Lähnemanns ebneten die Be-mühungen weiterer wichtiger Theolog*innen und Religionspädagog*innen wie Friedrich Schweitzer und Hans Küng den Weg dafür, dass sich interreligiöses Lernen von einem peripheren Randthema zu einem der zentralen Bereiche der Religionspädagogik entwickeln konnte.[11] Im Zentrum aller Bemühungen steht eine von Anerkennung, Wertschätzung und Offenheit geprägte Anfrage an die islamische Religionspädagogik und Theologie. Der Koran hat als religiöses Buch und aufgrund seiner Zentralität für die Glaubenspraxis vieler Muslim*innen[12] das Potenzial, über die Grenzen des islamischen Religionsunterrichts hinaus trialogisch, pädagogisch und didaktisch zu wirken; dies ist jedoch auch mit Her-ausforderungen verbunden. Der vorliegende Beitrag versucht, ausgehend von den vier Grundlagen des trialogischen Charakters des Korans und den vier diffe-renzierten Anwendungsformaten des Begriffs *Ahl al-kitāb* im Koran in Verbin-dung mit pädagogisch-didaktischen Implikationen die Konturen eines trialogi-schen Lernens auf Basis des Korans zu umreißen. Dabei wird auf Hürden und mögliche Lösungsansätze hingewiesen.

2. Der trialogische Charakter des Korans – die vier Grundelemente

Der trialogische Charakter des Korans ist in vielen Aspekten zu erkennen. Hier werden die vier Grundelemente exemplarisch als [Be-]Gründung der trialogi-schen Basis und der Offenheit des Korans für einen Trialog bearbeitet. Diese her-meneutische und theologische Erschließung und Reflexion können ein großer Gewinn für die Religionspädagogik sein und didaktische und pädagogische Horizonte für interreligiöses und trialogisches Lernen eröffnen.

---

[8]   Lähnemann 1986.
[9]   Langenhorst 2016, 24–25.
[10] Lähnemann 2021.
[11] Langenhorst 2016, 26.
[12] Mohammed 2020, 293.

2.1   Der Koran ist trialogisch entstanden

Der Islam sieht sich als Fortsetzung des Glaubens an einen Gott und sieht seine Wurzel dort, wo auch Judentum und Christentum ihren Ursprung haben: in der abrahamitischen Tradition, dem Monotheismus. Abraham wird im Koran an sich als eine Gemeinschaft [Umma] und als *Ḥanif* bezeichnet: „Siehe, Abraham war eine Leitgestalt, demütig Gott ergeben, ein wahrer Gläubiger *Ḥanif*, war keiner der Beigeseller".[13] Der Hanif ist jemand, der vom Herzen Monotheist ist und sich von allen anderen Glaubensformen fernhält. *Ḥanif* wird im arabischen Sprachgebrauch als Synonym für den Islam verwendet.[14]

Der Koran baut stark auf dieser Tradition auf. Er knüpft in vielen Aspekten an die Bibel an – etwa auf ethischer Ebene oder in der Glaubenspraxis[15] – und tritt von Beginn an mit Christ*innen und Jüd*innen ins Gespräch. Dies ist an einigen Aspekten wie etwa Narrativen, Personen und Propheten sowie biblischen Orte erkennbar. Der Prophet Muhammad war als „Gott-Suchender" und werdender Muslim in dieser trialogischen Gedankenwelt zu Hause.[16]

2.2   Die koranischen Narrative sind trialogisch geprägt

Religionsgemeinschaften sind Erinnerungs- und Erzählgemeinschaften. Die Heiligen Schriften der drei monotheistischen Religionen erzählen Geschichten.[17] Die Geschichten in der Bibel und im Koran sollen heute im Kontext von Bildung (neu) erkundet und aufgearbeitet werden. Denn die Erzählungen vermitteln mehr als nur Informationen über Ereignisse und die daraus resultierenden Handlungsanweisungen:[18] Sie können die Basis für handlungsorientiertes trialogisches Lernen bilden.

Der Koran erzählt biblische Geschichten weiter und bestätigt sie als wahr: „In dem, was man über sie erzählt, liegt eine Lehre für die, die es beherzigen. Es ist keine frei erfundene Geschichte, vielmehr Bestätigung für das, was vorher war, und Auslegung aller Dinge, Rechtleitung dann und Erbarmen für Menschen, welche gläubig sind."[19] Er bezeichnet trialogische Geschichten als „die besten Erzählungen" – *aḥsan al-qaṣaṣ*.[20] Der Prophet Muhammad soll dem Auftrag des Korans nach trialogische Geschichten mit der Formel „*wa aḏkur fī al-kitābi*" wei-

---

[13]   Koran 16:120.
[14]   Ibn Manẓūr 2003, 57.
[15]   Kuschel 2017; Mohammed 2020b.
[16]   Kuschel 2006, 180.
[17]   Steinkühler 2018, 4.
[18]   Fuchs 2014, 7–8.
[19]   Koran 12:111.
[20]   Koran 12:3.

tererzählen. Geschichten wie die von Noah[21], Hiob[22], Abraham[23], Ismail[24], Jona[25], Josef[26], Moses[27], Maria[28] usw. sind im Erzählauftrag des Korans namentlich erwähnt. Diese Erzählungen über Propheten haben einen spirituellen und religiösen Grund: Der Prophet Muhammad und die Gläubigen sollen durch sie inspiriert und gestärkt werden: „Einen jeden von den Berichten über die Gesandten werden wir dir erzählen, wodurch wir dein Herz festigen."[29] Die Prophetennarrationen des Korans leisten zudem einen Beitrag zur Orientierung, Erinnerung, Ermahnung und Motivation der Adressat*innen, indem sie die historischen und religiösen Erfahrungen der monotheistischen Religionen kontextuell rekonstruieren.[30] Sie sind die Grundbausteine des Korans zur Förderung von trialogischem Lernen. Sie verbinden die drei Religionen miteinander und können im idealtypischen Fall in einer komplementären intertextuellen Narrativierung ein vollständiges Bild ergeben.

2.3   Die Ur- und Vorbilder, Ikonen und Orte des Korans sind trialogisch zu lesen

Die Ikonen und Orte des Korans haben trialogische und biblische Wurzeln und bieten daher ein reichhaltiges Lernpotential für die trialogische Erziehung. Im Kontext des interreligiösen bzw. trialogischen Lernens ist der Bezug auf Abraham vordergründig,[31] das hat jedoch den Nachteil, dass dadurch andere wichtige Persönlichkeiten wie Adam, Noah, David und Jakob in den Hintergrund geraten. Zudem bildet Abraham die Gemeinsamkeit der drei Religionen, für einen authentischen und offenen Trialog ist es aber notwendig, Unterschiede aufzuzeigen bzw. sie eventuell sogar in den Fokus zu stellen. Der neue Zugang, bei dem auch u. a. Moses im Mittelpunkt steht, macht den Trialog nachhaltig und fördert Empathie, Verständnis und Toleranz. In seinem Werk „Trialogische Religionspädagogik: Interreligiöses Lernen zwischen Judentum, Christentum und Islam" wirft Georg Langenhorst die Frage auf: „Mohammed – Prophet im christlichen

---

[21]   Koran: Sure 71.
[22]   Koran 38:41.
[23]   Koran 19:41.
[24]   Koran 19:45.
[25]   Koran: Sure 10.
[26]   Koran: Sure 12.
[27]   Koran 19:51.
[28]   Koran 19:16.
[29]   Koran 11:120.
[30]   Polat 2017, 118.
[31]   Weiterführende Literatur zu Abraham als trialogische Kraft: Lewitscharoff/Wālī 2018; Kuschel 2006; Rupp 2022.

Religionsunterricht?"[32]. Dieser Ansatz kann genau wie die Beschäftigung mit Jesus und Moses im islamischen Religionsunterricht aus Perspektiven innerhalb und außerhalb des Korans eine Bereicherung darstellen.

Durch folgende zwei Ideen kann die trialogische Pädagogik erweitert werden:

- Moses als neue Kraft des Trialogs entdecken:
  Moses genießt Anerkennung in den drei Religionen und seine Geschichten in der Bibel (Buch Moses) und im Koran (in mehr als 15 Suren) beinhalten viele Aspekte, die das trialogische Lernen bereichern können. Viele Jüd*innen, Christ*innen und Muslim*innen sind mit den meisten Elementen der Geschichte Moses' vertraut, was den trialogischen Austausch darüber im Unterricht vielfältiger und lebendiger macht.
- Vorbilder für Frauenikonen im Koran aus der Bibel:
  Der Koran hebt große Frauennamen hervor, die eine entscheidende Rolle im Trialog spielen[33] können: Die Sure 4 *al-Nisa* – die Frauen und andere Koranstelle setzen Akzente für Frauenrechte. Zu den gewürdigten Frauen zählen etwa Maria, die Mutter Jesu (Sure 19), die Mutter und die Schwester Moses (Sure 28), Abrahams Frau und die Frau des Pharaos.

Als der Koran Vorbilder für gläubige Männer und Frauen geben wollte, nannte er dafür eine „Christin" und eine „Jüdin".[34]

> „Und Gott legt denen, die glauben, das Beispiel von Pharaos Frau vor, als sie sagte: ‚Mein Herr! Baue mir ein Haus bei Dir im Paradies und befreie mich von Pharao und seinen Taten und befreie mich von dem Volk der Ungerechten!' Und [Allah legt das Beispiel] von Maria, der Tochter Imrans, [vor,] die ihre Scham bewahrte - darum hauchten Wir von Unserem Geist in diese ein; und sie glaubte an die Worte ihres Herrn und an Seine Schrift und war eine der Gehorsamen."[35]

Die genannten weiblichen Ikonen können für viele jüdische, christliche und muslimische Gläubige inspirierend sein und sie ermutigen, ihre Selbstachtung zu fördern, ihre Stimme gegen Ungerechtigkeit zu erheben und in ihrer Religiosität aufrichtig zu bleiben.

2.4   Der Koran fördert und fordert eine trialogische Anerkennung

Der Koran verfolgte in der mekkanischen Phase mit seinem polytheistischen Umfeld ein dialogisches Konzept des „Nebeneinanders". Das Credo war, wie in Sure 109 – Die Ungläubigen – *al-kāfirūn* beschrieben: „*lakum dīnukum wa lia dīn* –

---

[32]   Langenhorst 2016, 296.
[33]   Mohammed 2021, 161.
[34]   Ebd., 162.
[35]   Koran 66:11–12.

Euch eure Religion und mir die meine!"[36]. Die Anerkennung ist die Basis der menschlichen Vielfalt und ein Menschenrecht. Die Entwicklung von einem „Nebeneinander" zu einem „Miteinander" erfolgte in Medina durch intensiven trialogischen Austausch.

Dort sucht der Koran den Dialog mit den *Ahl al-kitāb* und lädt zu einem gemeinsamen Weg ein *„taʿālū ʾilā kalimatin sawin"*:

„Sprich: «Ihr Buchbesitzer! Kommt her zu einem Wort zwischen uns und euch auf gleicher Ebene!"[37]

Die Einladung des Korans zu einem Trialog auf Basis des Monotheismus gilt allen Jüd*innen und allen Christ*innen.[38] Ich lese es als Auftrag für die Muslim*innen heute, sich aktiv in den Trialog einzubringen. Die Diskussion mit *Ahl al-kitāb* erfolgt auf Basis von Anerkennung und Wertschätzung und darf nur auf positive Art stattfinden: „Streitet mit den Buchbesitzern nur auf schöne Art"[39]. Im selben Vers ist der Ausgangspunkt des Korans für den Trialog formuliert: „Sprecht: Wir glauben an das, was auf uns herabgesandt ward und auf euch. Unser Gott und euer Gott sind einer. Ihm sind wir ergeben".[40]

2.5 Gegen die Ausgrenzung innerhalb der monotheistischen Religionen

Der Koran lehnt die Ausgrenzung ab. Er erkennt Judentum und Christentum an und fordert zugleich die Anerkennung des Islam. Er stellt klar, dass Abraham zu allen drei Religionen gehört und weder Jude noch Christ war, sondern ein Hanif bzw. Muslim in erweiterter Auffassung – Gottergebenheit – war: „Ihr Buchbesitzer! Weshalb streitet ihr über Abraham? [...] Abraham war weder Jude noch Christ; sondern er war ein wahrer Gläubiger, ein Gottergebener. [...]"

Unter den Koranexegeten gibt es die Meinung, dass der Offenbarungsanlass dieses Verses ein Streit zwischen einer christlichen und einer jüdischen Gruppe vor dem Propheten Muhammad in Medina war. Beide behaupteten, dass nur sie auf den Spuren Abrahams gehen und sprechen der anderen diese Zugehörigkeit ab.[41] Der Koran positionierte sich gegen die Ausgrenzung und fordert einen gemeinsamen trialogischen Weg.

---

[36] Koran 109:6.
[37] Koran 3:64.
[38] Ibn Kaṯīr 1993.
[39] Koran 29:46.
[40] Ebd.
[41] Ibn Ašūr 2008, 270.

2.6   Gegen einen exklusiven Heilsanspruch

Ein alleiniger Anspruch einer bestimmten Gruppe auf Heilung bzw. Eintritt in den Himmel oder in das Paradies wird vom Koran abgelehnt: „Sie sprechen: Nur Juden oder Christen können in den Paradiesgarten kommen. Das sind jedoch nur ihre Wünsche."[42] Die Gottergebenheit und die Liebe sind entscheidender als die Zugehörigkeit zu einer bestimmten Religion: „O nein! Nur wer sich Gott ganz ergibt und dabei Gutes tut, der wird seinen Lohn bei seinem Herrn empfangen. Die brauchen keine Furcht zu haben und sollen auch nicht traurig sein."[43] Der gleiche Gedanke ist in Sure 2 Vers 61 zu lesen: „Siehe, diejenigen, die glauben, die sich zum Judentum bekennen, die Christen und die Sabier – wer an Gott glaubt und an den Jüngsten Tag und rechtschaffen handelt, die haben ihren Lohn bei ihrem Herrn, sie brauchen keine Furcht zu haben und sollen auch nicht traurig sein!"

Die klare Positionierung und der offene Trialog im Koran haben viele für die Gegenwart relevante Aspekte. Das Konzept der *Ahl al-kitāb* ist einer dieser Aspekte. Eine Analyse wird im Folgenden vorgenommen.

2.7   Die Kernaussagen

Der Koran ist trialogisch entstanden und knüpft in vielen Aspekten an die Bibel an.

Der Koran lädt zu einem monotheistischen Trialog und zum zwischenmenschlichen Kennenlernen ein.

Die Narrationen im Koran sind weitgehend trialogisch zu verstehen und und regen ein handlungsorientiertes trialogisches Lernen an.

Frauenikonen des Korans können neue Horizonte für trialogisches Lernen und die Weiterentwicklung der trialogischen Gleichberechtigung von Mann und Frau eröffnen.

Der Koran fördert und fordert die Anerkennung unter den monotheistischen Religionen und lehnt Ausgrenzung und exklusive Heilsansprüche ab.

3.   Der koranische Konzept *Ahl al-Kitāb*

Mit der Anerkennung von Judentum und Christentum als Schriftreligionen setzt der Koran den ersten Schritt zu einem Trialog. Das koranische Konzept *Ahl al-kitāb* hat eine hohe Relevanz dafür. Es handelt sich dabei um eine Tradition, die

---

[42]   Koran 2:112.
[43]   Ebd.

auf dem Inklusionsgedanken beruht und über die Jahrhunderte gelebt wurde. Über die Grenzen des überholten Fiqh und der Normen der Jurisprudenz (wie etwa al-Ǧizya) hinaus soll das Konzept *Ahl al-kitāb* heute neu reflektiert und für die Religionspädagogik rezipiert werden.

Der Begriff *Ahl al-kitāb* ist im Koran eine Bezeichnung für Christ*innen und Jüd*innen. Das arabische Wort *kitāb*, Buch, bezieht sich an verschiedenen Stellen im Koran sowohl auf die Bibel in ihren beiden Teilen, dem Alten und dem Neuen Testament, als auch auf den Koran selbst. In Sure *al-Aḥqāf* heißt es: „Vor ihm gab es das Buch Moses [die Torah], als Richtschnur und Barmherzigkeit. Das hier aber ist ein Buch [der Koran], das bestätigt – in arabischer Sprache, um diejenigen, die freveln, zu mahnen, und als frohe Botschaft für die, die Gutes tun."[44] Der Begriff *Ahl al-kitāb* wird ins Deutsch meist mit „Leute der Schriften", „Schriftbesitzer" oder „Leute des Buches" übersetzt.[45]

Al-Aṣfahānī erklärt in seinem Lexikon der Begriffe des Korans *„Mufradāt alfāẓ al-Qur'ān"* das Wort *Ahl* wie folgt:

> „Die *Ahl* eines Menschen sind diejenigen, die durch Blut, Religion oder etwas Ähnliches wie Beruf oder Nachbarschaft verwandt sind. Grundsatz dabei ist, dass die *Ahl* in derselben Wohnlandschaft leben. Innermuslimisch ist bekannt, dass der Begriff *Ahl al-baït* die Familie des Propheten meint (*al-Aḥdāb 33*)."[46]

In schwierigen Zeiten und bei der Konfliktlösung oder Versöhnung wird im arabischen Alltagsgebrauch *„naḥnu Ahl"* betont – wir sind eine Familie, wir gehören zusammen. Ich ziehe jedenfalls „die Familie der Schrift(en)" als Übersetzung von „*Ahl al-kitāb*" vor.[47]

3.1   Die vier Ausdrucksformen der Ahl al-kitāb

Der Koran kennt vier Formulierungen der *Ahl al-kitāb*, die Ibn al-Qayyim in seinem Werk zusammenfasst.[48]

1.   *Al-laḏīna 'ātaynāhom al-kitāb* – Diejenigen, denen Gott die Schrift gegeben hat: Diese Formulierung hebt die vorbildlichen Handlungen von jüdischen und christlichen Vorfahren hervor. Ein Indikator für die positive Wirkung ist der direkte „göttliche" Bezug in der Formulierung.

---

[44]   Koran 46:12.
[45]   Mohammed 2021, 163.
[46]   Al-Aṣfahānī 2009, 96.
[47]   Mohammed 2021.
[48]   Ibn al-Qayyim 2006, 104.

„Diejenigen, denen Wir die Schrift gegeben haben, lesen sie, wie es ihr zu-
steht."[49] In diesem Vers würdigt der Koran die religiöse Praxis von Christ*innen
und Jüd*innen und sieht im Lesen ihrer Schrift eine Vorbildfunktion für die
Muslim*innen. Al-Baġawī legt in seiner Koranexegese (Ma'ālim al-tanzīl fī tafsīr al-
Qur'ān) den Offenbarungsanlass des Verses dar: Manche Exegeten führen den
Offenbarungsanlass auf Christ*innen aus Abessinien [Ibn 'Abāss] zurück, andere
auf Jüd*innen aus Medina [Al-daḥāk] und einige lassen das auf Muslim*innen
zurückführen [Qatāda]. Letzteres ist weder sprachlich noch logisch nachvollziehbar. Schließlich handelt es sich hier um al-laḏīna 'ātaynāhom al-kitāb und und
es geht darum, dass sie beim Lesen ihrer Schrift vorbildlich sind. Mit Lesen ist
nicht das bloße Lesen, sondern das Einhalten der ethischen und religiösen Regeln in der Schrift gemeint (Ibn Kaṯīr).

2.   *Ahl al-kitāb* – Leute der Schrift:
Dies ist die umfassendste Formulierung des Korans in Bezug auf *Ahl al-kitāb*. Als
abstrakte Formulierung umfasst es die neutrale, die kritische und die positive
Darstellung.
      „Sprich: ‚O Volk der Schrift, kommt herbei zu einem gleichen Wort zwischen
uns und euch [...].'" (Koran 3:64)

3.   *Al-laḏīna 'ūtū naṣībān min al-kitāb* - Diejenigen, die einen Anteil an der Schrift
      erhalten haben:
Die Formulierung lässt erahnen, dass es sich hier um „halbe Wahrheiten" und
„Halbwissen" handelt. Sie deutet auf negative und kritische Äußerungen des Ko-
ran im Hinblick auf Jüd*innen und Christ*innen hin. Ein Beispiel dafür ist in der
Sure al-Nisā zu finden:

> „Hast du nicht jene gesehen, die einen Anteil an der Schrift erhalten haben? Sie glau-
> ben an den Dschibt und die Götzen und sagen hinsichtlich derer, die ungläubig sind:
> ‚Die da sind eher auf dem rechten Weg als die Gläubigen [d. h. die Muslim*innen].'"[50]

Der Offenbarungsanlass des Verses schildert eine „Enttäuschung" des Korans,
wonach Menschen, die einen „Anteil" am Wissen der Schrift haben, erwartungsgemäß der monotheistischen Linie treu bleiben und nicht aus politischem Kalkül
Nähe zum Polytheismus suchen sollen. Der Vers wurde im Kontext des politischen Konflikts zwischen dem Ka'b ibn al-Ašraf (jüdischen Stammesoberhaupt)
und dem Propheten Muhammad offenbart. Ersterer suchte unter den Qurāīsch
Verbündete und fand diese bei einem Besuch, bei dem die polytheistischen Mekkaner behaupteten, dass ihre Tradition besser als jene Muhammads wäre, was er
bestätigte.[51] Diese Äußerung war politisch situationsbezogen und ist historisch-

---

[49]   Koran 2:121
[50]   Koran 4:51.
[51]   Al-Ṭabarī 1994.

kritisch zu sehen. Heute lesen wir daraus, dass die monotheistischen Religionen einander von Natur aus näher stehen bzw. diese Nähe bewahren sollen.

4. *Al-laḏīna ʾūtū al-Kitāb* – Diejenigen, die die Schrift erhalten haben:
Diese Formulierung [in grammatikalisch passiver Form] deutet auf kognitive Inhalte zu „*Ahl al-kitāb*" hin. Hier wird in der Regel neutral berichtet. In der Sure *al-Maīda* und in Bezug auf die muslimischen Speisevorschriften ist Folgendes zu lesen: „Heute sind euch die guten Dinge (zu essen) erlaubt. Und was diejenigen essen, die (vor euch) die Schrift erhalten haben, ist für euch erlaubt, und (ebenso) was ihr esst, für sie."[52] Der Vers hat neben seiner verbindenden Kraft eine besondere Relevanz in der Normenlehre für die Muslim*innen in Europa bezüglich Speisevorschriften.

Auf Basis der differenzierten sprachlichen Sensibilisierung für *Ahl al-kitāb* bietet der Koran somit einen gerechten und objektiven Rahmen für einen vorurteilsfreien und wertschätzenden Trialog. Wie für Muslim*innen im Koran gilt, sie in ihrer Vielfalt wahrzunehmen, gilt das auch für *Ahl al-kitāb*. In Sure al-ʿImrān steht: „Sie sind jedoch nicht alle gleich. Unter den Buchbesitzern [*min ahli al-kitābi*] ist eine Gemeinschaft, die aufrecht steht. Sie tragen Gottes Verse vor, zur Zeit der Nacht, und werfen sich dabei nieder."[53] Bei zwischenmenschlichen Handlungen ist Vorsicht vor Verallgemeinerungen geboten; ein Beispiel dafür findet sich in derselben Sure al-ʿImrān 38 Verse zuvor: „Unter den Buchbesitzern gibt es manchen, der, wenn du ihm einen *Qintar* anvertraust, ihn dir zurückgibt. Und unter ihnen gibt es manchen, der, wenn du ihm einen *Dinar* anvertraust, ihn dir nicht zurückgibt – es sei denn, dass du in ihn dringst."[54]

3.2   Die Kernaussagen

Das koranische Konzept *Ahl al-kitāb* ist human und trialogisch und würdigt die Schriftreligionen.

Das Konzept betont die gemeinsamen Wurzeln der drei Schriftreligionen.

Die vier koranischen Formulierungen, Al-laḏīna ʾātaynāhom al-kitāb; Ahl al-kitāb; Al-laḏīna ʾūtū naṣībān min al-kitā und al-laḏīna ʾūtū al-Kitāb, zeigen einen differenzierten Zugang zu Judentum und Christentum im Koran.

Das Konzept der *Ahl al-kitāb* enthält sich nicht der sachlichen Kritik als Grundlage eines konstruktiven Trialogs und Zusammenlebens und äußert offen seine Skepsis oder „Enttäuschung".

Das Konzept *Ahl al-kitāb* kann aber auch trennend und ausgrenzend sein.

---

[52]   Koran 5:5.
[53]   Koran 3:113.
[54]   Koran 3:75.

4.   Pädagogische und didaktische Horizonte und Implikationen für ein koranisches trialogisches Lernen

Das pädagogische und didaktische Potential des koranischen trialogischen Lernens liegt vor allem in der Förderung von interreligiöser Kompetenz, der Stärkung von Toleranz, Empathie und Respekt für andere Religionen sowie der Entwicklung von kritischem Denken und Pluralitätsfähigkeit und ist zugleich eine Maßnahme zur Friedensbildung.[55] Es kann Schüler*innen und Student*innen dazu ermutigen, ihre eigenen Vorurteile zu hinterfragen und ein bereicherndes gemeinsames Grunderlebnis der drei Offenbarungsreligionen[56] aus der Perspektive des Korans ermöglichen.

Die Hürden auf dem Weg zum koranischen trialogischen Lernens sind erwartungsgemäß vielfältig. Einige Themen des trialogischen Lernens können zu Spannung und Konflikten führen (wie etwa die Trinität, Jud*innen im Koran, Fragen der Ǧizya). Ein weiteres Hindernis kann fehlendes Wissen und/oder mangelnde Kompetenz der Lehrkraft sein. In meiner interreligiösen Arbeit habe ich erlebt, dass es seitens mancher Eltern, aber auch Pädagog*innen Skepsis gibt: Es scheint nicht nur bei Muslim*innen Ängste auszulösen, wenn durch interreligiöses Lernen Kinder und Jugendliche dazu angehalten werden, auch über eigene Vorstellungen und religiöse Werte zu reflektieren und kritische Fragen zu stellen.[57]

Gegen diese Hürden hilft der Erwerb trialogischer und interreligiöser Kompetenz sowohl in der Schule als auch an den Hochschulen und in Weiterbildungsprogrammen für Lehrer*innen. Im Klassenzimmer können folgende didaktische Maßnahmen aus der Praxis Grenzen öffnen und Hürden auf dem Weg zum trialogischen Lernen überwinden:

1.   Eine gute inhaltliche Vorbereitung auf die Themen Trialog und Toleranz im Koran und das Herausarbeiten der spezifischen diesbezüglichen Grundlagen zum Unterrichtsthema
2.   Die sorgfältige Auswahl von Unterrichtsmethoden und Projektformaten
3.   Die Gestaltung von gemeinsamem Unterricht mit einer christlichen und einer jüdischen Lehrkraft (Pfarrer oder Rabbi).
4.   Besuche von Kirchen, Synagogen und Moscheen in religiös und konfessionell heterogenen Gruppen
5.   Durchführung von intra- und interreligiösen gemeinsamen Projekten.

Zwei Projekte aus der Praxis möchte ich an dieser Stelle exemplarisch erwähnen:

---

[55]   Mohammed 2021, 165.
[56]   Ahrens 2021, 158.
[57]   Müller 2005, 146.

Ein Projekt, das ich jahrelang mitgestalten durfte, ist „Gemeinsam unterwegs" der österreichischen Höheren Bundeslehranstalt für wirtschaftliche Berufe Kalvarienberg. Ein Bericht des ORF liefert einen Überblick über das Projekt und seine Ziele.[58]

Ein weiteres Projekt, das ich regelmäßig und gerne durchführe, ist „Schritte für die Toleranz". Dabei absolvieren Schüler*innen verschiedener Religionen gemeinsame Schritte zu Kirche, Synagoge und Moschee. In entspannter Atmosphäre setzen sie sich mit den verschiedenen Gotteshäusern und den Besonderheiten, Gemeinsamkeiten und Unterschieden der drei monotheistischen Religionen auseinander und reflektieren gemeinsam die Erkenntnisse aus den Begegnungen.[59]

4.1 Auf dem Weg zur trialogischen Kompetenzbildung

Sowohl für den Religionsunterricht als auch in der hochschulische Bildung haben Religionspädagog*innen Kompetenzen für das interreligiöse Lernen formuliert. Diese eigenen sich als Kompetenzen bzw. Teilkompetenzen eines koranischen Trialogs. Eine koranische Kompetenzbildung bedarf einer eigenen Untersuchung, die folgenden Impulse sind aber als Meilensteine auf dem Weg dorthin zu betrachten.

Friedrich Schweitzer und Fahimah Ulfat formulieren in ihrem gemeinsamen Werk „Dialogisch – kooperativ – elementarisiert: Interreligiöse Einführung in die Religionsdidaktik aus christlicher und islamischer Sicht" sechs zentrale Kompetenzen, die Religionslehrkräfte für einen interreligiös-kooperativen Unterricht brauchen.[60] Zudem stellen sie Überlegungen zum Thema „Haltung" als Kompetenz an. Sie stellen fest, dass bestimmte Einstellungen (wie Offenheit) die interreligiöse Zusammenarbeit im Religionsunterricht fördern können und in diesem Sinne wünschenswert sind. Allerdings stellen Haltungen nach Schweitzer und Ulfat keine Fähigkeiten und Fertigkeiten dar, weder auf der Seite der Lehrer*innen noch auf der der Schüler*innen.[61] Auch Ratzke beschäftigt sich mit der Frage der Haltung in interreligiöser Bildung und befürwortet eine „vor-

---

[58]   Szabo 2017.
[59]   Mohammed 2019.
[60]   Schweitzer / Ulfat 2022, 278. Die sechs Kompetenz nach Schweitzer/Ulfat sind: (1) Wahrnehmungskompetenz; (2) Vertrautheit mit anderen Religionen (Wissen); (3) Interreligiöse Deutungskompetenz; (4) Kompetenz zur Perspektivenübernahme; (5) Begegnungskompetenz sowie (6) Urteilskompetenz. Diese sind den von Ratzke 2021, 84–108 formulierten 7 Kompetenzen bis auf den bei letzterem hinzukommendem Haltungsaspekt ähnlich: (1) Religiöse Wahrnehmungskompetenz; (2) Kompetenz der Anerkennung; (3) Differenzkompetenz und Ambiguitätstoleranz; (4) Reflektierter Perspektivenwechsel; (5) Empathie-Kompetenz; (6) Religiöse Identitätssicherheit sowie (7) Vorurteilsbewusste Haltung.
[61]   Ebd., 84.

urteilsbewusste Haltung" im Kontext interreligiöser Kompetenzanbahnung in der Hochschullehre.[62] Schweitzer und Ulfat betrachten Vorurteilsbewusstsein zwar nicht als zufriedenstellende Lösung, jedoch als einzige Möglichkeit, da Vorurteile nicht völlig vermieden werden können: „In manchen pädagogischen Bereichen, etwa im Elementarbereich, wird auch von einer ‚vorurteilsbewussten Erziehung und Bildung'[63] gesprochen. Dies leuchtet insofern ein, als niemand frei von Vorurteilen ist. Auch die beste Ausbildung kann daran nur wenig ändern."[64]

Einige der Grundkompetenzen des koranischen Trialogs sind die Anerkennungskompetenz: „[...] Und sprecht: ‚Wir glauben an das, was zu uns herabgesandt wurde und was zu euch herabgesandt wurde; und unser Gott und euer Gott ist Einer; und Ihm sind wir ergeben'[65], die Differenzierungskompetenz (Koran 3:75)[66], interreligiöse Streitkultur sowie Toleranz und Empathie.

Unter Berücksichtigung des Umfangs des Beitrags wird auf die Kompetenzen in den drei oben genannten Beiträgen[67] verwiesen. Für die didaktische Umsetzung im Religionsunterricht sind hierfür in erster Linie die Methoden der Textarbeit geeignet. Sie können je nach Schulstufe und Vorkenntnissen der Schüler*innen sowohl passagenweise als auch themenzentriert eingesetzt werden. Die Beiträge der deutschsprachigen Korandidaktik bieten eine Vielfalt an Ansätzen und zeigen unterschiedliche didaktische Wege für eine vom Koran ausgehende Perspektive für das trialogische Lernen auf.[68]

Sach- und fachdidaktische Analysen sowie Unterrichtsimpulse zu koranischen Themen des Trialogs finden sich auch in den Lehr- und Schulbüchern für den islamischen Religionsunterricht, wie zum Beispiel im Lehrerkommentar zu Saphir 7/8, so etwa: Gottes Bibliothek[69]; Zeitlebens feiern[70] sowie Textblatt: Ein Interview mit Moses, Jesus und Muhammad führen.[71]

Eine etwas ausführlichere Darstellung der Kompetenz „trialogische Streitkultur" und der Methode „Bibliodrama", die ich immer wieder gerne im Unterricht, aber auch in den Seminaren der Religionslehrer*innenausbildung an der Pädagogischen Hochschule Freiburg durchführe und evaluiere, erfolgt in den folgenden Zeilen.

---

[62] Ratzke 2021, 108.
[63] Wagner 2008.
[64] Schweitzer / Ulfat 2022, 284.
[65] Koran 29:46.
[66] Mohammed 2021, 165.
[67] Mohammed 2021; Ratzke 2021; Schweitzer / Ulfat 2022.
[68] Bauknecht 2022; Cavis 2021; Ebrahim 2020; Mohammed 2020.
[69] Kaddor / Müller / Behr 2012, 146–158.
[70] Ebd., 252–268.
[71] Ebd., 41.

4.2   Umsetzung eines trialogischen Bibliodramas – Performatives Lernen

„Gerade wenn es darum geht, Differenzen zu erkennen und auszuhalten, wird das Thema „Streitkultur" wichtig."[72] Das Bibliodrama ist ein sinnvoller didaktischer Weg zur Förderung von Streitkultur und ein gemeinsames Erlebnis der drei Offenbarungsreligionen (Ahrens 2021, 185) und der dreifachen Erweiterung von Gottes Botschaft (Mohammed 2021, 164) auf Basis der heiligen Schriften.

Ein interreligiöses Bibliodrama ist nur dann durchführbar, wenn es gemeinsame Basistexte gibt, die für die Angehörigen der verschiedenen Religionen eine vergleichbare Bedeutung haben und auf die sie sich gemeinsam einlassen können. So kann ein Lern- und Begegnungsprozess zwischen Jüd*innen, Christ*innen und Muslim*innen in Gang gesetzt werden, welcher Gemeinschaft, religiöse Identität und Toleranz schaffen kann, ohne zu einer unannehmbaren Vermischung der Religionen zu führen. Die Josefsgeschichte in ihrer Tradition in der Bibel und im Koran hat das didaktische Potenzial für ein Bibliodrama.[73]

Umsetzungsvorschläge dafür[74] sind in Heiner Aldeberts Werk „Spielend Gott kennenlernen"[75] sowie in seinem Beitrag zum interreligiösen Lernen der Streitkultur im „Handbuch Interreligiöses Lernen"[76] enthalten.

In einem aktuelleren Artikel kommt Aldebert zu dem Schluss, dass sich ein Bibliodrama der Buchreligionen aus dem Text heraus konstruiert hat und daher die Notwendigkeit besteht, eine realistische und offene gegenseitige Wahrnehmung ohne Beschönigung zu ermöglichen.[77] Er schlägt eine performative Bearbeitung sowie die Herstellung eines Lebensweltbezugs durch die Behandlung der Traumszene vor.[78]

Er konzentriert sich beim Bibliodrama auf zwei für das trialogische Lernen bedeutende Kompetenzen: das Erlernen einer interreligiösen Streitkultur und der Fähigkeit zur Toleranz von Differenzen.[79]

4.3   Die Kernaussagen

Trialogisches Lernen ist kein religionspädagogisches Modewort, sondern Programm, Auftrag und Anfrage an die islamische Religionspädagogik.

---

[72]   Mohammed 2021, 165.
[73]   Aldebert 2005, 590.
[74]   Für die Josefgeschichte in 1. Mose (Genesis) 37, 9–11 und im Koran 12:3-4.
[75]   Aldebert 2001.
[76]   Aldebert 2005.
[77]   Ebd., 594.
[78]   Ebd., 594–599.
[79]   Ebd., 595.

Das koranisch trialogische Lernen ist didaktisch Neuland und hat das Potential, interreligiöse Kompetenz zu entwickeln und Empathie, Toleranz und Friedensbildung zu fördern.

Für das trialogische Lernen stellt der Koran eine facettenreiche Grundlage zur Verfügung.

Für ein nachhaltiges trialogisches Lernen spielt der Umgang mit Differenzen und Unterschieden eine entscheidende Rolle. Die Kompetenz einer trialogischen Streitkultur muss hierbei eine pädagogische Priorität bilden.

Der Beitrag lädt zur Weiterentwicklung und Vertiefung der Kompetenz und zur Theoriebildung eines koranischen trialogischen Lernens ein.

Literatur

AHRENS, JEHOSCHUA (2021), Jüdische Trialog-Initiativen in ihrem historischen und religionsrechtlichen Kontext, in: Wort und Antwort, Dominikanische Zeitschrift für Glauben und Gesellschaft 62/4, 154–159.

AL-AṢFAHĀNĪ, ABŪ L-FARAǦ ʿALĪ BIN AL-ḤUSAIN (2009), Mufradāt alfāẓ al-Qurʾān, 4. Aufl. Damaskus.

AL-BAǦAWĪ, ABŪ MUḤAMMAD AL-ḤUSAIN (2000), Maʿālim al-tanzīl fī tafsīr al-Qurʾān, Riad.

AL-ṬABARĪ, MUHAMMAD IBN JARIR (1994), Tafsīr al-Ṭabarī. Ǧamiʿ al-bayān fī taʾwīl al-Qurʾān, Beirut.

ALDEBERT, HEINER (2005), Interreligiöse Streitkultur lernen im Bibliodrama der Buchreligionen, in: SCHREINER, PETER / SIEG, URSULA / ELSENBAST, VOLKER (Hg.), Handbuch interreligiöses Lernen. Eine Veröffentlichung des Comenius-Instituts, Gütersloh, 590–600.

ALDEBERT, HEINER (2001), Spielend Gott kennenlernen: Bibliodrama in religionspädagogischer Perspektive (Band 19), Hamburg.

BAUKNECHT, BERND RIDWAN (2022), Korandidaktik – Elementares Erinnern: Ein religionspädagogischer Beitrag zu Hermeneutik und Didaktik des Korans, Baden-Baden.

CAVIS, FATIMA (2021), Den Koran verstehen lernen: Perspektiven für die hermeneutisch-theologische Grundlegung einer subjektorientierten und kontextbezogenen Korandidaktik, Paderborn.

EBRAHIM, RANJA (2020), Im Diskurs mit dem Qurʾān. Ein Handlungskonzept zum themenzentrierten Arbeiten anhand der Offenbarungsanlässe, Wiesbaden.

FUCHS, MONIKA E. (2014), Bibel erzählen – Grundlagen, in: FUCHS, MONIKA E. / SCHLIEPHAKE, DIRK (Hg.), Bibel erzählen, Neukirchen-Vluyn, 15–18.

HERDER VERLAG (2009), Lexikon der Begegnung Judentum – Christentum – Islam, Freiburg.

IBN AL-QAYYIM (2006), Miftāḥ dār as-saʿāda wa-manšūr wilāyat Ahl al-ʿilm wa-l-irāda, Band 1, Beirut.

IBN AŠŪR, MUHAMMAD AT-TĀHIR (2008), Tafsīr al-taḥrīr wa al-tanwīr, Tunis.

IBN KAṮĪR (1998), Tafsīr al-Qurʾān al-ʿazīm, Beirut.

IBN MANẒŪR, ǦAMĀL AD-DĪN (2003), Lisān al-ʿArab, Beirut.

KADDOR, LAMYA / MÜLLER, RABEYA / BEHR, HARRY H. (2012), Saphir 7/8 – Lehrerkommentar zum Religionsbuch für junge Musliminnen und Muslime, München.

KHALFAOUI, MOUEZ (2022), Islamisches Recht, Scharia und Ethik: Eine europäische Perspektive, Baden-Baden.

KUSCHEL, KARL-JOSEF ([5]2006), Streit um Abraham. Was Juden, Christen und Muslime trennt – und was sie eint, Düsseldorf.

KUSCHEL, KARL-JOSEF (2017), Die Bibel im Koran. Grundlagen für das interreligiöse Gespräch, Düsseldorf.

LÄHNEMANN, JOHANNES (1986), Weltreligionen im Unterricht. Eine theologische Didaktik für Schule, Hochschule und Gemeinde, 2, Islam, Göttingen.

LÄHNEMANN, JOHANNES (1998), Evangelische Religionspädagogik in interreligiöser Perspektive, Göttingen.

LÄHNEMANN, JOHANNES (2021), Interreligiöse Verständigung und Bildung 1980–2020: eine Bilanz im Spiegel der Nürnberger Foren zur Kulturbegegnung, Berlin.

LANGENHORST, GEORG (2016), Trialogische Religionspädagogik: Interreligiöses Lernen zwischen Judentum, Christentum und Islam, Freiburg.

LANGENHORST, GEORG (2016b), Trialogisches Lernen? Konturen des Miteinanders von Juden, Christen und Muslimen, in: IfR – Informationen für den Religionsunterricht 74/2016, München, 4–8.

LEWITSCHAROFF, SIBYLLE / WĀLĪ, NAJEM (2018), Abraham trifft Ibrahîm: Streifzüge durch Bibel und Koran, Berlin.

MOHAMMED, ABUALWAFA (2019), Schritte für die Toleranz, URL: https://www.abualwafa.at/schritte-fur-die-toleranz/ (26.03.2024)

MOHAMMED, ABUALWAFA (2020), Der Koran und seine Bedeutungsebenen für das Hier und Jetzt: Zeitgemäße theologisch-didaktische Annäherungen am Beispiel des Begriffs Dschihad, Wiesbaden.

MOHAMMED, ABUALWAFA (22.12.2020), Jesus und Muhammed – gemeinsam unterwegs. Wiener Zeitung, URL: https://www.wienerzeitung.at/meinung/gastkommentare/2086229-Jesus-und-Muhammad-gemeinsam-unterwegs.html (27.03.2024)

MOHAMMED, ABUALWAFA (2021), Mit der Korandidaktik zum abrahamitischen Trialog in Schule und Bildungsarbeit, in: Wort und Antwort, Dominikanische Zeitschrift für Glauben und Gesellschaft 62/4, 160–166.

MÜLLER, RABEYA (2005), Islamische Perspektiven zum interreligiösen Lernen: Wie „inter-" ist der Islam?, in: SCHREINER, PETER / SIEG, URSULA / ELSENBAST, VOLKER (Hg.), Handbuch Interreligiöses Lernen, Gütersloh, 142–149.

POLAT, MIZRAP (2017), Koranische Narrationen als Grundlage für theologische und intellektuelle Gespräche im ‚Islamischen Religionsunterricht‘, in: ‚Islamischer Religionsunterricht‘ und seine Aufnahme in den einschlägigen, ÖRF 25/1, 117–125.

RATZKE, CHRISTIAN (2021), Hochschuldidaktisches Interreligiöses Begegnungslernen. Eine empirisch-explorative Studie zum Potenzial interreligiöser Kompetenzentwicklung in der Ausbildung von Ethik- und Religionslehrer_innen, Münster.

RUPP, SONJA (2022), Mit Abraham aufbrechen: Theologische Entwürfe der „Fraternité d'Abraham" für ein Miteinander von Juden, Christen und Muslimen, Ostfeldern.

SAJAK, CLAUß PETER (2015), Trialogische Religionspädagogik und Komparative Theologie. Strukturelle Analogien – produktive Kollisionen, in: BURRICHTER, RITA / LANGENHORST, GEORG / STOSCH, KLAUS VON (Hg.), Komparative Theologie: Herausforderung für die Religionspädagogik. Perspektiven zukunftsfähigen interreligiösen Lernen, Paderborn, 31–48.

SAJAK, CLAUß PETER (2016), Trialogisches Lernen, in: ZIMMERMANN, MIRJAM / LINDNER, HEIKE (Hg.), Wissenschaftlich Religionspädagogisches Lexikon im Internet, Stuttgart. URL: https://doi.org/10.23768/wirelex.Trialogisches_Lernen_.100126 (25.03.2024)

SCHREINER, STEFAN (2010), Trialog der Kulturen. Anmerkungen zu einer wegweisenden Idee, in: SAJAK, CLAUß PETER (Hg.), Trialogisch Lernen. Bausteine für die interkulturelle und interreligiöse Projektarbeit, Seelze, 18–24.

SCHWEITZER, FRIEDRICH / ULFAT, FAHIMAH (Hg.) (2022), Dialogisch – kooperativ – elementarisiert:

Interreligiöse Einführung in die Religionsdidaktik aus christlicher und islamischer Sicht. Göttingen.

STEINKÜHLER, MARTINA (2018), Bibelgeschichten erzählen – aber wie!? Narrative Theologie für Kinder und mit Kindern im kompetenzorientierten Religionsunterricht. RPI-Impulse, Heft 1, 4–7.

SZABO, SANDRA (2017), Auf dem Weg: Schulklasse absolviert „Marathon der Religionen" [Videobeitrag 15.10.2017], https://religion.orf.at/v3/tv/stories/2872152/ (25.03.2024)

WAGNER, PETRA (²2008), Handbuch Kinderwelten: Vielfalt als Chance – Grundlagen einer vorurteilsbewussten Bildung und Erziehung, Freiburg i. Br. Wien u. a.

Zwischen Kultus und Kultur.
Museumsarbeit als Übersetzungsleistung

Carmen Reichert

Als 1985 das Jüdische Museum Augsburg Schwaben (JMAS) als erstes, unabhängiges jüdisches Museum in der Bundesrepublik der Nachkriegszeit gegründet wurde, hatte es den Auftrag jüdische Religion und Geschichte für eine überwiegend nicht-jüdische Gesellschaft zu bewahren, auch wenn die jüdische Gemeinde am Ort nicht fortbestehen würde. Knapp 40 Jahre später finden Kultusausübung und Kulturvermittlung noch immer im selben Gebäude statt – Museum und Gemeinde sind heute jedoch unabhängige Institutionen. Dieser Beitrag soll anhand der Geschichte des JMAS zeigen, wie sich die Bedeutung jüdischer Geschichte und Religion in der Arbeit mit der nicht-jüdischen Mehrheitsgesellschaft in den vergangenen Jahrzehnten gewandelt hat. Anhand von Beispielen aus der Museumsarbeit soll gezeigt werden, wie in Museumsgestaltung und Vermittlungsansätzen jüdische Religion und Kultur an ein überwiegend nicht-jüdisches Publikum in als dem Publikum bekannt vorausgesetzte Diskurse „übersetzt" wird.

Schlagworte: Jüdisches Museum – Religion – Kultur – Vermittlung – Versöhnung.

The Jewish Museum Augsburg Swabia (JMAS), founded in 1985, was the first independent Jewish Museum established in post-war Germany. Its mission was to preserve Jewish religion and history for a predominantly non-Jewish society, given the uncertain future of the local Jewish community. Nearly four decades later, worship and cultural education continue to take place in the same building; however, the museum and the community now operate as separate entities. This article will explore the history of the JMAS to illustrate how the significance of Jewish history and religion in engaging with the non-Jewish majority has evolved over the past decades. Examples from museum work will demonstrate how Jewish religion and culture are „translated" into familiar discourses through museum design and mediation approaches tailored for a predominantly non-Jewish audience.

Keywords: Jewish Museum – religion – culture – transmission – reconciliation.

1.   Einleitung

Jüdische Museen unterscheiden sich von Römischen, Griechischen oder Ägyptischen dadurch, dass sie Kultur, Religion und Geschichte nicht einer untergegangenen Kultur, sondern einer lebendigen Gemeinschaft vermitteln. Diese Vermittlung erfolgt überwiegend an ein nicht-jüdisches Publikum mit wenig oder keinen Vorkenntnissen, das durch Dauer- und Wechselausstellungen sowie Veranstaltungen Einblicke in die jüdische Kultur und den jüdischen Kultus erhält. Für viele nicht-jüdische Menschen ist ein Museumsbesuch der erste, manchmal gar der einzige Kontakt mit jüdischer Religion oder Kultur.[1]

In Deutschland sind die knapp 30 eigenständigen Jüdischen Museen überwiegend an Orten ehemaliger oder bestehender jüdischer Gemeinden untergebracht. Viele dieser Museen entstanden in den 1980ern, vor der Zuwanderung jüdischer sogenannter „Kontingentflüchtlinge" aus den Nachfolgestaaten der UdSSR. Die „Musealisierung" des Judentums in Deutschland geht also zurück auf eine Zeit, in der die jüdische Gemeinschaft auf knapp 30 000 Mitglieder geschrumpft war, so dass ihr Fortbestand in Deutschland als gefährdet galt.[2] Gleichzeitig erfolgte eine breite Auseinandersetzung der deutschen Gesellschaft mit dem Erbe des Nationalsozialismus. Durch die Zuwanderung nach dem Ende der Sowjetunion stiegen die Mitgliederzahlen der jüdischen Gemeinden auf das Vierfache an, infolge der demographischen Entwicklung ist sie aber wieder rückläufig.[3] Mit einem Bevölkerungsanteil von weit unter einem Prozent ist eine Begegnung mit jüdischen Menschen im Alltag für die Mehrheit der Bevölkerung nicht möglich.

Wer seine Schulbildung in Deutschland vor den 1990ern abgeschlossen hat, hat in der Regel in der Schule gar keine jüdischen Themen vermittelt bekommen. Bis heute wird in den deutschen Lehrplänen jüdische Kulturgeschichte und Religion meist nur kurz gestreift.[4] In Bayern wird das Judentum in der sechsten Klasse im Rahmen des Religions- oder Ethikunterrichts als eine der drei monotheistischen Weltreligionen vorgestellt. Im Schulunterricht der neunten Klasse erscheinen jüdische Menschen als Opfer des Nationalsozialismus. Als außerschulischer Lernort sind jüdische Museen insbesondere auch für Schulklassen eine zentrale Anlaufstelle für die Vermittlung jüdischer Themen. Im Unterschied zu

---

[1]   Zur Diskussion, inwieweit Jüdische Museen jüdisch seien seit den ersten Gründungen vgl. Offe 2000, 95–103. In diesem Artikel wird der Begriff „Jüdisches Museum" als Eigenname großgeschrieben ohne damit eine Aussage über den jüdischen Gehalt derselben treffen zu wollen.

[2]   Bundeszentrale für politische Bildung 2015. Zu Museen als Vermittler kulturellen Erbes siehe Tauschek 2013, 54–72.

[3]   Zentralwohlfahrtsstelle der Juden in Deutschland e.V. 2023, 5.

[4]   In einer gemeinsamen Erklärung haben der Zentralrat der Juden und die Kultusministerkonferenz bereits 2016 darauf hingewiesen, dass der Schulunterricht nicht auf die Schoa reduziert werden sollte, sondern in seiner Vielfalt und Authentizität Eingang in den Unterricht finden sollte. Zentralrat der Juden in Deutschland/Kultusministerkonferenz (2016): Gemeinsame Erklärung des Zentralrats der Juden in Deutschland und der Kultusministerkonferenz zur Vermittlung jüdischer Geschichte, Religion und Kultur in der Schule. Beschluss des Präsidiums des Zentralrats der Juden in Deutschland vom 01.09.2016 und Beschluss der Kultusministerkonferenz vom 08.12.2016, https://www.kmk.org/pres se/pressearchiv/mitteilung/detail/News/vielfaeltigere-vermittlung-des-judentums-an-schulen.html.

Gedenkstätten steht in ihrem Fokus nicht die Schoa, sondern die Vermittlung jüdischer Religion, Kultur und Geschichte. Die knapp 14 000 Schüler*innen, die das JMAS jährlich besuchen, kommen in der Regel im Rahmen des Unterrichts in der sechsten oder neunten Klasse.

2. Sprache der Versöhnung?

Das Jüdische Museum Augsburg Schwaben wurde 1985 als „Jüdisches Kulturmuseum Augsburg Schwaben" gegründet, aus der Israelitischen Kultusgemeinde (IKG) Schwaben Augsburg heraus als Stiftungsmuseum mit einer eigens dafür gegründeten Stiftung gleichen Namens. Es ist das erste eigenständige Jüdische Museum der Nachkriegszeit in Deutschland. In der Museumsgeschichte steht es wie eine Brücke zwischen den Jüdischen Museen Europas der Vorkriegszeit, die in Trägerschaft jüdischer Gemeinden und Institutionen gegründet wurden – und jenen nach dem Versuch der totalen Vernichtung, der Schoa. Erstere entstanden im Zuge der nationalen Bewegungen um die Wende zum 20. Jahrhundert herum und richteten sich überwiegend an ein jüdisches Publikum.[5] Letztere wurden v. a. gegründet, um an ehemaliges jüdisches Leben am Ort zu erinnern, häufig an Orten, an denen es keine Jüdinnen und Juden mehr gab. Die überwiegende Zahl der Synagogenmuseen in Deutschland sind heute reine lieux de mémoire, an denen kein Gottesdienst stattfindet, mithin gelebte Religion praktiziert würde. Auch der zweite Standort des JMAS, in der Ehemaligen Synagoge Kriegshaber, ist ein solcher Erinnerungsort. Die Synagoge der IKG Schwaben Augsburg allerdings bleibt – bei gleichzeitig laufendem Museumsbetrieb – ein Ort der religiösen Praxis.

Das Augsburger Jüdische „Kulturmuseum" wurde zu einem Zeitpunkt gegründet, zu dem eine erste breite Debatte um die Schoa gerade möglich geworden war. Ausgelöst nicht zuletzt durch die vierteilige US-amerikanische Serie „Holocaust", die im Januar 1979 in Deutschland ausgestrahlt wurde, entstand erstmals ein breites Interesse an der jüngeren Geschichte. Die Forschungen von Lokalhistoriker*innen und anderen Forscher*innen der jüdischen Geschichte bekamen nun breitere Aufmerksamkeit. Viele Orte begannen, sich mit ihrem jüdischen Erbe auseinanderzusetzen. Nach eigenen Angaben hatte der damalige Präsident der Jüdischen Gemeinde, Julius Spokojny, die Idee zu einer Museumsgründung schon etwa zwei Jahrzehnte zuvor,[6] es sei aber „ungeheuer schwierig

---

[5]   Heimann-Jelinek / Schmid 2022, 36–61. Auch in Worms und Berlin konnten Reste jüdischer Gemeindesammlungen in neugegründete Museen überführt werden.

[6]   Spokojny 1987, 5.

[6]   Ebd.

gewesen, mit diesen (sic!) Gedanken durchzudringen und die erforderlichen Geldmittel zu beschaffen".[7]

Nun, Mitte der 1980er Jahre jedenfalls gelang es ihm, mit der Unterstützung einflussreicher nicht-jüdischer Augsburger Bürger gemeinsam das Projekt „Kulturmuseum" umzusetzen – und damit die berühmte Augsburger Jugendstil-Synagoge, die 1917 fertiggestellt worden war, vor weiterem Verfall oder gar dem Abriss zu bewahren und die Erinnerung an die Vorkriegsgemeinde zu bewahren. Frühen Stiftungsratsprotokollen aus der Zeit vor der Museumsgründung zufolge wurden als Themen für die Ausstellung, die in der ehemaligen Frauengarderobe der Synagoge errichtet wurde, festgelegt: „Das Jüdische Jahr", „Der Jüdische Alltag".[8] Ferner sollte eine Vitrine an die Geschichte der Jüdischen Gemeinde vor der Schoa erinnern.[9] Bereits im Juli 1986 ist in den Protokollen des Stiftungsrats die Rede davon, dass man mit etwa 97 % nicht-jüdischen Museumsbesucher*innen rechnen könne[10] und man vor allem auch auf zahlreichen Besuch von Schulklassen hoffe.[11] Da „über die Grundlagen weitgehend Unkenntnis bestehe" solle eine Broschüre als Handreichung für Lehrkräfte, Besucher und andere Interessierte erarbeitet werden.[12]

Spokojny handelte gewiss auch aus der Überlegung heraus, dass es ihm nicht gelingen würde, die Augsburger Monumentalsynagoge, die letzte des Deutschen Kaiserreichs, für seine kleine Gemeinde mit damals deutlich unter 300 Mitgliedern retten zu können. Der finanzielle Aufwand für die Renovierung der seit der Pogromnacht beschädigten Synagoge schien sich für diese kleine Gemeinde kaum rechtfertigen zu lassen. In seinem Geleitwort zu dem Buch „Jüdisches Kulturmuseum Augsburg", das zwei Jahre nach der Gründung erschien und welches er in seiner Doppelfunktion als Präsident der Israelitischen Kultusgemeinde Schwaben-Augsburg und als Vorsitzender der Stiftung Jüdisches Kulturmuseum Augsburg-Schwaben unterzeichnet, schreibt er:

> Zu den Aufgaben, die sich das Jüdische Kulturmuseum Augsburg gestellt hat, gehören nicht nur das Sammeln und Bewahren von Zeugnissen der jüdischen Kultur und Religion und deren wissenschaftliche Bearbeitung und Auswertung. Eine nicht min-

---

[7]   Protokoll über die Sitzung des Stiftungsrates des Jüdischen Kulturmuseums am Montag, den 25. März 1985, 1., Archiv JMAS, G-STR 01.

[8]   Protokoll über die Sitzung des Museum-Vorstandes am 9. Juli 1985, Archiv Jüdisches Museum Augsburg Schwaben, 5, Archiv JMAS, G-STR 01.

[9]   Ebd., 3.

[10] Niederschrift über die Sitzung des Stiftungsrates Jüdisches Kulturmuseum Schwaben-Augsburg vom Mittwoch, dem 23. Juli 198, Archiv JMAS, G-STR 01,3.

[11] Protokoll über die Sitzung des Stiftungsrates des Jüdischen Kulturmuseums am Montag, den 25. März 1985, 1, Archiv JMAS, G-STR 01.

[12] Protokoll über die Sitzung des Stiftungsrates des Jüdischen Kulturmuseums am Montag, den 25. März 1985, 3, Archiv JMAS, G-STR 01.

der wichtige, wohl gleichrangige Aufgabe ist die Vermittlung von Wissen über das Judentum, seinen Glauben, seine Geschichte.[13]

Die Vermittlungsarbeit richtet sich dabei vor allem an die nicht-jüdische Gesellschaft: Grundlage für ein „friedvolles Zusammenleben" sei die Kenntnis der jeweils anderen Kultur und Religion. Die Vermittlung jüdischer Kultur und Religion in einem Museum hat für ihn das Ziel, Verständnis und Toleranz zu wecken. Der Gedanke, bei der nicht-jüdischen Mehrheitsgesellschaft für eine Toleranz jüdischen Lebens werben zu müssen, scheint vor dem Hintergrund dessen, was er und seine Generation erlebt hatten, gleichermaßen erschreckend wie verständlich.

Doch nicht nur in den 1980ern wurde das Werben um Verständnis für die jüdischen Gemeinschaften als wesentliche Aufgabe jüdischer Museen verstanden. Bis heute liegt ein klarer Unterschied in der Definition der Museumsarbeit des internationalen Museumsbundes ICOM (International Council of Museums) im Gegensatz zur Selbstdefinition des Bundes europäischer Jüdischer Museen (AEJM), dass ersterer zwar neben dem Sammeln und Ausstellen von Objekten auch das Interpretieren materiellen und immateriellen kulturellen Erbes als wesentliche Aufgabe betrachtet,[14] letzterer aber zusätzlich die Anregung eines Diskurses über jüdische Kultur, Tradition und Geschichte, den Kampf gegen Antisemitismus und Diskriminierung sowie gegen den Missbrauch von Geschichte als Aufgaben nennt.[15]

Vor diesem Hintergrund lässt sich verstehen, warum Spokojny auch neue Ritualobjekte aus der Hand eines israelischen Künstlers für das neue Museum ankaufte, um die Lücken in der Sammlung des entstehenden Museums rasch zu schließen und mit der Vermittlungsarbeit an ein Publikum zu beginnen, für den der Unterschied zwischen einer schwäbischen Chanukkia[16] und einer Chanukkia überhaupt zweitrangig war. Doch das wichtigste Objekt der Ausstellung, das bis heute als Hauptmagnet für Besucher*innen gelten darf, war die Synagoge selbst.

Der Augsburger Synagoge, die von der jüdischen Gemeinde der Vorkriegszeit als imposante Festtagssynagoge erbaut wurde, wird in derselben Publikation zur Museumseröffnung von Hans-Uwe Rump nun eine neue Doppelfunktion als Gotteshaus, aber auch als Museumsexponat zugeschrieben. So berichtet Rump über die Wiedereröffnung nach der Renovierung:

---

[13]   Spokojny 1987, 5.

[14]   ICOM 2023: https://icom-deutschland.de/de/component/content/category/31-museums definition.html?Itemid=114 (1.6.2014). Die Definition, die 2022 in Prag präsentiert wurde, war das Ergebnis einer intern geführten Debatte, vgl. Kirshenblatt-Gimblett 2022, 195.

[15]   AEJM 2023: https://www.aejm.org/about-us/ (1.6.2024).

[16]   Achtarmiger Leuchter, der an das Ölwunder nach der Rückeroberung des Tempels von den Seleukiden durch die Makkabäer im Jahr 164 u. Z. erinnert. Während des achttägigen Chanukka-Festes, welches im gregorianischen Kalender in den Monaten November/Dezember gefeiert wird, werden die Kerzen sukzessive gezündet, eine neunte Kerze dient als Anzünder.

Am 1. September, an dem Tag, an dem 46 Jahre zuvor der Zweite Weltkrieg begann und damit das Leiden des jüdischen Volkes ein bis dahin geradezu unvorstellbares Ausmaß annahm, wurde in Augsburg die 1938 in der sogenannten Reichskristallnacht verwüstete Synagoge als Zeugnis und Denkmal an der Halderstraße nach fast zehnjährigem Wiederaufbau erneut geweiht. Gleichzeitig wurde das Gotteshaus zum Bestandteil des am selben Tag eröffneten Jüdischen Kulturmuseums Augsburg erklärt. Der kleinen jüdischen Gemeinde von Schwaben-Augsburg dient es nur mehr an hohen Festtagen als Gottesdienstraum. Um so größere Bedeutung kommt der Synagoge als Zeugnis und Denkmal jüdischen Glaubens und jüdischer Kultur zu. Sie ist gewissermaßen das Hauptexponat des Museums.[17]

Das Gotteshaus – auch – zum Exponat des Museums zu machen war die Idee, mit der es gelang, ein umfangreiches Millionenprojekt zur Sanierung der Synagoge in Schwung zu bringen und die Stadt Augsburg, den Bezirk Schwaben und den Freistaat Bayern davon zu überzeugen, das Museum finanziell zu fördern.

Die gleichzeitige Nutzung der Synagoge als Kultraum und „Exponat" kommt moderneren Verständnissen von Museen als „epistemische Ordnungen" im Gegensatz zu kompensatorischen Ordnungen, wie Gottfried Korff es formuliert hat, entgegen.[18] Nicht der Ersatz eines Kultes oder einer verlorenen Kultur steht im Vordergrund, sondern der Erkenntnisgewinn über jüdische Geschichte und Gegenwart. Entgegen Korffs Beschreibung der Museumsarbeit als „Aufheben eines ursprünglichen Kontexts" von Objekten und die Realisierung einer „neuen symbolisch-epistemischen Ordnung"[19], präsentiert das neu gegründete Kulturmuseum eine aktive Synagoge, die sich bis heute auch dadurch auszeichnet, dass wesentliche Teile der Synagoge, wie die Bima[20], durch bunte Dekorationen anlässlich jüdischer Feiertage verdeckt werden oder donnerstagabends, wenn die Vorbereitungen für den Schabbat am Freitagabend beginnen, Gerüche von Fleisch und Gebäck durch den Vortragssaal, der eigentlich Festsaal der Gemeinde ist, ziehen. Die Synagoge Augsburg Schwaben ist nicht Zeichen, Symbol einer Synagoge, sondern sie ist Synagoge. Es ist der Moment der Ungleichzeitigkeit, der es ermöglicht, dass der gleiche Ort Kultraum und Museum bleibt. Durch die Schließung des Museums an Schabbat und jüdischen Feiertagen, durch die Pflicht für männliche Besucher, eine Kopfbedeckung zu tragen, wird der Ort als jüdischer, religiöser Ort bewahrt. Für die Museumsbesucher ist dies oft das erste, für viele das einzige Mal im Leben, dass sie Kippa tragen.

In der Frühphase des Museums geschah die Vermittlungsarbeit im Rahmen interreligiöser Verständigung. Die Rückbesinnung der frühen BRD-Gesellschaft auf christliche Werte und Traditionen bot die Basis für eine erste Annäherung zwischen christlichen und jüdischen Menschen. Entsprechend ist nicht die später so häufig beschworene „Aufarbeitung der Vergangenheit" das Hauptthema,

---

[17]   Rump 1987, 9.
[18]   Korff 2005a, 96–99.
[19]   Korff 2005b, 97.
[20]   Das Lesepult, auf dem die Tora ausgerollt wird.

sondern, ganz im Sinne christlicher Theologie, die „Versöhnung".[21] Die erste Ausstellung des neuen Museums enthielt überwiegend Kult- und Ritualgegenstände, darunter Arbeiten Augsburger Silber- und Goldschmiede. Die Objekte, die zum großen Teil aus dem 17. bis 19. Jahrhundert stammten, sollten vermitteln, wie die jüdische Religion einst in Schwaben praktiziert wurde. Jüdisches Leben in Schwaben scheint also – vor dem Hintergrund der verheerenden Folgen der Schoa und den wenigen, alternden Mitgliedern der neuen Gemeinde – als etwas betrachtet worden zu sein, das dabei war, zum Ende zu kommen und dessen Gedächtnis bewahrt werden musste – und zwar auch und gerade von der und ebenso für die nicht-jüdische Gesellschaft. Judentum wird, ganz in der Nachfolge der jüdischen Aufklärung, hebräisch Haskala, und der jüdischen Emanzipationsbewegung, aber eben auch in der Phase der Rückbesinnung auf das Christentum[22] nach dem Nationalsozialismus, als Frage des Glaubens und der religiösen Praxis betrachtet. Eine Definition der jüdischen Gemeinschaft als ethnische Zugehörigkeit, wie sie zeitgleich in der Sowjetunion üblich war, scheint vor dem Hintergrund des gerade überstandenen Nationalsozialismus mit seiner rassischen Definition des Jüdischen undenkbar.

Die oben genannte Publikation, die die Gründungsjahre des Museums dokumentiert, bemüht sich, die Bedeutung und Funktionsweise der Augsburger Synagoge für ein nicht-jüdisches Publikum verständlich zu machen, in dem sie Analogien zum Christentum herstellt:

> In der Synagoge finden sich zahlreiche Symbole und Zeichen, die ihren Ursprung in der Bibel haben und deshalb auch dem christlichen Besucher – vom Alten Testament her – nicht fremd sind: die Gesetzestafeln mit den Zehn Geboten, [...] das Rauchopfer [...].[23]

Auch das „Ner Tamid", das Ewige Licht, wird als etwas angeführt, was die christlichen Kirchen übernommen haben.[24] Der Begriff „Bima" wird ausgelassen, es ist vom Aron Hakodesch (Thoraschrein) die Rede, der sich in einer „Estrade" an der

---

[21]   Rump 1987. So druckt auch beispielsweise der Münchner Merkur am 2.9.1985 einen dpa-Bericht von der Wiedereröffnung unter dem Titel „Die neue Synagoge soll Juden und Christen offenstehen", in dem es heißt: „Durch die Rückkehr gleich nach dem Krieg in jenes Land, in dem sechs Millionen Juden in den Konzentrationslagern der Nazis ihr Leben verloren, „waren wir schon 1945 die ersten, die Versöhnung angeboten haben", machte Werner Nachmann, Vorsitzender des Zentralrats der Juden in Deutschland, in seiner Ansprache deutlich." In: Stiftung Jüdisches Kulturmuseum Augsburg-Schwaben 2001, 24.

[22]   In den beiden Jahrzehnten unmittelbar nach dem Krieg waren rund 96 % der Bevölkerung Mitglieder in einer der christlichen Kirchen, auch die Kirchenbesuchszahlen stiegen. Zwar ging in den 1970ern und 1980ern die Zahl der Kirchenbesucher*innen wieder zurück, 1982 gehörten aber noch 92 % der westdeutschen Bevölkerung einer der christlichen Kirchen an, insbesondere in Bayern hielt sich die Bedeutung der katholischen Kirche lang. Vgl. Gabriel 2009, 99–100.

[23]   Ebd., 12.

[24]   Ebd., 13.

Ostseite der Synagoge befinde, ein erhöhter Raum, der „dem Altarraum einer evangelischen Kirche des 19. und frühen 20. Jahrhunderts" nicht unähnlich sehe.[25]

Nun ist es historisch durchaus richtig, dass sich der Synagogenbau häufig am Kirchenbau orientierte und die Anordnung der Bima nicht in der Raummitte, sondern im Osten auch architektonisch diese Analogie erlaubt. Es zeigt sich jedoch auch in anderen Kapiteln, wo die Vergleiche theologisch fragwürdiger sind, dass vor allem ein christliches Publikum als Adressaten angesprochen werden sollten: So ist vom Schema Israel als eines „jüdische(s) Glaubensbekenntnis(ses)" die Rede. Auch interne Unterlagen aus der Gründungsphase des Museums verweisen darauf, dass diese Art der „Übersetzungsleistung" vom Jüdischen ins Christliche üblich war. Während in den oben genannten Beispielen Vergleiche mit Vergleichswörtern oder Analogien erläutert wurden, wird in einem Protokoll über die in der Ausstellung zu zeigenden Objekte festgehalten, dass „für die Dokumentation des Osterfestes wenig Stücke vorhanden" seien – gemeint ist offenbar Pessach.[26] Hier wird sogar Vokabular aus dem christlichen Kult als Bezeichnung für ein Fest zur gleichen Jahreszeit übernommen. Diese Form der sprachlichen Akkulturation findet sich auch in Quellen aus dem 19. und frühen 20. Jahrhundert – in der Freimann-Sammlung, der Judaica-Sammlung der Frankfurter Universitätsbibliothek, findet die Suche mit dem Stichwort „jüdisches Osterfest" 249 Treffer (Stand Mai 2024). Von christlicher Seite kann man diese Formulierung bis heute antreffen. So liefert die Google-Suche danach zahlreiche Treffer, insbesondere auch auf Seiten christlicher Pfarrgemeinden oder Institutionen.

In den ersten Jahren des Augsburger jüdischen Kulturmuseums steht also in der Dauerausstellung wie in der Vermittlung die jüdische Religion im Vordergrund. Das Vermittlungsziel besteht in dem Anspruch, aufzuklären und dadurch Verständnis und Toleranz für die jüdische Gemeinschaft zu schaffen. In diesem Sinne wird die jüdische Religion über Analogien zum Christentum vermittelt. Man ist bemüht, die Ähnlichkeiten und Gemeinsamkeiten der christlichen und jüdischen Religion herauszustellen, das Jüdische also gewissermaßen ins Christliche zu übersetzen und die Bedeutung des Judentums für die christliche Religion herauszustellen. Die Genauigkeit der Übersetzung und die Grenzen ihrer Möglichkeit scheinen dabei zweitrangig.

---

[25] Ebd., 12.
[26] Protokoll über die Sitzung des Museums-Vorstandes am 9. Juli 1985, 3.

3. Migration als Motto – aktuelle Diskurse als Brücke ins Jüdische

Bis zur Jahrtausendwende etwa prägten Kultgegenstände und die Vermittlung jüdischer Religion das Museum und seine Vermittlungsarbeit. Die jüdischen Kulturwochen, die 1995 anlässlich des zehnjährigen Jubiläums des Museums durchgeführt wurden, standen ganz im Zeichen einer neuen deutschen Erinnerungskultur: „Ein fast normaler Alltag. Erinnerungen an die jüdischen Gemeinden Schwabens" war das Motto. Auch die Broschüre anlässlich des Jubiläums der Wiedereröffnung der Synagoge 1995 ist auf die Erinnerung an die Erbauergemeinde und die reiche jüdische Geschichte der Region fokussiert.[27]

Nach der Übernahme der Museumsleitung durch Benigna Schönhagen 2001 entstand eine neue Dauerausstellung, die 2006 eröffnet wurde und bis heute – mit geringfügigen Reparaturen und Überarbeitungen von 2023 – zu sehen ist. Die neue Dauerausstellung versteht sich, so titelt damals auch die Süddeutsche Zeitung, explizit nicht als „Holocaust-Museum".[28] Stattdessen soll das Thema Migration im Zentrum der Ausstellung stehen. Auch der Münchner Merkur berichtet über die neue Konzeption des Augsburger Museums:

> „Heimat verlieren, Heimat finden" sei der Einstieg in ihr Konzept, erklärt Schönhagen. Daneben als zentrale Größe und deshalb an den Anfang der Exposition gestellt: die Tora, liebevoll geschmückt mit Krone, Schild und gehüllt in roten Samt.[29]

Die jüdische Erfahrung der Diaspora und der wiederholten Vertreibung innerhalb der Diaspora wird mit den Begriffen „Migration" und „Heimat" bzw. Verlust derselben ins Allgemeine übersetzt.

Ein Museumsflyer von 2007, der 2010 mit der gleichen Formulierung wiederaufgelegt wurde, präsentiert die Dauerausstellung in ähnlicher Weise „als eine Geschichte der Migration, als Abfolge von Niederlassung und Austreibung, von Integration und Ausgrenzung, von Selbstbehauptung und Anpassung, von Suchen, Finden und von Verlust von Heimat."[30]

Die neue Ausstellung entsteht nach einer Phase der starken Zuwanderung infolge des Zusammenbruchs der UdSSR, die insbesondere auch in den jüdischen Gemeinden zu einschneidenden Veränderungen führt, so auch in Augsburg. Während die IKG Schwaben Augsburg zur Zeit der Museumsgründung nur noch aus weniger als 300 Personen bestand, ist sie zum Zeitpunkt der Wiedereröffnung des Museums auf 1500 Mitglieder gewachsen. Das Thema Zuwanderung

[27] Stiftung Jüdisches Kulturmuseum Augsburg Schwaben 2001: 10 Jahre Wiedererrichtung der Synagoge Augsburg – 10 Jahre Gründung des Jüdischen Kulturmuseums Augsburg-Schwaben 1985–1995.
[28] Mayr 2006 zit. n. Jüdisches Kulturmuseum Augsburg Schwaben, [2].
[29] Dattenberger 2006 zit. n. Jüdisches Kulturmuseum Augsburg Schwaben, [8].
[30] Archiv JMAS, FL 75.

aus Osteuropa ist also nicht nur im allgemeinen Diskurs der Gründungszeit präsent, sondern veränderte den Alltag und das Leben in der IKG fundamental. Mit Portraitaufnahmen von Gemeindemitgliedern sollte dieser neue Abschnitt in der Geschichte des Judentums in Augsburg auch in der neuen Dauerausstellung sichtbar sein. Im Mittelalter-Raum der Dauerausstellung werden die Pogrome und Ausweisungen des Hoch- und Spätmittelalters thematisiert, die Abteilung über die zweite Augsburger Gemeinde, die Erbauergemeinde der Synagoge, enthält zahlreiche Objekte, die Flucht und Neuanfang nach der Schoa thematisieren.

Wie bereits in der ersten Dauerausstellung, so wird auch in der Ausstellung von 2006 neben der regionalen jüdischen Geschichte eine Einführung in das Judentum als Religion geboten. In den Lebenskreis-Vitrinen werden die Lebensabschnittsfeste jüdischer Menschen von der Brit Mila (Beschneidung) oder Namensgebungsfeier bis zum Tod anhand von Ritualobjekten, nun im Unterschied zu den älteren Ausstellungen aber auch anhand von Alltagsgegenständen gezeigt. Eine dritte Führungslinie sind Objekte, die zur Vermittlung der religiösen Fest- und Feiertage dienen.

Das Thema Migration wurde durch eine Videopräsentation am Eingang zum Museum so prominent platziert, dass sie als Einstieg in die Ausstellung diente. Eine Broschüre aus dem Jahr 2018 beschreibt diese Präsentation wie folgt:

Den an der Wand auftauchenden Begriffspaaren (Verfolgung/Flucht, Vertreibung/Asyl, Akzeptanz/Integration) sind Fragen zugeordnet. Assoziativ rufen sie den Besucher*innen ins Bewusstsein, dass Migration jüdische Existenz prägte und bis heute prägt, freiwillig oder erzwungen – seit Abrahams Aufbruch aus Ur, über den Exodus und die Pogrome des Mittelalters sowie die Massenfluchten während der Schoa bis hin zu der jüngsten Auswanderung von Juden aus den Ländern der ehemaligen Sowjetunion.[31]

Seit den 1990ern war Migration eines der bestimmenden Themen der öffentlichen Debatte. In den 1990er wurde diskutiert, ob Deutschland ein Einwanderungsland sei, zur Jahrtausendwende folgte die Leitkultur-Debatte, im Rahmen derer Formulierungen wie das „christlich-jüdische Abendland“, die „christlich-jüdische Tradition“ oder „christlich-jüdische Kultur“ Konjunktur hatten. Auch in den Wahlkämpfen zu den Bundestagswahlen 2002 und 2005 war Migrationspolitik ein zentrales Thema. Besucher*innen wurden also von der neuen Dauerausstellung mit einem höchst aktuellen Thema „abgeholt“ und dann in die spezifisch jüdische Situation der „Migration“ infolge insbesondere von Pogromen versetzt.

Festzuhalten ist, dass durch die Verknüpfung der Begriffe aus der Debatte um Migration und „Leitkultur“ mit der jüdischen Geschichte Aktualität und damit Relevanz hergestellt wurde. Nicht nur die tatsächlich in großen Teilen zugewanderten Mitglieder der Gemeinde werden mit diesen Begriffen beschrieben,

---

[31]   Schönhagen 2018, 28.

sondern sie werden – wie in der Eingangsinstallation bereits deutlich – auch auf jüdische Menschen angewendet, die im Alten Reich und im langen 19. Jahrhundert innerhalb des deutschsprachigen Raums lebten. So wird etwa der Aufstieg von Jüdinnen und Juden ins Bürgertum zum Ende des 19. Jahrhunderts hin unter die Überschrift „Integration durch Leistung?" gesetzt.[32] Aus heutiger Perspektive lässt sich fragen, ob Assoziationen mit Begriffen wie „Migration" und „Asyl" treffende Begriffe oder Assoziationen sind für eine Geschichte der gewaltsamen Vertreibungen und Deportationen und für die Aufnahme der sogenannten Kontingentflüchtlinge, die im Rahmen eines Abkommens nach 1990 aus den Nachfolgestaaten der UdSSR nach Deutschland eingewandert sind.

In Augsburg steht der allgemeinen, aber auch spezifisch jüdischen Erfahrung der Diaspora – ein Begriff, der in der Videoinstallation nicht auftaucht – die Tora gegenüber, die als erstes und herausgehobenes Objekt in Mantel, mit Schild und Krone geschmückt ausgestellt wird. Obwohl in der Augsburger Ausstellung auch Säkularisierungstendenzen angesprochen werden – etwa bei der Kommerzialisierung von Bar- und Bat-Mizwa-Feiern – wird die Tora als Zentrum jüdischer Kultur und jüdischen Zusammenhalts gerade angesichts eines fehlenden Vaterlands inszeniert. So heißt es im Katalog weiter: Was das Judentum über Zeiten und Orte zusammenhält, ist die Tora, die fünf Bücher Mose. Heinrich Heine hat sie als „portatives Vaterland" bezeichnet.[33]

Judentum wird – ganz in der deutschen Tradition der Aufklärung – weiter als Religion definiert. Kultgegenstände werden zwar weiter gezeigt in der Ausstellung, v. a. um den jüdischen Ritus zu illustrieren. Daneben werden aber nun auch Alltagsgegenstände, wie koschere Lebensmittel oder Bar Mizwa-Geschenke gezeigt. Ganz im Sinne des Kultur-Museums liegt nun offenbar ein weiterer Begriff von Judentum, nicht nur als Religion, sondern auch als Kultur mit einem spezifischen Alltag zu Grunde. Dieser Alltag bleibt jedoch religiös bestimmt – jüdische Popkultur oder Alltagskitsch finden keinen Eingang in das Museum.

Der Schwerpunkt der Ausstellung hat sich zugunsten der jüdischen Regionalgeschichte verschoben. Ein Leitmotiv der jüdischen Geschichte, die Vertreibungen infolge antisemitischer Gewaltexzesse werden als Migration verallgemeinert und mit der Sprache der aktuellen Migrationsdebatte beschrieben. Auf diese Weise wird das Anknüpfen an aktuelle Diskurse ermöglicht und zugleich Relevanz jüdischer Geschichte für aktuelle Probleme angedeutet.

Daneben bestehen Versuche, das Jüdische über Bezüge zum als bekannt vorausgesetzten Christentum zu erläutern, fort: So beginnt der Text in der Vitrine „Das jüdische Haus" mit der Feststellung, dass von Jüd*innen bewohnte Häuser sich kaum von solchen unterscheiden, in denen Christ*innen wohnen. Die Vitrine, in der die Brit Mila/Beschneidungsfeier thematisiert wird, enthält einen Objekttext zu einer historischen Darstellung der Beschneidung Christi.

---

[32] Ebd., 65.
[33] Ebd., 28f.

Unter der Überschrift „Das Fest im christlichen Kontext" heißt es: „Auch der christliche Kalender kennt das Fest der Beschneidung. Es erinnert acht Tage nach Weihnachten, am 1. Januar, an die Bescheidung Jesu. Die Zeremonie haben christliche Künstler oft dargestellt."

Die Informationsdichte der Museumstexte und -objekte sowie eine voraussetzungsreiche Sprache weisen darauf hin, dass auch diese Ausstellung für ein überwiegend bildungsbürgerliches, christlich geprägtes Publikum gedacht waren, was sich vermutlich auch anhand der Besucherstatistik belegen ließe, wenn man dabei kulturelle und konfessionelle Hintergründe erfasst hätte. Wie alle Übersetzungen „hinken" die Versuche, Judentum durch Analogien zum Christentum zu erklären und jüdische Geschichtserfahrung als Migrationsgeschichten zu beschreiben.

Avril Alba hat grundsätzlich die Frage gestellt, inwieweit jüdische Ritualobjekte überhaupt „übersetzbar" seien: Verliert ein rituelles Objekt beispielsweise seine rituelle Wirkung, sobald es in einen Ausstellungskontext gestellt wird? Kann das Objekt außerhalb einer Gemeinschaft von Gläubigen, die einen gemeinsamen Glauben und eine gemeinsame Weltanschauung teilen, so verstanden werden, dass es etwas von gelebter religiöser Erfahrung vermittelt, oder bleibt es letztlich ein Relikt, ein Simulakrum?[34]

Auch wenn das JMAS in einer aktiven jüdischen Gemeinde untergebracht ist, und das „Hauptexponat" zugleich Ort ritueller Handlung bleibt, stellt sich die Frage, inwieweit die Erfahrung des oder der Betenden an Besucher*innen vermittelbar ist – oder ob es überhaupt Ziel sein kann, die Erfahrung des Jüdischseins oder der religiösen Praxis selbst zu vermitteln. Immerhin wird von einem Mittelaltermuseum oder einem Diözesanmuseum nicht erwartet, eine authentische Erfahrung des Lebens im Mittelalter oder des Christlich-Seins zu vermitteln, sondern eben Wissen und Vorstellung über beides. Bleiben wir bei der Betrachtung des Museums als einer epistemischen Ordnung, deren Ziel gar nicht die Vermittlung authentischer Erfahrung, sondern der Erkenntnisgewinn ist, der letztlich auf die Neuordnung der Dinge folgt, so ist die Konfrontation des konstruierten, historischen Museums mit der gelebten Gemeinschaft im durchaus auratischen Raum, ist das Wehen des Geruchs von osteuropäischem Honigkuchen in den Vortrag über Juden im Mittelalter keine Störung der musealen Ordnung, sondern erinnert daran, dass es jenseits der Erinnerung jüdisches Leben gibt. Es drängt sich ein Teil jüdischer Präsenz in das Bewusstsein, der keine Übersetzung braucht.

---

[34]   Alba 2022, 111.

4.   Sprachen der diversen Gesellschaft

Mit der Entscheidung, die Kultur aus dem Jüdischen Kulturmuseum Augsburg Schwaben zu streichen, regte die neue Museumsleitung und spätere Direktorin des Jüdischen Museums in Wien, Barbara Staudinger, 2018 im Sinne einer Angleichung an den für die meisten Jüdischen Museen Europas üblichen Namen, die Umbenennung des Museums in „Jüdisches Museum Augsburg Schwaben" an. Mit einer Ausstellungsintervention, die die Lebenskreisvitrinen entfernte und stattdessen eine Selbstreflexion über antisemitische Stereotype in der eigenen Sammlung präsentierte, sollten Museumsbesucherinnen und -besucher auf ihre Bilder vom Jüdischen und deren Konstruiertheit zurückgeworfen werden.

Seit den 2000er Jahren und noch einmal vermehrt mit den postkolonialen und emanzipatorischen Diskursen innerhalb von Minderheiten in den letzten Jahren hat eine Debatte um die Bedeutung und Rolle Jüdischer Museen in Deutschland eingesetzt. Gleichzeitig fand eine Selbstreflexion von Museumsdirektor*innen und Kurator*innen statt, die bis heute andauert.[35] Dabei ist immer wieder auch kritisiert worden, dass die wenigsten Jüdischen Museen von Menschen geleitet werden, die selbst jüdisch sind und sich dementsprechend nicht immer mit tatsächlichem jüdischen Leben auseinandersetzen würden.

So schreibt Inna Goudz vom Landesverband der Jüdischen Gemeinden vom Nordrhein in der Jüdischen Allgemeinen vom 28.2.2019, im Zuge der beginnenden Debatte um die Jerusalem-Ausstellung des Berliner Jüdischen Museums:

> Die „Jüdischen Museen" verfolgen – und dies zu konstatieren ist, Tacheles gesprochen, ein Armutszeugnis – selten das Ziel, auch dem lebendigen Judentum vor Ort Sichtbarkeit zu bieten und in ihr Programm zu integrieren. Stattdessen wird viel über Juden und jüdisches Leben gesprochen, allzuoft (sic!) aber, ohne Juden selbst zu Wort kommen zu lassen und ihre Lebenswelt zu berücksichtigen.[36]

Die Frage nach der Repräsentation der jüdischen Lebenswelt ist eine der wichtigsten im Zusammenhang mit der Arbeit an einer neuen Dauerausstellung im JMAS, die ab 2030 gezeigt werden soll. Die zweite, nicht minder wichtige Frage ist, auf welche Weise diese Vermittlung geschehen kann angesichts eines zunehmend diversen Publikums, angesichts des Ziels, dass nicht nur christlich sozialisierte Bildungsbürger*innen adressiert werden sollen und angesichts der Tatsache, dass sich Lese- und Sehgewohnheiten in den verschiedenen Altersgruppen der Museumsbesucher*innen erheblich unterscheiden.

Das Ende der Zeit der Zeitzeug*innen bedeutet, dass neben den Schulen auch Jüdische Museen vor der Frage stehen, wie die unersetzbare Erinnerungsarbeit der Überlebenden der Schoa fortgesetzt werden kann. Museen als Aufbewahrungsorte für Erinnerungen mit Relevanz für die Gegenwart scheinen der

---

[35]   Vgl. z. B. Offe 2000, Hoppe 2002.

[36]   Goudz 2019.

richtige Ort, um auch künftig eine lebendige Auseinandersetzung mit der Geschichte zu ermöglichen. Spätestens hier scheint jedoch die Grenze der Übersetzbarkeit jüdischer Erfahrung erreicht. Wie kann für die verschiedenen Besuchergruppen eine epistemische Erfahrung vermittelt werden, wenn auf eine „Übersetzung" in die jeweilige Lebensrealität verzichtet werden muss?

Nach dem Schwarzen Schabbat, dem Überfall der Hamas auf Israel am 7. Oktober 2023, und dem seither rasant angestiegenem Antisemitismus weltweit und hierzulande, scheint sich die Wahrnehmung des „Jüdischen" wiederum verschoben zu haben. Die Jüdische Gemeinden und Institutionen, sowie Jüd*innen oder Personen, die als jüdisch wahrgenommen werden, sind zum Ziel vielfacher verbaler und tätlicher Angriffe geworden, so dass sie von großen Teilen der Gesellschaft nun vor allem als Opfer antisemitischer Gewalt wahrgenommen werden. Woher der Antisemitismus komme, gehört nun zu den häufigsten Fragen, die Besucher*innen, die ins JMAS kommen, stellen.

Die Erfahrung von Antisemitismus mag sich am ehesten in andere Diskriminierungserfahrungen „übersetzen" lassen. Auf diese Weise könnte in einer neuen Dauerausstellung der Schulterschluss mit anderen diskriminierten Gruppen versucht werden, auch im Sinne des oft in der Erinnerungskultur bemühten Versuches zu zeigen, dass Menschenfeindlichkeit mit Antisemitismus beginnen mag, am Ende aber alle treffen kann. Ob es möglich sein wird, dies ohne „Übersetzungsfehler" und problematische Verkürzungen der jüdischen Geschichte und Erfahrung umzusetzen – und wie lange dieser Übersetzungsversuch tragfähig sein kann – wird sich zeigen.

Quellen und Literatur

Quellen

Dattenberger, Simone (4.11.2006), Komplizierte Heimat. Neues Konzept: Jüdisches Kulturmuseum Augsburg, in: Münchner Merkur.

Goudz, Inna (30.6.2019), Ein Haus für alle, in: Jüdische Allgemeine, online abrufbar unter: https://www.juedische-allgemeine.de/kultur/ein-haus-fuer-alle/.

ICOM (7.10.2023), Museumsdefinition. Online abrufbar unter: https://icom-deutschland.de/de/aktuelles/museumsdefinition.html.

Mayr, Stefan (2.11.2006), „Wir sind kein Holocaust-Museum". Jüdische Neuanfänge. Zur Wiedereröffnung bekommt die Ausstellung in der Synagoge ein neues Motto, in: Süddeutsche Zeitung.

Niederschrift über die Sitzung des Stiftungsrates Jüdisches Kulturmuseum Schwaben-Augsburg vom Mittwoch, dem 23. Juli 1985, Archiv JMAS, G-STR 01.

Protokoll über die Sitzung des Stiftungsrates des Jüdischen Kulturmuseums am Montag, den 25. März 1985., Archiv JMAS, G-STR 01.

Protokoll über die Sitzung des Museum-Vorstandes am 9. Juli 1985, Archiv Jüdisches Museum Augsburg Schwaben, Archiv JMAS, G-STR 01.

Literatur

ALBA, AVRIL (2022), Jüdische Museen: Das Besondere einbeziehen, das Universelle einprägen, in: HEIMANN-JELINEK, FELICITAS/ SULZENBACHER, HANNES (Hg.), „Ausgestopfte Juden?" Geschichte, Gegenwart und Zukunft Jüdischer Museen, Göttingen, 106–119.
BUNDESZENTRALE FÜR POLITISCHE BILDUNG (17.7.2015), Der Zentralrat der Juden in Deutschland. Online abrufbar unter: https://www.bpb.de/kurz-knapp/hintergrund-aktuell/209813/der-zentralrat-der-juden-in-deutschland/#:~:text=1990%20zählten%20die%20jüdischen%20Gemeinden,2014%20mehr%20als%20100.000%20Mitglieder.
GABRIEL, KARL (2009), Die Kirchen in Westdeutschland: Ein asymmetrischer religiöser Pluralismus. Online abrufbar unter: https://www.bertelsmann-stiftung.de/fileadmin/files/BSt/Presse/imported/downloads/xcms_bst_dms_28291_28292_2.pdf.
MAYR, STEFAN (2006), „Wir sind kein Holocaust-Museum." Jüdische Neuanfänge. Zur Wiedereröffnung bekommt die Ausstellung in der synagoge ein neues Motto, Süddeutsche Zeitung vom 2.11.2006, zit. n. Jüdisches Kulturmuseum Augsburg Schwaben: das Jüdische Kulturmuseum ist wieder geöffnet! Pressespiegel & erste Besucherstimmen, [2].
DATTENBERGER, SIMONE (2006), KOMPLIZIERTE Heimat. Neues Konzept: Jüdisches Kulturmuseum Augsburg, Münchner Merkur vom 4.11.2006 zit. n. Jüdisches Kulturmuseum Augsburg Schwaben: das Jüdische Kulturmuseum ist wieder geöffnet! Pressespiegel & erste Besucherstimmen, [8].
HEIMANN-JELINEK, FELICITAS / SCHMID, DANIELA (2022), Von der Judaica-Sammlung zum j/Jüdischen Museum, in: HEIMANN-JELINEK, FELICITAS / SULZENBACHER, HANNES (Hg.), „Ausgestopfte Juden?" Geschichte, Gegenwart und Zukunft Jüdischer Museen, Göttingen, 36–61.
HOPPE, JENS (2022), Jüdische Geschichte und Kultur in Museen. Zur nichtjüdischen Museologie des Jüdischen in Deutschland. Münster et al.
KIRSHENBLATT-GIMBLETT, BARBARA (2022), Zurück in die Zukunft jüdischer Museen, in: HEIMANN-JELINEK, FELICITAS / SULZENBACHER, HANNES (Hg.), „Ausgestopfte Juden?" Geschichte, Gegenwart und Zukunft Jüdischer Museen, Göttingen, 192–217.
KORFF, GOTTFRIED (2005a), Betörung durch Reflexion. Sechs um Exkurse ergänzte Bemerkungen zur epistemischen Anordnung von Dingen, in: HEESEN, ANKE TE / LUTZ, PETRA (Hg.), Dingwelten: das Museum als Erkenntnisort, Köln, 89–107.
KORFF, GOTTFRIED (2005b), Vom Verlangen, Bedeutungen zu sehen. In: BORSDORF, ULRICH / GRÜTTER, HEINRICH THEODOR / RÜSEN, JÖRN (Hg.), Die Aneignung der Vergangenheit, Bielefeld, online abrufbar unter: https://doi.org/10.1515/9783839403211-003.
LOEWY, HANNO (2020), Jüdische Museen – Europäische Museen – Postdiasporische Diaspora, in: RADONIC, LJILJANA / UHL, HEIDEMARIE (Hg.), Das umkämpfte Museum. Zeitgeschichte ausstellen zwischen Dekonstruktion und Sinnstiftung, Bielefeld, 181–200.
OFFE, SABINE (2000), Ausstellungen, Einstellungen, Entstellungen. Jüdische Museen in Deutschland und Österreich, Berlin / Wien.
RUMP, HANS UWE (1987), Jüdisches Kulturmuseum Augsburg, München / Zürich.
SCHÖNHAGEN, BENIGNA (2018), Das Jüdische Kulturmuseum Augsburg-Schwaben. 2006–2018. Kunstverlag Josef Fink, Lindenberg.
SPOKOJNY, JULIUS (1987), Geleitwort, in: Jüdisches Kulturmuseum Augsburg, München / Zürich, 2. überarbeitete Auflage 1990.
STIFTUNG JÜDISCHES KULTURMUSEUM AUGSBURG-SCHWABEN (2001), 10 Jahre Wiedererrichtung der Synagoge Augsburg, Augsburg.
TAUSCHEK, MARKUS (2013), Kulturerbe. Eine Einführung, Berlin.

ZENTRALWOHLFAHRTSTELLE DER JUDEN IN DEUTSCHLAND E. V. (2023), Mitgliederstatistik 2022 der
jüdischen Gemeinden und Landesverbände in Deutschland (Kurzversion), Frankfurt a. M.
Online abrufbar unter: https://zwst.org/sites/default/files/2023-05/ZWST-Mitgliedersta
tistik-2022-Kurzversion.pdf.

Transidentität und Sprache.
Queer-theologische Überlegungen im Kontext Öffentlicher Religionspädagogik

Caroline Teschmer, Vera Uppenkamp

Dieser Beitrag diskutiert die Frage, wie mittels queer-theologischer Überlegungen im Kontext Öffentlicher Theologie Transidentität religionspädagogisch aufgegriffen werden kann. Die Bedeutsamkeit der Thematik wird im Kontext einer cis-endo-heteronormativ geprägten religiösen Bildung queer-theologisch und trans*-sensibel betrachtet. In diesem Zusammenhang findet eine kritische Auseinandersetzung mit Entwicklungen Öffentlicher Theologie und Religionspädagogik statt. Dabei werden unter Berücksichtigung queer-theologischer Überlegungen Impulse für eine gender-sensible religiöse Bildung erarbeitet, die anerkennende Worte findet und Sprach-räume schafft.

Schlagwörter: Identität – Öffentliche Religionspädagogik – Queere Theologie – Sprache – Transidentität.

This article discusses the question of how trans identity can be addressed in religious education using queer theological considerations in the context of public theology. The significance of the topic is considered in the context of cis-endo-heteronormative religious education from a queer-theological and trans*-sensitive perspective. In this context, a critical examination of developments in public theology and religious education takes place. Taking queer theological considerations into account, impulses for a gender-sensitive religious education are developed that finds words of recognition and creates language spaces.

Keywords: Identity – Public religious education – Queer theology – Language – Trans identity.

1.   Einleitung[1]

Transidentität wird aktuell zum Politikum gemacht. An vielen Stellen geht es dabei nicht um trans* Personen, sondern um übergeordnete gesamtgesellschaftliche Themen. Geschlecht nimmt in diesem Zusammenhang als Differenzkategorie eine gesellschaftsordnende Funktion ein. Was in Bezug auf Geschlecht als

---

[1]   Wir danken Serena Bischoff für das sorgfältige Korrekturlesen und sensitivity reading unseres Beitrags.

„normal" gilt, wird verschiedenen normativen Grundlagen entnommen. Religion nimmt dabei einen Einfluss auf Geschlecht als Kategorie eines öffentlichen Lebens und hält Grundsätze bereit, die zumindest eine scheinbare Ordnung ermöglichen. Am Beispiel der Schöpfungserzählungen wird deutlich, dass sie an sich sehr mehrdeutig sind und Unordnung implizieren, in den wirkmächtigsten Auslegungen allerdings recht vereindeutigend verstanden werden.

Konsequenzen dieser Auslegungen zeigen sich im Alltag von Menschen, der überwiegend zweigeschlechtlich geordnet und organisiert wird. Öffentliche Toiletten unterscheiden zwischen „Herren" und „Damen", all gender restrooms sind eher die Ausnahme. Vornamen, Partnerschaften und weitere Bereiche des Lebens, z. B. Sport, unterliegen ebenso größtenteils der Cis-endo-heteronorm[2], also der Vorstellung, dass Menschen eindeutig in zwei Geschlechter unterteilt werden können und in heterosexuellen Partnerschaften leben.

Bei den genannten Beispielen dürfte der größte Einfluss von Religion im Bereich der privaten und institutionalisierten Gestaltung von Partnerschaften liegen. Allerdings wird Geschlecht bisher in Bezug auf die genannten Aspekte nicht in ausreichendem Maße im Diskurs der Öffentlichen Theologie aufgegriffen. Eine Ausnahme bilden hier vor allem katholische moraltheologische Positionen zur Ehe, bei denen die Motivlage durchaus kritisch zu betrachten ist. Sie scheinen vielmehr Konzepte der römisch-katholischen Kirche verteidigen zu wollen, als differenziert Diskurse mitzugestalten.[3]

In den Fällen, in denen das Beispiel der Transidentität genutzt wird, um über öffentliche Themen wie Schutzräume oder Familien zu debattieren, kommt der dabei eingesetzten Sprache eine zentrale Rolle zu: Es geht nicht nur um das, was man sagt, sondern auch darum, wie man es sagt. Es gibt Begriffe, die von vielen trans* Personen als verletzend wahrgenommen werden. Verwendet man diese wider besseren Wissens, ist das absichtliche Diskriminierung, teilweise verbunden mit dem Ziel der Diskreditierung. So wird Sprache auch zu einem Mittel, um abseits der Sachebene Effekte zu evozieren oder inhaltliche Verzerrungen vorzunehmen.[4]

Umso wichtiger erscheint eine kritische Revision vorhandener Öffentlicher Theologie zu Transidentität und der dabei verwendeten Sprache, um anschließend unter Berücksichtigung queer-theologischer Überlegungen konkrete Ausgestaltungsmöglichkeiten für eine gendersensible religiöse Bildung vorzuschlagen, die anerkennende Worte findet für Öffentliche Theologie im religionspädagogischen Kontext.

Zu Beginn dieses Beitrags wird Transidentität nicht als neues Thema in die Öffentliche Theologie eingebracht, sondern es wird exemplarisch aufgezeigt, inwiefern sie bereits auf unterschiedliche Weise zum Thema gemacht wird.

---

[2]   Cis wird als Gegenbegriff zu trans* genutzt und endo als Gegenbegriff zu inter*.
[3]   Z. B. Bormann 2016, Gärtner 2019 und Bormann 2023.
[4]   Stremmel 2021.

2.   Transidentität als Thema Öffentlicher Theologie

Aktuelle Relevanz hat geschlechtliche Vielfalt und somit auch Transidentität auf sprachlicher Ebene in den Diskussionen und Regelungen zur Verwendung geschlechtergerechter Sprache, die sich momentan vor allem in der konkretisierten Aufforderung zur Nutzung von binären Formen, die den Vorgaben des Rates für deutsche Rechtschreibung entsprechen, abbildet; kurz gesagt: Es geht um das sogenannte Genderverbot, das ausdrücklich die Verwendung von Gendersternchen und weiteren Formen wie Unterstrich und Doppelpunkt für öffentliche Bildungseinrichtungen in Bayern untersagt.[5] Weitere Bundesländer überlegen, sich diesem Verbot anzuschließen bzw. bekräftigen frühere Entscheidungen zum Gendern.[6] In einem Offenen Brief vom 5. Dezember 2023 wird Kritik an der Regelung für Bayern geübt und sich gegen das Verbot ausgesprochen. Zu den Unterzeichner*innen gehören u. a. ein explizit kirchlicher Verband, die Katholische Landjugend Bewegung München und Freising, sowie Einzelpersonen aus kirchlichen Einrichtungen und Theolog*innen.[7]

2.1   Transidentität als ethisches Thema

Der katholische Moraltheologe Franz-Josef Bormann spricht im Zusammenhang mit Transgeschlechtlichkeit der katholischen Moraltheologie die Aufgabe zu, „ihre Stimme in den gesamtgesellschaftlichen Diskurs etwa um sachgemäße Regelungen im Bereich des Personenstandsrechts oder Zugangsbedingungen zu medizinischen Behandlungsangeboten einzubringen."[8] Damit macht er Transidentität erstens zu einem öffentlichen theologischen Thema und zweitens zu einem ethischen Thema, über das zu diskutieren ist.

Auf inhaltlicher Ebene ist auffällig, dass Bormann Geschlecht als Kontinuum mit den beiden Polen männlich und weiblich denkt und dass er die Komplementarität von Menschen an der von ihm biblisch begründeten Zweigeschlechtlichkeit ausmacht, die seiner Argumentation zugrunde liegt.[9] Er sieht in einer biblisch fundierten christlichen Anthropologie die „*Ganzheitlichkeit* und *Relationalität* des Menschen ebenso wie die *reproduktive* und *soziale* Funktion der Zweigeschlechtlichkeit"[10] abgebildet und in diesen Prinzipien wichtige Impulse auch

---

[5]   Der Beschluss wurde am 19.03.2024 gefasst (https://www.stmi.bayern.de/med/presse mitteilungen/pressearchiv/2024/87/index.php, zuletzt abgerufen am 25.04.2024).

[6]   Eine Übersicht aus dem Jahr 2023 ist hier zu finden: https://www.rnd.de/politik/gendern-in-schule-und-verwaltung-wo-gilt-das-verbot-bundeslaender-uebersicht-UXSOG4QPP5FF JLHZORHZWR4FA4.html, zuletzt abgerufen am 25.04.2024.

[7]   https://www.geschlechtergerechtesprache.de/, zuletzt abgerufen am 25.04.2024.

[8]   Bormann 2023, 188.

[9]   Ebd., 189–191.

[10] Ebd., 190.

für aktuelle Geschlechterdiskurse. Der argumentative Bruch, der in einer stark pathologisierenden Darstellung von Transgeschlechtlichkeit als vor allem psychotherapeutische und medizinische Herausforderung im Bereich der Diagnostik auszumachen ist, irritiert dahingehend, dass die darauffolgenden ethischen und pädagogischen Empfehlungen ohne nennenswerten Bezug auf christliche Anthropologie auskommen.[11] In den von Bormann artikulierten ethischen Schlussfolgerungen ist nicht nur zu beobachten, dass er Deutungs- und Definitionsmacht im Kontext Transidentität der Medizin zu- und trans* Personen abspricht, sondern auch, dass er mit seiner Empfehlung „aus *allgemein ethischer* Perspektive"[12], Jugendliche, die Geschlechtsdysphorie empfinden, therapeutisch vom Thema Geschlechtsidentität abzulenken, den Leidensdruck bagatellisiert, der damit verbunden sein kann.[13] Daher ist es nicht verwunderlich und trotzdem erschreckend, dass Bormann Lehrkräften den Rat gibt, trans* Schüler*innen bis zur Personenstandsänderung mit dem jeweiligen *deadname* anzusprechen.[14]

Die von Bormann genutzte Sprache unterstützt die inhaltliche Ausrichtung seines Beitrags zum Diskurs über Transgeschlechtlichkeit. Zum einen spricht er von *Problemen*, „die sich im Umgang mit inter- und transgeschlechtlichen Personen stellen"[15], was deutlich macht, dass es ihm hierbei um ein ethisches Thema geht, also eine Diskussion *über* trans* Menschen und den Umgang anderer mit ihnen. Zum anderen weisen mehrere Argumente eine polemische Rhetorik auf, z. B. wenn er trans*-inklusives Verhalten von Lehrkräften als „Parteinahme zugunsten passagerer Wünsche Betroffener"[16] bezeichnet. Dass in dem Beitrag durchgehend das generische Maskulinum genutzt wird, sei hier als einfache Randnotiz aufgeführt.

Am Beispiel von Bormanns Ausführungen zum Umgang mit Transgeschlechtlichkeit wird erkennbar, dass Öffentliche Theologie z. B. durch konkrete Handlungsanweisungen (z. B. Deadnaming durch Lehrkräfte) in den Unterricht hineinwirken kann. Und auch die Sprache, mit der theologisch argumentiert wird, kann einen Diskurs prägen. Die Bewertungen, die in einzelnen Begriffen und deren Verwendung enthalten sind, werden damit in eine gesamtgesellschaftliche Diskussion hineingetragen.

Ebenfalls mit ethischen Fragen zur Transidentität beschäftigt sich der *Deutsche Ethikrat*, in dem neben Bormann auch weitere katholische sowie evangelische Theolog*innen Mitglieder sind. In einer Ad-hoc-Empfehlung zu Transidentität bei Kindern und Jugendlichen betont der Ethikrat das Recht auf An-

---

[11]   Ebd., 195–198.
[12]   Ebd., 200.
[13]   Ebd., 199–200.
[14]   Ebd., 198.
[15]   Ebd.
[16]   Ebd.

erkennung der „subjektiv empfundenen geschlechtlichen Identität"[17] und plädiert für einen „entstigmatisierende[n] Umgang mit Trans-Identität bei Kindern"[18]. Dazu gehöre auch, einer „diskriminierenden Pathologisierung von Geschlechtsinkongruenz"[19] entgegenzuwirken. Im Gegensatz zu den Ausführungen von Bormann ist in diesem früher veröffentlichten, einseitigen Papier eine kindzentrierte und respektvolle Sprache zu finden, die neben der inhaltlichen Orientierung, die das Papier zum Ziel hat, auch sprachlich Orientierung im Reden über Transidentität bietet.

2.2 Transidentität als kirchliches Thema

Am Beispiel des katholischen Kirchenrechts lässt sich neben der ethischen eine juristische Ebene Öffentlicher Theologie auf Transidentität und Sprache beziehen. Auf Grundlage einer schöpfungstheologisch begründeten und am Genotyp orientierten Zweigeschlechtlichkeit lässt sich trans* Personen der Status eines Rechtssubjektes absprechen. Nach Judith Hahn verfüge das Kirchenrecht nicht über eine Subjektkonstellation, bei der sich biologisches Geschlecht und Geschlechtsidentität unterscheiden könnten.[20] Unter dieser Bedingung würden trans* Personen „vom Recht in den so normierten Angelegenheiten nicht ‚hergestellt'"[21], mit der Folge, dass sie „*gar nicht* erscheinen, insoweit ihnen das kirchliche Recht eine Versprachlichung verweigert."[22]

Der einer breiten, an Theologie und Kirche interessierten Öffentlichkeit bekannte *Synodale Weg* findet in Bezug auf Transidentität eine wertschätzende und anerkennende Sprache, die auf deskriptiver Ebene differenziert und sachlich ist[23] und auf normativer Ebene eine ebensolche für das Kirchenrecht[24] sowie für kirchliche Einrichtungen[25] fordert. Theologie kommt hierbei als Öffentliche Theologie zur Geltung, indem zum einen die gesellschaftliche Bedeutung christlicher Anthropologie und zum anderen die gesellschaftliche Funktion von Kirche hervorgehoben werden. Demnach haben transfeindliche anthropologische „Aussagen, die von Amtsträgern und Gläubigen weltweit rezipiert werden, einen nicht zu unterschätzenden Einfluss auf die Lebensrealität von trans- und inter-

---

[17] Deutscher Ethikrat 2020, 3.
[18] Ebd.
[19] Ebd.
[20] Hahn 2020, 73.
[21] Ebd.
[22] Ebd.
[23] Z. B. Der Synodale Weg 2023, 4.
[24] Ebd., 9.
[25] Ebd., 11f.

geschlechtlichen Menschen. Sie legitimieren und befördern Ausgrenzung, Gewalt und Verfolgung, vor denen die Kirche eigentlich zu schützen hätte."[26]

Die *EKD* äußert sich eher wenig zum Thema Transidentität. Die Reaktionen auf den Beschluss des Selbstbestimmungsgesetzes, das das Transsexuellengesetz ablösen wird, fallen gering aus. Weder auf der EKD-Homepage noch auf deren Social Media Kanälen sind Positionen zu finden.[27] Lediglich auf evangelisch.de wird am 12.04.2024 die Pressemeldung der epd aufgenommen und in die Rubrik „Zusammenleben und Integration" eingeordnet.[28]

Zwar ist Transgeschlechtlichkeit kein Thema, das in der EKD-Denkschrift zu Familien 2013 explizit benannt wird, allerdings weist diese Schrift in der Auseinandersetzung mit vielfältigen Lebens- und Familienformen eine ausdrückliche Offenheit für Vielfalt auf. Am Beispiel der Segnung homosexueller Paare wird betont, dass biblische Texte ausgelegt und historisch eingeordnet werden sollen, um zum Beispiel den Entstehungskontext der ersten Schöpfungserzählung zu verstehen.[29] Für Öffentliche Theologie im Sinne einer evangelischen Ethik findet die Denkschrift klare Worte, die zum einen gesellschaftliche Themen als dynamische, historische Prozesse verstehen und sich zum anderen gegen biologistische Verkürzungen aussprechen, was insbesondere für trans* Personen empowernd sein kann: „**Es zählt zu den Stärken des evangelischen Menschenbilds, dass es Menschen nicht auf biologische Merkmale reduziert**, sondern ihre Identität und ihr Miteinander in vielfältiger Weise beschreibt."[30] Dieser Grundgedanke spiegelt sich auch in den auf die Anerkennung von Pluralität ausgerichteten Empfehlungen in der Denkschrift wider[31] und wird acht Jahre später im Zusammenhang mit Geschlechtervielfalt aufgegriffen. In dem Grundlagentext der Kammer für Öffentliche Verantwortung der EKD zu Vielfalt und Gemeinsinn wird sich für die Verwendung des Gendersternchens ausgesprochen und folgendermaßen begründet:

> „Mit dem Gendersternchen wird gerade nicht der Streit um Inklusion oder Exklusion fortgesetzt, sondern das Gendersternchen zeigt: Wer es verwendet, weiß erstens um die Diversität unserer Gesellschaft, weiß zweitens um die komplexe Relation von Sex, Gender, Geschlecht und deren soziokulturelle Deutung und ist sich drittens der Schwierigkeit bewusst, dass sich diese komplexe Diversität derzeit sprachlich nur symbolisch, nämlich mit dem Sternchen*, darstellen lässt."[32]

---

[26]   Ebd., 7.

[27]   Datum der letzten Recherche: 27.04.2024.

[28]   https://www.evangelisch.de/inhalte/228683/12-04-2024/selbstbestimmung-fuer-minder jaehrige-gesetz-macht-geschlechtseintrag-moeglich, zuletzt abgerufen am 30.04.2024.

[29]   EKD 2013, 65–67.

[30]   Ebd., 67. Hervorhebungen im Original.

[31]   Ebd., 141–143.

[32]   EKD 2021, 24.

2.3   Queere Theologie als Öffentliche Theologie

Mit beispielsweise der Initiative #outinchurch[33], dem Forschungsprojekt *Queer im Pfarrhaus*[34], dem Blog *kreuz & queer*[35] sowie mit der zunehmenden Anzahl queerer Personen aus dem kirchlichen Bereich, die in sozialen Medien aktiv sind[36], hat in den letzten Jahren die öffentliche Sichtbarkeit queerer Personen und Themen in der theologischen Forschung und der Öffentlichen Theologie im deutschsprachigen Raum zugenommen. Kerstin Söderblom sieht „transformative Entwicklungen"[37] in Gesellschaft und Kirche vor allem darin, dass queere Menschen sich zunehmend weigern, „weiterhin nur als Problemfälle oder menschliche Mängelexemplare in einer sonst heteronormativen und zweigeschlechtlichen Welt dargestellt zu werden"[38], und als *role models* „selbstbewusst mit ihrer Lebensform oder Geschlechtsidentität umgehen"[39]. Neben der noch seltenen Repräsentation von trans* Personen wird auch Transidentität dadurch als Thema Öffentlicher Theologie in queerer Perspektive vertreten bzw. der Raum dafür geschaffen.

Zusammenfassend stellt sich Transidentität als Thema Öffentlicher Theologie dar, das in ethischen und kirchlichen Debatten *über* trans* Menschen diskutiert wird. Dem steht eine geringe Sichtbarkeit öffentlicher Theologie *von* trans* Menschen gegenüber, die zudem bisher kaum Einzug gehalten hat in Öffentliche Religionspädagogik.

3.   Zum Thema gemacht: Transidentität in der Religionspädagogik

3.1   Geschlechtergerechte Religionspädagogik im Kontext Öffentlicher Religionspädagogik

In einer cis-heteronormativ geprägten Gesellschaft scheint es nach wie vor Teil eines unhinterfragten Alltagswissen zu sein, dass Menschen ein eindeutiges Geschlecht ‚haben', das von Geburt an feststeht und mit dem sich der Mensch identifiziert. Menschliche Existenz ist jedoch wesentlich vielfältiger. Geschlecht ist von außen nicht verfügbar, sondern vielmehr Gegenstand der Selbstbestimmung und Identität. Bereits 2010 plädiert Annebelle Pithan für die Förderung

---

[33]   https://www.outinchurch.de/.

[34]   https://www.uni-muenster.de/EvTheol/ptr/queerimpfarrhaus.html.

[35]   https://www.evangelisch.de/blogs/kreuz-queer-1.

[36]   Z. B. https://www.instagram.com/amen_aber_sexy/ und https://www.instagram.com/ja.und.amen/.

[37]   Söderblom 2023, 130.

[38]   Ebd.

[39]   Ebd., 131.

der geschlechtlichen Identität von Schüler*innen im Religionsunterricht. Sie betont in diesem Zusammenhang u. a. das Kennenlernen unterschiedlicher Geschlechterrollen, -attribute sowie -bilder und plädiert für eine Auseinandersetzung mit Vorurteilen und Stereotypen.[40]

Im individuellen und gesellschaftlichen Umgang mit Transidentität kann Sprache dazu verhelfen, Erfahrungen zu kommunizieren und Anerkennung auszudrücken. Biografischen und gesellschaftlichen Herausforderungen, die mit Transidentität einhergehen können, kann Ausdruck verliehen werden. Hierbei zeigt sich der Begriff „Geschlecht" mehrdeutig, mindestens als ,sex', ,gender' und ,identity'. Geschlecht ist dabei weit mehr als eine Eigenschaft, sondern bezeichnet vielmehr eine bedeutsame Kategorie für die jeweilige (individuelle und kollektive) Identität. Trotz der Etablierung einer gendergerechten Religionspädagogik scheint es immer noch eine Sprachlosigkeit in Bezug auf geschlechtliche Vielfalt zu geben. Auch wenn an manchen Stellen genderplurale Ausdrucksformen wie „Schüler*innen" Einzug gehalten haben, hört es bei Konkretisierungen doch schnell auf. Daher geht es darum, eine Sprache zu finden, wo immer noch Worte fehlen.

Eine Sensibilisierung für die Kategorie ,Geschlecht' sollte jeden Unterricht prägen. Gleichwohl bildet ein ,gendersensibler' oder ,genderorientierter' Religionsunterricht einen eigenständigen Ansatz, der eine ,Religionspädagogik der Vielfalt' mitgestaltet. Das resultiert aus der Einsicht, dass religionspädagogische Bildungsprozesse mit Situationen einhergehen, „in denen sich unterschiedliche religiöse und kulturelle Hintergründe, biografische Muster, körper- und geschlechterbezogene Identitätsentwürfe etc. zu einem Ensemble von Faktoren formieren, die Ausgangsvoraussetzungen von religionspädagogischem Handeln bestimmen [...]."[41]

Gegenwärtig findet Geschlecht vor allem im Diskurs um heterogenitätsfähige und inklusive Religionspädagogik Berücksichtigung und wird als intersektionale Kategorie verstanden.[42] Dabei kommt zunehmend auch die theologische und religionspädagogische Bedeutung von queeren Identitäten und Perspektiven in den Blick.[43]

Geschlechtsspezifische Identitäten werden demnach in ihrer Verschiedenheit wahrgenommen und zugelassen. Gleichzeitig findet eine Sensibilisierung dahingehend statt, sich der für die Persönlichkeitsentwicklung einengenden Rollenmuster bewusst zu werden und somit befreiende Impulse zu setzen. In diesem Zusammenhang impliziert die Identitätsentwicklung die Möglichkeit einer kritischen Selbstreflexion, um entsprechend den individuellen Sinn- und Lebensdeutungen nachzugehen. Dabei geht es um Fragen nach sozialen Rollenzu-

---

[40]   Pithan 2010, 53.
[41]   Arzt u. a. 2009, 10.
[42]   Z. B. Grümme 2017 und Knauth / Möller / Pithan 2020.
[43]   Söderblom 2023.

schreibungen, um die eigene Körperbiografie und ein Suchen nach Identitäts-figuren.[44] Die Frage geschlechtlicher Identität ist insofern zentral, da Menschen täglich aufgrund von kollektiven Zuschreibungen und Wahrnehmungen vielfältige Erwartungen an Rollen, Verhalten und Inszenierungen erleben.[45] In den Blick kommt ein verantwortungsvoller Umgang mit der existenziellen Frage nach der eigenen Identität.[46] Die Frage nach Identität kann unabhängig von der Frage nach Sexualität betrachtet werden, da sie zutiefst das Selbstverständnis des Menschen betrifft. Frank Lütze differenziert unterschiedliche Aspekte des Selbstverständnisses in Bezug auf Geschlecht und Sexualität in der „Unterscheidung zwischen Geschlechtsrolle (wie verhalte ich mich?), Geschlechtsidentität (welchem Geschlecht fühle ich mich zugehörig?) und sexueller Präferenz (welches Geschlecht spricht mich sexuell an?).“[47]

Öffentliche Religionspädagogik lässt sich folglich als zentrale Dimension von christlich religiöser Bildung benennen, indem eine Öffentliche Theologie in ihrem Grundgedanken die christliche Perspektive einer öffentlichen, gesellschaftlichen und politischen Diskussion fokussiert.[48] Im Sinne einer Öffentlichen Theologie stellt Religion eine mögliche Einflussgröße in der Gesellschaft dar, die im Zusammenhang mit gesellschaftlicher Vielfalt häufig normativ und diskriminierend wirkmächtig wird. Wenn trans* Personen abgesprochen wird, Ebenbilder G*ttes zu sein, wenn mittels religiöser Sprache binäre und biologistische Vorstellungen von Geschlecht kommuniziert werden oder wenn schlichtweg keine Identitäten außerhalb der binären Cisnorm zur Sprache kommen, dann findet Religion in und durch Sprache einen bedeutenden Ausdruck im Leben von Menschen.

3.2   Geschlechtliche Vielfalt im Religionsunterricht

Geschlechtliche Vielfalt wird von denjenigen gestaltet, die von der gesellschaftlich hervorgebrachten Norm abweichen. Damit markieren jene eine gesamtgesellschaftliche Aufgabe, nämlich gegenwärtige Arrangements von Geschlecht anzuerkennen, eine Haltung der Toleranz zu üben sowie das zunächst Fremde auszuhalten und zu akzeptieren. Geschlechtliche Vielfalt ist reichhaltiger als der traditionelle Geschlechterdimorphismus mit seinem Dual von männlich versus weiblich. Phänomene menschlicher Sexualität und Identität werden gesellschaftlich gestaltet und kulturell geformt.

---

[44]   Naurath 2013, 268 und 270.
[45]   Lehner-Hartmann 2021, 25.
[46]   Domsgen 2022, 126.
[47]   Lütze 2020, 203.
[48]   Grümme / Pirner 2023, 145.

Anerkennung von geschlechtlicher Vielfalt zeigt sich jenseits vorgegebener Geschlechternormen und erfolgt insbesondere durch verbale Kommunikation. Transidente Schüler*innen bspw. fehlt oftmals das Vokabular, um sich selbst verstehen zu können, sodass sie häufig nicht benennen können, was sie an sich selbst wahrnehmen, sodass die Sprachlosigkeit zu dem Gefühl führt, allein zu sein. Somit lässt sich für den Kontext des Religionsunterrichts in erster Linie eine Sensibilisierung für ein angemessenes Vokabular anstreben. Fokussiert wird ein menschenrechtlich begründeter und ethisch verantwortlich geführter Diskurs, der individuelle geschlechtliche Ausprägungen explizit zulässt, achtet und Stigmatisierungen jeglicher Art unterbindet. Auch in der Schule bzw. im Unterricht kann sich individuelle, aber auch strukturelle Diskriminierung zeigen, wenn z. B. trans* Jungen mit dem falschen Namen angesprochen werden, ein unpassendes Pronomen verwendet wird (misgendering) oder der falsche Name auf dem Zeugnis erscheint.[49]

Der Religionsunterricht ist ein Ort, an dem Schüler*innen bewusst Anerkennung entgegengebracht wird, weil Subjekte hier in ihrer Selbstwahrnehmung und -beschreibung ernst genommen werden und Biographiearbeit geleistet wird. Vor allem bietet der Religionsunterricht einen Raum, in dem existenzielle und sensible Themen zur Sprache gebracht werden, lebensrelevant bearbeitet und Strategien im Umgang mit Vielfalt entwickelt werden können.

4   Transidentität und Sprache – Religionspädagogische Perspektiven

4.1   ,anders und gleich' - Inklusive Religionspädagogik

Transidentität und das Sprechen über verschiedene Geschlechtsidentitäten, die unter dem Begriff trans* versammelt werden können, bietet im Rahmen einer inklusiven und menschenrechtsorientierten Religionspädagogik die Möglichkeit der Identitätsbildung im Kontext einer pluralen Gesellschaft. Religionsdidaktische Ansätze, die in ihrem Selbstverständnis an das Prinzip der *egalitären Differenz*[50] angelehnt sind, tragen neben der deskriptiven Auseinandersetzung mit Vielfalt zudem eine auf Gerechtigkeit und Anerkennung ausgerichtete normative Perspektive bei.

Die Auseinandersetzung mit versprachlichten Erfahrungen von trans* Personen kann im wörtlichen Sinne eine spannende Angelegenheit sein, da die Pluralität von Erfahrungen im Hinblick auf Inklusion spannungsvolle Berührungspunkte bereithält, wie im Folgenden anhand von drei Beispielen aus einer ZDF-

---

[49]   Teschmer 2023, 149f. und Uppenkamp 2021, 2.6.2.
[50]   Prengel 2006.

Dokumentation aufgezeigt wird, in denen es um Diskriminierungserfahrungen sowie Fragen von Identität und Zugehörigkeit geht. Dabei kommen verschiedene Personen zu Wort, die sich als trans* definieren und/oder eine Transition erlebt haben bzw. erleben.

1. Sichtbare und unsichtbare Zugehörigkeit zur Trans*-Community

> „Man glaubt ja auch nicht, dass ich trans bin, und ich kann ohne Weiteres überall verdeckt anonym trans sein, wenn ich das will, ne. Aber ich find's auch wichtig, zwischendurch mal ne Ansage zu machen, ähm, ich bin übrigens trans. Solange noch Leute verkloppt werden draußen, ist es wichtig, drauf aufmerksam zu machen."[51]

In dieser Aussage wird die politisch wichtige Zugehörigkeit zur Trans*-Community betont. Auch wenn das Alltagsleben überwiegend „anonym" stattfindet bzw. stattfinden kann, wird punktuell die Transidentität als essenzialisierte Andersheit empowernd für die häufig von Diskriminierung und Gewalt betroffene Gruppe genutzt. Es geht um die selbstbestimmte Entscheidung, in Situationen sichtbar oder unsichtbar trans* zu sein.

2. Identitätsstiftende Zugehörigkeit zur Gruppe der Frauen

> „Wenn man jetzt irgendwie draußen ist, oh, du bist ne Transe. Das belastet dann halt schon einen. Wenn du dann immer, du bist keine Frau, du wirst niemals eine Frau sein, bisschen Schminke reicht da nicht, um ne Frau zu sein. Also ich musste mir schon einiges anhören. Wenn ich dann operiert bin, dieses trans gibt's nicht mehr, das ist bei mir weg. Auch wenn sich viele jetzt sagen, ich bin trotzdem noch ein Transgender, dann sollen die das so machen. Aber für mich gibt's dieses Wort Transgender, Transe, was auch immer, existiert dann nicht mehr."[52]

In diesem Zitat wird die identitätsstiftende und bestärkende Zugehörigkeit zur Gruppe der Frauen betont. Auch hierbei spielen Diskriminierungserfahrungen eine Rolle. Das Sein wird sprachlich durch die Ablehnung und das Ablegen einer möglichen Selbstbezeichnung, die für einige trans* Personen passt und wichtig ist, gestaltet. Hierbei scheint der Wunsch leitend, als anerkanntes Mitglied der Gesellschaft in Zugehörigkeit zu einer bestimmten Gruppe wahrgenommen zu werden.

---

[51] ZDF 2024, 24:05–24:26.
[52] ZDF 2024, 11:56–12:24.

3. Identität in Kombination von Weiblichkeit und Männlichkeit

> „Und ich hab nie das Gefühl gehabt, dass ich ein Mann gewesen bin, dass mir etwas
> fehlt. Im Gegenteil, ich hatte ja eigentlich das Gefühl, dass mir etwas zusätzlich ge-
> geben wurde zu meinem Körpergeschlecht, eine, ja, abweichende Geschlechtsiden-
> tität. Das heißt, ich hab Weiblichkeit und Männlichkeit zugleich. Ich finde, das ist
> purer Luxus."[53]

Mit dieser Aussage wir die Breite an Variationen von Geschlecht deutlich, die
unter dem Sammelbegriff trans* vereint werden. Transidentität drückt sich hier
nicht in einem dichotomen Verhältnis aus, sondern als additive Erweiterung des
eigenen Geschlechts, bei der zwischen Körper und Identität zwar unterschieden
wird, Unterschiede aber nicht mit einer Dysphorie verbunden werden. Der
Wunsch nach Eindeutigkeit und einer bestimmten Zugehörigkeit scheint hier
nicht vorhanden zu sein und die Kombination von Männlichkeit und Weiblichkeit wird als Luxus empfunden.

Ich den drei Beispielaussagen werden Geschlecht, Identität, Zugehörigkeit
und Anerkennung jeweils unterschiedlich akzentuiert und mit Normalitätsvorstellungen sowie Diskriminierungserfahrungen konkretisiert. Die Art und Weise,
sich selbst zu bezeichnen, und die Erfahrungen mit bestimmten Zuschreibungen
verdeutlichen die Relevanz von Sprache für Identität und die Anerkennung dieser auf individueller und kollektiver Ebene.

Inklusive Religionspädagogik, die sich bemüht, die Anerkennung dieser
Vielfalt programmatisch aufzugreifen,[54] steht daher vor der Herausforderung,
mit der Pluralität von Identität und Anerkennungsbedürfnissen umzugehen.[55]
Zugleich ist damit auch die Frage verbunden, inwiefern im Anerkennen selbst
cisnormative Logiken bedient werden, da jemanden bspw. als Frau anzuerkennen ein bestimmtes Bild von Frausein voraussetzt. Deutungsmachtsensibel zeigt
sich hier neben der Herausforderung, Inklusion facettenreich zu denken und zu
gestalten,[56] ebenso die Notwendigkeit, auch theologische Sprache und deren heteronormative Grenzen zu überwinden. Umso wichtiger erscheint es demnach,
queer-theologischen Begriffen und Gedanken auch im Religionsunterricht einen
Raum zu geben. Hierdurch bekäme Raumgabe als ethisches Prinzip[57] einen
theologischen und religionspädagogischen Ausdruck in Form eines professionellen Habitus epistemischer Demut.

Im Folgenden werden Vorschläge skizziert, die den inklusiven Raum des Religionsunterrichts mit queer-theologischen Perspektiven füllen und erweitern
können. Diese greifen auf unterschiedliche Weise die anhand der Beispielaussagen angesprochenen Identitäts- und Inklusionsaspekte auf.

---

[53]   ZDF 2024, 10:26–10:44.
[54]   Z. B. Knauth / Möller / Pithan 2020, 36–56.
[55]   Boger 2019, 7–9.
[56]   Kumlehn 2015.
[57]   Wirth 2019.

4.2   Queere Theologie als Beitrag zu einer trans*-inklusiven theologischen Sprache

Nimmt man einen inklusiven Anspruch an religiöse Bildung ernst, muss sie Sprache für diverse Glaubenserfahrungen bereithalten. Für die Erfahrungen von trans* Menschen ist im deutschsprachigen Raum das Vokabular bisher eher begrenzt, Sprache kann aber in queeren Theologien gefunden werden, die „darauf ausgerichtet [sind], scheinbar selbstverständliche Vorstellungen von Sexualität und Geschlechtsidentitäten zu hinterfragen und Grenzen zu überschreiten."[58]

4.2.1   Doing Queer Theology

Reichels Reflexionen des eigenen theologischen Werdegangs liefern hilfreiche Hinweise zur Kontextualisierung dessen im Rahmen von Theorie und Praxis, was als *doing theology* die konstituierende Kraft der Sprache aufgreift und betont:

> „As my trajectory went from practical questions to more theoretical territory and yet the next meta-level, I accidentally became a theologian. I say accidentally, because I had never set out to make theology a career, I had always considered theology as a resource for a practice, a language and imaginary of this practice, an equipment and preparation for a practice. But I discovered that *doing theology* itself was also a practice—an intellectual practice of doing things with words, with mental images, with texts, with traditions, with experiences, with cultures."[59]

Die Abgrenzung von dem Versuch, sich bestimmten, teils konkurrierenden theologischen Disziplinen und Schulen insbesondere in der deutschsprachigen Theologie zuzuordnen, wählt Reichel den Weg, diese zusammen zu denken. Das Gemeinsame, die geteilte Realität, werde auf verschiedene Weise wahrgenommen und ausgedrückt, wodurch sie nicht gegeneinander, sondern nebeneinander stünden.[60] Die Herausforderungen, die mit *doing theology* abseits etablierter Verständnisse von Theologie einhergeht, besteht darin, Denk- und Deutungsgewohnheiten bewusst zu machen, um Veränderungen zu ermöglichen, die aufgrund einer gewissen habituellen Trägheit dazu führen, dass laut Martina Kumlehn Positionen „eher transformiert als radikal umgestaltet" würden.[61]

Queere Theologie als *Doing Queer Theology* provoziert auf dekonstruierende Weise gewohnte Formen des Denkens und Deutens: „For theology, queering becomes a productive style of theological practice and discourse that can disorganize our normative categories."[62] Für Theologie und Religionspädagogik hält Queere Theologie als Praxis eine Erweiterung des Spektrums von Deutungs-

---

[58]   Söderblom 2023, 133.
[59]   Reichel 2023, 10.
[60]   Ebd., 12f.
[61]   Kumlehn 2022, 2.
[62]   Goss 2002, 233.

möglichkeiten bereit, die sich aber gegen Denkgewohnheiten durchzusetzen haben. Dafür ist es erforderlich, eine elaborierte queer-theologische Sprache zu verwenden und weiterzuentwickeln. Daher werden im Folgenden Beispiele für queer-theologische Deutungen aufgezeigt, die im Zusammenhang mit Transidentität Deutungsangebote und theologische Sprache bereithalten.

4.2.2   Theologische Neologismen

Theologische Neologismen eignen sich, um in der Domäne Religion queere Sprachfähigkeit zu schaffen. Marcella Althaus-Reid verbindet in ihrem theologischen Werk die Erfahrungen marginalisierter, insbesondere queerer, häufig intersektional diskriminierter Menschen mit theologischem Vokabular und schafft dadurch neue Begriffe, um Worte für Erfahrungen marginalisierter Menschen mit G*tt zu finden. Das Aufspüren und christologische Deuten von „Kreuzigungs- und Auferstehungserfahrungen"[63] in den Leben dieser Menschen nennt Althaus-Reid *cruci/fiction*. Dieser hermeneutisch-methodische Neologismus eröffnet einen Zugang zu queeren Theologien, der für religionsdidaktische Kontexte weiterentwickelt werden kann. Anhand von biografischen Erzählungen zum Beispiel in Form von Essays lassen sich Spuren auch mit Schüler*innen entdecken.

Andreas Krebs bringt in seiner Interpretation des queer-theologischen Konzeptes der *transcorporeality*[64] im Ostergeschehen, von ihm mit dem Kunstwort „Transkorporealität"[65] ins Deutsche übersetzt, auf den Punkt: „Jesu Leib ist in einem eminent theologischen Sinne queer und trans*."[66] An der Materialität des Leibes Christi lasse sich aufzeigen, dass Unbeständigkeit und Grenzüberschreitung als Wesensmerkmale Jesu Christi gelten, die sich auch in dem Handeln Jesu abbildeten.[67] Beides, Leiblichkeit und Handeln Jesu, seien dabei als paradigmatisch für den Menschen zu verstehen, was mit Gal 3,28 untermauert werden könne.[68] Im Religionsunterricht ließe sich Transkorporealität christologiedidaktisch in der Thematisierung von Ostern aufgreifen.

4.2.3   Theologische Konzepte queeren

Eine Spielart queerer Theologie ist die queere Konzeptualisierung theologischer Begriffe und Konzepte, deren Ertrag sich nicht nur in der (Öffentlichen) Theologie, sondern auch für religiöse Bildung nutzen lässt. Anhand der Beispiele Eschatologie und Schöpfung werden Potenziale trans*-inklusiver Theologie skizziert.

---

[63]   Thomaier 2024, o. S.
[64]   Ward 2007.
[65]   Krebs 2023, 89.
[66]   Ebd., 90.
[67]   Ebd., 90–93.
[68]   Ebd., 93f.

Die bei Althaus-Reid laut einer Arbeitshypothese von Sonja Thomaier nur schwer erfassbare Dignität von trans* Personen im theologischen Kontext[69] ist andernorts explizit zu finden. Matthias Wirth entwickelt auf Grundlage eines Verständnisses von Eschatologie als Lehre von „Transformationen des Lebens"[70] drei Ansatzpunkte für die Entwicklung einer *„Queer Eschatology"*[71]. Diese ließe sich realisieren, „indem (1) etablierte eschatologische Beschreibungen Berücksichtigung finden, die Parallelen zum Trans-Erleben bieten, (2) Trans-Personen mit ihren individuellen Transitionsgeschichten mit eschatologischer Metaphernbildung in ein Gespräch verwickelt werden und (3) indem nochmals die Bedeutung des Geschlechtlichen, diesmal explizit am Beispiel Transgender, als notwendiges Moment eschatischer Kontinuität ausgewiesen wird"[72], und böte besonders durch die Sichtbarkeit und Relevanz von Transidentität auch eine ethisch-theologische Bereicherung.[73]

Mit einer queeren Theologie, der ein weites Verständnis von trans* zugrunde liegt, das Transitionen auf dem gesamten Spektrum von Geschlecht einbezieht und sich nicht auf die beiden Pole männlich (FzM) und weiblich (MzF) beschränkt,[74] eröffnet eine queere Re-Lektüre biblischer Geschichten zur Schöpfung diverse Deutungsmöglichkeiten. Die katholische Theologin Julia Enxing erarbeitet gemäß einer *„Hermeneutik des Perspektivwechsels"*[75] mit der *„Metapher der Falte"*[76] queer-theologische Impulse zur „Neubestimmung von Schöpfungstheologien"[77]. Dabei macht Enxing am Beispiel der Geschichte der Arche Noah nicht nur bei der Frage des Geschlechts, sondern auch bei der Frage des Geschöpfseins und im Überschneidungsbereich Exklusionsmomente in herkömmlichen Interpretationen aus. So stoße der für Reproduktionszwecke etablierte, heterosexuell gedachte Dualismus bei der Auswahl der Tiere beim Hermaphroditen Regenwurm an eine Grenze.[78] Dieser Exklusion stellt Enxing ein Schöpfungsverständnis gegenüber, in dem „G*tt immanent-transzendent als Teil eines queeren Genesis-Kollektivs"[79] wirkt und sich in der Schöpfung „entfaltet"[80], wobei „zugleich alles in G*tt eingefaltet"[81] ist. In der Neubestimmung von Schöpfungstheologie als „Queer Ecotheology"[82] bestehe die Chance, der „Überzeugung der Verbun-

---

[69]   Thomaier 2024, o. S.
[70]   Wirth 2022, 469.
[71]   Ebd., 471.
[72]   Ebd.
[73]   Ebd., 474–476.
[74]   McMahon 2016.
[75]   Enxing 2024, 2.
[76]   Ebd., 9.
[77]   Ebd., 2.
[78]   Ebd., 5.
[79]   Ebd., 8.
[80]   Ebd., 10.
[81]   Ebd.
[82]   Ebd., 11.

denheit und Verwobenheit von G*tt und allen Kreaturen"[83] in der geschöpflichen Vielfalt theologisch Sprache zu verleihen.

Beide Beispiele lassen sich ebenso wie weitere nutzen, um mit dem *Queeren*
als Praxis der Dekonstruktion[84] die in viele Themen der Theologie eingeschrie-
benen Normalitätsvorstellungen zu entdecken und zu hinterfragen. So wie Eschatologie metaphorisch oftmals an den Erfahrungen von cis Personen ansetze
und typische Erzählung im Topos der Schöpfung auf anthropozentrischen und
heteronormativen Grundgedanken basiere, halten weitere Geschichten ähnliche Ausgangslagen bereit, die mit einer queeren Hermeneutik erschlossen werden können. Für Religionspädagogik besteht das Potenzial zur Transsensibilität
ausgehend von den genannten Beispielen in der Einbettung queerer Theologie
auf Inhaltsebene und dem Queeren als hermeneutischem Zugang auf der methodischen Ebene.

5.   Zum Thema machen: Transidentität und Öffentliche Religionspädagogik

Eine gegenwärtige Religionspädagogik schaut über den vorherrschenden heteronormativen Rahmen hinaus. Denn Transgeschlechtlichkeit sollte nicht über-
gangen, sondern bewusst in Theologie und Religionspädagogik einbezogen werden, sodass Diskriminierung entgegengewirkt wird. Transidente Kinder und
Jugendliche erleben Unstimmigkeiten in Bezug auf ihr Geschlechtsempfinden
und ihren Körper und/oder auf ihre innere Identität und äußere Zuschreibungen.

Erstrebt wird aus theologischer Perspektive der Anspruch einer unbeding-
ten Wertschätzung, indem der individuelle Mensch als Geschöpf G*ttes anerkannt wird. Diese unbedingte Wertschätzung bezieht sich auf das Sosein der
Person. Aus christlicher Perspektive bezeichnen jegliche Formen geschlechtlicher und sexueller Identität keine Distinktionsmarker innerhalb der Gemeinschaft der Getauften. Denn mit der Neuschöpfung in Christus „haben Differenzen [...] der körperlichen Ausgestaltung, des Geschlechts, der sexuellen
Orientierung keine diskriminierende Relevanz mehr – alle sind vielmehr ‚einer
in Christus'."[85] Daraus lässt sich eine Anerkennung von geschlechtlicher und
sexueller Vielfalt ableiten. Die Freiheitsvision aus Gal 3,28 öffnet insofern die
enge Vorgabe des sozialen Identitätskorsetts, als dass Christus dem Menschen
zu einer neuen Identität jenseits kultureller Normen verhilft.[86]

---

[83]   Ebd., 12.
[84]   Stracke-Bartholmai 2018, 76.
[85]   Karle 2006, 256f.
[86]   Ebd., 256 und Teschmer / Well 2018, 56.

5.1 Transsensible Identitätsbildung

Auf der Suche nach der eigenen Identität ist das Subjekt der sich stetig selbst-thematisierende und über sich reflektierende Mensch. Schwieriger oder ebenso schwierig ist die Ich-Annahme. Die Erarbeitung von Identitätskonstruktionen ist nicht statisch zu denken, sondern vielmehr dynamisch-dialogisch. Diese dynamisch-dialogische Instanz lebt dabei einerseits von Ambivalenz und Negation, andererseits von Dialogizität und Alterität, aber auch von Reflexivität und Narrativität.[87] Im Rahmen der alltäglichen Identitätsarbeit erleben (transi-dente) Menschen Momente der Kohärenz, Handlungsfähigkeit, Anerkennung und Authentizität. Das Subjekt ist herausgefordert, je nach Situation stimmige Passungen zwischen inneren und äußeren Wahrnehmungen zu schaffen und unterschiedliche Teilidentitäten miteinander zu verknüpfen.

Identitätsbildung im Religionsunterricht erfolgt in der Dialektik von An-eignung und Vermittlung infolge der Eigenaktivität der Schüler*innen und der Begleitung der Lehrperson. Identitätsprozesse sind sowohl in sinnleitenden und handlungsorientierten Selbstbestimmungen sowie Selbstdeutungen als auch mit einer Intersubjektivität verwoben. Identität steht deshalb immer in einem Verhältnis der Anerkennung von außen.[88] Schweitzer konstatiert in diesem Zusammenhang bezugnehmend auf Jürgen Habermas drei Formen der Genese von Identität: 1. Natürliche Identität (das Subjekt sieht sich selbst als Teil eines Ganzen); 2. Rollenidentität (die Verhaltenserwartungen der anderen setzen sich im Ich fest); 3. Ich-Identität (durch Autonomie und Mündigkeit, mit Freiheit und Individualisierung entstehen in komplexen Rollensystemen universalistische Ich-Strukturen).[89] In der Anstrengung um Identität, in der sich das Subjekt selbst entschieden behauptet, zugleich aber auch am verletzlichsten ist, ist es ganz und gar den Verhaltensnormen der sozialen Umwelt sowie dem Blick der anderen ausgeliefert. In jenem gelungenen Akt schafft sich das Subjekt gleichzeitig auch ein Stück Raum für zuvor nicht realisierbare Identitätsansprüche.[90] Identitäts-bildung im Rahmen des Religionsunterrichts bleibt in seiner Komplexität ein lebenslanger, unabschließbarer und fragmentarischer Prozess.

Die G*ttesebenbildlichkeit markiert die Unterscheidung zwischen Schöp-fer*in und Geschöpfen, aber auch das Menschsein als bipolar strukturierte Ein-heit im Horizont einer geschöpflichen Vielfalt. Ein Bild G*ttes zu sein, zielt nicht auf die Entsprechung des Aussehens oder die Gestalt, sondern weist ausschließ-lich auf die Funktion hin. Folglich wird der Mensch nicht nach dem Bild G*ttes, er wird vielmehr zum Bild G*ttes geschaffen. Der Mensch ist als Geschöpf G*ttes zur Subjektivität bestimmt. Dabei erschließt sich der Mensch in seiner begrenz-

---

[87] Laubach 2021, 96.
[88] Grümme 2012, 238–245.
[89] Schweitzer 2003, 149–151.
[90] Grümme 2012, 245f.

ten Subjektivität. Durch die Beziehung zu G*tt stellt sich eine geschöpfliche Selbst- und Fremdbestimmung ein. Demnach vollzieht der Mensch seine Identität infolge der Grundrelation der G*ttesebenbildlichkeit als Selbst- und Fremdbestimmung. Im Fokus steht die Bestimmung des Menschen zur G*ttesebenbildlichkeit und das Angesprochensein mit der Begründung und Rechtfertigung des Selbstseins.[91]

Identitätsbildung ist bei trans* Kindern und Jugendlichen oft verbunden mit dem Erleben von Geschlechtsdysphorie, weil die Geschlechtsidentität nicht dem zugewiesenen Geschlecht oder den Möglichkeiten des Geschlechtsausdrucks entspricht. Das Ziel einer trans*-sensiblen Begleitung von Identitätsbildung im Religionsunterricht besteht in einem anerkennenden Umgang mit Dysphorieerleben und der Ermöglichung und Kommunikation von Geschlechtseuphorie, die nicht durch heteronormative Schöpfungsnarrative blockiert wird. Dazu bedarf es einer Deutungsmachtanalyse, um „die latente Machtvergessenheit der Hermeneutik aufzubrechen und [...] die subtilen Prozesse und Strategien zu erfassen, mit denen Deutungen auf etwas hinweisen, die Aufmerksamkeit und den Blick lenken und Geltungsansprüche explizit und implizit kommunizieren."[92] Queere Theologie kann durch ihre Deutungen Möglichkeitsräume eröffnen, die nicht nur für queere Menschen Sprache und Bilder bereithalten, „die in besonderer Weise neue Perspektiven auf die Weltwahrnehmung eröffnen und diese dadurch neu justieren."[93] Besonders in queeren Auslegungen biblischer Geschichten kommt Sprache eine wesentliche Bedeutung zu. Diese „nutzen sprachliche Vielschichtigkeit, literarische Zwischenräume, Ungesagtes und Leerstellen in den biblischen Texten, um auf die schöpferische Auslegungsarbeit jeder Bibellektüre hinzuweisen."[94]

5.2   Theologische Sprache finden und schaffen

Öffentliche Religionspädagogik kann auf Öffentliche Theologie von queeren Menschen zurückgreifen, um Deutungsräume zu erweitern und Sprache zu finden für individuelle und geteilte (Glaubens-)Erfahrungen. Beispielhaft dafür ist der Sammelband *Katholisch und Queer*[95], in dem queere, katholische Menschen zu Wort kommen und ihre Erfahrungen teilen. Am Beispiel der Geschichte von Ben wird erkennbar, dass eine Sprache, die vermittelnd zwischen Geschlechtsidentitäten und Erfahrungen mit (institutionalisierter) Religion fungiert, nicht nur

---

[91]   Drobe 2016, 378f.
[92]   Kumlehn 2022, 3.
[93]   Ebd.
[94]   Söderblom 2023, 133.
[95]   Gräve / Johannemann / Klein 2021.

Ausdrucksmöglichkeiten, sondern auch religiöse Identität und Theologie schaffen kann.

> „Als ich ein Wort für mich gefunden hatte (,trans') – eines, nach dem ich fragen und suchen konnte –, las ich alles, was die Kirche dazu zu sagen hatte. Nirgendwo stand ein Wort von G*tt."[96]

Das Bedürfnis einer theologischen Sprache zu Transidentität scheint hier deutlich durch und kann als Auftrag zur Entwicklung eines trans*-inklusiven Theologisierens im Rahmen inklusiver Kinder- und Jugendtheologie[97] für die Religionspädagogik verstanden werden. Dabei besteht die Herausforderung darin, die epistemische Kontextualität von Theologie nicht nur zu beachten, sondern intersektional deutungsmachtsensibel zu reflektieren, inwiefern eine Raumschaffung für Theologie von trans* Personen im befreiungstheologischen Sinne notwendig ist, zugleich aber auch Machtstrukturen in einem etablierten *theologischen Design* reproduziert werden, nur diesmal zugunsten ausgewählter marginalisierter Positionen.[98] Damit geht eine Sensibilität für Othering einher, um den*die für Befreiungstheologie nötige*n, essenzialisierte Andere*n in religiösen Bildungsprozessen nicht zu reifizieren.[99]

6.   Fazit

Die politische Dimension Öffentlicher Religionspädagogik ist in verschiedenen Ansätzen inklusiver, differenzbewusster und menschenrechtsorientierter Religionspädagogik zu finden.[100] Wird geschlechtliche Vielfalt in diesem Rahmen als Gegebenheit in gesellschaftlichen Machtstrukturen reflektiert, sind Voraussetzungen gegeben, unter denen Transidentität in der in diesem Beitrag skizzierten Weise theologisch und als Identitätsaspekt zur Geltung kommen kann.

Die interpersonale Vielfältigkeit des Menschen wird im Kontext inklusiver Religionspädagogik als g*ttgewollt angesehen, indem der Beziehungsaspekt zwischen G*tt und Mensch in den Vordergrund gestellt wird. Die Bestimmung des Menschen bezieht sich auf eine freiheitliche Identitätsentfaltung, die sich in Anerkennungsprozessen vollzieht. Die theologische Frage nach Anerkennung zeigt sich als eine „Frage der Selbstbewertung"[101] unter den Blicken der anderen. Es geht um eine Anerkennung der Menschen in ihrem ,Sosein', in dem sich das

---

[96]   Ben 2021, 25.
[97]   Kammeyer 2012, 191–210 und Schlag 2021, 332–339.
[98]   Reichel 2023, 190–202.
[99]   Freuding 2023.
[100] Grümme / Pirner 2023, 153 und Pirner 2023, 309.
[101] Gennerich 2009, 66.

G*ttesbild in unterschiedlicher und zugleich gleichberechtigter Weise abbildet.[102] Ein solches, inklusives Verständnis macht jegliche Versuche obsolet, festzulegen, wer zur Schöpfungsordnung gehören könnte und wer nicht.[103] Zudem kann es auch im queer-theologischen Sinne von apologetischen Zwängen befreien, wenngleich es selbst nicht ganz apologetischen Logiken entkommt.[104]

Abschließend kann erneut auf die Ausführungen Bormanns geschaut werden, in denen die Komplementarität und das Aufeinanderbezogensein von Menschen als starke Argumente genutzt werden, um heteronormative Ansichten schöpfungstheologisch zu begründen. Eine queere Schöpfungstheologie, wie sie z. B. bei Enxing zu finden ist, kann dem etwas entgegensetzen, ohne dabei der Schöpfungsbotschaft irgendetwas wegzunehmen. Vielmehr wird das Aufeinanderbezogensein in der Schöpfung umfassender gedacht und nicht nur sprachlich, sondern auch inhaltlich geschärft.

Literatur

ARZT, SILVIA / JAKOBS, MONIKA / KNAUTH, THORSTEN / PITHAN, ANNEBELLE (2009), Gender und Religionspädagogik der Vielfalt. Einleitung, in: PITHAN, ANNEBELLE u. a. (Hg.), Gender – Religion – Bildung. Beiträge zu einer Religionspädagogik der Vielfalt, Gütersloh, 9–28.

BEN (2021), „Ich fiel aus meiner Kirche in ein bodenloses Loch", in: GRÄVE, MIRJAM / JOHANNEMANN, HENDRIK / KLEIN, MARA (Hg.), Katholisch und Queer. Eine Einladung zum Hinsehen, Verstehen und Handeln, Paderborn, 23–27.

BOGER, MAI-ANH (2019), Theorien der Inklusion. Die Theorie der trilemmatischen Inklusion zum Mitdenken, Münster.

BORMANN, FRANZ-JOSEF (2016), Die sog. „Homo-Ehe" – eine Frage der Gerechtigkeit und der Toleranz?, in: CHITTILAPPILLY, PAUL-CHUMMAR (Hg.), Horizonte gegenwärtiger Ethik. FS Josef Schuster SJ, Freiburg, 322–338.

BORMANN, FRANZ-JOSEF (2023), Der ganzheitliche Ansatz des christlichen Menschenbildes und die Debatte um die Inter- und Transgeschlechtlichkeit, in: Theologie und Glaube 113/3, 187–200.

DER SYNODALE WEG (2023), Handlungstext. Umgang mit geschlechtlicher Vielfalt. Beschluss des Synodalen Weges von der Synodalversammlung am 10. März 2023 gefasst. Online verfügbar unter: https://www.synodalerweg.de/fileadmin/Synodalerweg/Dokumente_Reden_ Beitraege/beschluesse-broschueren/SW15-Handlungstext_Umgang_mit_geschlechtlicher_ Vielfalt_NEU.pdf.

DEUTSCHER ETHIKRAT (2020), Trans-Identität bei Kindern und Jugendlichen: Therapeutische Kontroversen – ethische Orientierungen. Ad-hoc-Empfehlung. Berlin. Online verfügbar unter: https://www.ethikrat.org/fileadmin/Publikationen/Ad-hoc-Empfehlungen/deut sch/ad-hoc-empfehlung-trans-identitaet.pdf.

---

[102]   Ziemer 2015, 201f. und Teschmer / Well 2018, 57f.
[103]   Schreiber 2017, 18.
[104]   Tonstad 2018, 23f.

DOMSGEN, MICHAEL (2022), Ehe/Familie/Partnerschaft, in: SIMOJOKI, HENRIK u. a. (Hg.), Ethische Kernthemen. Lebensweltlich – theologisch-ethisch – didaktisch (Theologie für Lehrerinnen und Lehrer, 4). Göttingen, 118–130.

DROBE, CHRISTINA (2016), Menschsein als Selbst- und Fremdbestimmung. Eine theologische Reflexion philosophischer, literarischer und sozialwissenschaftlicher Zugänge zur Identitätsfrage, Berlin u. a.

EKD (2013), Zwischen Autonomie und Angewiesenheit. Familie als verlässliche Gemeinschaft stärken, Gütersloh.

EKD (2021), Vielfalt und Gemeinsinn. Der Beitrag der evangelischen Kirche zu Freiheit und gesellschaftlichem Zusammenhalt, Leipzig. Online verfügbar unter: https://www.ekd.de/ekd_de/ds_doc/vielfalt_EVA_2021.pdf.

ENXING, JULIA (2024), Verführe uns, Du faltiger G*tt! Gedanken zur queeren Schöpfung. Blogbeitrag feinschwarz.net. http://dx.doi.org/10.15496/publikation-90100

FREUDING, JANOSCH (2023), Art. „Othering", in: Das Wissenschaftlich-Religionspädagogische Lexikon im Internet (www.wirelex.de). https://doi.org/10.23768/wirelex.Othering.2011 11.

GÄRTNER, STEFAN (2019), Jugend und Sexualität, in: KAUPP, ANGELA / HÖRING, PATRIK C. (Hg.), Handbuch kirchliche Jugendarbeit. Für Studium und Praxis, Freiburg, 156–166.

GENNERICH, CARSTEN (2009), Empirische Dogmatik des Jugendalters. Werte und Einstellungen Heranwachsender als Bezugsgröße für religionspädagogische Reflexionen, Stuttgart.

GOSS, ROBERT E. (2002), Queering Christ. Beyond Jesus acted up, Cleveland.

GRÄVE, MIRJAM / JOHANNEMANN, HENDRIK / KLEIN, MARA (Hg.) (2021), Katholisch und Queer. Eine Einladung zum Hinsehen, Verstehen und Handeln, Paderborn.

GRÜMME, BERNHARD (2012), Menschen bilden? Eine religionspädagogische Anthropologie, Freiburg.

GRÜMME, BERNHARD (2017), Heterogenität in der Religionspädagogik. Grundlagen und konkrete Bausteine, Freiburg.

GRÜMME, BERNHARD / PIRNER, MANFRED L. (2023), Öffentliche Religionspädagogik, in: dies. (Hg.), Religionsunterricht weiterdenken. Innovative Ansätze für eine zukunftsfähige Religionspädagogik, Stuttgart, 144–158.

HAHN, JUDITH (2020), Judith Butler und das Recht, in: GRÜMME, BERNHARD / WERNER, GUNDA (Hg.), Judith Butler und die Theologie. Herausforderung und Rezeption, Bielefeld, 63–78.

KAMMEYER, KATHARINA (2012), Theologisieren in heterogenen Lerngruppen. Empirische Einsichten in Perspektiven von Lehrkräften und konzeptionelle Überlegungen, in: DIETERICH, VEIT-JAKOBUS (Hg.), Theologisieren mit Jugendlichen – ein Programm für Schule und Kirche, Stuttgart, 191–210.

KARLE, ISOLDE (2006), „Da ist nicht mehr Mann noch Frau...". Theologie jenseits der Geschlechterdifferenz, Gütersloh.

KNAUTH, THORSTEN / MÖLLER, RAINER / PITHAN, ANNEBELLE (2020), Inklusive Religionspädagogik der Vielfalt: Eine Grundlegung, in: dies. (Hg.), Inklusive Religionspädagogik der Vielfalt. Konzeptionelle Grundlagen und didaktische Konkretionen, Münster, 17–63.

KREBS, ANDREAS (2023), Gott queer gedacht, 2. Aufl., Würzburg.

KUMLEHN, MARTINA (2015), Offener Blick und offene Fragen zwischen Affirmation und Ideologiekritik. Plädoyer für einen deutungsmachtsensiblen Umgang mit dem Inklusionsdiskurs im Studium der Evangelischen Theologie auf Lehramt, in: NORD, ILONA (Hg.), Inklusion im Studium Evangelische Theologie. Grundlagen und Perspektiven mit einem Schwerpunkt im Bereich von Sinnesbehinderungen, Leipzig, 69–83.

KUMLEHN, MARTINA (2022), Deutungsmachtsensible Wahrnehmung, Reflexion und Begleitung von Positionierungsprozessen im Religionsunterricht, in: Theo-Web 21/2, 49–64. https://doi.org/10.23770/tw0247

LAUBACH, THOMAS (2021), Subjekt und Ethik, in: LINDNER, KONSTANTIN / ZIMMERMANN, MIRJAM (Hg.), Handbuch ethische Bildung. Religionspädagogische Fokussierungen, Tübingen 2021, 93–100.

LEHNER-HARTMANN, ANDREA (2021), Schülerinnen und Schüler in ihrer Identitätsarbeit, in: KROPAČ, ULRICH u. a. (Hg.), Handbuch Religionsdidaktik, Stuttgart, 120–126.

LÜTZE, FRANK M. (2020), Ein Leib, viele Glieder. Sexuelle Identität und Bildung im Religionsunterricht, in: SCHÜLE, ANDREAS (Hg.), „Es ist nicht gut, dass der Mensch allein sei!" Partnerschaft, Ehe und Sexualität als Thema der Theologie, Leipzig, 198–211.

MCMAHON, MERCIA (2016), Trans Liberating Feminist and Queer Theologies, in: BEARDSLEY, CHRISTINA / O'BRIEN, MICHELLE (Hg.), This is my body. Hearing the theology of transgender Christians, London, 59–68.

NAURATH, ELISABETH (2013), Schüler/in und Religionslehrer/in – Gender, in: ROTHGANGEL, MARTIN u. a. (Hg.), Religionspädagogisches Kompendium, 8. Aufl., Göttingen, 265–276.

PIRNER, MANFRED L. (2023), Menschenrechtsorientierte Religionspädagogik, in: GRÜMME, BERNHARD / PIRNER, MANFRED L. (Hg.), Religionsunterricht weiterdenken. Innovative Ansätze für eine zukunftsfähige Religionsdidaktik, Stuttgart, 298–313.

PITHAN, ANNEBELLE (2010), Geschlechtergerechte Religionspädagogik der Vielfalt, in: Loccumer Pelikan 2, 53–57.

PRENGEL, ANNEDORE (2006), Pädagogik der Vielfalt. Verschiedenheit und Gleichberechtigung in Interkultureller, Feministischer und Integrativer Pädagogik, 3. Aufl., Wiesbaden. https://doi.org/10.1007/978-3-531-90159-6

REICHEL, HANNA (2023), After Method. Queer Grace, Conceptual Design, and the Possibility of Theology, Louisville.

SCHLAG, THOMAS (2021), Lernen durch Theologisieren zu ethischen Fragestellungen, in: LINDNER, KONSTANTIN / ZIMMERMANN, MIRJAM (Hg.), Handbuch ethische Bildung. Religionspädagogische Fokussierungen, Tübingen, 332–339.

SCHREIBER, GERHARD (2017), Geschlechtliche Vielfalt als Thema der Theologie, in: DEUTSCHE GESELLSCHAFT FÜR TRANSIDENTITÄT UND INTERSEXUALITÄT (Hg.), Reformation für Alle*. Transidentität /Transsexualität und Kirche, Berlin, 14–18.

SCHWEITZER, FRIEDRICH (2003), Pädagogik und Religion. Eine Einführung, Stuttgart.

SÖDERBLOM, KERSTIN (2023), Queersensible religiöse Bildung und Beratung. Prävention gegen Ausgrenzung und soziale Benachteiligung, in: KNAUTH, THORSTEN / REINDL, SILKE / JOCHIMSEN, MAREN A. (Hg.), Religiöse Bildung an den Rändern der Vielfalt. Soziale Benachteiligung, Religion, Geschlecht, Münster, 127–137.

STRACKE-BARTHOLMAI, MATTHIAS (2018), Unterbrechungen – Inklusion queer gedacht als Inspiration für den Gottesdienst, in: GEIGER, MICHAELA / STRACKE-BARTHOLMAI, MATTHIAS (Hg.), Inklusion denken. Theologisch, biblisch, ökumenisch, praktisch, Stuttgart, 57–89.

STREMMEL, JAN (2021), Die Bösewichtin. Süddeutsche Zeitung, 5. März 2021. www.sz.de/1.5221946

TESCHMER, CAROLINE / WELL, JULA (2018), Nicht der Norm entsprechen. Die Konstruktion einer Transidentität und ihrer seelsorgerlichen Begleitung, in: EvTh 78/1, 49–58.

TESCHMER, CAROLINE (2023), Perspektiven einer körpersensiblen Religionspädagogik des Jugendalters, Stuttgart.

THOMAIER, SONJA (2024), Rise up! Ein queerer Blick auf Körper in der Passionserzählung. Blogbeitrag Kreuz & Queer. https://www.evangelisch.de/blogs/kreuz-queer/228308/27-03-2024.

TONSTAD, LINN MARIE (2018), Queer Theology. Beyond Apologetics, Eugene.

UPPENKAMP, VERA (2021), Art. „Mädchen/Frauen", in: Das Wissenschaftlich-Religionspädagogische Lexikon im Internet (www.wirelex.de). https://doi.org/10.23768/wirelex.Mdchen Frauen.200371.

WARD, GRAHAM (2007), There Is No Sexual Difference, in: LOUGHLIN, GERARD (Hg.), Queer Theology. Rethinking the Western Body, Oxford, 76–85.

WIRTH, MATTHIAS (2019), Von Anaximander bis Zimzum. Raumgabe als ethischer und religiöser Respons auf Verkörperung, in: GRUEVSKA, JULIA (Hg.), Körper und Räume, Wiesbaden, 153–177.

WIRTH, MATTHIAS (2022), „Our Bodies are important to God". Oder: Warum (Trans)Gender eschatische Zukunft hat, in: BERLIS, ANGELA u. a. (Hg.), Die Geschlechter des Todes. Theologische Perspektiven auf Tod und Gender, Göttingen, 463–478.

ZDF (2024), „Trans – Drei Generationen, eine Reise", 37 Grad, Sendung vom 19.03.2024. https://www.zdf.de/dokumentation/37-grad/37-trans---drei-generationen-eine-reise-100.html.

ZIEMER, Jürgen (2015), Seelsorgelehre, 4. Aufl., Göttingen.

Ausblick

Sandra Anusiewicz-Baer, Christian Hild, Abualwafa Mohammed

Ausgehend von den in dem Sammelband vereinigten Beiträgen richten wir abschließend den Blick auf mögliche Forschungsperspektiven für Themenfelder religiöser Bildung im Transfer.

Um diese besser spezifizieren und auch konturieren zu können, werden sie gemäß den sechs Komponenten skizzenhaft aufgefächert, die einen Translationsprozess umgreifen:[1] Translator*innen, Translationsgegenstand, Translationsintention, Translationsverfahren und -strategien, Translat und Translationsorte.

1. Translator*innen
   Es fehlen theoretische und praktische Konkretisierungen, wie Religionslehrkräfte als „Übersetzungsexperten"[2] auf entsprechende Prozesse und die im Klassenraum auftretenden Sprachebenen vorbereitet werden können;[3] Marius de Byl unternimmt den bislang ersten Versuch zur Entwicklung einer religionspädagogischen Translationskompetenz bei Religionslehrkräften.[4] So lassen sich Translationsprozesse schon im Studium thematisieren und hochschuldidaktisch modellieren.[5] Zudem können konkrete Verhältnisse von Deutungsmacht bei Translationsprozessen fokussiert werden,[6] wozu auch die Frage nach dem Grad der Präsenz und der Positionalität der Translator*innen im Produkt gehört.[7]

2. Translationsgegenstand
   Ein Desiderat bilden praktische Ausarbeitungen über eine als religiös verstandene Sprache, die nicht nur in mündlicher oder schriftlicher Form den Translationsgegenstand erschafft, sondern auch als „Ausdruckswelten" von Religion beinhaltet, die „[v]on der symbolischen Kommunikation über die Entfaltung von semantischen, syntaktischen und pragmatischen Formen

---

[1] Nord ⁴2009, 40.
[2] Grümme 2021, 185.
[3] Pirner 2019, 106.
[4] de Byl, erscheint 2026.
[5] Siehe den Beitrag von Hild in diesem Band.
[6] Grümme 2021, 185.
[7] Gil 2022.

des religiösen Zeichengebrauchs bis zur Betonung des Lernens an den spezifischen performativen Darstellungsformen der christlichen Religion und den Modellen der Begegnung mit gelebter christlicher Religion"[8] reichen.[9] Diese Weitung ist auch im Hinblick auf die möglichen Zielsprachen zu denken, so dass „verschiedene ästhetische Sprachspiele im Blick sein [sollten], die sich ihrerseits am Sagen des Unsagbaren abarbeiten und der theologischen Sprache von daher neue Translationsmöglichkeiten zuspielen können".[10] Sie können ebenso ganze Konzepte, man denke hier an die Friedenspädagogik,[11] umfassen. Zudem liegen – mit der Ausnahme von Johannes Lähnemann, Abdel-Hafiez Massud, Fahimah Ulfat, Magdalena Waligórska und Tara Cohn –[12] keine Überlegungen für eine als religiös verstandene Sprache muslimischer oder auch jüdischer Prägung als Translationsgegenstand vor.

3. Translationsintention
David Käbisch macht auf den Mehrwert für die Religionspädagogik aufmerksam, der sich aus den Translational Studies ergibt, die „kulturelle Kontakte und Konflikte handlungsanalytisch beschreiben: Wer transferiert einen Text wann, wo, wie und mit welcher Absicht aus einem Kontext in einen anderen?".[13] Translational Studies eröffnen der Religionspädagogik Möglichkeiten für eine präzisere Untersuchung von Translationsprozessen, indem sie „vorhandene Übersetzungen analysieren (*Product-oriented descriptive Translational Studies*), nach den Funktionen einer Übersetzung fragen (*Function-oriented descriptive Translational Studies*) und sich mit den vielfältigen Prozessen des Übersetzens selbst beschäftigen (*Process-oriented descriptive Translational Studies*)".[14] Gerade am Beispiel von Bibelübersetzungen lässt sich zeigen, welche Ambitionen und Intentionen mit den jeweiligen Übersetzungen, die von jüdischer als auch christlicher Seite angefertigt wurden, verfolgt wurden.[15]

4. Translationsverfahren und -strategien
In den Translationswissenschaften ist eine Fülle von unterschiedlichen Translationsverfahren und -strategien vorhanden, die von Bernhard

---

8   Kumlehn 2014, 269.
9   Mendl 2019.
10 Kumlehn 2021, 40.
11 Naurath 2019.
12 Lähnemann 2019, Ulfat 2019, Massud 2022, Waligórska / Cohn 2018.
13 Käbisch 2018, 73.
14 Ebd., 83.
15 Vgl. Gottlieb 2023. So bildet „Die kommentierte jiddische Übersetzung des Römerbriefs (1733)" durch Heinrich Christian Immanuel Frommann ein Beispiel für die Intention zur allgemeinen Judenbekehrung.

Grümme diskutiert und religionspädagogisch konturiert werden.[16] Ein konziser religionsdidaktischer und methodischer Zuschnitt steht aus. Dieser sollte auf zweierlei Art geschehen: zum einen in Abhängigkeit von den sprachlichen Voraussetzungen des Translationsgegenstandes und zum anderen in Abhängigkeit von den sprachlichen Voraussetzungen der Lernenden. Insbesondere in der Ausbildung religiösen bzw. religionspädagogischen Fachpersonals stellt sich die Frage nach der Beherrschung geeigneter Translationsverfahren und passender Translationsstrategien sowie ihrer Vermittlung, um die Verknüpfung von Text und Ritual, Text und religiösem Verständnis sowie Religionsausübung zu ermöglichen.

5. Translat
   Idealtypisch wird davon ausgegangen, dass nach einem Translationsprozess der mehr oder weniger unverständliche Translationsgegenstand in ein verständliches Translat überführt wurde. Methodisch und didaktisch ist hinsichtlich elementarer Wahrheiten weiter zu fragen, wie sich das durch das Translat ermöglichte Verstehen des religiösen Translationsgegenstandes und das Zustimmen der in ihm inhärenten und so identifizierten elementaren Wahrheiten zueinander verhalten.[17] In diesem Zusammenhang liegen Kriterien für die pragmatische und theologisch-translatorische Angemessenheit eines Translats erst in Ansätzen vor.[18]

6. Translationsraum
   Im Zuge der voranschreitenden Digitalisierung kann auch der digitale Raum i. S. einer „spatialen Hermeneutik"[19] als ein Translationsraum angesehen und auch didaktisiert werden. Hier lässt sich differenzieren, inwieweit religiöse Translationsgegenstände in die Zielsprache des digitalen Raums transferiert werden können und inwieweit Translate innerhalb dieser digitalen Sprache bewertet werden können. Bestehende Ansätze zur unterrichtlichen Implementierung digitaler Religion können insofern ausgeweitet werden, als der digitale Raum als ein Ort für intra- und intersemiotische Translationsprozesse didaktisiert wird; erste Ansätze zum Austarieren theologisch-translatologischer Hürden und Chancen liegen vor.[20]

Religion, Sprache und Kommunikation innerhalb des Koordinatensystems Bildung und Gesellschaft vermögen es, als Forschungsfeld unterschiedliche Akzen-

---

[16]   Grümme 2021, 167–213.
[17]   Schweitzer 2019, 57.
[18]   Hild 2023, 248–253.
[19]   Bachmann-Medick [5]2014, 304.
[20]   Nord 2019.

tuierungen von Translationsprozessen zu konturieren und auch epistemologisch greifbar werden zu lassen.

Wir danken allen Autor*innen dieses Bandes für die entsprechenden Impulse und verweisen zugleich auf den folgenden Band, der sich mit religiöser Bildung angesichts der Neuen sozialen Frage auseinandersetzt. Wir laden alle interessierten Kolleg*innen zu einem Beitrag ein; der Call befindet sich am Ende des Buches.

Literatur

BACHMANN-MEDICK, DORIS (⁵2014), Cultural Turns. Neuorientierungen in den Kulturwissenschaften, Hamburg.

DE BYL, MARIUS (2026), Der Religionsunterricht als Übersetzungsraum. Ein Beitrag zur Entwicklung einer religionspädagogischen Übersetzungskompetenz bei Religionslehrkräften (in Vorbereitung).

GIL, ALBERTO (2022), Zur Verantwortung des Kommunikators im Spannungsfeld von Hermeneutik und Kreativität, in: REICHMANN, TINKA / CERCEL, LARISA / AGNETTA, MARCO (Hg.), Dimensionen des Humanübersetzens, Bukarest, 21–42.

GOTTLIEB, MICAH (2023), The Jewish Reformation. Bible Translation and Middle-Class german Judaism as Spiritual Enterprise, New York.

GRÜMME, BERNHARD (2021), Praxeologie. Eine religionspädagogische Selbstaufklärung, Freiburg i. Br.

HILD, CHRISTIAN (2023), Religiöse Wörter übersetzen – Ein Ansatz zur Sprach- und Translationssensibilisierung von SchülerInnen, Stuttgart.

KÄBISCH, DAVID (2018), Religionspädagogik und Translation Studies, in: SCHULTE, ANDREA (Hg.), Sprache, Kommunikation, Religionsunterricht: gegenwärtige Herausforderungen religiöser Sprachbildung und Kommunikation über Religion im Religionsunterricht, Leipzig, 71–87.

KUMLEHN, MARTINA (2021), Zwischen Babel und Pfingsten. Übersetzen zwischen Sprachwelten als Kernaufgabe sprachsensibler Theologie, in: ALTMEYER, STEFAN / GRÜMME, BERNHARD / KOHLER-SPIEGEL, HELGA u. a. (Hg.), Sprachsensibler Religionsunterricht, Göttingen, 30–40.

LÄHNEMANN, JOHANNES (2019), Übersetzen als theologische und didaktische Aufgabe: „Dreieinigkeit" – christlich reflektiert, Muslimen erklärt, in: HAUSSMANN, WERNER / ROTH, ANDREA / SCHWARZ, SUSANNE u. a. (Hg.), EinFach Übersetzen. Theologie und Religionspädagogik in der Öffentlichkeit für die Öffentlichkeit, Stuttgart, 249–258.

MASSUD, ABDEL-HAFIEZ (2022), Religionslehrkräfte als Über-setzer*innen: Gottesattribute in der Übersetzung und in der Unterrichtsinteraktion, in: DERS. / HILD, CHRISTIAN (Hg.), Religionslehrer*innen als Akteure in der multireligiösen Gesellschaft. Landau, 169–210.

MENDL, HANS (2019), Kosten und Fühlen – Geschmack auf Religion. Performative Religionsdidaktik als Übersetzungsvorgang, in: HAUSSMANN, WERNER u. a. (Hg.), EinFach Übersetzen. Theologie und Religionspädagogik in der Öffentlichkeit für die Öffentlichkeit, Stuttgart, 151–141.

NAURATH, ELISABETH (2019), Friedenspädagogik als Übersetzungsaufgabe religiöser Bildung, in: Haußmann, Werner u. a. (Hg.), EinFach Übersetzen. Theologie und Religionspädagogik in der Öffentlichkeit für die Öffentlichkeit, Stuttgart, 177–184.

NORD, CHRISTIANE (⁴2009), Textanalyse und Übersetzen. Theoretische Grundlagen, Methode und didaktische Anwendung einer übersetzungsrelevanten Textanalyse, Tübingen.

NORD, ILONA (2019), Digitale Bildung in der Fächergruppe Religionslehre/Ethik. Curriculare Übersetzungsfragen, in: HAUßMANN, WERNER u. a. (Hg.), EinFach Übersetzen. Theologie und Religionspädagogik in der Öffentlichkeit für die Öffentlichkeit, Stuttgart, 105–117.

PIRNER, MANFRED L. (2019), Öffentliche Religionspädagogik. Religionspädagogik als Übersetzungsaufgabe?!, in: OORSCHOT, FREDERIKA VAN / ZIERMANN, SIMONE (Hg.), Theologie in Übersetzung? Religiöse Sprache und Kommunikation in heterogenen Kontexten, Leipzig, 97–110.

SCHWEITZER, FRIEDRICH (2019), Über den Erfolg entscheiden die Schüler*innen! Übersetzen in elementarisierungstheoretischer Perspektive, in: in: HAUßMANN, WERNER u. a. (Hg.), EinFach Übersetzen. Theologie und Religionspädagogik in der Öffentlichkeit für die Öffentlichkeit, Stuttgart, 53–60.

ULFATH, FAHIMAH (2019), Islamische Theologie und Religionspädagogik: das dringende Abenteuer der Übersetzung, in: HAUßMANN, WERNER u. a. (Hg.), EinFach Übersetzen. Theologie und Religionspädagogik in der Öffentlichkeit für die Öffentlichkeit, Stuttgart, 241–248.

WALIGÓRSKA, MAGDALENA / COHN, TARA (Hg.) (2018), Jewish Translation / Translating Jewishness, Berlin.

Verzeichnis der Autor*innen

Dr. Sandra Anusiewicz-Baer, Religionspädagogin, School of Jewish Theology an der Universität Potsdam.
Korrespondenz an: sandra.anusiewicz-baer@uni-potsdam.de

Dr. Kathrin Boukrayâa Trabelsi, Wissenschaftliche Mitarbeiterin am Lehrstuhl für Praktische Theologie II: Religionspädagogik und Didaktik des Religionsunterrichts, Ludwig-Maximilians-Universität München.
Korrespondenz an: kathrin.boukrayaa@evtheol.uni-muenchen.de

Marius de Byl, Studienrat für Katholische Religionslehre und Latein am Städtischen Gymnasium Voerde und Doktorand am Lehrstuhl für Religionspädagogik und Katechetik, Katholisch-Theologische Fakultät, Ruhr-Universität Bochum.
Korrespondenz an: marius.debyl@ruhr-uni-bochum.de

PD Dr. Maike Maria Domsel, Privatdozentin für Religionspädagogik an der Universität Bonn und Lehrerin für Katholische Religionslehre und Französisch am Ernst-Moritz-Arndt-Gymnasium Bonn.
Korrespondenz an: mdom1@uni-bonn.de

Prof. Dr. Alberto Gil, Linguistica e Transculturalità, Università Pontificia della Santa Croce, Roma.
Korrespondenz an: a.gil@rhethos.de

Prof. Dr. Bernhard Grümme, Professor für Religionspädagogik und Katechetik, Katholisch-Theologische Fakultät, Ruhr-Universität Bochum.
Korrespondenz an: Bernhard.Gruemme@rub.de

PD Dr. Dr. Christian Hild, Privatdozent für Praktische Theologie und Religionspädagogik an der Universität des Saarlandes und Studienrat für Evangelische Religion und Latein am Gymnasium am Schloss in Saarbrücken.
Korrespondenz an: chr781@gmx.de

Dr. Sungsoo Hong, wissenschaftlicher Mitarbeiter am Lehrstuhl Religionspädagogik, Theologische Fakultät, Friedrich-Schiller-Universität Jena.
Korrespondenz an: sungsoo.hong@uni-jena.de

Dr. Esther Jahns, Soziolinguistin an der Carl von Ossietzky Universität Oldenburg.
Korrespondenz an: esther.jahns@uni-oldenburg.de

Dr. Gad Marcus, Lehrbeauftragter, ONO College Jerusalem; Junior Library Fellow, Van Leer Jerusalem Institute; Educational Coordinator, Yad Vashem.
Korrespondenz an: gm1153@nyu.edu

PD Dr. Abdel-Hafiez-Massud, Privatdozent an der Pädagogischen Hochschule Weingarten, Islamische Theologie / Religionspädagogik.
Korrespondenz an: info@massud.de

Mag.ᵃ Mevlida Mešanović PhD, Sprachwissenschaftlerin und islamische Religionspädagogin, Wissenschaftliche Projektassistenten Postdoc, Katholisch-Theologische Fakultät, Institut für Katechetik und Religionspädagogik, Universität Graz.
Korrespondenz an: mevlida.mesanovic@uni-graz.at

Dr. Abualwafa Mohammed, Religionspädagoge und muslimischer Theologe, Pädagogische Hochschule Freiburg.
Korrespondenz an: abualwafa@icloud.com

Dr. Carmen Reichert, Direktorin Jüdisches Museum Augsburg Schwaben.
Korrespondenz an: office@jmaugsburg.de

PD Dr. Caroline Teschmer, Privatdozentin für Evangelische Theologie mit Schwerpunkt Religionspädagogik, Institut für Evangelische Theologie, Universität Augsburg.
Korrespondenz an: caroline1.teschmer@uni-a.de

Prof. Dr. Vera Uppenkamp, Juniorprofessorin für Evangelische Religionspädagogik, Institut für Ethik und Theologie, Leuphana Universität Lüneburg.
Korrespondenz an: vera.uppenkamp@leuphana.de

Call for papers – RKBG, Band V: Religiöse Bildung angesichts der Neuen Sozialen Frage

In der heutigen Welt stehen wir vor einer „Neuen Sozialen Frage", die weit über die traditionellen Dimensionen hinausreicht: Es geht nicht mehr nur um die Verteilung materieller Ressourcen, sondern auch um die Anerkennung von Würde, Gerechtigkeit und Teilhabe für alle Mitglieder*innen der vielfältigen Öffentlichkeiten. Angesichts dieser Herausforderungen sehen sich Religionspädagog*innen mit der Aufgabe konfrontiert, ihre Rolle in der Förderung sozialen Wandels und der Schaffung einer gerechteren Welt zu reflektieren und neu zu definieren.

Zum Kernanliegen von RKBG gehört die Erforschung der wechselseitigen hermeneutischen Beziehungen von Religionen und Kommunikation, Gesellschaftssystemen und dem Bildungsbereich. Gegenwärtige Entwicklungen bilden einen Seismograph für das entsprechende inhaltliche und methodische Austarieren religiöser Bildungsbemühungen: In einer Welt, die von tiefgreifenden sozialen Herausforderungen geprägt ist, tritt die Bedeutung religiöser Bildung in den Vordergrund wie nie zuvor. Während wir uns den komplexen Fragen von Armut, Ungleichheit, Rassismus, Fremdenfeindlichkeit, Umweltzerstörung und sozialer Ausgrenzung gegenübersehen, erweist sich die Religionspädagogik als ein Werkzeug, um nicht nur Wissen zu vermitteln, sondern auch Handlungsimpulse zu formen.

So ist Band V der Reihe RKBG der Erkundung verschiedener Aspekte religiöser Bildung im Kontext der Neuen Sozialen Frage verschrieben. Mögliche Beispiel-Themen bzw. Themenfelder der Beiträge wären:
1. Religiöse Ethik und soziale Gerechtigkeit.
2. Ökonomische und religiöse Differenzen als Herausforderungen.
3. Friedenspädagogik.
4. Religiöse Identität und soziale Integration.
5. Empathie und Verantwortung im Kontext religiösen Lernens.
6. Nächstenliebe und Barmherzigkeit – (un-)eingeschränkt?
7. Religiöse Bildung und Empowerment.
8. Karitatives Engagement.
9. Religiöse Bildung im Horizont von Gleichberechtigung und Inklusivität.

Der Beitragsumfang sollte 40 000 Zeichen (inkl. Leerzeichen) nicht überschreiten. Es wird darum gebeten, den Beitragstitel mit einem Abstract an die E-Mail-Adresse *info@rkbg.de* bis zum 06.12.2024 zu senden. Die vollständigen Beiträge sollten bis zum 25.04.2025 eingereicht worden sein.